삶의 자리에서 바라보는 창세기

삶의 **자리**에서 바라보는 **창세기**

초판 1쇄 발행 2023년 1월 30일

지은이 김종호
펴낸이 강동희
문서편집 강동희
편집팀 김지수, 이상욱
표지 디자인 강동희

펴낸곳 그돌 스튜디오
주소 서울 서초구 방배동 839-3 B1
전화번호 010 6418 8080
팩스 0504-035-2124
출판 등록 제2022-0000374호
이메일 oneman0306@hanmail.net

ISBN 979-11-981531-0-4(03230)

정가 20,000원

삶의 자리에서
바라보는 창세기

김종호

Genesis

삶의 자리에서
바라보는 창세기

김종호 지음

목 차

서문

1.

사랑은 - 생명 이전이고
죽음 - 이후이며 -
천지 창조의 시작이고
지구의 해석자

이 짧은 시는 사랑, 죽음, 자연 등을 주제로 노래한 여류시인 에밀리 디킨슨(Emily Elizabeth Dickinson, 1830-1886)의 작품이다. 그녀의 일생은 제도적 종교의 형식과 강요에 회의와 환멸을 느껴, 죽을 때까지 은둔 생활을 하며 지상의 참된 사랑을 꿈꾸던 이상주의자의 삶이었다고 한다. 그러나 비평가들은 그녀의 시가 사랑의 하나님을 함축적으로 표현하고 있다고 말한다.

성서는 아름다운 시이며, 잘 짜여진 문학이며, 생명의 비밀을 간직한 하나님의 선물이다. 그러나 성서는 단순한 읽기로는 좀처럼 자신을 드러내지 않는다. 겹겹이 쌓인 신비한 문을 각고의 노력으로 하나씩 열어야만 무릎을 치는 환희를 맛보게 한다. 아름다운 시의 향연을 보물찾기하듯 음미하다 보면 숨겨진 의미와 값진 보물을 발견하는 기쁨을 만날 수 있다. 빛의 세계로 안내되어 생명의 샘물에 다다르면 오랫동안 정체되어 굳어가던 내 안의 피들이 용암처럼 들끓으며 분수처럼 솟아나서 참 생명의 기쁨을 맛보게 된다.

성서의 숲을 향해 여행을 떠나는 여정에 자신의 몸무게와 비슷한 커다란 여행 가방은 필요 없다. 입구에 도착하면 가져온 모든 짐을 놓아두고 두 벌 옷도 가져가지 말라는 음성이 들린다. 이제 피톤치드(Phytoncide) 향기 그윽한 숲을 걷다 보면, 혹시나 하는 마음에 들고 왔던 오늘의 염려와 내일의 걱정을 모두 내려놓고 숲의 고즈넉한 향취에 젖어든다.

숲을 거닐다 갈증을 느낄 때 즈음 하나님이 예비하신 샘물을 발견하게 되고, 그 샘에서 목을 축이고 기운을 차려 다시금 길을 떠날 수 있다. 이윽고 출구가 보이고, 걸어온 길을 되돌아보면 내 삶과 나란히 걸어온 하나님의 발자국이 선명히 남아있음을 보게 된다. 여행의 마지막에 이르면 대지에 떨어진 선연한 핏방울이 그때서야 눈에 들어온다. 출구에 다다를 때까지 길을 잃지 않은 것은 예수의 핏자국이 친절한 길 안내 역할을 했기 때문이다. 성서의 숲에서 예수의 흔적을 따라왔을 뿐임을 발견하게 된다.

사랑은 그리스도 이후 이천여 년 동안 동면한 듯하고, 신앙은 포르말린(Formaldehyde)에 박제된 모형 같은 시대이지만, 예수 그리스도와 같은 방향을 보며 걷다 보면 따뜻하고 말랑말랑한 심장에서 스며나오는 공감과 사랑, 그리고 희생이란 성숙한 신앙의 세계에 이르게 된다.

너나없이 똑똑한 사람들이 넘쳐나는 이 세상은, 클릭 하나로 정보가 쏟아지는 디지털 만능의 세계 속에서 머리는 점점 비대해지고 마음은 자꾸 작아지는 기형적이며 각박한 세상, 이기적인 세상이다. 사람답게 살아야 한다는 양심의 톱니가 가슴 한쪽을 따끔 찔러도 모든 핑계를 대며 외면하는 세상이다. 그러나 결국 하나님의 형상대로 지음 받은 사람은 하나님을 닮은 모습으로 살아갈 때 가장 사람다울 수밖에 없다.

성서의 숲을 향해 여행을 떠나자. 그래서 사람의 사람다움이란 것이 무엇인지, 예수 그리스도의 사랑이 어떻게 생명 이전부터 함께 했는지, 죽음을 정복한 그 이후의 삶을 어떻게 가능케 했는지 살펴보자.

2.

성서를 읽으며 자기 한계를 느낄 때가 있다. 성서는 전문적인 신학 요소를 갖추고 있기 때문에 자기 시선(attention)으로만 바라보아서는 한계와 어려움을 느낀다. 그러나 이러한 자기 한계를 기회로 받아들여 성서해석 전문가의 도움을 받는다면 성서를 보는 시점(viewpoint)의 변화를 경험할 수 있다. 그리하여 시선과 시점이 에너지를 창출하여 성서를 보는 시야(vision)가 넓어지는 놀라운 체험을 하게 된다.

시점은 입장으로, 시야는 실천으로 이어진다. 새로운 시선을 통해서는 나를 다시 돌아보고, 새로운 시점을 통해서는 성서를 다시 보고, 새로운 시야를 통해서는 하나님이 창조하신 세상을 다시 본다. 이것이 이 책을 쓰게 된 동기다. 성서 읽기가 시선에서 시점으로, 시점의 변화가 시야가 넓어지는 감동으로 변화되길 기대한다.

오르한 파묵(Orhan Pamuk)의 「새로운 인생」은 "어느 날 한 권의 책을 읽었다. 그리고 내 인생은 송두리째 바뀌었다. 첫 장에서부터 느껴진 책의 힘이 어찌나 강렬했던지 내 몸이 앉아 있던 책상과 의자에서 멀리 떨어져 나가는 듯한 느낌을 받았을 정도였다"란 문구로 시작한다. 그는 '새로운 인생'을 운명적인 책과의 만남이라고 말한다.

우리에게 이렇게 삶이 송두리째 바뀌는 운명적 만남이 있었는지 생각해 보자. 낯설고 알아들을 수 없는 말들, 세상의 것과는 다른 언어들에 사로잡혀 아무런 반론을 제시할 사이도 없이, 부정할 수 없는 힘에 붙들리고 맥없이 믿어져, 논리를 상실한 채, 세상과 내가 분리된 듯한 그런 경험 말이다. 성서를 읽으며 깨닫고 알아가는 과정이 그러하다.

상업화된 오락이 만연한 시대에 진지한 노력을 요구하는 독서는 많은 시간까지 할애해야 하기에 더욱 어려움을 느낀다. 그러나 무엇을 배우고 알아가는 기쁨에는 세상을 다 가진 듯한 벅찬 감동이 있음을 우리는 알고 있다. 배우고 알아가는 것은 꾸준함을 필요로 하기에 계속되어야 한다. 성서 읽기를 통해 우리의 삶이 송두리째 바뀌는 운명적 경험을 하길 기대해 본다.

기억하는 가장 좋은 방법은 감동받는 것이다. 한 사람을 제대로 알기 위해서는 그 사람을 경험해 보아야 하는 것처럼, 독자들에게 이 책이 그리스도의 정신을 각성시키고, 하나님에 대한 지식의 성장으로 뇌를 깨우고, 신앙인으로서의 사회적 책임감의 순환을 부추기며, 성서적 상상력을 증진시키고, 신앙적 지능을 자극하는 자양분이 되길 바란다.

성서는 언어의 유희와 해학이 넘쳐나는 지혜롭고 성스러운 문학이다. 인간의 소소한 일상에 함께하시며, 거룩한 하나님의 뜻이 이 세계에서 이루어지는 과정 속에서 놀라운 신비를 맛볼 수 있다. 우리 삶의 모든 순간에 사랑을 담아 우리 곁에 있기를 소망하는 하나님을 발견하는 기쁨은 세상의 것으로는 표현할 수 없는 벅찬 감동으로 다가올 것이다.

3.

성서의 이야기 자락을 붙잡아 펼쳐보면 굴곡지게 접혀져 알 수 없을 것만 같은 축약된 언어의 세계로 우리를 인도한다. 접혀진 주름을 하나하나 정성껏 펴서 자세히 들여다보면 아름다운 언어의 유희가 굽이쳐 흐르고 위대한 하늘 언어의 찬란한 빛의 향연을 볼 수 있다.

고난받는 자들의 기쁨과 눈물이, 수고하는 자의 피와 땀방울이 모여 구원의 강을 이루고, 그 강엔 사랑이 넘실댄다. 우리의 가난한 언어는 성서의 인물들을 만나 그들의 발자취를 쫓다 보면 사르밧 과부의 마르지 않는 기름처럼 풍요를 이룬다. 자신을 위한, 타인을 위한, 하나님을 위한 선택들이 특별하고 우아하며 고상한 세계로 우리들을 초대한다.

햇빛 한 줄기 없을 것만 같은 인생이 실은 빛으로 가득한 세상이었으며 다만 내가 빛을 등지고 있었음을 깨닫는 것도 오랜 시간이 걸리지 않는다. 가물고 메마른 세상을 원망하며 바닥까지 갈라져 버린 심장도 은혜의 비로 씻겨져 촉촉하고 말랑하며 따뜻한 온기를 품게 된다.

열매 하나 맺기 힘든 황폐한 땅은 투명한 새벽이슬을 머금고 향기 나는 열매를 맺는 땅으로 변화되고, 하나님의 영이 노니는 바람 소리에 실려 온 진리의 말씀은, 우리가 땅의 일부이고 땅은 우리의 일부임을 깨달아 그 순간 하나님의 형상으로 지음받은 거룩한 소명도 깨어난다.

나는 누구이며 어떻게 살아가야 하며 어디를 향해 가야 하는지 그 지표가 성서 안에 있다. 과거의 그들과 나는 같은 사람이며 그들의 고뇌와 상처와 영광을 공감하며, 욕망, 분노, 사랑, 페이소스(pathos), 슬픔과 좌절을 성서의 인물들과 함께 겪어내며 그들을 이해하고 함께하시는 하나님을 만나게 된다. 그래서 다시금 힘을 내어 사람을 만나고 사랑하며 예비하신 그 길을 찾아 헤매게 된다.

하나님을 아는 지식보다 고상한 것은 세상에 없다. 성서 속 인물들과 친밀한 교감을 위해 이 책이 도움이 되길 기대한다.

4.

    하나님의 형상대로 창조된 인간은 영원한 생명의 물이 솟아나는 샘에서 영원히 목마르지 않는 생명수를 마시고 거듭나야 한다. 신성하고 조화로우며 성스러운 고요와 평안으로 충만한 에덴의 풍요를, 혼란하며 무질서로 가득한 불협화음의 세상 속에 가져와야 한다.

    정의가 소멸하고 부정이 판치는 인간 세상에 소중한 씨앗을 심듯 예수의 사랑을 심어야 한다. 그래서 모든 시대 모든 사람을 향하여 예수의 사랑이 공평한 진리로 흐르게 해야 한다.

    작고 연약하고 아픈 것들을 따뜻한 시선으로 바라보며, 가난하고 소외당하고 고통당하는 자들에게 손 내밀어야 한다. 이들을 위해 그리스도인이 존재하는 것이다.

    하나님을 아는 작은 앎들이 모여 커다란 앎으로 발전할 때 무한하신 하나님의 사랑을 깨닫게 되고, 세상 속에서 변화하는 자신의 삶이 얼마나 값지며 소중한 것인지 알게 될 것이다. 이 책을 통해 여러분의 삶의 바다에 생명의 말씀이 가득 차 흘러 천국을 소망하는 하나의 찬란한 빛을 향해 가는 항해가 되길 소망한다.

5.

    이 책을 쓰는 동안 희비가 교차하는 많은 시간들이 있었다. 이제 결실을 맺어 독자 앞에 내어놓는 이 작은 열매는 초라하고 부끄러운 것에 불과하지만, 더 큰 열매를 위해 매진할 것을 다짐하는 귀한 출발점이 되었다.

    책을 쓰기 위해 정진하는 시간은 길고 긴 인내의 시간이었다, 그러나 성령의 도우심으로 내 영이 날로날로 새롭게 거듭남을 느끼는 은혜의 시간이기도 했음을 고백한다. 그러므로 이 책은 한편 저자의 신앙고백서이기도 하다.

    알지 못하는 것은 이해할 수 없고 이해할 수 없으면 거부감을 느끼고 미워하게 된다. 성서는 너무 방대해서 그 넓이를 짐작하기 어렵고, 너무 깊어서 그 깊이를 예측하기 어렵기에 두려움을 느낄 수 있다. 그러나 하나님을 아는 앎의 첫걸음을 이 책과 함께한다면 작은 등대의 역할을 할 수 있으리라 생각한다.

이 작은 열매를 내어놓으며 스스로를 낮춰 무릎을 꿇리고 머리를 조아려 하나님께 영광 돌리기를 원한다. 부디 부끄러움은 십자가 뒤에 가려주시고 하나님의 은혜와 사랑만이 드러나 오늘도 생명의 말씀이 살아 역사하는 귀한 경험의 장이 열리길 바란다.

6.

이 책은 지난 10여 개월 동안 [김종호 바이블 스터디](YouTube)를 통해 방송된 내용의 원고를 중심으로, 자료들을 보충해서 나오게 되었다. 원고가 완성되기까지 많은 이들의 도움이 있었기에 이 자리를 빌려 감사를 드린다.

먼저 [김종호 바이블 스터디]의 이사장님이신 최창재 목사님과, 이사인 호준기 목사님, 김미순 집사님, 문현경 대표님의 격려와 후원에 감사를 드린다. 특히 방송 스태프로 뛰어난 화질과 기술적인 진행을 맡아주신 [그돌 스튜디오]의 CP 강동희 목사님과, PD 이상욱 목사님의 헌신과 열정에 더욱 특별한 감사를 드린다. 또한 캐나다에서 아낌없는 후원과 성원을 보내주신 정상희 한의사님, 김은영 권사님과 섬기는 교회인 선인중앙교회 교우들과 장상욱 목사님, 그리고 늘 아들을 위해 기도하시는 어머님께 죄송한 마음을 담아 인사 올린다. 이분들의 값없는 사랑과 수고가 없었다면 이 책은 세상에 나오지 못했을 것이다.

그리고 무엇보다 지난 30여 년 동안 귀한 동역자로, 변함없는 벗으로, 때론 날카로운 비평가로, 인생의 동반자로 함께해준 지혜로운 나의 아내 김지

수 사모에게 사랑을 전한다. 이 책의 공동저자라고 해도 모자람이 없을 정도
로 모든 부분에 그녀의 세심한 손길이 묻어 있음을 고백한다.

1단원 원역사 이야기 (창 1:1-11:26)

1강 하나님의 최고 걸작품 (창 1장)

천지 창조 (창 1-2장)

인류의 가장 위대한 책인 성서는 '태초에 하나님이 천지를 창조하시니라'(창1:1)라는 말씀으로 시작된다. '태초에'(בראשית, 베레쉬트)는 '시작, 시초, 기원'의 뜻으로 모든 것의 시작과 기원을 담고 있는 창세기는 하나님에 관한 이야기인 동시에 인간의 삶에 관한 이야기이다.

성서 속에 나타난 창조 이야기는 세계의 기원에 관한 철학적, 자연과학적 관심에 답을 주지는 않는다. 그렇다고 비과학적이라는 말은 아니다. 창세기에 사용되는 언어는 사실상 과학적이다. 다만 '과학적'이라는 단어의 의미가 오늘날 통용되는 의미와 다를 뿐이다. 성서는 하나님의 말씀을 성령의 감동을 받아 쓴 책이기 때문에, 기본적으로 기록된 모든 것을 그대로 받아들인다는 전제가 있다.

이스라엘 백성이 경험한 하나님의 구원을 천지창조에 이르기까지 확대하여 그들의 신앙을 고백한 것이 성서이다. 일반적으로 철학에서 창조란 '재료와 형상'의 창조를 말하지만, 성서에서 창조는 혼돈에서 '형태와 질서'의 창조를 말하고 있다.

하나님의 신비스러운 창조 이야기는 인간의 제한된 언어로 완벽하게 모두 밝혀내기엔 불가능하다. 먼저 성서는 불신자가 아닌 신앙을 가진 자를 대상으로 기록된 것으로 하나님을 믿는 믿음을 가진 사람들의 믿음의 눈으로 읽혀져야 한다. 신앙이 없는 사람들도 물론 읽고 감동받을 수 있지만, 근본적으로 불신자들을 대상으로 기록된 것이 아니다. 그러므로 믿음의 눈으로 성서를 읽는 사람들은 세상이 우연히 창조된 것이 아니라 하나님의 계획에 따라 만들어진 위대한 걸작품이라는 사실을 고백해야 한다. 창조주 하나님에 대한 믿음과 고백 없이는 창세기를 제대로 읽고 이해할 수 없다.

창세기 1-2장엔 두 가지의 창조 이야기가 등장한다. 두드러진 차이점은 하나님의 이름이 '엘로힘'(אלהים, 창1:1-2:4a)과 '여호와'(יהוה, 창2:5-4:26)로 다르게 나타난다. 첫 번째 창조 이야기의 배경은 빛의 창조로부터 하나님의 보좌인 하늘을 지나 사람의 거처인 땅으로 옮겨가고 있다. 그리고 땅과 바다의 창조로 시간과 공간이라는 인간 생존의 기본적인 요소가 완성된다. 말씀으로 창조하시며, 창조과업이 한 가지씩 끝날 때마다 "하나님이 보시기에 좋았다"라고 표현하고 있다.

두 번째 창조 이야기는 땅에서 시작해서 하나님이 직접 흙을 빚어 사람을 만드시는 인간 창조를 강조하고 있다. 먼저 하나님은 온통 물로 가득한 세상 가운데서 창조행위를 시작하신다. 하나님은 인간이 살아가는 삶의 터전을 조성하기 위하여 물을 한 곳으로 모으고, 마른 땅을 내어주시는 모습으로 나타나시는데, 바다에서 육지가 드러나는 것이 창조의 시작이었다.

첫째 날부터 셋째 날까지 움직이지 않는 공간과 장소를 창조하심으로 혼돈된 세상에 질서를 부여하시고, 넷째 날부터 여섯째 날엔 그 안에 들어갈 움직이는 것들을 창조하심으로 공허했던 세상을 채우셨다. 일곱째 날의 중간을 차지하는 넷째 날(창1:19)이 기준이 되어 이 단어를 경계로 207개와 206개의 히브리 단어가 앞뒤로 구성되어 있다.

넷째 날에 창조된 해, 달, 별들은 계절(season)과 일자(days)와 연한(years)을 이루어 시간의 기준을 형성한다. 고대 근동의 다신론 세계에서는 해와 달이 그들의 중요한 신들이었지만 성서는 이들이 하나님의 경쟁자가 아니라 그분이 손수 지으신 피조물이라고 말하고 있다.

창세기 1장은 하나님의 창조 사역을 찬양하는 시편들(시편8장, 136장, 148장)이나 하나님 창조의 신비를 성찰하고 있는 잠언(장8:22-31), 욥기(욥38장)와 같은 구절들과 비교되는데, 이 본문들이 모두 시적인 형태로 쓰인 것에 반해 창세기 1장은 산문이기에 찬양의 노래로 지어진 것이 아니라 믿음의 고백을 담은 신앙 고백으로 보아야 한다.

7일 동안의 창조 사역을 통해 알 수 있는 것은, 하나님이 창조주 되시고, 하나님의 창조는 선하고, 질서정연하다는 것을 보여준다. 마지막으로 창조 사역의 절정은 인간이다. 창조된 인간은 창조된 세계 속에서 하나님의 대리자로서 책임을 갖는다.

창조의 순서는 다음과 같다.

혼돈(unformed)		공허(unfilled)	
첫째 날(1:3-5)	빛 (빛과 어두움을 분)	넷째 날(1:14-19)	해, 달, 별
둘째 날(1:6-8)	바다, 하늘 (물과 공간을 분리)	다섯째 날(1:20-23)	물고기, 새
셋째 날(1:9-10)	땅, 식물 (땅과 물을 분리)	여섯째 날(1:24-28)	동물, 사람
공간 창조		공간에 들어갈 것들을 창조	
일곱째 날(2:1-3)		안식	

고대 근동 세계에서 왕을 지칭하는 말로 사용되던 '신의 형상'(צלם, 첼렘)이란 용어를 '하나님의 형상대로' 창조되었다고 사용함으로써 모든 인간이 왕 같은 존재로 평등하다는 인간의 존엄성을 나타낸다. 히브리어 '형상'(צלם, 첼렘)과 '모양'(דמות, 데무트)은 의미의 변화 없이 상호교환해서 사용되고 있다. '모양'은 단지 이 문맥에서 '형상'의 정확한 의미를 나타내기 위해 추가된 것으로 보인다. 이는 유사한 단어를 반복적으로 사용함으로써 강조의 효과를 노리는 히브리 문학적 표현이다. 인간의 전인격이 하나님의 성품과 속성의 영향 아래에서 창조되었다는 사실을 나타낸다.

"하나님이 이르시되 우리의 형상(צלם)을 따라 우리의 모양(דמות)대로 우리가 사람을 만들고 ... 하나님이 자기 형상 곧 하나님의 형상대로 사람을 창조하시되 남자와 여자를 창조하시고"(창1:26-27)
"아담은 백삼십 세에 자기의 모양(דמות) 곧 자기의 형상(צלם)과 같은 아들을 낳아 이름을 셋이라 하였고"(창5:3)

하나님의 형상으로 창조됨은 곧 인간만이 하나님의 속성을 지니고 태어난 피조물로서, 하나님과 영적인 교제를 나눌 수 있는 존재라는 것을 의미한다. 다른 어떤 피조물과도 확실하게 구분되는 것은 오직 인간만이 완전하게 하나님과 교제하도록 창조되었다는 것이다. 그러므로 인간의 유일한 구원의 길은 태초에 하나님께서 주신 하나님의 형상을 되찾는 것이며, 하나님 형상으로의 회복이야말로 하나님께서 우리 인간에게 가장 원하시는 일인 것이다.

남자와 여자를 동시에 창조 (창 1:27)

창세기는 인간을 향한 하나님의 절절한 사랑 이야기다, 그 시작이 태초에 하나님이 천지를 창조하시면서 사람을 만드심으로 시작된다. 우리는 남자가 여자보다 먼저 창조되었다고 생각하지만 남자와 여자를 동시에 창조하셨다고 성서의 첫 번째 창조 이야기(창1:1-2:4a)는 말한다.

"하나님이 자기 형상 곧 하나님의 형상대로 사람을 창조하시되 남자와 여자를 창조하시고"(창1:27)

"창조하시고"라는 동사 앞에 남자와 여자가 놓임은 도치적 강조표현이다. 남자와 여자의 성적 구분이 그들에게 내린 축복보다 앞에 강조되었다는 점도 주목해야 한다. 이는 남녀가 함께 태어났으며 평등하게 창조되었음을 의미한다.

창세기 1장에서 일곱 번씩이나 "하나님이 보시기에 좋았더라"고 말씀하신 것과 대조적으로 단 하나 사람이 혼자 있는 것이 좋지 않다고 말씀하신다(창 2:18). 그래서 여자를 창조하셨는데 이는 가정 공동체의 출발을 의미한다.

두 번째 창조 이야기(창2:4b이하)에서는 창조 전의 세상이 전혀 다른 모습으로 나타나고 있다. 여기서 하나님은 풀 한 포기 나지 않는 메마른 사막에 나타나셔서 마른 땅에 물이 솟구치게 하시고, 에덴에서 강 하나가 흘러나와 그 동산을 적신 다음, 네 줄기의 강으로 갈라져 나와 온 땅을 적시게 하셨다.

두 창조 이야기의 공통점은 식물이 자랄 수 있는 지면에 관심을 집중하고 있다. 곧 '인간이 살 수 있는 환경'을 먼저 조성하신 것이다.

두 번째 창조 이야기는 땅이 있는 상태에서 사람이 처음으로 창조된다. 사람이 하나님의 형상과 모양대로 창조되었지만 '흙'으로 만들어졌다는 것은 하나님과 인간의 차이를 명백하게 밝히는 것으로 인간이 불완전한 존재임을 말하고 있다. 사람은 땅(אדמה, 아다마)으로부터 사람(אדם, 아담)이 가장 먼저 창조되는데 이는 땅과 사람의 관계를 말한다. 사람은 땅으로부터 창조되었으며 그 사람의 일은 땅을 경작하는 것이고(창2:5, 15), 그는 죽어서 땅으로 돌아간다(창3:19). 그 후에 에덴동산(창2:8), 나무(창2:9), 강들(창2:10), 각종 들짐승과 공중의 각종 새들(창2:19), 여자(창2:22)의 순서로 창조되었다고 기록하고 있다.

첫 번째	사람(2:7)
두 번째	에덴동산(2:8), 나무(2:9)
세 번째	강들(2:10)
네 번째	각종 들짐승과 공중의 각종 새들(2:19)
다섯 번째	여자(2:22)

처음 창조된 사람 '아담'은 중성명사로 나타난다(창2:7). 후에 이 중성명사인 '아담'(אדם, 아담)에게서 '여자'(אשא, 잇싸)가 나옴으로써 아담이 비로소 남성명사 '남자'(איש, 잇쉬)로 표현된다.

"아담이 이르되 이는 내 뼈 중의 뼈요 살 중의 살이라 이것을 남자(איש, 잇쉬)에게서 취하였은즉 여자(אשא, 잇싸)라 부르리라 하니라"(창2:23)

여자가 창조되기 전까지 아담은 남자가 아니었다. 여자를 보고 성적 매력을 느낀 남자의 성이 눈을 뜨며 비로소 남자가 된 것이다. 남자와 여자를 하나님의 형상대로 동시에 창조하였다는 것은 서로 돕고 의지하며 살라는 것을 말한다. 조금의 차별도 없는 존재로 똑같이 왕과 같은 존재, 같은 인권을 가진 존재로 평등하게 창조된 것이다

"여자를 만드시고"(창2:22)에서 '만들다'(בנה, 바나)는 '수선하다', '건설하다'(build)란 의미로 설계도가 필요할 정도로 세밀하고 정확하게 만드는 것을 뜻한다. 반면에 앞선 2장 7절의 "흙으로 사람을 지으시고"에서 '만들다'(יצר, 야차르)는 토기장이가 흙으로 작업하는, 보다 단순히 만드는 것(make)을 의미한다. 이는 여자를 훨씬 더 섬세하고 정교하게 만드셨음을 알 수 있다. 또한 여자 창조는 아담만으로는 미흡했던 인간 창조 사역을 충족시켰다는 의미도 지닌다. 남자의 창조는 단 한 구절로 묘사되지만 여자의 창조는 여섯 구절로 나타난다.

'갈빗대'(צלע, 첼라, 창2:21)는 '다른 편'이란 뜻도 지닌다. 그러므로 아담은 본래 남녀 양성을 지녔었는데 하나님께서 다른 편인 여성을 따로 떼어내어 남은 아담이 완전한 남성으로 완성된 것으로 보인다.

모든 짐승과 아담까지도 흙으로 만드신 하나님이 흙 대신에 굳이 아담의 갈비뼈를 선택하심은 여자가 남자의 갈비뼈로 만들어졌음을 말하려는 것이 아니라 여자가 남자에게 어떤 존재인지를 말씀하시기 위함이다(창2:22). 여자를 갈빗대로 만드신 것은 원래 둘은 하나의 몸이므로 여자는 남자에게 소중히 여김을 받아야 하는 존재임을 의미한다. 서로 사랑을 주고받는 관계인 남자와 여자의 본질을 말씀하기 위함이다. 창조 사역의 가장 마지막에 창조된 여자는 창조의 정점이라 할 수 있다.

첫 번째 창조 이야기에서 남자와 여자를 창조하실 때 하나님의 형상대로 사람을 창조하셨다(창1:27)고 말씀하신다. 그러나 두 번째 창조 이야기에서는 하나님의 형상대로 창조되었다는 언급이 없다. 그렇다면 남자와 여자가 분리되기 전과 후의 차이점이 하나님의 형상과 밀접한 관련이 있음을 알게 된다.

남자와 여자가 하나의 몸 안에 깃들어 있을 때는 하나님의 형상으로 만들어져서 충만함을 누려야 했지만, 정작 아담은 만족하지 못하고 외로움을 느꼈다. 아담이 혼자 사는 것(불완전한 것)을 좋지 않게 생각하신 하나님이 여자를 창조하시는데, 이는 자신의 반쪽을 찾아 온전한 하나가 되어야만 비로소 충만한 삶을 살아갈 수 있음을 의미한다.

　'돕는 배필'(=, 에제르 케네그도)로 번역된 우리말 성서와는 달리 히브리 원문엔 '배필'(דגנ, 네게드)이 형용사이고, '돕는'(רזע 에제르)이 명사로 '배필'에 '-처럼', '-같이'란 전치사(כ, 케)가 붙어 '그를 마주 보는 것처럼 돕는 자', '거울에 비추어진 자기 모습', '동등한 협력자'란 의미를 가진다(창2:18).

　'돕는'을 여성이 남성에게 종속된다는 의미로 해석하여 어느 한쪽의 희생만을 강조해서는 안 된다. 남자와 마찬가지로 여자도 하나님의 형상대로 창조된 자이며 동등한 존엄성과 인격을 지녔기 때문이다. 돕는 배필이란 서로 그리워하며 평생 동안 아름답고 사랑스럽게 느끼는 관계, 성적인 이끌림까지 포함하는 관계로 보아야 한다. 서로에게 도움이 되는 존재는 일상적인 일이나 자식의 출산에서의 도움뿐만 아니라 모든 교제의 영역에서 가능한 관계로 나아가야 한다(전4:9,10; 고전11:11, 12).

　아담이 하와를 만난 것은 자신의 능력으로 이루어낸 일이 아니다. 하나님의 뜻 가운데서 하나님이 직접 돕는 배필 하와를 만드셨다. 하나님은 모든 생물에게 짝이 있는데 아담만 짝이 없이 홀로 외로이 있음을 아셨다. 하나님은 하와를 만드실 때 잠든 아담의 상처와 고통을 통해서 만드셨다. 창세기의 '여자 만들기'는 남자의 상처와 아픔, 고통을 통해서 이루어진 것은 의미심장하다.

　여자는 남자를 다스리도록 그의 머리로부터 만들어진 것이 아니고 복종하고 짓밟히도록 그의 발로부터 만들어진 것이 아니라 동등한 존재로 사랑받도록 그의 심장 가까이에서 만들어진 것이다. 그러므로 하와는 아담의 분신과도 같은 존재다.

　하나님께서 하와를 아담에게 이끌어 오셨을 때 아담은 너무 기뻐서 "내 뼈 중의 뼈요 살 중의 살이라"(창2:23)라고 감격하며 맞이했다. 그러므로 이 둘의 관계는 동물들과는 다르게 서로의 인격을 존중하면서 동등한 관계로 나아가야 한다. 하나님을 신뢰하고 인도하심을 따라 돕는 배필을 맞이해야 함을 성서는 말하고 있다. 남자와 여자가 친밀한 관계를 맺으면서 사랑으로 가정을 이룰 때 비로소 하나님의 창조 사역은 완성되는 것이다.

남편과 아내는 어떤 경우에도 주종관계, 상하관계, 지배자와 피지배자의 관계 속에서 살아서는 안 된다. 서로를 도와 서로를 완전하게 하고 부족한 부분들을 서로 보충해주고 그 안에서 하나님의 뜻을 완성 시키는 자유와 평등의 질서를 유지해야 한다.

하나님께서 예비하신 돕는 배필을 만난다는 것은 남녀의 만남이나 결혼의 의미를 다시금 생각하게 한다. 이 둘이 가정을 이룸은 서로의 부족한 점을 사랑과 신뢰로 메꾸어 가면서 하나님 안에서 화목한 가정을 만들어 가는 것이다. 가정을 이룬 남녀는 함께 하나님께서 주신 고귀한 목적, 즉 하나님 나라를 건설하고 다스리라는 사명을 이루어나가며 하나님께 영광을 돌려드릴 동반자의 관계를 가진다.

2강 노동자로서 창조된 사람 (창 2장)

창조 이야기는 사람의 창조를 향해 나아가고 있다. 하나님이 지으신 모든 세계가 사람을 위해 만들어졌고, 식물도 사람의 음식으로 주어졌다. 하나님의 형상대로 만들어진 사람은 생육하고 번성하여 땅을 정복하도록 지시받았고 하나님과 소통할 수 있으며 하나님의 대리자로서 역할을 감당하게 되었다. 창조주가 자신의 모든 사역으로부터 일곱째 날에 안식하셨듯이 사람도 그의 노동으로부터 휴식을 취해야 한다. 안식일 역시 사람을 위해 창조되었다.

하나님은 사람이 거주할 수 있는 완전한 환경을 조성하셨지만(창2:5-17), 그 땅은 아직 비가 내리지 않아 경작할 수 없는 땅이었다. 그래서 땅을 개간할 수 있는 '경작할 사람'(창2:5)을 만드신 것이 하나님께서 사람을 창조하신 목적이다. 물이 있어도 사람이 그것을 개간하지 않으면 메마른 곳이 된다. 그러므로 하나님이 사람을 창조하신 이유는, 하나님을 대신하여 땅을 잘 관리하라는 것이다,

"우리의 형상을 따라 우리의 모양대로 우리가 사람을 만들고 그들로 바다의 물고기와 하늘의 새와 가축과 온 땅과 땅에 기는 모든 것을 다스리게 하자 하시고"(창1:26)
"하나님이 그들에게 복을 주시며 하나님이 그들에게 이르시되 생육하고 번성하여 땅에 충만하라, 땅을 정복하라, 바다의 물고기와 하늘의 새와 땅에 움직이는 모든 생물을 다스리라 하시니라"(창1:28)

생명의 주체이신 하나님께로부터 생명을 받은 인간이 생명을 지켜나가는 일을 하는 것이 하나님이 인간을 창조하신 이유이다. 하나님의 형상을 따라 지음 받은 인간에게 땅을 정복하라는 명령을 주심은 하나님의 피조물인 자연 세계를 착취하거나 파괴하는 권리를 주신 것이 아니라, 관리하는 의무를 주신 것이며, 하나님의 대리자로서 다른 피조물을 보살필 책임과 의무를 다하라는 것이다. 이것은 창조된 세상에 대한 인간의 책임과 결합 된다.

그러므로 사람은 에덴동산에서 쉬고 먹고 마시고 놀고 즐기며 지내라고 창조된 것이 아니라 일하고 노동하라고 하나님이 창조하신 것이다. '동산'(גן, 간)은 울타리로 둘러싸인 정원이 아니라 경작을 위해서 둘러싸여 있는 지역을 가리킨다. 그냥 '사람'이 아닌 '땅을 갈 사람', '경작할 사람'을 창조하신 것이다.

"여호와 하나님이 땅에 비를 내리지 아니하셨고 땅을 갈 사람(경작할 사람)도 없었으므로 들에는 초목이 아직 없었고 밭에는 채소가 나지 아니하였으며"(창2:5)
"여호와 하나님이 그 사람을 이끌어 에덴동산에 두어 그것을 경작하며 지키게 하시고"(창2:15)

'갈다'(עבד, 아바드)는 '일하다', '노동하다' 외에도 '섬기다', '봉사하다'의 뜻도 가지고 있다. 목적어가 땅이면 '노동하다, 일하다'가 되고, 목적어가 사람이나 하나님이면 '봉사하다, 섬기다'가 된다. 하나님은 인간이 에덴동산에서 땅을 경작하며 일하도록 아담과 하와를 그곳에 두셨다(창2:15). 아담은 처음부터 에덴동산에서 일하기 위해 있었다.

노동은 하나님의 지상명령이며 인간의 책임이다. 흙에서 태어나 흙으로 돌아간다는 말씀은 인간의 연약함과 인생의 허무함을 뜻하는 것이 아니라 흙으로 만들어진 사람이 자연의 일부분으로 돌아감을 말한다. 인간과 땅의 필연적 관계(땅을 경작하는 것)가 하나님의 창조 목적임을 보여준다. 인간에게 피할 수 없는 죽음은 금지된 나무의 실과를 먹은 범죄에 대한 형벌이 아니라 인간의 노동의 수고에 대한 한계, 즉 노동을 할 수 있는 나이를 설정해 놓은 (혹은 설정한) 것이다. 그러므로 창세기 기자는 땅을 경작하는 존재로 인간을 말한다. 인간이 창조된 이유가 노동이며 그가 존재하는 가장 근본적인 목적 중의 하나이다.

'흙'(אדמה, 아다마)은 경작에 알맞은 '붉은 흙'을 의미한다. 인간이 흙에서 비롯되었음과 함께 하나님께로부터 부여된 생명에 대한 이야기를(창2:7) 동시에 함으로써 인간은 온 땅의 주인이신 하나님의 대리자로서 흙과 더불어 살아가야 하는 존재임을 말하고 있다. 그러므로 타락 이전에도 사람에게 노동이 요구되었다. 즉 낙원은 놀고먹고 지낼 수 있는 실업자와 같은 삶이 아니다. 노동은 인간의 삶에서 본질적인 것이다.

그러므로 단순히 생존을 위해 일을 하는 것이 아니라 생의 의미 탐구와 자아실현을 위해서도 일을 해야 하며 '인간다운 삶'을 위해 노동을 해야 한다. 따라서 노동은 인간에게 주어진 저주가 아니라 하나님께로부터 받은 고귀한 사명이다. 흙에서 나온 존재가 그 흙을 일군다는 것은 자연스러운 것이므로 흙은 인간이 자기 생의 의미를 구현하는 터전이며, 노동은 인간의 삶의 본질과 자신의 운명을 개척하는 수단이 된다. 단순히 물질적 대가만을 추구하는 것이 노동의 목적이 아니라 그 일에 의미를 부여하고 보람과 긍지를 느껴야 한다.

그렇다면 창세기에서 말하는 노동은 인간이 타락했기 때문에 내린 벌이나 저주가 아니라 처음부터, 즉 타락 이전부터 인간의 자유와 기쁨을 이룩하고 인간의 존엄성과 자기만족을 갖도록 하기 위해 하나님께서 내리신 축복이요 약속이며 명령이었다.

창세기의 이러한 사람에 대한 개념은 전형적인 고대근동 신화와 뚜렷하게 구별된다. 고대근동의 신화에서는 신들에게 계속 음식을 제공하기 위해 종으로 인간이 창조되었다. 그러나 그들과 달리 하나님에 의해 창조된 사람은 그의 창조주가 풍부하게 음식을 제공해 주고, 매 일곱째 날을 그 노동으로부터 안식하게 하는, 땅에서의 하나님의 대리자이며 지배자인 것이다.

그러므로 인간과 자연은 대립 되어있지 않고 서로 협력하는 관계로 수탈과 강탈이 아니라 세심한 가꿈과 보살핌으로 관계 맺어야 한다. 인간의 역할과 임무는 세상을 홀로 독차지하며 군림하는 것이 아니라 하나님이 창조한 모든 피조물들과 더불어 누려야하는 것이다. 하나님이 인간에게 세상을 다스릴 책임을 주셨기 때문에 모든 책임은 인간에게 있다.

인간은 노동자다. 그리스도인들도 당연히 모두 노동자다. 육체적인 노동자는 물론이고, 모든 직업을 가지고 있는 사람은 모두 노동하는 인간이다. 학교 선생님들은 교육 노동자이고, 목사들도 성경을 가르치고 설교하는 노동자이다. 그러므로 성직자, 하나님의 종, 일꾼으로 불리기보다 교역자라 불려야 된다. 해외에 파송된 사람만이 선교사가 아니다, 우리 모두는 노동 현장인 직장에 파견된 선교사들이다.

요셉이 보디발의 집에서 가정 총무로 일할 때 보디발의 인정을 받은 것은 그가 예배에 충실하고 기도하는사람이라서가 아니라, 그가 맡겨진 가정 총무라는 노동에 충실했기 때문이다. 그 뒤 감옥에서도 요셉은 맡은 일에 최선을 다해 일했다. 일터가 우리의 선교지이기에 자신이 일하는 곳에서 최선을 다해 일하고 능력을 인정받는 일꾼이 되어야 한다.

3강 사람과 죄의 문제 (창 3-4장)

하나님은 세상을 창조하신 후 '심히 좋았더라'(창1:31)고 말씀하심으로써 만드신 세계가 지극히 아름다우며, 조화롭고 질서 있음을 말씀하셨다. 그 중 특별히 에덴동산을 만드시고 인간을 거주하게 하심으로 인간에 대한 사랑과 관심이 그 어떤 피조물보다 더 깊으심을 나타내 보이셨다. 에덴동산은 인간이 살기에 가장 적합한 환경을 갖추었으며 하나님과 교제하며 더불어 살아갈 수 있는 이상적인 곳이었다.

하나님께서 인간에게 에덴을 허락하신 이유는 인간과 더 깊은 사랑의 교제를 이루시기 위함이고 또한 인간으로부터 영광과 찬양을 받으시기 위함이었다. 그러나 에덴동산의 삶 속에서 아담은 만족과 감사를 가져다주는 참 행복을 마다하고 동산의 주인 되시는 하나님의 말씀을 어김으로 '낙원의 상실'이라는 인류 최대의 비극을 맞이하게 되었다. 세상은 사람의 손에 맡겨지자마자 두 번이나 사람 때문에 저주받아야 했다(창3:18; 4:12). 사람이 하나님의 말씀을 거부하고 자기 마음대로 하다가 빚어진 일이었다.

창세기에 창조기사가 두 번 등장하는 것에 대해 의문을 가지게 되는데, 그 해결 방안 중 한 가지는 창세기 1장과 분리해서 2장을 3장 앞부분에 위치시켜서 이후 이야기를 소개하는 부분으로 보는 것이다. 창세기 2장의 창조기사는 3장의 인간의 죄에 대한 이야기를 전개하기 위해 기록한 것이다. 죄의 이야기의 주체가 인간이기 때문에 인간 창조의 이야기가 2장에서 먼저 다루어졌다. 그러므로 죄의 이야기와 연관시켜서 창조기사를 이해해야 한다. 결국 창세기 2장은 그 이후에 전개되는 11장까지 원역사 이야기의 서론 역할을 하고 있다.

그 이유는 창세기 2장에서 하나님의 활발한 창조 활동이 전개되다가 갑자기 중간에 창조기사와 아무 상관없는 먹을 것과 먹지 말아야 할 것에 대한 이야기를 하고 있기 때문이다. 이 말씀이 없었다면 창세기 3장에서 왜 사람이 죄를 지었는지에 대한 이야기를 할 수가 없다. 선악을 알게 하는 나무를 동산 한 구석에 숨겨 놓지 않고 인간 옆에 두신 것은 인간이 이 시험을 충분히 이겨 낼 수 있는 능력을 주셨음을 암시한다. 다만 인간이 이 능력을 적절하게 사용하지 못했을 뿐이다.

"여호와 하나님이 그 사람에게 명하여 이르시되 동산 각종(모든) 나무의 열매는 네가 임의로(마음껏) 먹되 선악을 알게 하는 나무의 열매는 먹지 말라(절대로 먹지 마라) 네가 먹는 날에는 반드시(정녕) 죽으리라(절대로, 진짜 죽는다) 하시니라"(창 2:16-17)

하나님의 경고 말씀은 하나님의 주권적인 권위의 명령이다. 인간은 선택의 여지 없이 복종해야 하지만 하나님께서는 인간에게 자유의지를 주셨고, 인간은 하나님께 불순종을 선택했다.명령이 금지의 형식으로 쓰였지만, 이후 사건들을 볼 때 인간이 하나님께 순종했으면 훨씬 더 큰 축복을 받았을 것임을 알 수 있다. 아담과 하와는 하나님의 금지명령을 어기고 하나님이 유일하게 금지하신 선악과를 먹었다. 선악과는 하나님이 창조주 되심을 잊지 않았다는 인류의 고백의 증표로서의 역할을 하고 있다. 따라서 선악과를 따먹는 불순종의 행위는 하나님을 인간 자신의 마음속에서 지워버리는 불신앙일 뿐더러 하나님 없이도 세상을 스스로 다스릴 수 있다는 교만의 극치를 보여준다.

사람은 선악을 알게 하는 나무의 실과를 먹었으나 그날에 즉시 죽지 않았다. 단지 동산의 동쪽을 향해 만들어진 입구를 통해 추방당한다. 이러한 특징은 후대에 성막과 관련된 규정들에서도 나타난다. 이스라엘 백성들과 함께한 성막은 하나님의 임재의 상징으로 거룩한 곳이었다. 만약에 그 백성이 죄를 지어 부정하게 되면 이스라엘의 진에서 쫓겨나는데 이것은 곧 죽음을 의미했다. 그렇다면 하나님께서 '반드시 죽는다'고 선포하신 것은 육체적으로 당장 죽는 것이 아니라 '하나님과의 관계가 끊어진 상태'를 의미한다. 선악과를 따먹은 직후 하나님께서 아담과 하와에게 찾아오셨지만 그들은 하나님의 눈을 피하여 숨었는데 바로 이것이 하나님과의 관계 단절을 상징적으로 보여준다. 사람은 하나님의 임재 속에서만 생명의 충만함을 누릴 수 있다.

신약시대의 죄란 "표적을 잃는 것" 또는 "표적에서 빗나간 것"이라 정의되었다. 죄는 죄를 지은 행위뿐 아니라 죄를 짓도록 만든 내면 속의 경향, 무지, 두려움까지도 포함한다. 하나님을 향하도록 되어있는 표적이 빗나가 세상과 사물에 기울어져 하나님으로부터 이탈된 것을 죄라고 말하고 있다.

범죄한 인간을 향한 하나님의 정의 재구현의 방식은 두 가지로 이루어진다. 히브리어로 '리브'(ריב)와 '미슈파트'(משפט)이다. '리브'는 상처받고 피해당한 사람이 가해자를 직접 찾아가서 고발하는 양식이다. 하나님과 인간관계에서 보면 하나님이 범죄한 인간을 직접 찾아가서 꾸짖는 것이다. '리브'는 용서를 전제하고 있어 응징이 아니라 교훈적인 벌이라 할 수 있다. 죄인이 자신의 잘못을 뉘우치고 회개하기만 하면 하나님은 즉시 용서하시기에 하나님과 죄인의 관계는 예전보다 더 돈독해지고 더 친밀해진다.

한편 '미슈파트'는 오늘날 법정에서 이루어지는 재판과 똑같은 고발양식이다. 제삼자가 옳고 그름을 가려 판결을 내리고 잘못에 상응하는 처벌이 내려진다. 그로써 둘의 관계는 단절된다. 더 이상 관계회복이나 화해의 여지가 주어지지 않는다. 성서 안에서 범죄한 인간을 향한 하나님의 고발은 95%가 리브 양식으로 이루어지며 미슈파트 양식은 5%에 불과하다. 그것도 최후심판과 관련된 문맥에서만 쓰일 뿐이다.

하나님 앞에서 용서받지 못할 죄란 없어 보인다. 하나님께선 우리가 어떤 죄를 저질렀건 이미 용서가 담긴 고발을 하고 계시기에 그 한량없는 은혜에 감사와 위로를 받는다. 아담과 하와가 선악과를 따먹는 죄를 저질렀을 때도 그들에게 내려진 하나님의 고발양식은 리브였다. 아담과 하와가 받은 벌은 경작의 수고와 출산의 고통을 통하여 하나님의 창조 사역과 생명 사역에 동참하는 일이었다. 하나님은 죄지은 그들을 이후에도 계속 돌보아 주신다.

인간은 살아있는 한 끊임없이 죄를 짓고 넘어질 것이다. 그러나 지은 죄에 초점을 두지 않고 넘어질 때마다 돌이켜 회개하고 다시 일어서서 생명의 하나님께로 돌아가는 것이 중요하다. 예수께서도 "회개하고 복음을 믿으라"(막 1:15)라고 말씀하신다. 예수님의 시선은 우리가 지은 죄에 있지 않고 넘어진 인간이 다시 일어나야 한다는 사실에 있다.

아담이래 인간은 줄곧 죄를 지어왔고 앞으로도 죄를 지으며 살아갈 것이다. 그러나 하나님이 바라시는 것은 죄 없이 완벽한 인간이 아니라 회개하고 하나님께로 돌아오는 인간이다. 하나님은 인간을 구원과 영원으로 이끌기를 원하시기 때문이다. 모든 것이 종국에는 선을 향해 나아가도록 하는 것이 하나님의 의지이다(롬8:28).

그러므로 인간은 자기의 죄와 허물에 지나치게 주목하며 자책하기보다는 하나님의 놀라운 사랑과 용서에 주목하며 희망을 가지고 하나님께로 돌아가기 위하여 날마다 최선을 다해 살아가야 한다.

아담과 하와에게 죄가 들어옴 (창 3장)

창세기 3장에 나타나는 뱀에 대해 그동안 많은 해석이 존재해 왔는데 초대교회 시대에는 이 뱀을 사탄이나 악마와 동일시했다. 그러나 구약성서 앞부분에는 어떤 인격적인 악마에 대한 흔적이 전혀 나타나지 않는다.

본문의 '뱀'(שׁחנ, 나하쉬)은 일반적인 뱀이지, 사탄을 의미하고 있지 않다. 성서는 뱀을 직접적으로 사탄이라고 부르지 않는다. 고대 근동에서 지혜롭고 신비스러운 짐승으로 여겨진 뱀은 사람을 해칠 수 있는 치명적인 독을 가지고 있고, 매우 유연하고 우아하게 움직인다. 특히 깜박거리지 않으면서도 수정처럼 빛나는 눈은 사물을 꿰뚫어 보는 듯한 느낌을 준다. 또한 정기적으로 허물을 벗음으로 오랜 수명을 유지해서 지속되는 젊음과 끊임없는 생기의 의미로 여겨지기도 했다. 이러한 특징들로 인해 뱀은 생명, 죽음, 다산, 건강, 지혜, 무질서한 악 등을 상징했다.

뱀도 하나님이 창조하신 존재로 뱀이 접근했을 때 하와가 경계하지 않은 것으로 보아 원수 사이는 아니었을 것이다, 오히려 아담이 모든 동물의 이름을 지어 주었으므로 좋은 관계였을 것이다.

"뱀은 여호와 하나님이 지으신 들짐승 중에 가장 간교하니라"(창3:1)

‘간교하니라’(עָרוּם, 아룸)는 교활하다는 의미보다 지혜롭고 영리하다는 표현이 강하다. 성서는 슬기로운 자는 지혜를 추구해야 하나(잠12:16; 13:16; 14:15), 잘못 사용하면 나쁜 결과를 초래하기도 한다(욥15:5)고 말한다.

> "어리석은 자는 온갖 말을 믿으나 슬기로운(עָרוּם, 아룸) 자는 자기의 행동을 삼가느니라"(잠14:15)
> "네 죄악이 네 입을 가르치나니 네가 간사(עָרוּם, 아룸)한 자의 혀를 좋아하는구나"(욥15:5)

‘간교하다’(עָרוּם, 아룸)는 ‘벌거벗음’(עָרוֹם, 에롬)과 언어유희를 이루어 ‘그들은 선악을 알게 하는 나무의 실과를 먹음으로 지혜롭게(아룸) 되기를 원했으나 오히려 벌거벗은(에롬) 자로 남게 되었다’로 표현할 수 있다. 결국 뱀의 간교함은 인간을 유혹할 수 있는 지혜이지 악하다는 것이 아니다.

구약성서에서 뱀이 하나님과 적대하는 동물로 상징되고 레위기에서 부정적인 동물(레11장)로 간주되지만 하나님이 창조하셨다. 하나님께로 부터 사람을 유인해 내는데 피조물들 중 뱀이 가장 적절해 보이는 것은 인간의 지혜를 뛰어넘는 간교함이 있기 때문이다. 이 이야기는 뱀을 통한 인간의 죄를 설명한 것이지 사탄의 기원을 말하고 있는 것이 아니다. 그러므로 뱀이 이 이야기의 주인공도 아니고, 단지 인간의 잘못된 선택으로 인한 죄의 기원을 설명하고 있을 뿐이다. 죄의 기원이 인간의 잘못된 선택과 경험에 의한 것이지 뱀의 간교라고 책임을 회피해서는 안 된다.

그러므로 죄의 기원의 책임은 인간의 잘못된 선택에 있다. "선악을 알게 하는 나무의 열매는 먹지 말라"(창2:17)고 명령받은 그들이 하나님 앞에 불순종한 것이다. 책임은 자기의 의지를 잘못 사용한 자에게 있는 것이지 유혹한 사탄에게 있는 것이 아니다. 사탄은 미혹하는 자일뿐이다. 죄의 경로는 하나님의 말씀을 왜곡하는 데서 시작했다.

> "뱀이 여자에게 물어 이르되 하나님이 참으로 너희에게 동산 모든 나무의 열매를

먹지 말라하시더냐 여자가 뱀에게 말하되 동산 나무의 열매를 우리가 먹을 수 있으나 동산 중앙에 있는 나무의 열매는 하나님의 말씀에 너희는 먹지도 말고 만지지도 말라 너희가 죽을까 하노라 하셨느니라"(창3:1-3)

이 본문을 주의 깊게 살펴보면 하와의 말에서는 '모든'(2절)이란 단어가 빠져 있고(하나님의 사랑과 은혜가 축소), 하나님의 명령(창2:16-17)에는 없는 하와의 생각인 '만지지도 말라'(창3:3)는 말을 첨가했다. 사도 요한은 계시록의 마지막 본문에서 인류 최초의 타락 사건을 경고하고 있다(계22:18-19).

죄의 경로에 대한 다음 단계는 진리 부정에 대한 유혹(창3:4-5)으로 "뱀이 여자에게 이르되 너희가 결코 죽지 아니하리라"(창3:4)는 말씀이다. '결코 죽지 아니하리라'는 말씀도 하나님이 죽는다고 한 것을 정면으로 부정한 것으로 하나님을 거짓말쟁이로 만드는 일이다. 일단 하나님이 거짓말을 한 것으로 의심되면 모든 것이 달라 보인다. 동산의 각종 실과를 먹도록 하신 하나님의 은혜와 사랑도 선악과를 먹지 못하도록 만들기 위한 치사한 음모로 뒤바뀐다. 그런 생각에 이르게 되면 하나님께 속았다는 생각을 갖게 되어 분하고 억울한 마음으로 바뀌게 된다.

뱀의 말이 전혀 근거가 없는 말은 아니었다. 눈이 밝아짐에 대한 언급은 없지만, 선악을 알게 되고, 하나님과 같이 된다는 언급이 있다(창3:22). 그러나 여기서 분명히 해야 할 것은 선악을 아는 일은 하나님의 영역이지 우리의 판단영역은 아니라는 것이다. 인간은 올바르게 선과 악을 구분할 수 있는 존재가 아니다. 언제나 자신의 이익에 따라 옳고 그름을 판단하고, 뇌물을 받고 악의 편을 들어주기도 하며, 집단 이기주의에 의한 잘못된 판단을 하기도 한다. 오직 하나님만이 선과 악을 구분하시고 은혜와 심판을 내리실 수 있는 유일한 분이시며 하나님의 말씀만이 선악의 기준이 된다.

하와는 누가 자기를 위하고 돌보는 존재인지 분별력을 잃었다. 뱀의 농간에 의해 하와에게 하나님은 나쁜 존재로 이미지가 바뀌고 있다. 하나님이 자신들을 창조하시고, 생명을 주시고, 그 많은 복을 주셔서 에덴동산에 살고 있다는 전체적인 상황 인식은 없어지고, 순식간에 하나님에 대한 적개심을 가지게 되었다. "하나님을 전혀 그렇게 생각하지 않았는데 지금 보니 아주 나쁜 하나님이네"라는 생각으로까지 발전한 것이다.

다음 단계로 미적, 감각적, 자만적 욕구 충족에 대한 갈망이다. 하나님의 명령을 소홀히 여기게 되면 하나님에 대한 신뢰가 떨어지고 하나님에 대한 의혹이 자리 잡기 시작한다.

"먹음직도 하고 보암직도 하고 지혜롭게 할 만큼 탐스럽기도 한 나무인지라"(창 3:6)

이제 하와는 뱀이 알려준 정보를 가지고 하나님의 의도를 불순하게 보았다. 열매를 바라보는 하와의 관점이 달라지고 해석이 달라졌다. 인간의 교만한 자아가 발동한 것이다. 인간의 육신의 삶은, 먹는 것, 보는 것, 아는 것, 먹음직스러운 것을 탐하는 것, 눈에 아름다운 것을 쫓아가고, 지혜로운 척하나 교만한 눈에 만족스러운 것들은, 결국 어리석음의 나락으로 떨어지게 만든다. 육신의 정욕과 안목의 정욕과 이생의 자랑이 하와에게서 깨어났다(요일 2:16).

"여호와 하나님이 아담을 부르시며 그에게 이르시되 네가 어디 있느냐 이르되 내가 동산에서 하나님의 소리를 듣고 내가 벗었으므로 두려워하여 숨었나이다 이르시되 누가 너의 벗었음을 네게 알렸느냐 내가 네게 먹지 말라 명한 그 나무 열매를 네가 먹었느냐"(창3:9-11)

아담은 하나님이 부르시는 소리를 '듣고 ... 숨었다'. '듣고'(שׁמע, 샤마)라는 단어는 '순종하다'를 의미하기도 한다. 이는 아담이 하나님께 순종하지 못했음을 보여주고 있다. 두려움에서 촉발된 행동은 믿음에서 비롯된 것이 아니므로 하나님을 기쁘시게 할 수 없다.

하나님께서는 아담이 어디 있는지 몰라서 물으신 것이 아니다. 그러나 이제 아담은 자신을 부르는 하나님의 소리가 기쁘지 않다. 죄를 지은 아담을 먼저 부르시며 다가오신 하나님께 아담은 "벗었음으로 두려워하여 숨었다"고 말한다. 벗었다는 사실이 두려워할 일이 되어 버린 것이다. 아담과 하와는 벗었음을 부끄러워하지 않던 본래의 순결한 자기를 상실하고, 이제 벗음을 부끄러워하는 모습으로 변질되었다.

벌거벗음은 문자 그대로의 벌거벗음의 의미도 있지만, 감성적, 심리적, 영적으로 가릴 것이 없는 사이 즉, 상호 신뢰와 아무 조건 없이 받아들여지는 관계라는 의미다. 하나님은 아담의 두려움과 죄를 아셨지만 아담의 죄에 대한 직접적인 징계의 표현이 아니라 유화적 표현을 사용하여 말씀하심으로, 아담이 하나님 앞으로 나아올 기회를 주신다(창3:11).

"누가 너의 벗었음을 네게 알렸느냐?"를 다른 말로 표현하면 "누가 네가 나로부터 분리되었다고 알려주더냐?"이다. 이는 벗었음을 죄로 인식하게 된 아담과 하와가 당혹감 속에서 자신의 불완전함과 나약함까지도 함께 인식하게 되어 이제껏 알지 못했던 선과 악의 분리됨 속에서 정서적 혼돈과 정체성의 혼란을 겪고 있는 것이다. 이제 그들은 자신과 존재의 원천 사이에 생긴 균열로 인하여 죄에 매몰되어 간다.

"내가 네게 먹지 말라 명한 그 나무 열매를 네가 먹었느냐" 이 질문에 대해 하나님이 원하시는 대답은 "네, 제가 유혹에 넘어가 선악과를 먹었습니다. 용서해 주세요"이다. 아담은 자신이 죄인임을 고백하고 깨달아야 했다. 죄는 하나님에 대한 정면적인 모독이자 도전이다(요일1:9).

선악을 알게 됨으로 아담과 하와가 가장 먼저 한 일은 서로 진실을 왜곡하고 서로 비난하며 책임을 전가한 일이다. 아담은 먼저 하나님께 책임을 전가하고 두 번째로 하와에게 책임을 미루며 죄에 대한 정당화 작업을 한다. 아담의 입에서 나오는 말은 '내가'로 채워져 있다. 자기 자신만 보이는 이기적인 말들로 자신을 가득 채운 것이다. 아담이 자신의 잘못을 하와의 탓으로 책임 전가하는 모습은 인간의 나약함, 비굴함, 불완전함을 느끼게 한다. 이 불완전함은 남녀가 서로 상호 보완하여 살아가야 하는 존재임을 보여준다.

창세기 2장의 금지명령은 '내가 네게 먹지 말라 명한 그 나무 열매'(창3:11)에서도 알 수 있듯이 하와가 아직 태어나지 않았을 때 하나님께서 아담에게 먼저 하신 말씀이었다. 이후 하나님께서 하와에게 거듭 말씀하셨는지 아니면 아담이 하와에게 잘 전달했는지, 혹은 금지명령은 이미 뼛속까지 새겨진 말씀이라 아담의 갈빗대로 (만들어진) 하와가 만들어진 순간부터 이미 알고 있었던 것인지 알 수 없지만, 뱀이 '너희가'(창3:4)라는 복수형을 사용하는 것으로 보아, 뱀이 하와와 대화하고 있었을 때 아담도 바로 옆에 있었을 것이다. 그러므로 선악과 사건은 아담과 하와 두 사람이 함께 있던 자리에서 일어난 일이고 두 사람의 선택으로 발생 된 일이기 때문에 여자가 죄의 유혹에 취약하다는 해석은 하지 말아야 한다. 이런 해석은 핵심 주제에서 벗어난다.

하와에 대하여 "내 뼈 중의 뼈요 살 중의 살"이라고 고백했던 아담이 "하나님이 주셔서 나와 함께 있게 하신 여자 그가 그 나무 열매를 내게 주므로 내가 먹었나이다"(창3:12) 라고 변명하는 모습은 비겁하고 치사하다. 아담은 하나님보다 아내의 말에 더 귀를 기울여 선악과를 먹었던 사람이다.

아담은 하나님의 용서의 부름에 귀를 막고 숨었고 변명, 합리화로 책임을 전가했다. 적반하장으로 하나님을 원망하고 하나님이 주셨을 때 그토록 맘에 들어 했던 여자를 원망하고 나의 잘못은 그저 받아먹은 죄 밖에 없다고 말하고 있다. 죄인은 둘인데, 지은 죄에 대해 책임지는 사람은 하나도 없다. 죄의 가장 근본적인 모습은 모든 관계를 파괴하는 것이다. 하나님과 우리의 관계, 부부들의 관계, 형제들의 관계를 갈라놓는다.

아담은 하나님의 금지명령을 어겼음에도 죄를 지었다는 사실을 심각하게 보고 있지 않은 듯하다, 자신들의 불순종으로 자신들뿐 아니라 그들 이후의 모든 인간들이 겪을 고통에도 무감각해 보인다. 그러나 이제 아담은 알게 될 것이다. 선악과를 따먹은 순간 죄를 지으면 벌을 받아야 한다는 사실을 인지하게 된 것이다. 아담의 죄에 대한 책임 회피는 죄에 대한 책임의 두려움 때문이다.

아담의 죄에 대한 부정은 하나님의 용서와 사랑을 무시하는 결과를 가져왔다. 그래서 하나님과 아담과의 관계성이 끊어지게 되었고 이 사건에 관련된 모든 자가 하나님의 심판을 받는다. 뱀은 땅에 기어 다니고 여자와 원수가 되었고, 여자는 해산의 고통을, 남자는 땀 흘리고 수고해야 겨우 소산을 내는 땅의 가시덤불과 엉겅퀴와 씨름하는 삶을 살 것이라고 말씀하신다.

여자는 남자와 대등한 협력자로 창조되었는데, '원하고'로 번역된 히브리어 '사모하다'(תשוקה, 테슈카)는 마치 물이 넘쳐흐르듯이 주체할 수 없을 정도의 강렬한 갈망을 나타내는데(창3:16; 4:7; 아7:10), 성서에 자주 사용되지는 않는 단어다. 유대인 학자들은 여자가 해산의 고통에도 불구하고 성관계를 갈망하는 현상으로 해석하기도 하고, 다른 학자들은 남편이 수고해서 가져온 곡식에 의존해서 살아야 한다고 해석하기도 한다.

이제는 남자가 여자의 뜻대로 움직여 주지 않게 되었다, 여자가 받게 되는 벌은 남편이 자신의 갈망대로 움직이지 않게 되었다. 여자는 남자만을 사랑하지만 남자는 같은 맘으로 사랑하지 않는다. 게다가 동사 '다스리다'(משל, 마샬)를 사용하여 "남편은 너를 다스릴 것이니라"라고 하였다(창3:16). 돕는 협력자의 관계에 균열이 생긴 것이다.

이제 남편과 아내 사이는 부조화로운 협력과 갈등의 다스림 사이를 오가게 되었다. 항상 동등하게 서로를 존중하는 사이가 유지되는 것이 아니라 둘 중 한 사람이 다른 사람을 기선 제압하는 경우가 생겼다. 이것은 죄의 결과가 만들어 내는 현상으로 서로를 온전히 신뢰하고 따를 수 없게 되었기 때문이다.

선악과를 따먹은 인간이 얻은 것은 부끄러움과 두려움이었다. 뱀이 말한 대로 그들의 눈이 밝아졌지만 그들이 기대했던 것과는 전혀 다른 의미에서의 밝아짐이었다. 눈이 밝아지자 그들의 시야에 들어온 것은 오직 자신들의 벌거벗음이었다. 이를 가리기 위해 무화과나무 잎을 사용했는데 오늘날의 옷은 사람을 돋보이게 하는 기능을 가지고 있지만 최초의 의상은 수치를 가리는 수단에 불과했다.

인간 타락의 주요 내용은 창조주 하나님에 대한 인간의 배신이다. 그 배신의 이면은 거짓이 진실을 죽인 것이다. 이로 인해 하나님과 인간의 관계가 깨어졌고 인간과 인간도 서로 죽이는 관계가 되었다. 인간과 자연도 가시나무와 엉겅퀴를 내고 수고하여야만 소산을 얻는 관계로 전락했다.

그러나 바로 이 깨어진 관계를 회복해 놓으시려는 자비로운 하나님의 계획은 예수 그리스도를 이 땅에 보내시는 것이다. 그래서 죽임, 배신, 모함, 거짓의 관계를 살리는 관계로 회복시키셨다. 그러나 그러한 예수님을 이번에도 사람들이 '십자가에 못 박으라'고 소리 지르며 죽였다. 하지만 그렇다고 하나님과의 관계가 완전히 깨진 것이 아니었다, 예수그리스도의 십자가의 억울한 죽음이 하나님과 인간의 관계를 회복시키시는 새로운 역사가 되었다.

이제 인간의 삶은 거짓, 오해, 중상, 모략, 모함이 난무할 것이고 사람들은 거짓 정보에 맥없이 무너지고, 멀쩡한 사람을 이유 없이 죽이고 오해하는 어처구니없는 일들이 비일비재하게 반복해서 일어날 것이다. 그러나 이러한 삶을 당연한 듯 살아서는 안 된다. 인간이 죄를 선택함으로 잃어버린 하나님의 창조질서를 회복해야 한다. 그것이 이 땅에서 하나님의 자녀들이 해야 할 일이다.

선악과의 사건을 통해 알 수 있는 것은 죄는 주변에 있는 모든 것에 영향을 끼친다는 것이다. 죄는 사회와 환경까지도 망치게 된다. 인간이 인간답게 살지 못할 때 환경도 파괴되는 것이다. 그 중심에 인간의 책임이 존재한다. 그러나 하나님의 은혜가 인간의 죄의 무게보다 크다는 것을 알 수 있다.

하나님은 죄인 된 인간을 심판하시지만 새롭게 은혜를 베푸시고 새 출발하게 하셨다. 여자에게 모든 산 자의 어미가 되게 하고, 가죽옷을 지어 주셨다(창3:21). 가죽옷을 지어 입히신 것은 동물의 죽음이 있었던 것을 전제한다. 이는 그들의 죄로 인해 누군가 대신 피를 흘려 희생을 치른 것이다. 죄 문제 해결을 위해 하나님께서 동물의 희생을 통해 그들의 죄의 값을 대신 치르게 하시고 그것을 기억하라는 의미로 가죽옷을 입히신 것이라 볼 수 있다. 또한 이제껏 에덴에서 식물만을 먹던 그들이 동물의 죽음으로 상징되는 육식을 하게 되리라는 의미도 포함된다. 아람어역인 탈굼역과 일부의 학자들은 '그들의 가죽(피부)을 위하여'라는 번역을 선호해서 아담과 하와의 발가벗은 피부를 위해 옷을 입힌 것으로 해석한다.

에덴동산에는 참 생명이 있고, 하나님과 거닐며 대화를 나누는 참 평안이 있었으며, 질병과 고통, 먹거리에 대한 고민도 없었고, 죄가 존재하지 않았으므로 죽음에 대한 두려움도 없었다. 그러나 에덴동산을 떠남은 빛과 평안, 은혜와 사랑, 생명의 세계로부터 떠나는 것을 의미한다. 이제 산고의 고통, 먹고 살기 위한 처절한 수고, 질병, 시기, 미움, 살인, 음란, 강포, 방황으로 점철된 저주받은 삶, 죽음의 아가리를 벌리고 삼키려는 세상으로 나가야 한다.

우리는 늘 유혹에 노출되어 있어서 하와를 유혹한 뱀과 같은 죄악은 지금도 우는 사자와 같이 삼킬 자를 찾아다닌다. 우리는 하나님 앞에서 우리의 벌거벗음을 당연하게 생각하여야 한다. 있는 그대로의 나를 하나님 앞에서 드러내어 놓고 자복해야 한다. 감추려 하는 유혹을 받아들임은 내 안에 있는 하나님을 추방하는 것이다. 유혹을 거절하고 하나님을 선택할 때 우리는 나와 함께 계시는 하나님을 발견하게 될 것이다.

하나님과의 단절은 생명과도 단절이다. 이제 인간은 처음 경고하신 대로 죽는 운명을 지니게 되었다. 생명나무로 가는 길은 이제 그룹들과 불 칼이 지키고 있어서 가지 못한다. 인류는 생명으로부터 멀어져 생명 되신 예수그리스도께서 오실 때까지 길고도 먼 암흑 같은 시간을 보내야만 한다.

죄의 경향성 (창 4:7)

지금까지 많은 사람들이 창세기 3장에 대해 죄의 유전설을 말해왔다. 아담과 하와의 죄가 자녀들에게 유전이 되어 모든 사람들이 태어날 때부터 죄성을 가지고 태어난다는 것이다. 이런 견해가 원죄의 유전설이다.

"여자는 죄의 근원이라, 우리 모두가 죽는 것은 그녀 때문"(집회서 25:24)
"오 아담아, 네가 무엇을 했느냐 너의 죄가 너 혼자만을 타락시킨 것이 아니었노라 그것이 또한 우리도 타락케 했으며 네 후손들도 타락케 했노라"(에스라4서 7:118)
"한 사람으로 말미암아 죄가 세상에 들어오고 죄로 말미암아 사망이 왔나니"(로마서 5:21)

아담과 하와의 범죄는 전 인류에게 무서운 결과를 가져다준 최초의 죄였고 그 이후의 사람들은 에덴의 달콤한 삶을 경험하지 못했다. 이러한 주장이 원죄에 대한 기독교 교리로 자리매김 되었다.

모든 교리는 성서 안에서 해석되어야 한다. 기독론도 마태복음에 나타난 기독론, 요한복음에 나타난 기독론 아래에서 해석되어야 하고, 종말론도 데살로니가서에 나타난 종말론, 요한계시록에 나타난 종말론 등으로 다루어져야 한다. 이러한 입장에서 원죄는 유전설이 아니라 인간은 죄를 지닐 경향성이 있는 존재로 보아야 한다는 것이 성서학자들의 해석이다. 선악과를 먹은 죄의 한 사건을 소개함으로써 죄의 보편성을 이야기하면 안 된다. 선악과를 먹게 된 원인에 죄가 있는 것이다. 바울은 로마서에서 아담의 원죄가 후손들에게 자연스럽게 유전된다고 말하는 것처럼 보인다.

"그러므로 한 사람으로 말미암아 죄가 세상에 들어오고 죄로 말미암아 사망이 들어왔나니 이와 같이 모든 사람이 죄를 지었으므로 사망이 모든 사람에게 이르렀느니라"(롬5:12)

그러나 이 본문은 예수님 한 사람의 십자가에서 죽으심, 구속으로 모든 인류가 속죄함을 받는다는 논리를 뒷받침하기 위한 바울의 주장이다. 한 사람(예수님)이 십자가 위에서 죽으심으로 인류의 모든 죄가 사해진다는 논리를 뒷받침하기 위해, 같은 방식으로 먼저 한 사람(아담)의 범죄로 인류 모두에게 죄가 들어왔다는 논리를 펴기 위해 기록한 것이다.

"한 사람의 범죄로 말미암아 사망이 그 한 사람을 통하여 왕 노릇 하였은즉 더욱 은혜와 의의 선물을 넘치게 받는 자들은 한 분 예수 그리스도를 통하여 생명 안에서 왕 노릇 하리로다"(롬5:17)
"그런즉 한 범죄로 많은 사람이 정죄에 이른 것같이 한 의로운 행위로 말미암아 많은 사람이 의롭다 하심을 받아 생명에 이르렀느니라"(롬5:18)
"한 사람이 순종하지 아니함으로 많은 사람이 죄인 된 것 같이 한 사람이 순종하심으로 많은 사람이 의인이 되리라"(롬5:19)

바울 서신에서는 유전설을 주장하는 듯하나, 로마서의 본문들은 예수님의 죽으심으로 단번에 모든 이들이 구원을 받는다는 주장을 뒷받침하기 위한 말씀으로 보아야 한다. 무엇보다 창세기 3장이 죄의 유전설을 옹호하지 않는다. 첫 아담의 죄가 모든 사람에게 나타나는 죄의 경향성을 말한다. 이 경향성 때문에 죄를 선택하여 죄짓기 때문에 죄인이 되는 것이다. 창세기 4장에서 '죄를 다스리라'라는 말씀에서 죄지을 경향을 설명해준다. 죄를 다스리는 의로운 결정을 할 때 하나님 앞에 바로 설 수 있다. 이를 뒷받침하는 것이 가인과 아벨의 이야기이다.

"네가 선을 행하면 어찌 낯을 들지 못하느냐 선을 행하지 아니하면 죄가 문에 엎드려 있느니라 죄가 너를 원하나(죄의 소원은 너에게 있으나) 너는 죄를 다스릴지니라"(창4:7)

이 말씀은 하나님께서 죄를 다스릴 능력을 이미 주셨다는 말씀이기도 하다. 자신의 내부에서부터 일어나는 죄의 욕망을 물리치고 이겨내라는 의미로 죄를 지을 경향성이 있지만, 죄를 다스려야 한다는 뜻이다.

4강 아담의 후손들 (창 4-5장)

가인 (창 4:1-15)

하나님이 직접 창조하신 아담과 하와에겐 에덴에서 추방당한 이후 얻은 가인과 아벨이라는 두 아들이 있었다. 하와가 "내가 여호와로 말미암아 득남하였다"(창4:1)는 말씀을 히브리어로 직역하면 '야훼와 같이 나도 한 남자를 창조하였다'이다. 하와의 고백은 온 인류의 어머니라고 불릴 여인이 하나님의 창조 사업을 잇게 된 기쁨을 표현한 것이다.

인간의 타락에도 불구하고 인간은 여전히 땅의 자원을 관리하는 명령을 수행해야 했다. 그러므로 노동은 인간의 삶의 기본이 된다. 첫아들 가인(קין)의 이름은 '하나님께 아들을 얻었다'는 의미이며 농사를 짓는 사람이 되었고, 둘째 아들 아벨(הבל)은 '허무함, 무가치, 없음'을 뜻하며 양을 치는 사람이 되었다. 농사와 목축은 고대 세계의 모든 생활양식을 대표하는 일이다.

이스라엘에서 처음 난 것은 귀한 것으로 여겨졌고 큰 축복이자 집안의 경사였다. 그러나 인류 최초의 살인자가 된 가인, 정통적 핏줄로 인정받지 못한 이스마엘, 장자의 축복권을 강탈당한 에서, 맏형으로 대접받지 못한 르우벤 등 창세기의 장자들은 슬프다.

가인이 '농사짓는 자'라는 말 속엔 '땅의 노예', '땅을 섬기는 자'라는 의미를 포함하고 있다. 이것은 땅에 대한 고대인들의 애정이 잘 드러난 표현이기도 하지만 농사일에 대한 열심히 지나쳐 땅의 수확을 얻는 일에만 집착했다는 느낌을 갖게 한다.

세월이 지난 후에 가인과 아벨은 하나님께 제사 드렸지만 가인이 드린 제사는 열납되지 않고 하나님은 아벨의 제사만 받으신다. 가인은 하나님께 드린 제사가 받아들여지지 않자 억울함과 분노를 참지 못하고 안색이 변해서 자신의 속내를 드러낸다.

인간의 본성 가장 밑바닥에는 질투심이 자리 잡고 있다. 태초의 인간인 아담과 하와 역시 하나님처럼 되고 싶은 욕심에 선악과를 먹었고 그것은 하나님을 향한 질투심의 일종이었다. 아담과 하와로부터 시작된 죄의 파급효과는 가인이 자기 동생 아벨을 죽이는 것에 이르게 되었다. 가인은 의도적이고 계획적으로 아벨을 죽여서 인류 최초의 살인자가 되었다. 인류 최초의 살인은 하나님께 드리는 제사로 인한 것이었다. 하나님을 향한 비정상적인 열망, 삐뚤어진 관심받기에 대한 집착이 제사로 드러난 것이다.

가인과 아벨이 왜 제사를 드렸는지, 어떤 종류의 제사였는지 성서는 말하고 있지 않다. 가인은 자기가 수확한 곡식을, 아벨은 양 떼 가운데 건강한 첫 새끼와 그 기름으로 제사를 드린다.

아벨의 제물은 열납되고 가인의 제물이 거절된 것에 대해 해석이 다양하지만, 다음의 다섯 가지 유형으로 해석되어 왔다. 첫 번째로 하나님이 농부들보다 목자들을 선호하셨다는 것인데 그렇다면 처음에 아담에게 땅을 경작하도록 명령하신 것에 어긋난다. 두 번째로 피의 제물이 하나님께서 더욱 기뻐하시는 일로 동물 희생 제사가 식물 제물보다 더 잘 열납된다는 것인데 곡물을 드리는 소제(레2장)도 하나님이 분명히 받으셨다. 세 번째로 하나님의 선택의 영역으로 우리가 알 수 없는 신비로운 부분이라 모든 문제를 하나님께 맡겨버리는 것이다. 네 번째로 '믿음으로 아벨은 가인보다 더 나은 제사를 하나님께 드림으로'(히11:4)라는 말씀을 근거로 믿음의 영역으로 보는 것으로 오직 하나님만 알고 계신 두 형제의 다른 믿음의 분량 때문이라는 주장이다.

마지막으로 제물의 질이 문제라는 주장이다. 원어를 보면 '소산의 일부'(3절)라는 표현과 '첫 새끼들의 일부'(4절)라는 표현은 대조를 이룬다. 후자의 표현이 양 떼의 가장 좋은 것을 언급하는 반면, 전자의 표현은 일반적인 것을 언급한다. 아벨은 첫 새끼인 초태생을 드린 반면, 가인은 첫 열매를 드렸다는 언급이 없다. 율법은 처음 난 것은 하나님의 것이기에 모든 초태생을 희생 제사로 드려야 할 것을 강조하는데, 초태생과 기름에 대한 구약성서의 긍정적인 암시는 아벨이 하나님께 그의 양 무리 중에서 가장 좋은 것을 드렸다는 것이다.

또한 아벨의 표현은 더욱 자세히 묘사되어있다. '그 기름으로 드렸더니' 이 것은 아벨이 드린 제물의 성격을 강조한다. 제물 자체만 보아도 아벨의 것이 나음을 보여준다. 그러나 위의 해석들 역시 부족하다. 아벨이 가인보다 믿음이 좋았는지 하나님께서는 왜 가인의 제물을 받지 않으셨는지 성서는 구체적으로 알려주지 않기 때문이다.

그러나 본문을 살펴보면 '아벨과 그의 제물은 받으셨으나 가인과 그의 제물은 받지 아니 하신지라'(창4:3-5)라고 되어있다. 비단 제물뿐만 아니라, 아벨, 가인 둘 중 아벨만 받으셨다는 말씀이 된다. 이것은 아벨과 가인의 일상의 삶 속에서도 그들을 살펴보신 하나님께서 아벨은 받으시고 가인은 받지 않으셨다는 말이 된다. 이는 제사를 드릴 때 제사 드리는 자의 삶의 모습이 중요함을 말한다. 즉 두 사람의 평상시의 삶의 모습과 품성이 문제였다는 해석이 된다.

평소의 두 사람의 생활이 하나님께로부터 평가받는 자리가 제물을 바치는 자리가 된 것이지 그들이 바친 제물의 내용이나 제물을 드릴 때의 태도 때문에 하나님께서 아벨의 제물만을 열납하셨다고 보기는 힘들다. 단 한 번의 제물을 바치는 것을 보고 인간을 평가하시는 하나님이 아니라 충분한 시간을 주시며 그동안 그들이 어떤 생활을 했는가가 이번 제물을 바치는 경우를 통해서 평가받게 되었다고 볼 수 있다. 가인이 바친 제물이 아니라, 가인 자신이 하나님께 열납되지 않았다는 것이다.

가인 이야기의 주제는 하나님이 가인의 제물을 거절한 이유가 아니라 하나님의 거절에 대한 가인의 반응이다. 가인은 제물을 바친 후 받지 않으시는 하나님께 화만 내고 있다. 상식적으로 제물을 안 받으셨다면 다시 드리거나 아니면 왜 안 받으셨는지 질문이라도 했어야 하는데 가인은 화만 낸다. 하나님이 제물을 받지 않으셨다면 원인은 제물을 드린 가인에게 있는 것이다. 가인은 자신의 제물이 받아들여지지 않음에 억울함을 느꼈고, 그것이 자신의 동생 때문이라고 생각한다. 모든 일이 아벨이라는 비교대상이 있기에 발생된 일이므로 아벨 탓이라는 책임 전가는 결국 자신의 동생을 죽이는 패륜적 범죄로 이어진다.

가인은 그 결과가 자기 책임이라고 여기지 않았다. 자기 멋대로 자기 뜻대로 자기 방식대로 하나님께 제물을 드리고는, 나는 최선을 다했는데 왜 내 맘을 몰라주느냐고, 왜 안 받아주느냐고 생트집을 잡고 있는 것이다. 제물을 드리는 자의 잘못된 사고방식과 태도를 가인을 통해 알 수 있다.

"너희 몸을 하나님이 기뻐하시는 거룩한 산 제물로 드리라"(롬12:1)고 했는데, 몸은 일상의 삶이 만든 우리 자신을 말한다, 즉 제사와 제사 드리는 자의 삶의 연관성을 말하는 것이다. 제사와 제사 드리는 자의 일치성이 중요하다. 하나님께서는 우리가 어떤 제물을 바치느냐 하는 것보다, 제물을 바치는 우리가 어떤 사람인지에 더 관심을 갖고 계신다.

가인은 마음속에 죄를 품고 불법과 불의를 행한 채로 제사 드렸다. 죄의 소원을 마음에 품고 이미 무엇인가 하나님이 알고 계신 죄가 있었음에도 뻔뻔스러운 얼굴로 선한 척하고 있는 가인의 중심을 하나님은 꿰뚫어 보고 계셨다. 일상적인 삶 속에서 선을 행하지 않고 드려지는 예배는 하나님이 받지 않으신다. 아무리 값진 것을 재물로 드려도 자신의 잘못을 뉘우치기는커녕 오히려 완악한 마음을 갖고 불법과 악을 행한채 하나님 앞에 서면 드려진 모든 것은 무가치한 것이 된다. 삶과 예배는 결코 분리될 수 없기 때문이다.

그러나 가인은 자신의 분노를 다스리지 못하며 하나님께 인정받지 못함이 억울할 뿐이다. 죄의 문제를 먼저 해결하고 제물을 드리라는 하나님의 권고의 말씀을 철저히 외면한 가인은 자신의 죄를 지적하는 하나님 앞에서 거만하고 방자한 모습으로 자신의 제물이 열납되지 않음을 분하게 여기며 안색이 변하여 죄를 뉘우치지 않고 더 큰 불만을 품는다.

"여호와께서 가인에게 이르시되 네가 분하여 함은 어찌 됨이며 안색이 변함은 어찌 됨이냐 네가 선을 행하면 어찌 낯을 들지 못하겠느냐 선을 행하지 아니하면 죄가 문에 엎드려 있느니라 죄가 너를 원하나 너는 죄를 다스릴지니라"(창4:6-7)

하나님께서는 가인에게 "네가 선을 행하면 어찌 낯을 들지 못하겠느냐"고 반문하시면서 마음속에 있는 죄를 다스리도록 경고하신다. 하나님은 "선한 제물을 드리면, 혹은 최고의 것으로 제물을 드렸다면 ... 네가 얼굴을 들 수 있었으리라"고 말씀하시지 않았다. 다시 말하면, 다시 제사를 요구하신 것이 아니다. "네가 선을 행하면", 즉 지금 화를 내며 갈등하는 가인이 옳고 선한 선택을 하라고 이끌어 주고 계시는데, 가인이 일상생활 속에서 올바르고 선한 행동을 했다면 얼굴을 들 수 있다고 하시면서 현재 상황에서 가인이 취할 행동 방향을 제시하신 것이다.

하나님께서는 가인이 지금 받는 유혹(살인)을 뿌리치고 올바르게 처신한다면 고개를 들 수 있지만 올바르게 처신하지 못한다면 죄가 문 앞에 도사리고 앉아 그를 노릴 것이라고 일깨워 주신다. 여기서 죄는 웅크리고 앉아 있는, 드러누워 때를 기다리고 있는 존재로 의인화되어 있다.

'문 앞에 있다'(욥31:9)는 표현은 남을 해칠 음모를 가지고 있음을 뜻한다. 하나님은 가인에게 미리 경고하셨을 뿐만 아니라 어떻게 피할 수 있는지도 말씀해 주셨지만, 그럼에도 불구하고 가인은 분노와 불만을 억제하지 못하고 아우인 아벨을 죽인다. 하나님은 가인에게 이미 죄를 다스릴 능력을 주셨다. 그러나 가인은 분노에 몸을 맡기고 그 능력을 무시한다. 성서엔 아벨의 죽음이 인간 죽음의 최초 기록이다.

가인은 살인 후 하나님이 가인에게 아벨의 행방을 물었을 때 "내가 아우를 지키는 자니이까?"라며 일말의 죄의식도 없이 하나님께 뻔뻔한 거짓말을 하며 따지는 적반하장의 모습을 보인다, 이는'아우를 시중드는 자'라는 의미로서 아우와 아무런 상관이 없다는 말이며, 형제간의 관계성 단절을 선언하는 말이다.

하나님께서는 가인에게 자신의 죄를 자신의 입으로 고백할 수 있는 기회를 주셨지만, 이 기회를 거부하고 거짓말하고 있다. 이 질문에 가인은 자신이 동생 아벨을 죽였다고 고백했어야 했다. 살인은 용서받을 수 없는 중죄이나, 하나님을 속이는 죄는 더 크다. 시간이 갈수록 그의 죄의 목록은 늘어가고 있다.

이처럼 살인은 인간의 양심의 톱니를 무디게 하는 거짓을 수반한다. 형제간의 질투와 불화는 가인과 아벨을 시작으로 이스마엘과 이삭, 에서와 야곱,

요셉과 형들, 민족과 민족 간의 갈등으로 현재에까지 이어지고 있다.

이제 가인은 수고하고 땀 흘려 일해도 땅은 그 소산을 가인에게 주지 않는다. 선악과를 먹기 전에는 수고하지 않아도 땅은 소산을 주었다. 선악과를 먹은 후에는 수고를 해야 땅이 소산을 주었는데 이제는 가인이 동생을 죽이는 죄를 저질렀기 때문에 수고를 해도 땅의 소산을 먹을 수 없게 되었다. 땅과 인간의 관계가 변해서 땅과의 관계도 단절된 것이다. 가인이 아벨의 피를 땅에 흘리게 함으로써 땅이 생명력을 잃게 되었다는 의미로 볼 수 있다.

가인은 방랑하다가 에덴의 동쪽 놋 지방에 정착한다(창4:16). 놋은 이제 가인이 하나님으로부터 떠나 소외된 '바깥'의 삶을 상징하는 '유랑, 방랑'을 뜻하는 단어로서 안식과 평안이 없고 한없는 고독과 소외로 가득한 비참한 삶의 땅에 거주하게 되었음을 가리킨다. 가인은 하나님 앞에서 뉘우침도 없이 자신이 받는 벌이 너무 무겁다고 불평한다(창4:13-14). 이 또한 하나님에 대한 두려움을 찾아볼 수 없는 모습이다. 가인은 하나님께 호소한다.

"주께서 오늘 이 지면에서 나를 쫓아내시온즉 내가 주의 낯을 뵙지 못하리니 내가 땅에서 피하며 유리하는 자가 될지라 무릇 나를 만나는 자마다 나를 죽이겠나이다"(창4:14)

가인의 말대로라면 자신이 살던 땅, 하나님 곁에서는 어떤 위협도 없는 안전한 곳이었지만 그곳을 떠나면 죽음의 위협을 받게 된다는 것이다. 하나님과 함께하던 땅에서 아벨의 생명을 위협한 가인은 타인의 위협을 두려워한다. 가인은 자신이 타인에게 해를 당하지 않는 것에만 관심이 있다, 그런 가인을 죽음에서 구하기 위해 하나님께서는 그의 이마에 표를 주셨고 가인이 받은 표는 범죄자로서의 낙인이 아니라 보호해 주시는 하나님의 용서와 자비의 표였다. 아무리 큰 죄인이라도 그의 생명과 삶이 하나님께 속해 있으며 결코 하나님께로부터 외면당하지 않음을 보여준다. 하나님은 최초의 살인자 가인을 보호해 주심으로 악순환 되는 피의 복수를 막으셨고 어떠한 명분으로도 인간이 같은 인간을 죽일 권리를 갖지 못하게 하시며 모든 생명을 보호하도록 명하셨다.

가인은 흉악한 살인자로 태어난 것이 아니다. 질투에 눈이 멀어 살인을 했든, 분노조절장애로 우발적 살인을 저질렀든, 그는 동생을 죽인 살인자가 된 것이다. 평범한 농부였던 그가 살인자가 된 것은 최초의 범죄 이후 범죄는 어느덧 보편성을 나타내기 시작했음을 말해준다. 범죄가 하나님을 거스르는 죄에 그치지 않고 사회적 연대성으로 발전하는 모습이다. 이는 선악을 분별하는 능력이 인간에게 얼마나 불완전한 일인지를 보여준다.

가인이 받은 형벌은 하나님이 내리신 것이다. 그가 추방된 것은 모든 생명의 주이신 하나님께 범죄했기 때문이다. 죄는 개인적인 문제일 뿐 아니라 하나님에 대한 범죄이다. 하나님과의 예배와 교제에서 실패하면 다른 사람들과의 관계에서도 실패하게 된다. 이제 죄는 아담과 하와에게서는 남편과 아내에게 영향을 미쳤지만, 형제 관계에도 영향을 미치게 되었다. 죄를 짓는 경향성은 한층 더 악화된 형태로 세대에서 세대로 전달되고 있다.

요한일서는 아벨을 신앙의 본보기로, 가인을 피해야 할 본보기로 묘사한다 (요일3:12). 가인은 하나님의 말씀에서 벗어난 삶을 살면서도 자신이 무엇을 잘못하고 있는지에 대한 깨달음이 없었다. 마음속에 품은 분노를 해결하지 못하고, 용서와 이해와 사랑이 부족한 사람으로 성장한 결과, 문제 해결 능력도 부족하고 극단적인 선택을 하는 참을성 없는 미련한 자가 되었다. 어긋난 모든 일에 대해선 피해의식 속에서 다른 사람 탓을 하며 원망하는 자가 되었다. 또한 같은 배에서 난 형제를 죽여 부모 가슴에 못을 박아 놓은 비정한 아들이 되었으며, 장자로서의 책임도 지지 못하는 비겁한 삶을 살았다.

주일에 행해지는 주일 성수, 많은 헌금, 경건의 시간, 교회에서의 봉사, 성경공부도 중요하지만, 주중에 매일 매일의 삶 속에서 정의와 공의를 실현하며 이웃을 사랑하고 겸손과 절제의 삶을 살아가는 것이 훨씬 더 중요하다. 하나님은 우리 각자의 일상적인 신앙생활을 보시고 우리가 드리는 주일의 헌금을 판단하실 것이다.

하나님을 떠난 삶은 죄의 유혹에 빠지기 쉬우며, 잘못을 시인하지 않고 거짓을 일삼는 삶이며, 살인을 하고도 죄의식 없이 자신의 안일만을 추구하는 삶이다. 아무리 일을 해도 수확이 없고, 타인으로부터 끊임없는 위협에 두려움을 안고 방황하며 살아가며, 마음의 평화를 잃고 안식과 평안이 없는 삶이다. 그러므로 하나님의 땅 안에 거하며 하나님의 말씀에 귀 기울이며 생명을 존중하는 삶을 살아가야 한다.

죄를 고백하지 않고 용서받지 않으면 그것은 더 큰 죄로 이어질 수 있다. 하나님은 죄지은 사람을 회개로 이끌고 하나님의 은혜의 자리로 회복시키시기 위하여 물으신다. "네가 어디에 있느냐?" "네가 분하여 함은 어찜이뇨?"

아벨 (창 4:2-8)

아벨(הבל)의 이름의 뜻은 '공기, 숨, 허무함, 무가치'이며 양을 치는 사람이었다. 그 이름은 몹시 비관적 뉘앙스를 담고 있어서 앞으로 일어날 불행을 예견케 한다. 그러나 한편 하와의 입장에서 보면 그 이름이 단순한 의미일 수도 있다. 통상적으로 첫아이 출산은 산모에게 매우 고통스러운 일인데 무사히 출산한 기쁨에 가인의 이름을 '획득하다', '얻다'라고 지음으로 기쁨을 표현한 것이고, 둘째 아이 출산은 통상적으로 첫 아이 만큼은 고통스럽지 않다고 한다. 그래서 하와가 짐작하고 각오했던 고통의 시간보다 빨리 출산할 수 있게 된 기쁨에 공기처럼 숨 내쉬는 것처럼 수월했다는 의미일 수 있다는 것이다.

가인이 제사 준비를 하는 모습을 본 아벨은 이에 질세라 자기도 가장 좋은 것을 준비해 하나님께 제물을 올린다. 하나님은 이런 아벨의 제사를 즐겁게 받으셨다. 가인이 드린 제사에는 첫 소산물인지 최상품인지에 대한 아무런 단서가 없고 "소산의 일부"만 가져온다. 그러나 아벨은 첫 새끼와 최상의 부위를 드린다("양의 첫 새끼와 그 기름).

하나님은 "아벨"과 "그의 제물" 두 가지를 모두 열납하셨다. 아벨이 그가 바친 제물보다 먼저 언급되어 있는 것은 아벨 자신이 그의 제물보다 더 중요시되고 있다고 볼 수 있다. 하나님은 아벨이라는 인간을 먼저 받으시고 그 후에 아벨이 드린 제물도 받으신 것이다. 누가 무엇을 어떤 태도로 드렸는가가 아니라 평소에 하나님 앞에서 어떤 자세로 생활했는가에 있는 것이다.

제물은 스스로 하나님께 바쳐질 수 없다. 누군가에 의해서 그 제물이 바쳐 지므로 제물과 그것을 바치는 사람을 분리해서 생각할 수 없다. 그렇다면 하 나님이 제물을 열납하시는지의 여부는 전적으로 그것을 드리는 사람에게 달 려 있다.

아벨이 무엇을 바쳤어도 하나님은 기쁘게 받으셨을 것이고, 가인이 아벨과 똑같은 것을 바쳤어도 여전히 받지 않으셨을 것이다. 그 제물은 부수적인 역 할만 할 뿐 주도적인 역할은 바로 가인과 아벨 자신이다. 제사하는 자와 제 물은 분리되지 않기에 가인의 행위는 종교적 행위에 불과하다. 일상의 선한 행실로 마음과 정성을 담아 최고의 것으로 드리는 예배에 가인은 실패한 것 이다, 이 일이 있은 후 아벨은 자신을 찾아온 가인을 만난다. 아벨은 들판으 로 향하는 가인을 따라 나섰으나 결국 형에 의해 죽음을 맞이하게 된다(창 4:8).

예배의 실패는 분노와 비윤리로 이어져 살인까지 초래한다. 그 결과 아벨 은 인간의 몸으로는 두 번 다시 제사를 드릴 수 없게 되었으며 결혼하여 자손 을 번성시킬 수도 없게 되었다. 열심히 일하며 살아온 아벨은 미래에 어떻게 살아갈지 생각해 두었을 것이다. 그러나 한 인간의 손에, 그것도 같은 배에서 태어난 형에게 죽임을 당해 더 이상 꿈꿀 미래는 사라졌다. 한 사람의 생명을 끊는 살인은 그 후손들의 미래까지 빼앗아가 버리는 엄청난 비극을 초래한 다.

우리는 서로를 지키고 돌보아야 하는 관계다. 내 몸과 같이 이웃을 사랑하 고 목숨을 바쳐 형제를 지켜야 한다. 우리는 모두 '아우를 지키는 자'이다. 이 것이 우리가 해야 할 일이 아니라면 하나님께서 이미 아벨의 죽음을 알고 계 시면서 가인에게 네 아우가 어디 있느냐고 묻지는 않으셨을 것이다.

아벨은 본인도 믿을 수 없을 만큼 짧은 시간에, 살려달라 애걸할 시간도 갖 지 못한 채, 하나님의 도움을 구하는 기도할 시간조차 없는, 손쓸 새도 없이 순식간에 닥친 죽음이 억울했을 것이다. 그래서 피 끓는 호소를 하나님께 드리고 있다(창4:10). 하나님은 아벨의 울부짖음을 들으셨다. 무고하게 죽어간 아벨의 피 흘림을 알고 계셨다. 울부짖으며 자신의 비참하고 억울한 현실을 호소하는 아벨을 하나님께서는 헤아림과 연민으로 자비로운 눈길로 살펴보고 계셨다.

하나님의 자비와 긍휼을 나타내는 히브리어 '라함'(רחם)은 자궁이라는 뜻이다. 울부짖는 탄식을 들으시는 하나님의 자비는 바로 모성에 근원을 둔 어머니의 자비와 닮아있다. 하나님은 아벨의 울부짖는 호소를 들으셨고 불쌍히 여기셔서 아벨을 죽음으로 몬 가인을 엄히 꾸짖으셨다.

인간은 이제 아벨의 죽음을 시작으로 생명의 주관자인 하나님의 손에서 벗어나 서로 시기하고 질투하고 중상모략하며 죽이기를 일삼는다. 형제간의 권력 다툼으로 피를 부르는 비극의 역사가 시작됐다.

피는 생명(레7:11-14)을 뜻하고 생명은 오로지 창조주 하나님께 속한다. 생명의 파괴는 하나님의 권리를 침해하는 행위다. 억울하게 죽은 자의 피는 그 보상이 이루어지기 전에는 땅에 스며들기를 거부하는 모습을 보여준다(민35:33). 또한 아무리 은밀히 행해진 범죄라 할지라도 모든 것을 보고 듣고 심판하시는 하나님의 시야에서 결코 벗어날 수 없음을 말하고 있다.

가인이 죄의 포로가 되어 감정적 폭력을 휘둘러 살인을 저질렀고 그 희생자가 된 아벨의 죽음은 피의 절규로 남아 땅의 저주로 이어진 것이다. 그래서 가인은 다시는 농사를 지을 수 없는 저주를 받게 되며 결국 살인의 죗값으로 자기가 사는 곳에서 쫓겨나 세상을 방황하는 벌을 받는다.

아벨은 죽을만한 이유가 없음에도 불구하고 죽었다. 우리는 아벨의 억울한 죽음을 통해 현재의 부당한 대우와 해결되지 않은 문제들을 볼 수 있다. 우리는 세상의 죄로부터 끊임없이 죽임을 당하고 있다. 때론 경건하고 올바른 삶을 살아가고 있음에도 알 수 없는 시기와 모략으로 억울함을 당하고 철석같이 믿었던 형제에게 배신을 당하기도 한다. 이러한 삶이 부당하게 여겨지고 억울하다. 그러나 우리는 아벨처럼 하나님께 최선을 다해 예배를 드리며 열심을 다해 공의와 사랑을 실천하는 삶을 살아가야 한다.

우리는 때때로 주변의 충성된 일꾼들의 갑작스러운 사고나, 병, 혹은 죽음에 대해 당황하게 된다. '저렇게 하나님의 일에 열심히 충성된 삶을 사신 분인데 왜 하나님께서 이런 끔찍한 사고로, 무슨 죄를 지었길래 저런 병에 걸렸고 혹은 왜 이렇게 빨리 데려가셨을까?'하고 의문을 가지며 안타까워한다. 그러나 그것은 우리가 판단할 문제가 아니다.

생사화복을 주관하시는 주권자는 하나님이시다. 예수 그리스도는 죄 없이 죽음을 당하셨지만 그의 죽음은 인류를 구원하셨다.

오직 우리가 해야 할 일은 언제, 어느 순간이건, 죄 없는 상태로 죽음을 맞기 위해 날마다 내 속에 정한 영을 새롭게 해야 한다. 그러나 이러한 결심이 얼마나 허무한 것인지 우리는 잘 알고 있다. 세상을 사는 동안 죄를 짓고 살지 않는다는 것은 불가능에 가까운 일이다. 완벽한 인간이 되기보다 하나님 앞에 회개하고 속히 돌아가는 것이 더욱 현실적인 모습이다.

다시는 죄를 짓지 않겠다는 엄중한 결심이 얼마나 지속될지는 알 수 없다. 나약한 인간이기에 늘 결심하고 다짐해보지만 무너지기 쉬운 모래성과 같다.

그러므로 우리는 우리의 죄에 집착하지 말고 하나님의 사랑과 용서에 더 주목해야 한다. 죄를 지었다고 죄만 바라보고 절망해서 하나님과의 관계가 끊어져서는 안된다. 하나님은 정의보다 사랑을 먼저 베푸신다. 그러므로 하나님의 자비하심에 의탁하고 죄 용서를 희망하며 살아가야 한다.

최후 만찬에서 제자들의 발을 씻겨주시던 예수께 베드로가 자기 발은 절대로 씻으실 수 없다고 고집을 부리자 예수께서 베드로에게 "내가 너를 씻어 주지 아니하면 네가 나와 상관이 없느니라"고 말씀하신다(요13:8). 이는 우리들의 더러움, 즉 우리의 죄를 우리 스스로 제거할 수 없음을 말씀하신 것이다. 예수님의 손으로만 우리의 더러운 죄가 씻겨질 수 있다.

더러운 발을 예수님께로 맡기는 것은 우리의 몫이다. 예수께서 억지로 끌어당겨 강제적으로 씻어 주시지는 않는다. 그러므로 우리는 경건의 모양을 갖추고 형제와 이웃을 관대한 마음으로 대하며 그리스도의 사랑을 닮아 의롭다 여김을 받을 만큼 죄 없고 흠 없는 삶을 살기 위해 노력해야 하지만, 그럼에도 불구하고 죄를 범했을 때는 속히 회개하고 하나님께로 돌아와야 한다. 그래서 하나님 앞에 서는 날, 내가 너의 부르짖음을 들었고 너의 원통함을 풀어주겠다는 답을 받을 수 있도록 하나님의 위로와 사랑 안에 살아야 한다.

에녹 (창 5:21-24)

노아, 욥과 더불어 3대 의인으로 불리는 에녹은 아담의 7대손이며, 아담의 셋째 아들인 셋의 6대손으로 셋의 계보에 속한다. 에녹은 성서의 최장수 인물인 므두셀라의 아버지이며 노아의 증조할아버지다. 창세기 5장에는 각각의 인물들이 누구의 자손이며 몇 해를 살다가 죽었는지 기술되어 있는데(창 5:24) 에녹은 죽지 않고 하늘로 옮겨진 인물로 기록되어 있다.

"에녹은 육십오 세에 므두셀라를 낳았고 므두셀라를 낳은 후 삼백 년을 하나님과 동행하며 자녀들을 낳았으며 그는 삼백육십오 세를 살았더라 에녹이 하나님과 동행하더니 하나님이 그를 데려가시므로 세상에 있지 아니하였더라"(창5:21-24)

히브리서가 에녹을 '하나님을 기쁘시게 하는 자'(히11:5)라고 소개한 것은 70인역 성서의 번역을 따른 것이다. 70인역 헬라어 성서에서는 "하나님과 동행하였다"를 "하나님을 기쁘시게 하였다"로 번역하고 있다.

"믿음으로 에녹은 죽음을 보지 않고 옮겨졌으니 하나님이 그를 옮기심으로 다시 보이지 아니하였느니라 그는 옮겨지기 전에 하나님을 기쁘시게 하는 자라 하는 증거를 받았느니라"(히11:5)

에녹에 관한 고대 기록들은 그가 죽지 않고 하늘로 옮겨진 사실에 대해 관심을 보인다. 성서에 기술된 에녹에 대한 진술이 매우 적음에도 불구하고 에녹은 기원전 1,000년 동안 유대교 신비주의에서 매우 중요한 인물로 취급되었는데, [에녹서]는 세상에 알려진 책 중 가장 오래된 책으로 에녹과 그의 증손 노아에 의하여 쓰인 예언적 묵시서다. 에티오피어로만 존재하는 [에녹1

서]에는 에녹의 승천기에 대하여 자세히 기록하고 있다. 또한 그에게 '천상의 서기관'이라는 칭호도 붙여 주고 있다. 고대 슬라브어로 남아있는 [에녹2서]에는 그가 피조물에 대하여 366권의 책을 써서 자손들에게 전해 주었다고 한다(에녹2서 33:5-9; 68:1-2). 이처럼 성서뿐만 아니라 위경에도 에녹의 삶을 이해할 수 있는 단서들이 기록되어 있다.

"보라 하나님은 수많은 거룩한 이와 함께 오실 것이다. 모든 이를 심판하고 악한 이들을 멸망케 하고 그를 거슬러 행동한 죄인들과 악한 이들을 심판하실 것이다"(에녹1서 1:9)

유다서에는 에녹을 예언자로 소개하고 있는데 창세기 본문에는 이러한 예언이 나와 있지 않다. 이는 기독교에서 위경으로 분리한 에녹1서(1:9)를 인용한 것으로 정경인 유다서가 위경을 참고한 것은 놀라운 일이다. 에녹은 하나님과 동행하면서 하나님이 기뻐하시는 것이 무엇인지를 알았고 하나님이 기뻐하시는 일에 자신의 삶 300년을 투자했다. 에녹이 하나님을 기쁘시게 해 드린 증거는 그의 믿음과 경건한 삶이었음을 유다서는 증언하고 있다. 유다서가 말하는 에녹은 예언자로 하나님과 친밀한 교제를 하며. 하나님을 보고, 하나님의 음성을 들으며 경건한 삶을 살아가는 자였다.

"아담의 칠대 손 에녹이 이 사람들에 대하여도 예언하여 이르되 보라 주께서 그 수만의 거룩한 자와 함께 임하셨나니 이는 뭇 사람을 심판하사 모든 경건하지 않은 자가 경건하지 않게 행한 모든 경건하지 않은 일과 또 경건하지 않은 죄인들이 주를 거슬러 한 모든 완악한 말로 말미암아 그들을 정죄하려 하심이라 하였느니라 이 사람들은 원망하는 자며 불만을 토하는 자며 그 정욕대로 행하는 자라 그 입으로 자랑하는 말을 하며 이익을 위하여 아첨하느니라"(유1:14-16)

성서에 단 네 구절로 에녹에 대한 성서의 정보가 적지만 에녹이 365년간 "하나님과 동행하였다"는 사실을 두 번씩이나 되풀이하고 있다(창5:22, 24). 노아에 대해서는 창6:9에서 한번 사용된 문구이다. 이 사실로 미루어 보아도 에녹보다 오랫동안 하나님과 동행하는 삶을 산 사람은 없으며 그가 하나님 마음에 합당한 삶을 산 자라는 것을 알 수 있다.

에녹의 삶을 다룬 성서의 구절에 나타나는 공통점은 에녹은 300년 동안 하나님과 동행하다가 죽지 않고 하늘에 올라간 사람이라는 구절이다. "옮겨졌으니"에 사용된 동사 '라카흐'(לָקַח)는 엘리야의 승천 이야기(왕하2장)에 사용된 동사와 동일하다, 아담과 하와가 에덴에서 추방당한 이후 사람은 모두 죽을 수밖에 없게 되었다, 그런데 예외가 생긴 것이다, 에녹은 죽음을 겪지 않고 하늘로 옮겨짐을 받았다, 그 이유는 에녹이 하나님을 기쁘시게 하는 자라는 증거를 받았기 때문이다. 에녹의 수명이 성서에 기록된 다른 이들에 비해 짧은 것으로 보아 장수가 무조건 하나님의 축복을 의미하지는 않다.

창세기 5:22 앞의 내용을 보면 에녹이 65세에 아들 므두셀라를 낳기 전까지는 하나님과 동행했다는 기록이 없다. 그러므로 므두셀라를 낳은 후 삼백년을 하나님과 동행했다는 구절은 므두셀라의 출생이 에녹 인생의 전환점이 되었음을 추측해 볼 수 있다.

에녹의 아들 므두셀라의 이름 뜻은 '그가 죽으면 심판이 온다'이다. 본래 므두셀라의 뜻은 '창 던지는 사람'인데 고대 부족들의 전쟁에서 상대 부족의 창 잘 던지는 사람만 처치하면 그 부족은 끝장났다는 의미에서 '그가 죽으면 심판이 온다'라는 말이 유래했다고 한다.

에녹과 므두셀라 다음에 이어 나오는 사건이 노아의 홍수인데 이 사건은 당시 세상에 가득한 사람들의 죄악과 그로 인한 하나님의 심판의 이야기다 (창6:5-7).

아마도 에녹은 아들 므두셀라의 이름을 부를 때마다 하나님의 심판을 떠올렸을 것이다. 유다서의 에녹은 장차 주님께서 심판자로 이 세상에 임하는 것을 보았다. 경건하지 않은 자들을 그들이 행한 일과, 그들의 말로 그들을 정죄하실 것이며, 심판주로 오신 주님이 원망하는 자, 불만을 토하는 자, 정욕대로 행하는 자, 자랑하는 말을 하는 자, 이익을 위하여 아첨하는 자들을 심판하신다는 것을 보고 알았다.

에녹은 이러한 심판 때의 놀라운 사실을 보고 듣고 알게 됨으로서 자신의 말과 행동을 고치고 철저하게 회개하는 삶을 살았다. 심판 주로 오실 주님께 심판받는 자가 되지 않기 위해서이다. 하나님 말씀에 순종하며 하나님의 뜻에 우선순위를 두는 삶을 살았다. 그리하여 하나님을 기쁘시게 하는 삶을 살수 있었으며, 하나님과 동행하는 삶을 산 것이다.

하나님과 동행하는 사람은 경건한 마음으로 일을 행하고, 경건한 말을 할것이며, 원망, 불만, 자랑을 그 마음과 입에서 멀리하고, 정욕을 이기고, 자신의 이익보다는 가난한 자와 고아와 과부를 돌보는 삶을 살아야 한다. 그리하여 마지막 심판 날에 하늘로 옮겨지는 축복을 누리기를 소망해야 한다. 하나님과 동행하는 사람은 에녹처럼 하나님을 기쁘시게 하는 삶을 사는 사람이다.

5강 하나님의 아들들과 사람의 딸들 (창 6:1-7)

홍수 직전의 세상은 가인으로부터 시작된 형제 살해, 라멕으로부터 시작된 일부다처주의와 무절제한 폭력이 도시 문화의 발달 속에서 더욱 커져만 갔다. 육체적 욕망과 가치관의 혼란으로 인한 무절제함은 죄악을 더욱 가중시켰다. 이러한 상황 가운데 홍수 이야기에 들어가기 직전 난해한 본문이 등장한다. 이 본문은 서론과 결론이 없고 몸통만 있는 이야기로 하나님이 창조하신 세상이 부패하고 타락함으로 하나님께서 홍수로 세상을 멸할 수밖에 없는 이유를 밝히고 있다. 도덕적 타락과 세상의 것을 좋아 사는 사람들이 하나님께 버림받은 이야기다.

본문에 등장하는 '하나님의 아들들'(בני האלהים, 베네 하엘로힘)과 '사람의 딸들'(בנות האדם, 베노트 하아담)에 대해 여러 가지 해석들이 있다. 하나님의 아들들에 대한 견해로 첫 번째는 그들을 '천사들'로 보는 것이다. 이 견해는 70인역(LXX), 에녹1서 6:2, 희년서 5:1, 쿰란(1QapGen) 2:1, 요세푸스(Ant.1.31), 신약성서(벧후2:4; 유1:6, 7), 그리고 초대교회 기독교 저술가들이 이러한 입장을 취한다. 고대의 해석자들은 이들의 결혼과 홍수 심판 사이에 밀접한 연관성을 찾으며 천사로 해석해서 천사들이 타락했다는 것이다.

그러나 성서에 천사들이 하나님의 아들들로 불린 곳이 있지만("하루는 하나님의 아들들이 와서 여호와 앞에 섰고 사탄도 그들 가운데 온지라", 욥2:1) 이들을 천사들로 보기는 어렵다. 욥기서에 나타난 '하나님의 아들'은 육신의 후손이 아닌 '한 그룹의 일원'이란 뜻으로 보아야 한다. '선지자의 아들들'이 '선지자 그룹의 일원'으로 해석되는 것과 같다.

이 견해는 하나님의 심판(창6:3)이 왜 하나님의 아들들에겐 임하지 않고 오직 사람의 딸들에게만 선언되었는가를 설명하지 못한다. 또한 하늘의 존재들이 성적 기능을 행할 수 있다는 것이 성서의 어느 구절에서도 언급되지 않는다.

두 번째로 '셋의 후손들'로 보는 견해로 '하나님의 아들들'인 셋의 후손과 '사람의 딸들'인 가인의 후손들 사이에 성행했던 종교적인 통혼이 홍수의 근거가 되었다는 것이다. 경건한 자들인 '하나님의 아들들'이 '하나님의 딸들'("내 아들들을 먼 곳에서 이끌며 내 딸들을 땅끝에서 오게 하며", 사43:6)과 결혼하지 않고 '사람의 딸들'과 결혼했기에 타락한 결혼이라는 주장이다.

그러나 이 해석에 의하면 6장 1절의 '사람'(האדם, 하아담)과 2절의 '사람'(האדם, 하아담)이 각각 일반적 총칭으로서의 '사람'과 '가인'으로 해석되어야 한다. 1절에서 '사람'이란 단어가 인류 전체를 의미하다가 2절에 와서 인류의 한 계열인 가인을 의미해야 하는데, '하나님의 아들들'을 이런 제한된 의미로 사용하기 힘들고 또 이들의 결혼에서 태어난 자들이 '네피림'(נפלים, 네필림)과 '용사들'(ברים, 깁볼림)이 되었다는 점도 설명하기 힘들다.

세 번째로 홍수 전에 세상을 다스렸던 고대의 통치자들로 보는 것으로 그들은 자신의 권력을 남용해 독재 정치를 하며 세상을 어지럽혔으며 또한 자신의 무절제한 성욕을 만족시키기 위해 자기들이 보기에 아름다운 여자들을 취했다는 것으로, 이들의 난잡한 생활이 폭력을 수반했기 때문에 '포악함이 땅에 가득'(창6:13) 했다는 것이다.

이렇게 보는 근거는 그들이 원래 '신의 아들'로 불렸다는 데서 찾아볼 수 있다. 즉 소위 하나님의 아들들로 불리는 왕들이 호색과 폭력에 빠진 상황이라는 것이다. 시편 82편에서도 세상 통치자들과 재판장들이 '신의 아들'로 불린다는 점에서 본문이 그들의 권세를 드러내 준다고 주장한다.

다윗과 다윗 혈통의 왕들도 하나님의 아들이라 불려진다("내가 말하기를 너희는 신들이며 다 지존자의 아들들이라 하였으나", 시82:6). 보통 사람 위에 신적인 권위를 가지고 군림하는 더 우수하고 강한 자들로 왕이나 그것에 준하는 위치에 있는 사람들로 보는 것이다. 그 왕들은 자기들이 좋아하는 모든 자와 결혼함으로써 여자들을 강제로 끌어들임으로써 죄를 범한 사람들이었다.

힘 있는 사람들이 불법적으로 아름다운 여자들과 결혼하는 이야기는 성서에 자주 나온다. 라멕도 일부다처와 폭력을 행사했다(창4:23-24). 애굽왕이 아브라함의 아내를 취하거나(창12장), 다윗이 우리아의 아내 밧세바를 빼앗는 본문(삼하11장)에서도 등장한다. 이러한 범죄들은 하나님의 개입으로 종결된다.

그러나 하나님의 아들들을 단지 인간 통치자들로만 간주할 수 없다. 고대 근동에서 그 말이 일반적으로 왕들을 지칭하는 용어라고 증명되기 어렵기 때문이다.

한 가지 공통적인 것은 세 해석 모두 홍수 이야기로 들어가기 전에 '결혼'이라는 주제를 다룬다는 점에서 동일하다. 본문에서 '아름다움'(טוב, 토브)과 '삼는지라'(לקח, 라카흐)는 창세기 3:6에 이미 사용된 잘못된 선택을 암시하는 동일한 단어가 반복된다.

"먹음직도 하고 보암직도 하고 지혜롭게 할 만큼 탐스럽기도 한 좋은(טוב, 토브) 나무를 그 여자가 그 실과를 취하여(לקח, 라카흐)"(창3:6)
"사람의 딸들의 아름다움(טוב, 토브)을 보고 자기들이 좋아하는 모든 여자를 아내로 삼는지라(לקח, 라카흐)"(창6:2)

이것은 하와가 선악을 알게 하는 나무를 바라보았을 때 '그 나무는 좋다'고 한 것과 연관이 되는데 이것은 외관상 보기 좋은 것을 말한다. 하나님의 아들들이 사람의 딸들을 바라보니 좋게 보였다는 말이다. 그래서 '그들은 그들 자신을 위하여 취하였다'고 한다. 자기가 하고 싶은 대로 했다는 말이다. 하나님의 아들들은 자신들이 좋아하는 모든 여자들을 자신의 아내로 삼았다(창6:2).

여기서 '좋아하는'(בחר, 바하르)은 '선택하다', '지정하다'라는 뜻으로 하나님의 뜻이 아닌 자신들의 안목의 정욕을 좇아 선택했음을 의미한다. '모든 여자'는 숫자적인 의미도 있지만, 자신들이 좋아하는 것은 모두 갖겠다는 욕심이 더 문제다. 자신의 욕망이 끌리는 대로 자기 마음이 가는 대로 자신의 마음에서 나오는 소리에 귀를 기울이고 자기가 좋아하는 것을 갖기 위해 계획을 세우는 사람들로 가득한 세상을 하나님께서는 '사람의 죄악이 세상에 가득하다'(창6:5)고 말씀하신다. 이는 범죄 행위이며 하나님의 법칙을 어기는 불법이며 하나님을 향한 도전이다.

그들의 결혼은 '둘이 합하여 하나를 이루는'(창2:24) 하나님의 원래적인 의도를 이루는 것이 아니라 온갖 방탕과 호색과 난잡함을 추구하는 애정행각이었다. 하나님의 창조질서에서 인간사회의 근본이 가정에 있음을 생각하면 이것은 하나님께서 세우신 아름다운 창조질서를 깨뜨리는 결과를 가져왔을 뿐만 아니라 사람들로 하여금 하나님을 멀리하도록 만들었다. 그리고 결국 사람들의 이러한 행동은 하나님의 심판을 불러왔다. 결국 인간의 악한 행동으로 인해 하나님을 떠났기 때문에 마침내 하나님께서 사람을 떠나겠다고 말씀하신다.

"나의 영이 영원히 사람과 함께하지 아니하리니 이는 그들이 육신이 됨이라 그러나 그들의 날은 백이십 년이 되리라 하시니라"(창6:3)

다르게 번역하면 "생명을 주는 나의 영이 이 사람 속에 영원히 머물지 않을 것이다. 사람은 살과 피를 지닌 육체요, 그들의 날은 백이십 년이다"로 번역될 수 있다.

하나님은 아담과 하와에게 그들이 선악을 알게 하는 열매를 먹는 날에는 '그날로' 죽게 될 것이라고 경고하셨다. 그러나 그들이 선악과를 먹은 다음 곧바로 죽지는 않았다. 아담과 하와는 900세가 훨씬 넘도록 살았다. 이 경고는 문자적으로 그날로 죽게 될 것이라는 의미가 아니라 인간이 죽음을 피할 수 없는 존재가 되고 말 것이라는 경고이다.

그런데 창세기 6장에 죄에 대한 형벌로 인간의 수명이 120년으로 제한받게 된다. 영생하는 존재에서 죽을 수밖에 없는 존재로, 이제는 120세밖에 살 수 없는 존재로 되어버린 것이다. 그런데 하나님이 인간의 수명을 120세로 단축시키신 이후에도 아브라함이 175세, 이삭은 180세, 야곱은 147세를 살았지만 점차 나이들이 줄어들고 있으며 오직 아론(123세, 민33:39)만을 제외하고 요셉(110세, 창50:26), 모세(120세, 신34:7), 여호수아(110세, 수24:29) 등이 모두 120세를 넘기지 못했다. 백이십 년은 은혜의 유예 기간에 대한 경고로 홍수 직전 세대의 사람들에게 남은 회개의 시간이었을 것이다(벧전

3:20).

피조물인 인간이 하나님의 창조질서를 어지럽힌다거나 하나님을 멀리하는 것은 결국 그가 하나님의 자리를 대신하고자 하는 의도에서 시작된 것이다. 그러나 하나님을 떠나 스스로가 주인이 되고 신이 되고자 하는 욕망은 무질서와 혼란을 초래할 뿐이다.

'하나님의 형상대로' 지어진 인간들이 원래의 창조 목적을 이루지 못하고 온갖 죄를 탐닉하며 타락했기 때문에 "나의 영이 영원히 사람과 함께하지 않는다"고 선언하신 것이다. 이를 직역하면 "하나님의 영이 그 아담 안에서 싸우지 않을 것이다"로 번역된다. 여기서 '싸우다'(יָדוֹן, 야돈)는 '심판하다', '판단하다'는 의미를 갖는다.

이 말씀은 하나님의 영이 사람 안에 거하면서 판단하거나 심판하지 않겠다는 뜻으로 하나님의 영이 그 사람을 신경 쓰지 않겠다는 의미로 해석될 수 있다. 하나님의 영이 그의 영과 싸우며 그를 바른길로 인도하는 일을 이제 영원히 그만두시겠다는 것이다. 영원히 하나님의 영이 사람을 떠나면 영적으로 죽은 사람이며 하나님의 사람이 아니다. 하나님의 영이 없는 육체는 흙덩어리에 불과하다. 경건한 사람들이 불경건한 사람들과 함께 육적인 욕망을 따라 사람을 선택하여 결혼하므로 하나님의 영은 더 이상 그들 안에서 그들과 싸울 필요가 없게 된 것이다.

그래서 사람들에게는 죄의 충동이 더욱 심화되었다. 하나님의 신이 떠나시면 인간들은 육신만 남는다. 살과 몸을 가리키는 '육신'은 '죽을 수밖에 없는 존재'를 뜻하나 은유적으로 '죄성과 부패성'을 뜻한다. 인간은 무능하고 약한 존재일 뿐만 아니라 도덕적으로 부패한 존재로 육신은 연약한 존재로서의 인간의 약함과 죄성을 함께 지니고 있다. 성령의 지속적인 감동과 감화가 없다면 인간의 정신은 썩고 육체는 흙으로 돌아가는 무의미한 존재가 되고 마는 것이다.

하나님의 영이 완전히 떠나 버려서 육신의 살덩어리만 남은 인간은 그저 본능의 욕구대로 동물과 다름없이 식욕, 성욕, 물욕으로 가득해서 오로지 욕구 충족에만 혈안이 될 뿐이다. 너무 악한 사람 속에 하나님의 영이 도저히 담겨 있을 수 없어서 떠나 버린 것이다.

하나님께서는 오랜 세월 동안 참으시고 '사람의 죄악이 세상에 가득함'과 '생각과 계획의 악함'을 보셨다. 하나님의 아들들이 사람의 딸들의 아름다움을 보는 것처럼, 하나님께서는 사람들의 악함을 보신다. 하나님의 아들이 보고(ראה, 라아) 행동한 것처럼 하나님께서도 보시고(창6:5, וירא, 야르), 느끼시고("한탄하사 마음에 근심하시고", 창6:6), 결단을 내리신다("내가 지면에서 쓸어버리되", 창6:7).

"여호와께서 사람의 죄악이 세상에 가득함과 그의 마음으로 생각하는 모든 계획이 항상 악할 뿐임을 보시고"(창6:5)

사람 사는 세상이 이렇게 썩고 폭력이 가득한 무법천지로 바뀐 이유를 사람의 마음에서 찾는다. 죄악의 근원이 인간의 악한 마음에 있다는 것이다. 악한 마음에서 계획하는 모든 것들이 악할 수밖에 없는 것이기에 세상과 땅이 온통 죄악과 폭력으로 가득하게 되었다. 하나님과 동행하기를 싫어하고 하나님의 창조질서를 무시하고, 하나님처럼 되려고 하는 교만한 인간의 마음이 악하다는 것은 지극히 당연하다. 악한 생각, 살인, 간음, 음란, 도적질, 거짓 증거, 훼방 등 사람을 더럽히는 모든 것들이 인간의 마음에서 나온다. 이렇게 인간의 마음이 악하다는 사실을 지적하면서 그와 대조를 이루는 하나님의 마음은 근심으로 가득하게 되었다(창6:6).

하나님은 인간의 마음과 그의 악한 행실, 그리고 죄악과 강포로 가득한 세상을 보시고서 마음 아파하셨다. 인간의 마음은 악하여 하나님 두기를 싫어하는데 하나님은 인간의 그 악한 마음 때문에 마음 아파하신 것이다. 하나님은 자기 피조 세계에 대해서 강한 애착을 가지고 계심을 알 수 있다. 바로 이 애착심 때문에 하나님은 타락하고 부패한 피조 세계를 정화하시기로 작정하신다. 마음이 악한 인간과 그 인간 때문에 썩어진 땅을 완전히 새롭게 만들기로 결정하신 것이다. 그러기 위해서는 모든 인간과 피조물들을 깨끗이 쓸어버리기로 작정하셨다(창6:7).

죄로 가득한 세상을 바로 잡기 위해서는 죄의 요소를 완전히 제거하는 길밖에 없었고 그러기 위해서는 철저한 심판이 필요했다. 홍수 기사는 인간의 삶 전체를 포괄하는 마음이 본질적으로 악하여 하나님의 아름다운 창조질서를 어지럽히고 또한 하나님께서 만드신 땅을 더럽혀 발생된 홍수 심판의 윤리적인 동기를 훨씬 선명하게 밝히고 있다. '부패하였다'(שחת, 샤하트)는 것은 사람들의 삶이 썩었다는 것으로 사람들의 삶이 썩었으니 사람 사는 세상도, 사람들이 빌붙은 땅도 썩을 수밖에 없다는 것이다.

"그 때에 온 땅이 하나님 앞에 부패하여 포악함(חמס, 하마스)이 땅에 가득한지라 하나님이 보신즉 땅이 부패하였으니 이는 땅에서 모든 혈육 있는 자(בשר, 바싸르)의 행위가 부패함이었더라"(창6:11,12)

하나님의 아들들과 사람의 딸들에게서 '네피림'(נפלים)이 탄생한다. 네피림의 어원은 '떨어지다'(נפל, 나팔)와 관련하여 '하늘에서 떨어진 존재'로 보인다. 네피림에 대한 다른 유일한 성서의 언급은 이스라엘 정탐꾼들이 가나안 땅에서 본 '네피림'이었다(민13:33). 자기들이 메뚜기처럼 작게 느껴질 정도로 그들이 크다고 여겼다.

네피림은 문자적으로 강하고 힘센 자를 뜻하지만 많은 하수인들을 거느렸던 압제자를 뜻하기도 한다. 이들은 전쟁과 약탈, 방종과 사치가 난무하던 홍수 이전 시대에 타락의 주역이었다. 그들의 명성은 악명이었고(창6:4), 하나님께 대하여 죽은 자들이요, 하나님으로부터 떨어져서 육신만 남은 살덩어리들로서 세상 것들만 머릿속에 가득한 자들이었다. 네피림 이야기를 홍수 이야기의 서두 부분에 기록함으로써 노아 시대의 세상이 얼마나 죄악으로 가득하게 있었는가를 설명하는 의도가 담겨져 있다.

크고 높고 강하고 부유한 것을 추구하는 네피림들은 작고 낮고 약하고 가난한 자들을 억압하고 강탈하며 죽인다. 땅은 그들에 의해 부패 되었고 폭력으로 가득하게 된 것이다. 하나님의 사람들이 불의와 타협하고 악을 자행하게 되면 하나님의 진노와 심판은 반드시 온다(시1:4-5). 범사에 헤아려 좋은 것은 취하고 악은 어떤 모양이라도 버려야 한다(살전5:22). 죄를 멀리하지 않으면 죄의 유혹이 너무 아름다워 죄 속에 빠지게 된다.

당시의 사회는 태초에 하나님께서 나누어 놓으신 천상의 질서와 지상의 질서가 뒤섞인 것과도 같이 혼란스럽고 어지러웠다. 당시 사람들의 악함은 하늘의 질서와 땅의 질서를 구분하지 못할 정도로 교만으로 가득했었다. 본래 사람에게 주어진 땅의 질서를 벗어나 하늘에까지 이르고자 하는 네피림 거인족의 불타는 야심이 있었다. 이것은 선악과를 따먹은 삐뚤어진 의도나, 생명을 죽이는 생명의 주관자이신 하나님께 대한 월권행위, 바벨탑을 쌓는 사람들의 교만과 거의 차이가 없다. 예수님께서도 마지막 때에 사람들이 무절제한 식욕과 성욕에 탐닉할 것을 예언하시며 그것이 '노아의 때와 같이'(마24:38) 되는 일이라고 하셨다.

그러나 멸망과 심판을 표현하는 본문에서 마지막에 노아의 이름을 언급함으로 희미한 희망의 빛이 발하게 되었다. "노아는 여호와께 은혜를 입었더라"는 말씀에서 인류의 역사가 끝나지 않을 것임을 보여준다. 그 결과는 바로 다음 단락인 홍수 이야기에 서술되어 있으며 이것은 새 인류의 시작을 나타내고 새 세상의 주역은 생존자인 노아가 될 것이다.

오늘날에도 여전히 하나님으로부터 떨어진 자들이 땅에서 큰 자가 되려고 욕망을 불태운다. 육신의 정욕, 안목의 정욕, 이생의 자랑을 좇아, 크고 높고 강하고 부유한 것들을 추구하기 때문에 하나님께 대해서는 죽은 자들이지만 세상에서는 큰 자가 된 것이다.

사실 하나님의 아들들이 타락한 천사이거나 셋의 후손, 땅을 호령하던 권력자인지, 사람의 딸들이 가인의 후예 또는 불신자를 상징하는지 중요하지 않다. 본문의 주제는 '왜 멸망당할 수밖에 없었느냐'이다. 하나님이 우리에게 원하시는 것은 단 하나, '우리를 통해 하나님께서 영광 받으시는 것'이다. 우리가 하나님께 영광을 올려 드리려면 하나님의 뜻대로 하나님의 말씀대로 하나님의 영과 함께 살아야 한다. 그러나 하나님의 아들들이 사람의 딸들을 선택하므로 하나님의 뜻과 말씀에서 멀어졌으며, 하나님의 영이 떠난 상태를 만들었다는 것이 핵심이다.

자신이 좋아하는 것을 선택하기에 앞서 하나님이 기뻐하시는 선택을 해야 한다. 내 마음이 가는 대로 내 마음의 소리에 귀 기울이기 전에 하나님의 말씀에 귀 기울여야 한다. 내가 좋아하는 모든 것을 갖기 위해 계획하기 전에 하나님이 나를 위해 계획하심에 동참해야 한다. 우리는 여전히 사람의 딸들의 아름다움에 빠져 있는가? 하나님의 말씀을 버리고 사람의 딸들을 선택한 이들의 전철을 밟지 않아야 한다. 세상의 유혹을 따라가는 삶을 살다 보면 하나님의 영도 떠나 버린다. 죄를 벗어버려야 하나님의 영이 회복될 것이다. 내 안에 사람의 딸들을 쫓아버리고 하나님의 영으로 채워야 한다. 하나님의 영이 함께하시면 세상 것들은 배설물로 여겨질 것이다.

6강 노아 (창 6-9장)

노아의 홍수 (창 6:9-9:29)

하나님은 악에 물든 모든 피조물들을 홍수로 쓸어버리겠다는 결정을 내리시기는 했지만, 자신이 만든 피조세계를 완전히 멸하지는 않으셨다. 또한 하나님은 죄를 범한 인간을 벌하시지만, 결코 인간 역사가 중단되게 하지도 않으셨다. 이는 하나님의 긍휼하심과 오래 참음 때문이다.

하나님께서는 홍수 이후의 새로운 세계를 이어나갈 한 인물을 찾으셨는데, 그가 바로 노아였다. 노아는 당시 부패한 사회에서 유일하게 흠 없고 완전한 사람으로 하나님과 동행하는 사람이었다(창6:9).

대홍수는 단순한 물난리가 아니라 창조 이전의 상태로 돌이키시겠다는 하나님의 심판이요 대변혁이었다. 하나님께서 천지를 창조하실 때 궁창을 만들어 위의 물과 아래의 물로 나뉘게 하셨는데 대홍수 심판 때 하늘의 창이 열려 위의 물이 쏟아지게 하고, 깊은 샘이 열려 아래의 물이 솟아 올라오게 하셨다. 이는 위와 아래의 물을 다시 합침으로써 창조 이전의 상태로 돌아가는 것을 의미한다. 모래알 같이 작은 점에 불과한 방주에서 인류의 역사를 새롭게 시작하신 것이다.

하나님은 7일 후 40일 동안 홍수 심판이 있을 것을 노아에게 알리시고(창 7:4), 노아는 정결한 짐승은 일곱 쌍씩, 부정한 짐승은 두 쌍씩, 공중의 새는 일곱 쌍씩 방주로 들여보냈다. 모두 들어가자 하나님이 방주의 문을 닫으셨다. 이는 하나님의 직접 주관을 강조한 것이다(창7:16). 마침내 홍수가 임했는데 그때 노아의 나이는 600세였다(창7:6).

모든 일을 마무리하고 짐승들과 함께 방주에 들어간 지 7일이 지난 후 홍수가 시작됐다. 하나님이 7일을 주신 이유는 세상의 죽음을 지켜보셔야 하는 하나님의 애곡의 기간이기도 하고 인류에게 마지막으로 회개할 기회를 한 번 더 주기 위한 기간이었다.

궁창 아래의 물, 곧 땅속에 있는 큰 깊음의 샘들이 모두 터지고, 하늘의 창들이 열려 궁창 위의 물이 40일 동안 쏟아졌다. 태초에 하나님께서 나누어 놓으신 궁창 위의 물과 궁창 아래의 물이 다시 하나로 합쳐진 것이다. 이는 결국 하나님의 심판을 받은 피조 세계가 홍수를 통해서 태초의 혼돈상태로 되돌아갔음을 의미한다. 홍수 심판은 맨 처음의 무질서와 혼돈으로 돌이켜 버린 것이다. '홍수'(מבול, 맙불)는 직역하면 '물의 범람'으로 앗시리아어 '나발루'(파괴하다, 멸절시키다)에서 온 것으로 보인다. 이외에 시편에서 한 번 더 등장한다(시29:10).

노아는 방주를 만들 때 자기 임의대로 설계하고 만든 것이 아니라 하나님이 자기에게 명령하신 대로 만들었다. 성서에는 하나님이 친히 설계하신 것이 세 가지가 있는데 노아의 방주, 모세의 성막, 솔로몬의 성전이다. 방주와 성막, 성전은 교회의 모형으로 방주는 대홍수 심판에서 구원받은 장소이고, 성막과 성전, 교회도 마지막 때 구원의 장소로 볼 수 있다.

노아의 방주는 통상적인 배의 모습이 아니라 거대한 상자 모양이며 내부는 상중하 삼층으로 되어 있었다. 이 방주는 수면에서 이동하거나 속력을 내는 것에 초점을 맞춘 것이 아니라 안정에 초점을 맞추어 설계된 것이다. 그래서 노아의 방주에는 방향타나 노가 없고 닻도 없었다. 이렇듯 방주는 단지 물에 뜨기만 할 뿐 방향을 조정하는 것이 불가능하기에 노아는 모든 것을 하나님의 인도하심에 맡겼다. 이 방주는 대홍수 속에서 전복되거나 침몰하지 않았다. 방주는 배의 길이가 높이의 열 배, 폭의 여섯 배에 해당하는 비율을 갖고 있는데, 바다 위에 떠 있는 배의 가장 이상적인 비율임이 과학적으로 증명되었다.

방주의 재료는 잣나무로 길이 300규빗(137m), 너비가 50규빗(23m), 높이 30규빗(14m)으로 창문과 3층으로 구분된 여러 개의 방과, 비를 막을 지붕이 있고, 안팎이 역청으로 칠해져 있었다(창6:13-16). 고페르 나무(잣나무)는 히브리어 '고페르'(גפר)를 그대로 음역한 것으로 성서에 한번 밖에 나오지 않는 용어다.

물이 새어 들어오지 못하도록 역청을 칠했는데 역청도 히브리어로 '코페르'(ܟ֫ܰ)이고 동사형 '카파르'는 '덮는다'라는 뜻을 가지고 있으며 이것은 '구속한다'는 말과도 같은 단어이다. 구속이란 '죄를 덮어 가린다'는 뜻으로 역청과 구속은 똑같이 '덮는 것(covering)'이라는 의미를 가지고 있다. 그러므로 역청은 온 세상에 가득한 심판의 물이 방주 안으로 들어오지 못하도록 막아주는 역할을 했다.

홍수가 땅을 덮친 때는 에녹의 아들 므두셀라가 죽은 해로 노아가 600세 되던 해 2월 17일에 비가 내리기 시작했고 이듬해 1월 1일 땅이 말랐다(창 8:13). 그리고 2월 27일이 되어서야 노아는 방주 밖으로 나왔다. 방주 안에서 1년 하고도 11일의 시간을 보내게 된다.

하나님이 세상을 창조하시기 전 "하나님의 영이 수면 위에 운행하시니라"(창1:2)고 하였는데, 방주가 아라랏 산에 머물기 전 "하나님이 바람을 땅 위에 불게 하시매"(창8:1)라고 기록하고 있다. 여기서 '영'과 '바람'은 히브리어로 '루아흐'(ܪ֫ܘ)라는 같은 단어이다. 그리고 '운행하신다'는 말과 '불게 한다'는 말도 같은 표현이다. 역시 반복된 단어를 사용했음을 알 수 있다. 방주에서 나온 노아에게 주신 하나님의 축복도 태초에 창조한 인간에게 주신 축복과 같은 말씀이다.

홍수 심판으로 처음의 무질서와 혼돈으로 되돌아간 상태가 되었다. 모든 세계가 1,150일 동안 물에 잠기고 물이 땅과 높은 산을 뒤덮었다(창7:17-24). 열 번째 달 초하루에 산들의 봉우리가 그 모습을 드러내기 시작(창8:3-5)했고 40일이 지나자 창문을 열어 까마귀를 보내고 비둘기를 보내고, 다시 7일 후 비둘기를 보낸다. '왕래하였다'는 말의 히브리어는 '슈브'(ܫ֫ܘܒ)인데 'turn'이나 'return'의 의미로 '회개'와 같은 어원을 가진다. 까마귀와 비둘기는 모두 노아의 메신저였다. 까마귀가 물이 줄어드는 상황을 알려주는 메신저였다면, 비둘기는 물이 빠진 땅의 상황이 어떠한지를 알려주는 메신저였다.

하나님께서 보내신 바람에 의해 물이 점점 빠지기 시작했으며 땅속의 깊은 샘과 하늘의 창들이 닫힘으로 비가 완전히 그쳤다(창8:1-2). 이로써 땅을 뒤덮은 채로 합쳐져 있던 궁창 위의 물과 아래 물이 원래의 모습으로 나누어지게 되었다. 하나님의 창조질서가 회복된 것이다. 물이 완전히 빠진 것은 노아가 601세 되던 해의 첫째 달 초 하룻날이었고 둘째 달 27일에 하나님이 방주에서 나가도 된다고 말씀하셨다.

노아의 방주가 아라랏 산(창8:3-4)에 머문 날은 유대력으로 나팔절과 일치한다. 그들에게 '나팔절'(יום תרועה, 욤 트로아)은 새해의 첫날인데, 창조가 시작된 날로 믿으며. 창조의 새로운 역사가 시작되었음을 뜻한다.

창조과정과 홍수 이야기는 여러 면에서 공통점을 발견할 수 있다. 홍수를 멈추게 하는 바람은 첫 번째 창조행위 이전에 수면 위를 운행하시던 하나님의 영을 떠올리게 한다. 물과 땅이 나뉘어서 나무와 식물들이 성장하고 사람이 살 수 있는 환경이 다시 조성되는 것이 공통점이다. '생육하고 번성하라'는 하나님의 명령도 동일하게 나타난다(창1:28/9:1). 아담이 옛 인류의 조상이었던 것과 같이 노아가 새 인류의 조상으로 나타난다.

방주에서 나온 노아는 번제를 드리고, 이 제사를 받으신 하나님은 자연계의 질서회복을 약속하셨다(창8:21). 하나님의 이 약속은 사람이 본질적으로 악하지만 자신의 아름다운 창조세계가 이전과 마찬가지로 계속 운행될 것임을 밝히는 것으로 완전한 하나님의 구원 은총에 속한 것이다.

하나님께서는 노아와 아담과의 언약을 재확증하는 새 창조의 복, 곧 생육과 번성 및 생물 지배의 복을 주시며 홍수 심판을 다시 일으키지 않는 표시로 무지개 언약을 맺으셨다(창9:1-17). 이 홍수는 범죄한 인간에 대한 하나님의 준엄한 심판이면서, 동시에 노아와 그의 가족을 중심으로 새로운 인간 역사, 곧 하나님을 가까이하며 그에게 복종하는 인간의 역사를 만드시려는 하나님의 계획에 속한다. 홍수가 끝난 후 하나님은 이러한 계획을 구체화하셨는데, 그것이 바로 하나님께서 노아와 그의 가족과 후손 및 모든 피조물들과 맺으신 언약으로 이는 새로운 시대의 개막을 알리는 성격이었다. 하나님은 노아의 방주를 통해 노아의 가족들과 방주에 들어간 생물들로 하여금 새롭게 시작할 수 있도록 하셨다(창9:7; 창1:28).

그리고 노아와 영원한 언약을 세우시면서 무지개가 있는 한 다시는 물로 세상을 심판하지 않겠다고 약속하셨다. 이 무지개는 전쟁의 무기인 활의 모습과 닮았고 본문도 '무지개'(rainbow)라 하지 않고 단순히 '활'(קֶשֶׁת, 케쉐트, bow)로 기록한다.

마치 하나님이 계신 하늘을 향해 화살이 당겨져 있는 활의 모습을 나타내는 있는 무지개는 인간의 반역과 배반에도 불구하고 하나님께서 그 책임을 스스로 짊어지시겠다는 것, 즉 자신의 죽음을 통해서라도 인간의 죄를 담당하시겠다는 은총의 표현이다. 이러한 하나님의 은총이 역사적으로 나타난 것이 예수 그리스도 십자가 사건이다. 우리는 무지개를 볼 때마다 이 언약을 생각하며 감사해야 한다. 지금도 아무리 큰 비가 내려도 두려워하지 않는 것은 무지개 언약을 지키시는 신실한 하나님 덕분이다.

이 언약은 창세기 1장의 "생육하고 번성하라"는 명령을 갱신한 것이다. 사람과 동물과의 바람직한 관계를 규정하시면서 인간의 지배권을 갱신하셨다. 이전과 달라진 것은 동물이 사람을 두려워하고 무서워할 것이며 앞으로 사람이 동물을 식용으로 먹을 수 있다는 점이다(창9:2-4).

그러나 사람이 동물을 먹는 일이 가능하게 되었다 할지라도 거기에는 일정한 원칙과 질서가 있어야만 했다. 그것은 동물의 피를 먹어서는 안 된다는 법을 정하신 것이다. 왜냐하면 피에는 생명이 있고, 생명은 하나님의 것이기 때문이다(레7:10-14). 또한 다른 사람의 생명을 해쳐서도 안 된다는 점을 강조하셨다. 하나님의 형상으로 만들어졌기 때문에 인간의 생명에 대한 하나님의 주권을 거듭 천명하신 것이다(창9:5-6).

홍수가 나기 전까지만 해도 노아는 하나님이 당대의 의인으로 지정한 인물이었다. 이때 노아는 '하나님의 두 눈에서 은혜를 발견했다'(창6:8). 그러나 홍수 이후 그의 행동을 보면 하나님과 동행했던 의인이 맞나 의아할 정도였다. 홍수 이후 과거의 죄는 청산되었고 다시는 잘못이 되풀이되지 않을 것을 기대했다. 그러나 축복이 선언되고 영원한 언약이 세워지자마자 사람들은 다시 죄를 범한다.

노아의 포도주 사건은 모호한 점들로 인해 해석에 어려움이 있다. 노아가 왜 포도주를 취할 정도로 마시고 벌거벗고 있었을까? 이를 본 그의 아들 함은 왜 아버지의 하체를 알리고 다니고, 깨어난 노아는 함을 비난하지 않고 그가 낳은 아들인 가나안을 저주했는가? 그리고 함이 아버지에게 행했던 일이 무엇이었나?(창9:24)하는 의문들이다.

방주에서 나온 노아는 포도 농사를 짓고(창9:20) 포도원에서 나온 포도주를 지나치게 많이 마셔서 결국 술에 취해 벌거벗은 채로 장막에서 깊은 잠에 빠져 버린다(창9:21). '벌거벗음'은 아담과 하와를 생각나게 한다. 포도주에 대한 우호적 본문(민15:5-10; 신14:26; 시104:15; 요2:1-11)이 존재하지만 위험성(잠21:17; 23:20-21, 29-35; 사5:22; 28:7; 합2:15), 자기 노출과 같은 도덕적 해이도 경고한다(애4:21; 합2:15). 거룩한 나실인(민6:3-4), 제사장 직무를 수행하는 자(레10:9), 그리고 결정을 내리는 통치자(잠31:4-5)는 포도주를 삼가야 한다. 술 취함으로 인한 벌거벗음은 수치를 상징하고 품위를 손상시키며(삼하6:16, 20), 하나님의 임재 속에서 사는 삶과 양립할 수 없다(출20:26; 신23:12-14). 인간이 죄에 빠졌을 때 그들은 자신의 벌거벗음이 선악의 구별과 상관있음을 깨달았다. 벌거벗음에 대한 경계는 죄에 대한 경계다. 노아의 벌거벗음은 함의 죄를 유발한다.

가나안의 조상이 되는 노아의 아들 함은 우연히 장막에 들어갔다가 아버지 노아의 벌거벗고 자는 모습을 보게 된다. 함은 아버지의 실수를 덮지 않고 나와서 다른 두 형제에게 아버지의 모습을 알렸다. '알렸다'(נגד, 나가드)는 큰소리로 떠벌리고 다녔다는 뜻이다. 함의 행위가 악함은 "그의 아버지의 하체를 보고"(9:22)에 사용된 히브리어 '라아'(ראה)에서 알 수 있다. 이는 우연한 목격이 아닌 '자세히 관찰하다'를 의미한다. 함의 행위는 동성애적 관음증으로 아버지를 불명예스럽게 만들었다는 점이다. 더 나아가 이 일을 다른 형제들에게 알람으로 더 큰 죄를 범했다. 반면 셈과 야벳은 그 말을 듣고 즉시 장막으로 들어가 아버지의 하체를 덮어줌으로써 손상된 아버지의 명예와 권위를 회복시켜 주었다. 벗은 몸을 보는 것만으로도 죄라고 생각하는 사람과 자세히 관찰하는 사람의 죗값은 노아의 입을 통해 나온 저주로 나타난다.

나중에 술이 깬 노아는 함이 자신에게 한 일을 알고 격분하였으나 원인 제공자인 둘째 아들 함을 저주하지 않고 그의 손자 가나안을 저주한다. 이는 앞서 하나님이 노아와 그 아들들을 축복하셨기 때문에(창9:1), 하나님의 축복을 저주로 바꿀 권한이 노아에겐 없기에 함의 아들인 가나안을 저주한 것이다(창9:25).

노아의 입을 통해 나온 저주는 함을 비롯한 후손 전체가 저주받게 되는 결과를 초래했다. 이는 이스라엘 역사에서 가나안에 대한 원인론적 이야기로 볼 수 있다. 가나안 사람들은 농경 문화권으로 풍요를 갈구하는 바알을 섬겼다. 그들은 성전 창기와 관계를 맺음으로 풍요를 약속받는다는 믿음을 가졌는데, 이스라엘은 가나안 땅에 살면서 끊임없이 가나안 종교의 이러한 유혹에 직면해야 했다. 사람들에게는 부도덕하고 퇴폐적인 가나안 사람들의 종교는 매혹적이면서도 투쟁과 대결의 대상이기도 했다. 함의 성적 문란함과 타락성은 가나안으로 이어져 이후 그의 족속의 성적 타락과 깊은 연관성을 갖는다.

후에 출애굽한 모세는 정복해야 할 가나안 땅의 조상이 이미 오래전에 저주받았다는 점을 상기시킴으로써 이스라엘 군대에게 용기를 주었다. 가나안 사람들이 함의 자손들이기 때문에 이스라엘의 손에 죽게 된 것이 아니라 그들이 함처럼 악하게 행동했기 때문이다. 기생 라합도 가나안 사람이었지만 여호와를 경외함으로 그녀와 온 집안사람들이 살았고(수2장), 반면에 아간이 이스라엘 사람이었지만 죄로 인해 그와 온 집안이 멸망당한 것(수7장)은 불의와 악함은 하나님의 멸망과 저주의 대상임을 보여 준다.

노아가 함의 아들을 저주했다는 것은 바로 이러한 역사적인 사실을 그 배경에 깔고 있다. 노아의 저주는 가나안 사람들이 왜 하나님 앞에 저주받은 삶을 살아야 하며, 왜 그들이 하나님께 저주를 받아 이스라엘에게 그들의 땅을 내어주어야 하는지를 설명해주는 원인론적인 성격의 본문이다.

이는 노아가 셈과 야벳을 축복하는 가운데, 야벳이 셈의 장막에 거하게 될 것이라고 말함으로써 이스라엘이 속한 셈족을 야벳보다 앞에 두고 있다는 데에서 분명해진다. "셈의 하나님 여호와"(9:26)라는 표현에서 알 수 있듯 이후 하나님의 주관적 은혜는 셈의 계보와 함께하실 것이다.

술 취한 노아의 모습은 그가 완전하지 않다는 것을 보여준다. 이런 노아의 모습은 우리로 하여금 구원을 위해서는 인간이 아니라 하나님을 바라보아야 함을 알려 준다. 우리는 인간이 죄를 선택함으로 잃어버린 하나님의 창조질서를 회복해야 한다. 이것은 하나님이 허락하신 새로운 세계에서 하나님의 자녀들이 마땅히 이루어야 할 사명이다.

의인 노아 (창 6:13)

창세기 1-11장을 태고사 혹은 원역사 이야기라고 하는데 그중에서 절반에 가까운 분량(6-9장)을 홍수 이야기가 차지한다. 5장에 나타나는 아담에서 노아에 이르는 족보와 10장에 있는 노아와 세 자녀들인 셈, 함, 야벳에 의해 시작된 온 인류의 조상들에 관한 명단은 노아와 대홍수 이야기의 서론과 결론 부분에 해당된다고 볼 수 있다. 그렇다면 홍수 이야기의 앞뒤는 족보로 시작해서 족보로 끝나는 것이다.

창세기 5장 1절엔 아담의 족보가 나오는데 그 순서는 다윗의 족보를 보여 주는 룻기 4장 18-22에 나오는 베레스의 족보와 많은 부분에서 일치한다. 일곱 번째 후손인 에녹과 보아스를 완전한 의인으로 기록하고 그 결론은 열 번째 자손인 노아와 다윗을 설명하기 위한 족보의 목적임을 보여 준다.

아담	셋	에노스	게난	마할랄렐	야렛	에녹	므두셀라	라멕	노아
셈	아르박삿	셀라	에벨	벨렉	르우	스룩	나홀	데라	아브라함
베레스	헤스론	아니	아미나답	나손	살몬	보아스	오벳	이새	다윗

아담의 족보는 역대기상 1:1-4과 누가복음 3:36-38에서 그대로 반복되고 있다. 족보의 주인공은 조상들이 아니라 족보의 맨 끝에 나오는 인물이다. 아담의 족보의 주인공은 대홍수 심판에서 구원받은 노아이고, 노아가 하나님께 은혜를 입어 구원받았기 때문에 그 위의 조상들도 그 이름이 함께 남은 것이다. 마찬가지로 수많은 셈의 후손들이 많이 있지만 아브라함만이 은혜를 입어 하나님의 택함을 받은 백성이 되었다. 그리고 룻기도 결국 다윗을 소개

하기 위한 이야기로 보아야 한다. 여호수아도 요셉의 아들인 에브라임의 10대 손으로 나타난다.

성서는 노아가 다른 사람의 구원을 위해서 어떤 일을 했는지는 기록하지 않는다. 그러나 120년의 유예 기간 동안 노아가 그저 방주만 만들고 있지만은 않았을 것이다. 랍비들의 해석은 그가 120년 동안 하나님의 심판을 선포하며 회개의 메시지를 전했다고 하는데, 그럼에도 불구하고 결국 노아의 가족 외엔 어느 누구도 구원의 배에 승선할 수는 없었다.

노아와 가족들은 자신들만 살기 위해 이처럼 큰 방주를 만든 것이 아니었다. 그들에게는 하나님께서 창조하신 세상의 모든 짐승들을 보존하는 사명이 주어졌다. 이를 위해 거대한 방주를 건설할 나무들을 구해 운반해 와야 했으며 그 나무들을 깎고 다듬어 배를 만들어야 했다. 그리고 그들과 짐승들이 먹고 살아야 할 식량을 모아야 하는 길고 지루하며 극심한 노동이 주어졌다. 이는 사람이 창조 이래로 동물을 돌보고 보존해야 할 책임이 있음을 다시금 확인하게 하는 일이다. 사람은 동물을 다스리는 권세를 지닌다(창9:2).

창세기 9장 10절로부터 반복되는 '모든 생물'이란 단어는 12번의 의도적 반복을 통해 모든 생물을 보존하시려는 하나님의 열망을 확증한다. 그러므로 인간이 생물의 멸종에 영향을 끼쳤다면 그것은 창조주 하나님의 근심거리를 만드는 중대한 범죄가 된다.

노아는 방주를 짓는 120년 동안 주변 사람으로부터 온갖 비난과 멸시를 겪었을 것이다. 노아는 회개하고 죄의 길에서 돌아설 것을 사람들에게 선포했지만 미친 사람으로 취급되었다. 마침내 홍수가 일어난 날은 노아와 가족들에게는 하나님의 구원이 임하는 날이었지만 남은 자들에게는 심판의 날이었다.

노아의 할아버지인 므두셀라(מתושלח)도 홍수와 관련이 있다. '므두'(מת)는 '죽음'이란 뜻이고 '셀라'(שלח)는 '가져온다' 혹은 '일어난다'는 뜻으로 '그의 죽음이 ...을 가져온다' 혹은 '그가 죽으로 ...이 일어난다'는 의미이다. 그러므로 므두셀라의 이름에는 대홍수 심판과 관련한 하나님의 중요한 계시가 담겨 있었다. 므두셀라가 죽은 해는 그의 이름이 뜻하는 것과 같이 대홍수가 일어나던 해였다. 므두셀라가 300세에 아버지 에녹은 365세로 승천하였고, 므두셀라 나이 369세에 노아가 태어났으며 홍수가 나던 해 969세로 운명했다.

므두셀라의 일생에는 에녹의 승천과 노아의 탄생, 그리고 방주의 건축과 아들 라멕의 죽음, 그리고 대홍수라는 사건이 망라되어 있으므로 그의 이름과 나이에는 마지막 시대를 준비하는 예언적인 메시지가 담겨 있다.

노아의 대홍수는 하나님의 공의와 은혜를 동시에 보여주는 사건이다. 대홍수 심판은 죄악이 가득한 세상에 대한 하나님의 공의이며, 노아를 통해 준비하도록 한 방주는 대홍수 심판으로부터 구원하시는 하나님의 은혜이다.

노아는 히브리서 11장에 나오는 모든 믿음의 영웅들 가운데 가장 뛰어난 사람으로 등장한다. 모든 믿음의 조상 가운데 노아와 관련해서만 '믿음으로'라는 말이 처음과 마지막에 두 번 나온다.

"믿음으로 노아는 아직 보이지 않는 일에 경고하심을 받아 경외함으로 방주를 준비하여 그 집을 구원하였으니 이로 말미암아 세상을 정죄하고 믿음을 따르는 의의 상속자가 되었느니라"(히11:7)

노아는 하나님께 은혜를 입었는데 '은혜'라는 단어가 창세기 6장 8절에 처음 등장한다. 8절과 9절은 구원에 이르는 단계에 대한 진리를 가르쳐 준다. 노아가 '의인'이라는 말은 하나님께 은혜를 믿음으로 의롭게 여김을 받았다는 뜻이다.

"그러나 노아는 여호와께 은혜를 입었더라 이것이 노아의 족보니라 노아는 의인이요 당대에 완전한 자라 그는 하나님과 동행하였으며"(창6:8, 9)

노아가 '당대에 완전한 자'라는 말은 하나님의 은혜로 의롭다 여김을 받음으로 구원받은 존재가 되었다는 뜻으로 결국 노아는 하나님과 동행하는 거룩한 삶을 살게 되었다는 뜻이다. 이렇듯 구원은 하나님의 은혜로 시작하며 의롭다 칭함을 받고 구원받은 존재로서 거룩한 삶을 사는 것이다. 그리하여 노아는 사악했던 그의 시대 사람들과 구별된다.

창세기 6-9장에는 하나님이 노아에게 말씀하신 것이 7번 기록되어 있는데 (창6:13; 7:1; 8:15; 9:1, 8, 12, 17) 그때마다 노아는 하나님의 말씀을 신뢰하였을 뿐만 아니라 그 말씀에 전적으로 순종하여 그대로 행하여 노아는 하나님께서 무슨 말씀을 하시든지 다 그대로 순종하는 믿음의 사람이었다(창 6:22; 7:5, 9, 16). 노아는 무엇보다 하나님의 말씀에 절대적으로 순종했던 사람이어서 홍수에서 생존할 수 있었다. 무시무시한 심판이 임하더라도 하나님의 말씀에 순종하고 그분을 의지하려고 노력하는 자들은 하나님의 진노를 피할 수 있다.

노아도 분명히 죄를 짓는 인간이었을 것이다. 그러나 그는 하나님의 약속을 믿었으며 하나님의 은혜를 입었고, 그의 말씀에 순종하며 말씀대로 행했다. 노아는 방주를 만들 때 자기 계획대로 한 것이 아니었다. 하나님께서 노아에게 방주의 크기와 모양, 재료 등에 대해서 구체적으로 말씀하셨고 노아는 그 모든 것에 순종했다.

하나님은 피할 길을 만드시고 심판을 내리셨으며 마냥 기다리는 분이 아니라는 것을 선포하셨다. 하나님의 진노는 온 세상에 임하였지만, 하나님을 믿는 사람들에게는 방주에 안전히 거하여 구원함을 받도록 계획하셨다. 방주는 하나님의 진노의 대홍수를 견뎌냈고 거대한 물줄기와 폭풍우를 이겨냈다.

방주의 창은 위에만 내도록 해서 방주 안에서는 오직 창을 통해서만 위를 볼 수 있었다. 또한 방주의 문을 옆으로 하나만 만들라고 하셔서 방주로 들어가는 문은 하나였다.

교회는 믿음의 사람들이 모인 구원의 공동체로 하나님의 뜻에 따라 조직되고 운영되어야 한다. 교회뿐만 아니라 우리의 가정, 우리의 삶 자체를 하나님의 인도하심에 맡기는 믿음을 가져야 한다. 오늘 온 세상에 가득한 죄악의 물결이 우리 안에 들어오지 못하도록 막고 있는 것은 십자가에서 흘리신 예수님의 보혈이다. 예수님의 십자가는 우리를 구원할 방주이다. 안팎을 역청으로 감싼 방주가 온전한 것처럼 교회는 사랑의 역청으로 하나 된 믿음의 공동체다.

　　노아는 말씀을 듣고, 말씀대로 다 실천하였다. 노아가 방주를 지으라는 하나님의 말씀을 들은 것이 120년 전이었고, 그는 그 시간 동안 주위 사람들의 조롱과 멸시 속에 120년 동안 방주를 지은 것이다. 바로 이것이 노아의 순종이다. 우리도 노아처럼 순종하는 삶을 살아가야 한다. 순종은 제사보다 하나님이 기뻐 받으신다.

7강 바벨탑을 만든 사람들 (창 11:1-9)

창세기 1-11장에는 긍정적인 이야기와 부정적인 이야기가 반복되어 나온다. 하나님이 보시기에 매우 좋았던 세상의 창조(창1장) 다음에 아담과 하와의 타락과 아벨의 살해당함(창3-4장)에 이어, 장수했던 홍수 이전 사람들의 번성(창5장) 다음에 하나님의 아들들과 사람의 딸들 간의 무질서한 결혼과 홍수 심판(창6-8장)이 이어진다. 노아와의 무지개 언약 이후 그의 술 취함과 가나안에 대한 저주로 (창9장) 이어지고, 땅에서 번성하는 노아의 세 아들의 후손들 목록(창10장)에 이어 하나님께 도전하는 바벨탑의 이야기가 나온다 (창11장).

홍수 이후에 남은 사람들은 힘을 합쳐 하나님께 도전하려 했다. 그래서 이들은 하늘의 하나님 처소에 닿는 탑을 쌓으며 자신들의 이름을 떨치려는 계획을 세운다. 하나님은 사람이 세상에 흩어져서 땅에 충만하기를 바라셨는데 반대로 그들은 한 도시 바벨에 모이려 했다. '바벨'(בבל)은 '혼잡하다'에서 유래한 단어로 '혼란'을 뜻한다. 그래서 하나님께서는 인간의 언어를 혼잡하게 하심으로 사람들이 더 이상 함께 살 수 없게 되었고 하나님의 뜻에 반하는 일들에 협력할 수 없게 되었다.

> "이들은 셈의 자손이니 그 족속과 언어와 지방과 나라대로였더라"(창10:31)
> "온 땅의 언어가 하나요 말이 하나였더라 이에 그들이 동방으로 옮기다가 시날 평지를 만나 거기 거류하며"(창11:1-2)

바벨탑 사건은 온 땅의 '언어'가 하나고 '말'이 하나였을 때 한 장소에서 일어났다. 창세기 10장 31절에서 '언어'에 해당하는 단어는 '라숀'(לשון)이고, 창세기 11장 1절의 '언어'(שפה, 쌰파)와 '말'(דבר, 다바르)은 둘 다 '말'을 뜻하기 때문에 어떤 해석이 적절한지 구별하기가 쉽지 않은데, 언어는 구어를, 말은 문어를 뜻하는 것으로 보인다. 좁게 해석하면 세상의 모든 민족이 같은 언어를 사용한 것이 되고, 넓게 해석하면 이 지역에 사는 민족들만 한 언어를 사용한 것으로 볼 수 있다.

11장에는 '언어'가 여러 차례 나오지만 10장에서 번역된 '혀'(라숀)는 나오지 않는다. 11장의 '언어'라 번역된 단어는 모두 '입술'(שָׂפָה, 싸파)이다. 또한 '말'(דָּבָר, 다바르)은 사물(thing)이나 일(work)이라는 뜻으로 해석되는 경우도 있기 때문에 바벨탑 사건으로 인해 언어가 갈라진 사실에 대하여 다른 해석이 가능하다. '다바르'를 굳이 '말'이나 '언어'로 번역할 필요는 없기 때문이다. '다바르'에는 하나님의 말씀은 눈에 보이는 사물이 된다는 점에서 신학적인 관념이 배어 있기도 하다.

노아의 언약에서 언급된 목표 가운데 하나는 인간이 온 지면에 흩어져서 다른 세계의 모든 부분에 지배권을 행사하는 것이다. 그러나 이들은 흩어지지 않고 공통된 언어, 문명과 문화를 가지려 했다. 이것은 온 땅에 충만해야 한다는 언약과 대립 되는 것으로 이들은 자신들이 있는 곳에 머물러 집단 사회를 건설함으로써 하나님의 뜻을 거부했다.

앞선 본문에서 셈과 함과 야벳의 후손이 언어와 지방과 나라대로 나뉘어졌다고 되어있다(창10:31, 32). 10:25에도 "에벨은 두 아들을 낳고 하나의 이름을 벨렉이라 하였으니 그때 세상이 나뉘었음이요"라고 서술되어있다. 노아가 가나안을 저주하고 나서 벌어진 일이 바벨탑 사건이다.

창세기 11장에 '바벨'에 대한 본문은 단 9개의 절에 걸쳐 설명되고 있다. 바벨탑과 유사한 이야기를 담고 있는 고대 문헌들은 이러한 탑을 쌓은 이유가 하늘이 무엇으로 만들어졌는지를 알아보기 위한 것이었다고 한다. 또 다른 유대 전승에 의하면, 두 번 다시 홍수로 멸망 당하지 않기 위해 홍수가 나도 안전하게 피할 수 있는 탑을 만든 것이라고 한다. 바벨탑은 흔히 하나님에 대한 인간의 도전으로 상징되어왔다. 온 땅의 언어가 하나요 말이 하나였던 세상의 사람들이 동쪽으로 이동해 오다가 시날 평지에 자리를 잡았다.

창세기 안에서 동쪽으로 가는 것은 쫓겨나는 자가 가는 방향이어서 좋지 않은 일들과 연관되어 있다. 아담이 죄를 짓고 에덴의 동쪽으로 쫓겨 갔다.

가인도 아벨을 죽이고 동쪽으로 떠났고 롯이 아브라함과 헤어질 때 동쪽으로 가서 소돔과 고모라 지역에 정착했다. 훗날 유다가 멸망 당하고 바벨론에 포로로 잡혀갈 때 그곳도 동쪽이었다. 이처럼 창세기에서 동쪽은 죄 혹은 죄의 대가와 연결된 곳이다.

그들은 '성읍' 즉 도시를 건설하기 위해 벽돌을 굽기 시작했다. 도시 공사가 어느 정도 진행되자 높은 탑을 쌓아 도시의 위용을 떨치고자 바벨탑 공사를 시작했다. 이곳에 왕국을 건설한 사람은 '세상의 첫 용사 니므롯(נמרוד)'이었다(창10:8-10). 이 이름은 '우리가 반역하리라'는 의미를 가지고 있어서 '폭군'이나 '독재자'였을 것이다. 70인역은 '거인(Giant)'로 번역해서 니므롯이라면 바벨탑을 짓고도 남을 인간으로 보았다.

"서로 말하되 자, 벽돌을 만들어 견고히 굽자 하고 이에 벽돌로 돌을 대신하며 역청으로 진흙을 대신하고 또 말하되 자, 성읍과 탑을 건설하여 그 탑 꼭대기를 하늘에 닿게 하여 우리 이름을 내고 온 지면에 흩어짐을 면하자 하였더니"(창11:3-4)

'탑'(מגדל, 믹달)의 어근 '가달'(גדל)은 '크다'에서 나온 히브리어로, 단단한 벽돌로 지은 거대하고 높은 계단 구조물인 '지구라트'(Ziggurat)를 가리키는 것으로 보인다.

고대 세계에는 높이 솟은 도시가 많이 세워졌다. 이는 왕권이 집약되어있는 소재지로 종교, 정치, 경제적인 힘의 중심이었다. 바벨탑과 같은 지구라트 건축가들은 자신들이 하늘로 올라가고 있고, 그들의 신들은 계단을 통해 내려오고 있다고 상상했다. 그 안에는 왕가의 사원, 궁전, 곡식 창고 등이 있었으며, 그 도시나 국가가 모시는 신의 소재지이기도 했다. 하나님은 이 같은 도시를 세우는 사람들의 말을 뒤섞어 놓음으로써 그 왕권을 흩어버리셨다.

바벨탑을 만든 이유는 우리의 이름을 내고 온 지면에 흩어짐을 면하자는 것이었다. 탑의 건설자들에게는 바벨이 '신들의 문/거처'를 의미했지만, 성서 저자는 '혼란하게 되다'라는 뜻을 지닌 비슷한 형태의 히브리어 '발랄'(בלל)을 사용함으로 그 의미를 풍자적으로 조롱했다.

'우리 이름을 내고'(창11:4)는 건축자로서의 명성과 기술적 성과, 권력 추구의 상징물을 만드는 것으로 보인다. '이름'은 명성과 번영을 함축하기에 도성 건축가들은 자신들의 업적에서 인생의 의미와 영생을 찾으려 하고 있다. 그러나 바벨 사람들은 수치스러운 이름인 '혼란'을 얻는다. 결국 하나님을 분노케 한 것은 도성의 건축이 아니라 인간의 자만심과 인간들이 도성에 부여한 안전한 곳, 집단 이기주의에 거하려고 하는 생각이었다. 결국 인간이 자발적으로 흩어지고자 하지 않았기 때문에 하나님께서 흩으신 것이다.

"흩어짐을 면하자" '면하자'(פן, 펜)는 '우리가 … 하지 않도록'이라는 뜻이다. 그들은 물질적 욕망과 영적 갈망을 추구하기 위해 "땅에 충만하라"(창9:1)는 하나님의 명령에 대항하고 있다. 그들은 "흩어짐을 면하자"는 말을 하고 '하나님의 뜻을 거스르는 일'에 하나가 된다.

대규모 공사를 하려면 많은 인력이 동원되어야 하고, 그들이 합심하고 협력해야 하고 막강한 통치력이 요구된다. 우주에서도 보인다는 만리장성은 독재자이자 폭군인 진시황제의 명령에 의한 백성들의 강제 노역으로 만들어진 것이다. 역사적으로 위대한 건축물들은 독재자의 강압과 폭력, 짓밟음으로 인해 생긴 것이고, 그것들은 민중들의 피, 목숨과 바꾼 것이었다.

"우리가 … 하자"라는 것이 그들의 표어였다. "우리가 우리를 위하여 성을 쌓자"라고 말하는 인간들에 대한 하나님의 반응은 그들을 흩으시려는 것이다. 감탄사인 '자, 이제'(הבה, 하바)로 강조되는 표현은, 그들의 완고한 결심에 대한 표현이다.

"자, 우리가 내려가서 거기서 그들의 언어를 혼잡하게 하여 그들이 서로 알아듣지 못하게 하자 하시고"(창11:7)

하나님께서 "내려오셨다"는 표현이 5절과 7절에 두 번 나타난다. 인간들이 쌓고 있는 탑이 그들에게 아무리 대단하다고 해도 하나님이 보시기엔 보잘것 없이 초라한 것이다. 너무 작아서 이것을 보기 위해 내려오셔야 했다(창11:5).

전지하신 하나님께서 인간들이 무엇을 하는지 몰라서 알아보고자 내려오신 것이 아니다. 이미 알고 계셨기 때문에 내려오신 것이다. 이는 하나님의 개입을 뜻한다. 건설자들은 그들의 탑이 하늘에 이른 것으로 생각했지만 하나님께서는 고작 그것을 보려고 하늘에서 내려오셔야 할 만큼 낮고 조그만 것에 불과하다. 우리는 자꾸 올라가려고만 한다. 그러나 하나님은 자신도 내려오시면서 우리에게도 내려가라고 명령하신다. 하나님이 내려오심의 절정은 예수 그리스도가 우리 가운데 오신 것이다.

"그들의 언어를 혼잡하게 하여"(창11:7)에 쓰인 '언어'(בלל, 발랄)는 민수기 7장에서는 '섞다'라는 뜻으로 쓰였다. 그러므로 '발랄'은 서로 의견이 분열, 충돌하면서 혼란이 가중되었다는 의미도 포함하고 있다. 공통 언어에 의한 의사소통 없이 사람들은 상업적으로나 사회적으로 협력할 수 없다. 관계를 맺고 있는 사람들이 서로 이해할 수 없는 한, 탑을 쌓을 수는 없으며 또한 사회는 더불어 살아갈 수 없는 것이다.

흔히 하나님의 심판으로 바벨탑이 무너졌다고 생각지만, 성서에 바벨탑이 무너졌다는 이야기는 없다. 단지 바벨탑을 쌓던 사람들 사이에 의사소통을 할 수 없게 만드셔서 공사가 중단되도록 하신 것이다.

하나님께서는 바벨탑 사건에서 노아의 홍수나 소돔, 고모라의 불로 인한 멸망과 달리 한 사람도 죽거나 탑이 무너지거나 하는 일도 없이 관대하셨다. 이는 하나님께서 은총을 베푸신 것이다. 다시는 홍수와 같은 심판을 내리지 않으시겠다는 무지개 언약을 지키신 것이다. 그 결과 그들의 언어를 흩으셔서 사람들 간의 교제를 상실하게 만드시고, 작은 군락으로 모이게 하셨다. 따라서 이것은 다양한 세계적 문명들의 기원을 설명해 준다. 기본적으로 성서는 도시로 상징되는 문화나 문명에 대하여 거부감을 가지고 있다. 하나님은 에덴동산(자연)을 만들어 주셨으나 하나님을 거역한 인간들은 도시를 세웠다.

창세기 10장 마지막 절엔 "홍수 후에 이들에게서 그 땅의 백성들이 나뉘었더라"고 기록되어 있다. 이렇게 하나님께서는 온 인류를 나누고 흩으셨고, 이 계획은 바벨탑의 멸망 후에 다시 이어진다. 그들의 반역에도 불구하고 하나님께서는 사람들을 땅에 충만케 하려는 자신의 계획을 온 지면에 흩어지게 하심으로 성취하신다.

이렇게 언어를 혼잡하게 하여 사람들을 흩으셨는데 신약시대에 하나님께서 오순절에 성령을 통하여 방언의 은사를 주심으로 언어가 통일되는 기적의 역사가 일어났다. 이 본문에서 '난 곳 방언'(행2:8)은 고린도서에서 말하는 은사로서의 방언(고전12:10)이 아니라 각자가 태어난 모국어, 즉 모든 언어가 하나로 통일되는 기적의 사건이었다. 각기 다른 언어를 가진 사람들을 그리스도가 머리가 되시는 하나의 교회로 연합시키신 신약의 사건으로 완성된 것이다.

바벨탑 사건은 인간의 기술적 성과에 대한 과대 찬양과 하나님과의 동질성에 대한 망상이 결국 사람과 사람 사이의 분열을 초래할 뿐만 아니라 꼭대기를 하늘에 닿게 했다는 인간의 교만이 신격화된 자기과시로 이어져 멸망으로 치닫게 된다는 사실을 보여준다. 사람들은 홍수 이후에 새롭게 출발했으며 새로운 기회를 얻었으나 여전히 교훈을 배우지 못했던 것이다.

바벨탑 사건의 구체적인 메시지는 사람들이 삶에서 하나님을 배제한 결과에 대한 것이다. 타락한 인간은 기술 문명을 통해 자신의 존재의미와 자신에게 주어진 경계를 벗어나기 위한 수단을 찾으려는 노력을 통해 과도한 자긍심과 자치권의 열망에 사로잡힌다. 그래서 창조주께서 확립해 놓으신 경계를 자꾸 넘어서서 신적 영역을 침범하여 스스로 신적인 존재가 되기를 원한다. 하나님을 배제한 삶, 자기 충족 욕구를 위한 삶, 하나님이 전혀 필요하지 않은 삶, 문명이란 사실상 '인간이 힘을 합쳐 하나님을 배제하고 자기들끼리 삶을 꾸리려는 시도'이다. 그 일은 바벨탑에서 처음 시작되었다.

지금도 니므롯의 도성들은 바벨탑을 복제하고 끝없이 추구하고 있다. 인간이 땅을 정복하고 세상에 군림할 수 있게 해준 기술 문명을 인간들이 자신들의 힘으로 이룬 듯, 자신들이 마치 세상에 없었던 것을 만들어 내는 창조자라도 된 듯 착각에 빠져 있다. 그러나 하늘 아래 새로운 것은 하나도 없다. 우리는 이미 있는 것으로 추출해내고, 재조립하고 있을 뿐이다. 세상의 모든 것은 인간에게 주신 하나님의 축복이며 선물이다. 그러나 하나님을 잊고 기술에 집착한다면 결국 하나님께서 흩어 놓으실 것임을 바벨의 경고를 통해 알아야 한다.

오늘날 한국 사회와 교회에도 바벨탑이 있고 지금도 건설되고 있다. 하나님의 다스림 안에서 계획을 세우고 하나님의 은혜에 감사하고 하나님을 의지하며 사는 삶이 우리의 삶이 되어야 한다. 우리 안의 바벨(혼란)을 몰아내야 한다.

2단원 아브라함 이야기 (창 11:27-25:18)

8강 데라 (창 11:26-32)

신앙행로의 미완성 (창 11:26-32)

데라의 조상들이 대부분 30대에 첫아들을 낳은 반면 데라는 75세가 되어서야 자식들을 낳았다(창11:26)는 기록은 앞으로 데라의 후손 보기가 점점 더 어려워질 것임을 암시한다. 실제로 아브람도 이스마엘이 먼저 태어나기 했지만, 언약의 자손인 이삭을 100세에 낳았고, 리브가나 라헬도 늦은 나이에 아이를 얻는다.

데라는 아브람, 나홀, 하란 이렇게 세 아들을 두었는데, 아브람(אברם)의 이름이 먼저 나왔다고 해서 그가 장남이라고 간주할 필요는 없다. 셋 중 그가 가장 중요한 인물이어서 제일 먼저 기록되었을 수 있기 때문이다. 그의 이름의 뜻은 '높임 받는 아버지', '아버지는 높임을 받으신다'이다.

데라의 아들 하란이 롯을 낳고 죽자(창11:28), 데라는 남은 두 아들을 서둘러 결혼시킨다(창11:29). 이어서 '장가들었으니'(창11:20)가 단수형으로 사용된 것으로 보아 이들의 결혼은 한날에 이루어진 합동결혼식으로 보인다. 그런데 아브람의 아내 사래(שרי, 공주, 여왕)는 아이를 낳을 수 없는 몸이었다(창11:30). 이는 데라의 가족에게 닥친 또 다른 위기로 희망 없는 미래를 의미한다. 족장 사회에서 자식은 일꾼과 용사로 쓰이기에 자식이 많음은 가족의 힘을 상징한다. 그러므로 사래의 불임은 족장 가문의 수치였다.

미드라쉬에 의하면 데라는 갈대아 지방에서 대대로 12가지 우상을 만들어 파는 장사를 했다고 기록되어 있는 것으로 보아 부유한 집안이었을 것이지만, 그로 인해 그의 가족이 이방의 우상에 빠져 있을 수밖에 없는 환경이기도 했다(수24:2, 3). 이는 데라의 증손자이자 나홀의 손자인 라반의 사례에서도 분명하게 드러난다(창22:22; 25:20; 29:5; 31:19).

자손을 얻을 수 없는 가문의 위기 상황 속에서 데라가 취한 행동은 자신들의 터전이었고, BC 3,000년대 초기에 이미 중요한 정치적, 종교적 중심지였던 '우르'를 떠나는 것이었다. 아들이 아버지인 자신보다 먼저 죽고, 며느리는 아이를 낳지 못하는 고통스러운 집안 사정과 계속되는 집안의 우환으로 발생한 불편한 주변의 시선은 데라가 아브람과 함께 우르를 떠나게 된 배경이 되었다.

또한 당시 우르 왕국은 몰락하고 있었다. 밀 수확 감소로 경제적 쇠퇴기를 맞이했고, 외세의 침략으로 왕국이 붕괴될 지경이었다. 지배층은 도시의 화려한 생활을 즐기면서 농작물 보관을 소홀히 했고, 토지가 산성화되는 걸 개의치 않고 계속 경작해서 땅이 황폐하게 되었다. 경제의 몰락은 군사적 쇠락을 가져와 주변 국가들의 침략도 빈번히 발생하여 결국 BC 2004년경 우르 왕국은 멸망당한다.

고대에는 오늘날과 달리 고향을 떠나 산다는 것이 쉬운 일은 아니다. 그럼에도 데라가 가족들을 데리고 갈대아 우르를 떠난 이유는 하란의 죽음, 사라의 불임, 우르 왕국의 쇠퇴와 같은 여러 이유가 있었지만, 아브라함은 하나님의 이끌어내심에 의한 것이라고 성서는 말씀하고 있다(창15:7; 느9:7). 고대 세계는 아버지의 절대적 권한이 중시되던 사회였기에 데라가 아브라함을 '데리고' 떠난 것으로 묘사한다(창11:31). 데라의 가나안 이주는 어떤 신비한 힘에 이끌려 떠나온 것이 아니라 이 모든 상황을 고려한 가족의 결정에 따른 것이다.

갈대아 우르를 떠난 데라와 아브람은 하란에 머물게 되는데, 그 이유는 데라가 늙고 노쇠하여 여행이 힘들었기 때문이다. 당시 '하란'은 '우르'에서 북서쪽으로 880km 정도 떨어진 곳으로, '우르'와 자매 도시이고, 유프라테스와 티그리스가 만나는 비옥한 초승달 곡창지대로 터키어로 '금빛 이삭'이란 뜻의 기름진 땅이었다. '우르'는 경제적으로 쇠락했지만, 하란은 여전히 경제 중심지였기에 하란에 데라가 주저앉음으로써 아브라함의 여정도 중단된다. 하란에 이르러 여행을 포기하고 머문 데라는 그의 신앙행로 역시 미완성으로 마감되었음을 뜻한다.

데라는 70세에 아브람을 낳았고, 아브람이 하란을 떠날 때 75세였으므로,

당시 데라의 나이는 145세였다. 이후 아브람이 하란을 떠날 때 데라는 동행하지 않았는데, 이것은 아브람이 하나님의 부르심을 가족에 대한 의무보다 중하게 여겼음을 나타낸다. 데라가 205세에 죽었으므로 홀로 하란에서 60년 거주하다가 죽었음을 알 수 있다.

아브람의 삶은 그의 아버지 데라와 아들 이삭과 흥미롭게 대칭을 이룬다.

아브라함이 아버지 데라와 함께 살던 75년

아브라함이 아버지나 아들 없이 살던 25년

아브라함이 아들 이삭과 함께 산 75년

그런데 사도행전에서 스테반은 데라가 죽은 후에 아브라함이 하란을 떠난 것으로 묘사하고 있다(행7:4). 이는 데라의 아들 중 하란이 먼저 결혼했으므로 첫째 아들이라 보고있는 것이다. 데라의 아들 나홀이 그의 형제 하란의 딸, 즉 조카인 밀가와 결혼한 것도 하란이 장남이었음을 암시해 준다. 이름이 나오는 순서(아브람, 나홀, 하란)가 반드시 출생 순서가 아니라면 데라가 70세에 낳은 것은 아브람이 아니라 하란이고, 아브람은 그후 60년이 지난 후에 태어난 것으로 본다. 다른 하나는 [사마리아오경]엔 데라가 205세가 아닌 145세에 사망한 것으로 기록함으로 본문의 충돌을 해결한다.

어쨌든 데라가 205세에 하란에서 죽었다는 말로 창세기 11장은 마무리된다. 이방 신 즉 우상을 섬기던 데라가 달의 신인 신(Sin)을 숭배하던 하란에서 죽음으로써 데라 가문의 우상숭배의 맥은 끊어졌다. 이젠 아브람이 그의 식솔들의 우두머리로서 그가 믿는 신이 그 가정의 신이 된다.

창세기 11장 마지막에 데라의 죽음이 기록되어 있는 이유는 아브라함의 이야기를 본격적으로 시작하기 전에 데라 이야기를 마무리하려는 서술 방식이다. 아브라함이 죽은 이후(창24:7-11) 이삭 이야기가 본격적으로 등장하는 것도 같은 맥락이다.

하나님은 아브라함에게 구체적인 목적지를 가르쳐주지 않고 "내가 너에게 보여줄 땅으로 가라 ......"(행7:3)고 말씀하셨다. 이 말씀은 하나님이 언제나 아브라함과 함께하시며 그의 걸음을 인도해 주실 것이니, 굳게 믿고 따라

오라는 말씀이다. 이러한 인도를 통해 아브라함이 다다르게 될 궁극적 목표는 하나님이다. 지리적 목적지는 가나안이지만, 영적 목표는 하나님과의 온전한 만남이다.

목적지도 모르고 길을 나선 아브라함의 삶은 한 치 앞도 모르고 살아가는 우리의 삶과 닮아있다. 가도 가도 끝없이 이어지는 방랑의 삶은 외로움과 두려움, 혼란에 사로잡히기도 하지만 우리는 하나님을 의지하고 끝까지 가야 한다. 주저앉아 포기하지만 않는다면 하나님께선 우리를 일으켜 세워 다시 길을 떠날 수 있도록 도우실 것이다.

순례의 길을 떠난 자는 누구나 하란에 머무르려는 유혹을 마주하게 된다. 순례를 떠난 자체는 큰 결심과 결단으로 행한 일이기에 위대하지만, 습관과 타성 속에 머물러 버리는 순간 우리의 순례는 나의 하란에서 멈추게 되는 것이며, 우리는 영원히 미완성의 순례자로 마감하게 되는 것이다.

인생의 기나긴 여정이 끝날 때까지, 하나님이 끝났다고 말씀하실 때까지 포기하지 말고, 줄기차게 하나님의 손을 잡고 나아가야 한다. 믿음이란 나의 전부를 하나님께 맡기는 것이다. 우리가 어디로 인도되는지, 우리 앞에 어떤 위험이 놓여 있는지, 내 삶에 어떤 변수가 발생할지 알 수 없지만, 하나님이 이끄시는 대로 의지하며 앞으로 나아가야 한다.

9강 아브라함 (창 12:1-25:11)

하나님이 보여주시는 땅을 향하여 (창 12:1-5)

우르에서 첫 번째 부르심을 받은 아브람이 순례를 멈추고 하란에 머물자, 하나님이 아브람을 다시 부르셨다. 아브라함은 그의 아버지 데라가 살아있었을 때, 하란에서 두 번째 부르심을 받아 고향, 친척, 아버지의 집을 떠난 것이다. 하나님은 자신과 동행하길 원하시는 아브람을 택하여 부르시고 주도적으로 말씀하신다.

> "여호와께서 아브람에게 이르시되 너는 너의 본토 친척 아비 집을 떠나 내게 네게 지시할 땅으로 가라" (창12:1)

하나님의 명령이 바로 아브람에게 주어졌다. 가야 할 곳은 '내가 네게 보여줄 땅'으로, 앞으로 보여주는 땅을 향하여 가라고 하실 뿐 명확하게 지정된 장소를 알려 주시지는 않는다. 아브람은 하나님이 보여주실 땅이 어딘지도 모른 채 떠나야 했다. 더구나 하나님은 아브람을 부르시면서 자신이 누구인지 밝히시지도 않으셨다.

갈대아 우르는 수메르 문화의 중심지로 달의 신을 섬기는 우상의 땅이었다. 하나님께 멸망당할 수밖에 없는, 우상에 둘러싸인 곳이었다. 그리고 당시는 부족마다 섬기는 신이 있었는데 부족의 일원이 된다는 것은 같은 신을 섬긴다는 뜻으로, 이러한 모든 조건을 포기하고 보호막이 되어 주었던 아버지의 집을 떠나라는 말씀이다.

그러나 본문에서 '고향'은 전후 문맥을 살펴볼 때 우르보다는 하란을 가리키는 말로 보인다. 데라는 하란에 머무르고(창11:31-33) 아브람만 가나안으로 갔다(창12:4)는 것은 후에 이삭의 아내를 찾기 위해, 또한 야곱이 아내를 얻기 위해 하란으로 찾아간 사실을 뒷받침해준다. 아브람의 형제들은 하란에 남고 아브람이 그들을 떠난 것이다.

하란은 아브람에게 물과 양식, 그리고 안정된 일이 있어 편안한 삶이 보장된 곳이었다. 이렇게 이방인들로부터 자신을 보호해 줄 수 있는 안전한 땅을 벗어나 생명의 위협을 느끼는 미지의 땅으로 떠나기로 결심한다는 것은 결코 쉬운 일이 아니다. 자기를 부른 신이 어떤 신인지도 모른 채로 떠나는 그의 용기와 순종이 놀라울 뿐이다. 고향과 친척과 아버지의 집을 떠나라는 것은 모든 익숙하고, 친밀하고, 누리고 있었던 특권과 이권을 모두 버리고 떠나라는 말씀이다.

'걸어간다'는 행위가 지속되려면, 반드시 한 발은 땅 위에 붙어 있으면서 한 발은 늘 공중에 떠 있어야 한다. 두 발이 다 땅에 붙어 있기만 하면 안전할지는 모르나 그것은 걷는 것이 아니라 제자리에 서 있는 것에 불과하며 두 발이 다 공중에 있는 상태라면 그 역시 걸어간다고 할 수 없다. 그러므로 목적지를 향해 가는 자는 반드시 언제나 한 발은 힘차게 땅을 밟고 한발은 들어 올려 모험적인 걸음을 해야 한다. 공중에 들린 발이 어디로 향해 내려 디뎌지느냐에 따라 삶의 방향이 결정된다, 한쪽 발은 삶을 살아갈 세상에 다른 한쪽 발은 하나님이 인도하시는 방향을 따라 내딛으며 전진해 가기로 아브람은 마음먹은 것이다. '믿음에서 믿음으로 이르는"(롬1:17) 발걸음으로 하나님과 함께 걸어가기로 결단한 것이다.

고향과 친척, 아버지의 집은 관습의 집결지이며 아브람의 정체성이 형성된 공간이었다. 우상을 섬기면서도 그것이 죄임을 모르는 그 공간과 인연으로부터 떠나라는 하나님의 명령에 순종하는 것은 '과거와의 단절'을 뜻한다. 하나님을 모르고 살았던 과거를 버리고 하나님을 알게 된 현재를 살아가기 위해 과거로부터 떠나는 것이다.

고향과 친척을 떠나온 아브람에게 이제 상대적으로 더 어려운 아버지의 집을 떠남은 전적으로 의지할 모든 대상으로부터 완전한 떠남을 의미한다. 목적지를 알지 못하는 '내게 네게 보여줄 땅'으로 무조건적, 절대 순종을 요구하는 부르심에 응답하게 된 것이다.

최종 목적지가 어느 곳인지 몰랐음은 이후 아비멜렉에게 "하나님이 나를 내 아버지의 집을 떠나 두루 다니게 하실 때에"(창20:13)라고 하는 말씀에서도 알 수 있다. 아브람은 앞길에 어떤 위험이 놓여 있는지 알 수 없었지만, 하나님을 신뢰하며, 하나님이 이끄시는 대로 나아갔다. 약속만을 믿고 떠난 아브람의 행위를 히브리서 기자는 '믿음'이라 불렀다.

"믿음으로 아브라함은 부르심을 받았을 때에 순종하여 장래의 유업으로 받을 땅에 나아갈 새 갈 바를 알지 못하고 나아갔으며"(히11:8)
"우리 조상 아브라함이 하란에 있기 전 메소보다미아에 있을 때에 영광의 하나님이 그에게 보여 이르시되 네 고향과 친척을 떠나 내가 네게 보일 땅으로 가라 하시니"(행7:2, 3).

하나님께서는 아담과 하와에게도 떠나라 하셨고, 가인에게도 떠나도록 하셨으며, 바벨탑을 쌓던 사람들도 떠나게 하셨다. 그들 역시 익숙한 모든 것으로부터 떠나야 했다. 그러나 그들의 떠남은 그들의 죄 때문이었다. 그것은 하나님으로부터의 분리였다, 그러나 아브람의 떠남은 세상으로부터 분리되어 하나님을 향한 떠남으로 그들과 다르다.

하나님은 자신을 주어로 '내가'라는 일인칭을 다섯 번 사용하셨다(창12:1-3). 그리고 '축복하다'(ברך)에서 파생된 동사나 명사도 모두 다섯 번 사용되었다. 하나님 자신이 직접 아브람의 영광스러운 앞날과 안녕을 철저히 책임지시겠다는 의지를 보여주신 것이다. 그리고 사용된 대부분의 본동사들이 명령형이다.

이렇게 고향, 친척, 아버지 세 가지를 버리게 하셨으나 곧이어 땅, 민족(자손), 복이라는 새로운 세 가지를 약속하셨다.

"너는 복이 될지라"(창12:2)에 사용된 히브리어 동사는 명령형이기 때문에 단순히 미래시제를 나타내는 우리말 성서번역인 '될 것이다' 보다 히브리어 원문은 좀 더 강한 의미를 지닌다. 즉 '너는 복이 되어야 한다'라는 의미로서 복의 통로가 될 것으로 후대에 후손을 통해 이루어질 복을 말한다. 히브리어 명령법 용법상 1절에 나온 '가라'라는 첫 명령이 권고라면, 2절에 나오는 두 번째 명령은 첫 명령을 실행한 자에게 주는 보다 강력한 명령으로 나타난다.

아브람 자신이 누린 복은 하나님이 언제나 함께 하신 것이다. 아브람은 하나님의 '복 받은 자'인 동시에 그 복을 전달하는 사람이라는 것이 이어지는 3절의 내용에 드러난다.

"너를 축복하는 자에게는 내가 복을 내리고 너를 저주하는 자에게는 내가 저주하리니 땅의 모든 족속이 너로 말미암아 복을 얻을 것이라 하신지라"(창12:3)

결국 아브람을 통하여 세상의 모든 종족이 복을 받을 것이다. 아브람이 하란을 떠날 때 그의 나이 75세였다. 하나님이 직접 나타나셔서 말씀하신 부르심과 가라는 명령에 아브람이 그의 이성과 감정과 의지를 다해 순종한 것이다. 이때 롯이 동행하는데 데라가 아브람과 롯을 데리고 갔을 때와 달리, 이번엔 롯이 스스로 아브람과 동행하기로 결정한다(창12:4).

'하란에서 얻은 사람들'(창12:5)에서 '얻다'(עשה 아사)는 '만들다'란 의미로 '하란에서 만든 사람들'로 보인다. 이는 아브람이 그들의 영혼의 눈을 뜨게 하여 새로운 신인 하나님을 믿게 했다는 의미이다. '사람'(נפש 네페쉬)도 '영혼'을 뜻하는 말로 노예나 종을 뜻했다면 '에베드'(עבד)나, '나아르'(נער)란 단어를 사용했을 것이다. 그러므로 이들은 동역자로 보인다.

아브람이 가나안 땅 세겜에 이르렀을 때 여호와께서 나타나셨다는 표현이 처음으로 나온다(창12:7). 하나님은 마침내 주고자 하시는 '땅'이 그곳임을 밝히시고, '자손'에 대해 언급하셨다. 그전까지는 큰 민족으로 만들어 주겠다는 말씀만 하셨지 자손을 주신다는 말씀은 처음 하신 것이다. 자손과 땅은 아브라함에게 약속하신 축복의 기준이었다. 땅이 없으면 자손이 있어도 소용없고 자손이 없으면 땅이 있어도 소용이 없다.

아브람은 "자기에게 나타나신 여호와"(창12:7)를 위하여 그곳에 제단을 쌓는다. 도착한 후 그가 처음에 한 행위는 노아가 방주에서 나오자마자 했던 것처럼(창8:20) 단을 쌓고 제사를 드린 것이다. 후에 벧엘과 헤브론 등 가는 곳마다 단을 쌓고 제사를 드린다(창12:8; 13:18; 22:9). 이 제단은 그의 삶이 하나님께로 향해 있음을 고백하는 예배로 당장 받을 세상의 복보다도 하나님이 미래에 주실 복을 소망하는 믿음의 행위에서 나온 것이다. 아브람은 장차 이 땅이 후손에게 돌아갈 것이라는 땅에 대한 약속을 믿고 있음을 나타내기 위해 단을 쌓았다.

이후 '땅'에 대한 약속이 성취되기 위해서는 가나안 토착민을 쫓아내야 했고(창12:6). 자손을 얻기 위해서는 자녀를 낳아야 했는데, 당시 가나안 족속의 힘은 강대했고, 사래가 임신하지 못하는 여자(창11:30)라는 큰 걸림돌이 있었다,

약속의 성취 앞에 놓여 있는 이러한 심각한 난관은 장차 믿음의 조상이 될 아브람을 단련시키는 역할을 했다. 현실적으로 불가능해 보이는 약속, 자손과 땅을 주시겠다는 하나님의 약속이 성취되는 그날까지 아브람은 수많은 시련과 난관을 극복해 나가는 훈련을 받아야 했다.

땅에 대한 약속은 그 성취가 먼 훗날에 이루어지는 것이었다. '너에게' 주는 것이 아니라 '네 자손'에게 주겠다는 말씀이다(창12:7). 이렇게 먼 훗날 이루어질 약속을 지금 아브람에게 주신 이유는 아브람이 복의 근원으로서 씨 뿌리는 자의 사명이 있기 때문이다.

라반이 야곱에게 "여호와께서 너로 말미암아 내게 복 주신 줄을 내가 깨달았노니"(창30:27)라는 언급과 보디발이 요셉으로 인해 자신의 집이 하나님의 복을 받았다는 고백과 같이(창39:5) 야곱과 요셉이 축복의 통로가 된 것처럼 그들의 조상인 아브람은 세상의 모든 사람들에게 하나님의 복을 전달하기 위한 축복의 통로가 되었다.

신앙적으로 아브라함의 후손인 우리도 다른 사람들에게 복의 통로가 되어야 한다. 복 받은 우리를 통해 다른 사람들이 복을 받고 행복하다면 얼마나 멋진 일인가? 우리가 다른 사람들에게 나누어줄 복은 예수 그리스도의 복음이다.

우리가 복의 통로가 되기 위해선 아브라함처럼 먼저 하란을 떠나야 한다. 하란은 게으름, 나태, 속물적 가치관, 애착, 식은 열정, 타성에 젖은 하란에 안주하라고 우리를 붙잡는다. 삶의 가장 큰 유혹은 익숙한 곳에 마냥 머무르려는 유혹이다. 하나님의 부르심에 응답한다는 것은 익숙한 안전지대를 버리는 것이다. 우리는 안전하고 익숙한 곳에서 지금 내가 당장 복 누리기를 원

하지만 하나님께서는 "하란을 떠나 하나님이 보여주실 땅으로 가라"고 요구하신다.

하나님의 부르심에 응답하는 길에는 많은 어려움이 기다리고 있을 것이다. 낯선 길을 마주하는 우리는 두려움에 싸여 언제 어디서 무엇을 어떻게 해야 할지 어찌할 바를 모른다. 그러므로 그 길을 제대로 걷기 위해선 하나님의 동행하심이 꼭 필요하다.

즉시 모든 것을 버리고 주님을 따라가는 것은 인간적인 계산, 세속적인 계산이 없어야 가능한 일이다. 주님께서 나와 함께 하심을 믿는다면 주님과 함께 하는 모든 일이 축복받는 일이요 귀한 일이 될 것이다.

하나님의 부르심에 즉각적으로 응답하여 복의 근원, 복의 통로가 된 아브라함의 믿음을 본받아야 한다. 오직 하나님만 바라보고 의지하며 살아갈 아브라함의 믿음을 따라 하나님이 보여줄 곳으로 가라는 하나님의 명령에 귀 기울여야 한다.

10강 사라 (창16장)

사래의 이기적인 욕심(창16:1-6; 21:1-21)

성서엔 사래가 단독으로 하나님을 만난 모습이나 기도하는 모습은 보이지 않고 아브람과 하갈과의 관계 속에서의 사래의 모습만 나타난다. 아브람(85세)과 사래(75세)가 가나안에 거주한 지 10년이 지났는데 둘 사이에 자식이 없었다. 하나님의 거듭된 약속(창12:7; 13:15,16; 15:4)에도 불구하고 사래는 아직도 아이를 갖지 못했다. 고대 사회에서 불임은 단순한 신체적 결함으로 여기기보다 하나님으로부터 저주받은 것으로 여겼다(20:17-18).

사래는 아브람에게 하나님께서 자신의 태를 닫으셨다고 말한다. 이는 모든 책임이 근본적으로 하나님께 있음을 단언하는 말이다. 결국 사래는 하나님의 약속을 신뢰하지 않고 끝까지 기다리지 못한 채 스스로 인간적인 성급한 판단과 계산으로 일을 저지르게 된다. 사래는 하나님께서 그때까지 막으신 아이를 스스로 얻기 위하여 주도적으로 계획을 세우고 실행에 옮긴다. 자녀의 출산에 있어서 하나님의 주권을 무시하고 그분의 영역까지 침범하는 모습이다.

나이 먹은 자신이 아이를 낳을 가능성이 없다는 한계를 스스로 인정하고, 자식을 얻기 위한 다른 방법을 모색하는데, 그것은 자신의 종 애굽 여인 하갈을 아브람의 침실로 보내 동침하게 하는 계획이었다. 하갈을 선택한 이유는 그동안 사래의 종으로서 순종적이고 헌신적이며 충실한 모습이 그녀의 마음에 들었기 때문이다.

사래가 아브람에게 한 첫 마디는 "나의 여종과 동침하라"이다. 사래는 '우리의 여종'이나 '당신의 여종'이 아니라 '나의 여종'이라고 부르면서 자신의 소유권을 분명히 한다. 그리고 우리가 자녀를 얻는 것이 아니라 "내가 혹 그로 말미암아 자녀를 얻을까 하노라"고 말하면서 태어날 아이가 자신의 아이임을 강조한다. 아브람이 바로에게서 얻은 노예들 가운데 한 사람이 하갈이라면(창12:16) 하갈은 사래의 종이 아니라 아브람의 종이 된다. 그러나 사래는 아브람과의 대화에서 철저하게 자기중심적인 논리를 주장하고 있다. 그녀는 자손을 주시겠다는 하나님의 언약의 실현이 아닌 단지 '자신을 위하여' 자식을 얻으려는 이기적인 동기를 가지고 있다(창16:2).

고대 세계에서는 한 남자가 자녀를 갖지 못하는 것은 상속자가 없어져 버리는 것이기에 심각한 문제였다. 그러나 여자에게는 더욱 불행한 일이어서 아이를 낳지 못하는 것은 불명예스러운 수치였다. 반면에 아이를 많이 낳는 것은 여자로서 성공의 증거였다. 사래는 여종 하갈의 생식수단을 통해 후사를 얻겠다는 인간적 방법을 선택한 것이다. 사래의 제안이 고대 근동지방의 사회적 관습이라면 타당하고 합리적인 한 과정이었다.

그러나 사래의 이러한 판단은 여자로서 말 못 할 슬픔과 체념을 담고 있다. 자기의 남편을 다른 여자와 공유하고 싶어 하는 여자는 없다. 그러나 후사를 잇는 것이 여자의 절대적 사명이었던 고대에는 여종을 통해 후사를 잇는 모욕적인 방법밖에 달리 도리가 없었다.

하갈을 아브람에게 주는 모습은 선악과를 아담에게 주는 하와의 모습을 생각나게 한다. 두 본문에서 여자가 어떤 것을 가지고 그것을 그녀의 남편에게 주고 그 남편들이 그것을 받아들인다. 주도권을 쥐고 있는 것은 여자고 선물을 받는 자는 남자로 나타난다. 아담은 선악과를 먹고, 아브람은 하갈을 취한다. 아담은 죄의 길에 들어서고 아브람은 하갈에게 들어간다. 두 이야기가 유사한 공식을 취하면서 모두 타락을 설명하고 있다.

　"아브람의 아내 사래가 그 여종 애굽 사람 하갈을 데려다가 그 남편 아브람에게 첩으로 준 때는 아브람이 가나안 땅에 거주한 지 십 년 후였더라"(창16:3)
　"여자가 그 열매를 따먹고 .... 남편에게도 주매"(창3:6)

아브람은 사래의 요구에 전혀 반론을 제기하지 않고 기다렸다는 듯이 하갈을 취한다. 이 결혼이 이루어지는 데 있어서 아브람과 하갈은 단순히 사래의 도구로 여겨진다. 사래가 여종 하갈을 아브람의 침실에 들였을 때, 아무런 반응을 보이지 않은 이기적인 아브람의 모습은 실망스럽다. 하나님의 약속을 믿고 더 기다려 보자는 말도 없고, 이방 여인임을 문제 삼지도 않는다. 또한 모욕감으로 떨며, 마음의 상처를 입은 사래에 대한 배려도 없다. 그렇게 첩을 들이는 것은 일사천리로 진행되었고, 아브람과 동침 후 하갈은 곧 임신하게 된다.

하갈은 사래와의 갈등에서 단 한 번도 자기 목소리를 내지 못한다. 아브람과 동침하라는 사래의 명령에도, 아브람이 자신을 취할 때도 하갈의 발언은 철저하게 닫혀 있다. 그러나 잉태를 인식한 순간부터 여주인을 멸시하기 시작한다. 지금까지 침묵한 것은 여주인을 존경하거나 사랑해서 순종한 것이 아니었다. 다만 그 권력에 저항할 수 있는 기회와 힘이 준비되지 않았기 때문이다.

아브람의 아내라는 신분 상승의 영광에 우쭐해진 하갈은 교만해져서 자기 여주인을 멸시하기에 이른다(창16:4). 자신의 신분을 잊어버리고 자신의 위치를 망각한 채 안하무인으로 변해 마치 자신이 주인인 양 설치는 것이다. 당시 여자가 잉태치 못하는 것은 대단한 치욕으로 생각되고 다산은 신의 은총으로 간주 되었던 터라 하갈의 교만은 짐작하고도 남는 일이었다.

결국 사래도 자기 꾀에 자기가 넘어간 꼴을 당한다. 사래는 이를 '모욕'(ㅇㅁㄴ, 하마스)으로 여긴다. 이는 주인인 사래가 일개 여종에 지나지 않는 하갈로부터 받은 멸시가 견디기 힘들 정도로 강포스러운 것이었음을 나타낸다(창16:5).

멸시당한 사래는 분을 참지 못해 아브람에게 책임을 전가하며 비난하는데, 사래는 하갈의 멸시에 대해 당사자인 하갈에게는 한 마디도 하지 않고 아브람을 공격한다. 권력의 원천이 어디인지를 정확하게 알기 때문이다.

"여호와께서 판단하시기를 원하노라"(창16:5)라는 사래의 말은 자신과 아브람의 행위를 하나님의 공의에 따라 정당하게 심판받겠다는 의지의 표현인 듯 보이지만 실제로는 사래 자신의 잘못에 대해서는 전혀 반성함이 없고 모욕 받은 것에 대한 억울한 감정에 치우쳐 모든 책임을 아브람에게 미루기 위해 하나님의 이름을 남용한 것에 불과하다.

아브람은 사래에게 "눈에 좋은 대로 행하라"(창16:6)고 말한다. 이는 원하는 대로 하라는 히브리식 표현인데, 당시 관습에 의하면 여주인인 사래는 하갈을 첩에서 종으로 다시 환원시킬 수 있는 권리가 있었다. 아브람의 우유부단함과 나약함이 엿보이는 대목이다. 결국 아브람이 사래의 편을 들어 주므로 전세가 역전되어 하갈이 여주인 사래의 학대를 받게 된다.

학대를 견디지 못한 하갈은 아브람의 장막을 도망쳐 나온다(16:6). 그녀는 사래에 대한 원망, 아브람에 대한 실망, 앞으로의 삶에 대한 막막함과 두려움에 싸여 광야를 헤매게 된다.

사래의 인간적인 계획에 아브람이 동조했고, 하갈의 교만으로 사래와 아브람의 불화가 나타났고, 결국 하갈은 종의 신분으로 환원됐고, 사래가 학대하자 하갈이 도망간다. 죄악이 악순환 되는 모습이다. 계속 반복되는 죄악의 고리는 하나님의 약속을 기다리지 못하고 인간적 방법을 모색한 그 순간부터 시작되었다. 하갈은 그녀의 집을 잃게 되었고, 사래는 자신의 여종을, 아브람은 자신의 두 번째 아내와 새로 태어날 아들을 잃게 되었다.

후에 아브람의 장막으로 돌아온 하갈은 아브람의 아들을 낳는다(창16:15). 사래는 "내가 그로 말미암아 자녀를 얻을까 하노라"고 했지만 사래의 희망과는 달리 태어난 아이는 사래의 아들이 아니라 아브람의 아들이 되었다.

이후 사래는 '사라'라는 새 이름을 받고(창17:15), 아브라함이 받은 축복과 같은 축복도 받는다. 그녀는 아브라함의 동반자로서 손색이 없음을 하나님이 지금 그녀를 선택하심으로 인정하고 계신다(17:16).

10년의 세월이 흘러 아브라함이 100세가 되던 해에, 사라가 이삭을 출산하게 된다. 그리고 약 3년이 지난 후 이스마엘이 이삭을 희롱하는 모습을 사라가 보고 격분하여 하갈과 그의 아들 이스마엘까지 내치기로 한다. 이에 아브라함은 근심했으나 하나님은 "네 아이나 네 여종으로 말미암아 근심하지 말고 사라가 네게 이른 말을 다 들으라"(창21:12)고 말씀하신다. 사라가 인정머리가 없다거나 자비심이 없다고 책망하지 않으시고 '앞으로 이삭에게서 나는 자라야 네 씨'라고 다시금 확인시켜 주셨다. 그러나 "이스마엘도 네 씨니 내가 그로 한 민족을 이루게 하리라"(창21:13)고 말씀하신다.

이스마엘은 언약의 자식은 아니었지만, 언약 밖에 있는 하갈과 이스마엘에 게 베푸시는 하나님의 은총이 나타난다(창16, 21장). 하나님은 아브라함과 사라의 관심 밖으로 밀려난 하갈과 이스마엘에게도 관심을 갖고 살피셨다.

이스라엘 백성이 가지고 있었던 선민의식은 모세 이후에 생겨난 것이어서 아브라함 시대는 선민의식이 없었고 이방 민족에 대해 적대적이거나 차별도 없었다. 하갈을 첩으로 삼았을 때 그녀의 출신을 문제 삼지 않았다.

사라는 하갈과 이스마엘을 내쫓기 위해 적극적으로 행동한다. 이삭을 낳 은 사라의 이기적인 모성 본능은 자신의 아들 이삭에게만 기업을 물려주려고, 그들을 아브라함의 장막에 거하지 못하게 했고, 재산 분배와 장자로서 누릴 수 있는 모든 혜택을 빼앗고 맨몸으로 내쫓는다.

사라의 강력한 요구에 아브라함은 근심하게 된다. 결국 아브라함은 16년 을 함께 살아온 자식과 그 자식을 낳은 어미를 떡 한 덩어리와 물 한 가죽부 대를 들려 광야로 내보낸다. 반나절 혹은 하루치 식량을 주어서 광야로 내보 낸다는 것은 광야에서 죽으라는 소리와 같다. 그러나 하나님께서는 근심하 는 아브라함에게 사라의 말을 들어 주라는 해결책을 제시하시고, 하나님의 이삭을 향한 계획과 이스마엘을 향한 계획을 아브라함에게 들려주시며 결단 케 하신다.

하갈과 이스마엘을 아브라함의 장막으로부터 내쫓고 기업을 물려주지 않 음을 계획한 사라의 계획과 하나님의 계획은 근본부터 다르다. 자기 아들 이 삭의 상속권을 지키기 위한 세속적인 사라의 계획은 인간의 이해관계에 대한 잔혹함이 엿보인다. 사라가 주도해서 하갈을 통해 이스마엘을 태어나게 해놓 고 이제는 그 아이가 이삭에게 걸림돌이 될까 하여 마치 위험 요소를 제거하 듯 내치는 세속적, 이기적인 모습이다.

사라가 하갈과 이스마엘을 내쫓은 이유는 첫 번째로 어린 이삭을 장성한 이스마엘로부터 보호하기 위한 모성애의 발로이다. 두 번째로 재산권의 상속 문제로, 늙은 아브라함이 언제 죽을지 모르므로 이스마엘로 인해 이삭이 모든 기업을 상속받을 수 없다는 염려 때문이다. 세 번째로 '희롱하다'로 번역된 '메짜헤크'(מצהק) 때문이다. 메짜헤크는 이삭이 리브가와 사랑을 나눌 때 '애무하다'로 사용된 동사로(창26:8), 성적인 충동을 의미하는 단어로 사용된다. 단순히 희롱만 했다면 하갈과 이스마엘 두 모자를 죽음의 땅으로 내보낼 수는 없는 일이다. 만약 이스마엘이 이삭을 성희롱을 했다면 근원적인 해결이 필요하다는 의미에서 충분히 내쫓을 명분이 되었을 것이다.

이삭을 조롱하는 자의 이름은 "애굽여인 하갈의 아들"(21:9)이라 거명된다. 이는 사라의 시선에서 본 신분으로서 의도적으로 낮춰 부르며 이후 그가 하나님의 구원으로부터 멀어질 것임을 암시한다.

이스마엘은 어린 이삭인 이츠하크(יצחק)를 메짜헤크(מצהק) 하다가 추방 당했지만, 장성한 이삭인 이츠하크는 자기 아내를 메짜헤크 해도 보호를 받는다. 메짜헤크의 사용은 그 동기의 순수함과 정당함의 문제이다. 이 부분에서도 히브리 언어유희가 발견된다.

그러나 이스마엘에 대한 사라의 버림과 아브라함의 버림은 다르다. 사라는 "이 여종과 그 아들을 내쫓으라"(창21:10)고 말한다. 이에 아브라함은 "그의 아들로 말미암아 그 일이 매우 근심이 되었다"(창21:11)고 고백한다. '근심'은 성서의 다른 본문에서 '나쁜'(레27:10), '사악한'(창6:5)으로 사용된 라아(רע)인데 '악의가 있다'는 뜻이다. 그냥 언짢은 정도가 아니라 그 말이 아브라함에게는 매우 나쁘게 들렸다. 사라는 이스마엘을 종의 아들로 취급했지만 아브라함은 자신의 아들로 생각하고 있었음을 발견할 수 있다. 그러나 사라를 제외한 모두, 즉 하나님, 하나님의 사자, 아브라함, 하갈은 이스마엘을 소중하게 여긴다.

아마도 이스마엘은 아브라함의 장막 속에 있을 때에도 사라의 학대 속에 있었을 것이다. 종도 아들도 아닌 어정쩡한 그의 위치는 정체성의 혼란을 가져오기 충분했고, 늘 불안한 정신 상태로 사라의 눈치를 살피면서 살았을 것이다. 집안 내에서 이러한 불안한 위치는 이스마엘로 하여금 삐뚤어진 성격을 갖게 만든 원인이 되었고 동생 이삭을 질투하고 괴롭히고 희롱하며 웃음거리로 만들고 싶었을 것이다. 결국 이삭을 희롱한 사건이 빌미가 되어 내쫓김을 당하게 된다. 이스마엘이 버림받았을 때 그의 나이는 17세였다. 이는 요셉이 형들에게 버림 받은 나이와 동일하다.

그런데, 아브라함의 이스마엘을 향한 '자신의 아들'(창20:11)이란 호칭이 '그 아이'(창21:14)로 변한다. 이스마엘이란 이름을 이미 16장에서 하나님께 받았는데도 21장에서는 한 번도 이스마엘로 불리지 않고 '하갈의 아들, 종의 아들, 그의 아들, 네 아이, 그 아이, 아이' 등으로 불린다. 이삭의 탄생과 함께 이스마엘은 성경 속에서 이름도 없는 듯 존재조차 희미해진다.

그러나 하나님께서는 인간의 동기나 계획과는 상관없이 아브라함을 통해 온 인류에게 복을 주시려는 그 계획을 이스마엘을 통해서도 이루신다.

하나님의 약속을 기다리지 않고 하나님을 앞서간 인간적인 생각으로 많은 근심과 아픔을 만들어낸 사라와 아브라함은 결국 이스마엘을 광야로 내친다. 이렇듯 이스마엘의 탄생과 버려짐은 인간의 세속적인 동기와 이기적인 욕심에서 비롯되었다.

사라의 조급하고 섣부른 행동은 자손을 얻기 위해 하나님의 약속의 때를 기다리지 않고 인간적인 방법으로 해결책을 모색하려 했고, 그 결과는 더 나쁜 결과를 초래했고 결국 아브라함 집안에 대대로 갈등을 일으키게 하는 원인이 되었다.

75세에 아브라함을 부르신 하나님은 100세에 이삭을 주시기로 이미 계획하고 계셨다. 이삭의 탄생은 '하나님이 말씀하신 시기가 되어'(기한에 미쳐, 창21:2) 이루어진 것이다. 그때를 아브라함과 사라가 몰랐던 것이고, 그래서 기다리지 못한 것이다.

사라는 그토록 애타게 원하고 원하던 아들 이삭과 단지 20년도 안 되는 시간 동안 함께 한다. 참으로 긴 기다림 끝에 얻은 하나뿐인 아들과 함께한 짧은 세월은, 허탄한 인생 속에서 무엇 하나 양보함 없이 욕심껏 움켜쥐려 한 사라의 이기심이 만족할만한 세월이 아니기에 안타까움을 더하게 한다. 사라는 모리아 사건 이후 127세에 생을 마감하고 막벨라 굴에 묻힌다(창23:1-19).

11강/소돔 사람들 (창 19장)

소돔 사람들의 나그네 대접 (창 19:1-29)

　홍수 사건과 소돔의 멸망은 여러 가지 면에서 비슷한 면을 찾을 수 있다. 세상의 거대한 파괴와 한 의로운 사람(한 가족)의 구원, 하나님이 노아와 그 가족들을 기억하셨고, 아브라함을 생각하신 것(창8:1/창19:29), 주인공의 도피와 악한 자의 파멸(창6:9-9:19/창18:16-19:28), 술 취함과 그의 자녀들에 의한 수치스러운 행위(창9:20-27/창19:30-39)가 뒤따른다.

　소돔은 원래 풍요로운 곳이어서 롯이 선택했고(창13:10), 가나안의 다섯 왕에게 약탈당한 것도 기름진 땅이었기 때문이다(창14:11). 소돔과 고모라는 죄악을 상징하는 도시로 거론되는데 그곳의 구체적인 죄악이 남색, 혹은 수간으로, 동성애(sodomy)의 기원이 이 도시의 이름에서 온 것으로 보인다. 영화 배트맨에서 배트맨이 활동하는 어둡고 칙칙한 가상의 범죄도시 고담(Gotham)도 소돔과 고모라의 약자를 혼합해 만든 이름이다. 이처럼 소돔과 고모라는 현대에도 죄악의 상징으로 사용되는 도시이다.

　흔히 소돔과 고모라의 멸망 원인을 동성애에서 찾는다. 그러나 동성애는 소돔과 고모라에 팽배했던 여러 가지 죄의 모습들 중 하나에 불과하다. 보다 근본적인 그들의 죄악은 하나님의 백성으로서의 합당한 삶의 모습으로 살지 못한 것과 경악할만한 그들의 나그네 접대행위이다. 좀 더 구체적으로 말하자면 나그네에 대한 폭력과 비정상적인 성욕이 그들의 죄악인 것이다.

　소돔과 고모라 주민들은 동성애뿐만 아니라 사회적 압제(사1:10, 17), 간음, 거짓말, 범죄 선동(렘23:14), 교만, 무사안일, 궁핍한 자들에 대한 무자비(겔16:49) 등 그들의 삶 속에 팽배하고 만연한 불법과 함께 생활하며 죄에 대한 인식조차 잊고 있었다. 그러므로 소돔과 고모라의 멸망 원인은 하나님의 백성으로서 정의롭게 살지 못한 그들의 삶의 모습과 불의하고 악한 나그네 접대 방식이라고 보아야 한다.

바로 앞 본문인 창세기 18장에 아브라함의 나그네 대접하는 장면이 나온다. 어느 날 마므레 상수리 수풀 근처에 앉아 있었던 아브라함은 사람 셋이 서 있는 것을 보고 그들을 초대해 극진히 대접한다.

이어서 19장에 롯의 나그네 대접이 나온다. 이렇게 아브라함과 롯의 손님 접대는 비교와 대조를 이룬다. 롯은 아브라함의 아낌없고 풍성한 섬김에는 미칠 수 없지만 나름대로 친절한 환대를 베푼다. 나그네를 '내 주여'라고 부르면 정성껏 대접한다. 반면에 소돔과 고모라 사람들을 그들을 끌어내 '상관하리라'(창19:5)라고 말한다.

위험을 느낀 롯은 문을 닫는다(19:6). 문은 롯의 가족들이 드나드는 통로이며 외부로부터 집안의 사람들을 지켜주는 안전한 잠금장치였고 외부와 소통하는 창구의 역할도 하는 것이다. 그런데 롯은 문을 닫았다. 접촉점이 되어야 하는 문이 이제 대척점이 된 것이다. 롯은 위험을 감수하고 손님인 나그네들을 보호하기 위해 용감하게 나섰다.

롯은 그들에게 나그네들을 가만히 둘 것을 호소한다. 이 호소는 소돔과 고모라 사람들의 행위와 대조를 이룬다. 롯의 나그네 접대방식과 소돔과 고모라 사람들의 나그네 접대방식이 비교와 대조를 이루면서 소돔과 고모라의 죄악으로 인한 멸망은 설득력을 얻게 된다. 소돔과 고모라 사람들은 옳고 그름, 선과 악에 대한 판단 기준조차 잃어버린 자들이었다. 사회적으로 다수가 용인한 모든 행위가 옳고 선한 것은 아님을 보여주는 사례. 롯이 하나님이 용납하시는 도덕적 질서의 회복을 선언해 보았지만, 그의 주장은 처참하게 묵살된다. 그러나 이어지는 롯의 행동은 이해하기 힘들다.

"이르되 청하노니 내 형제들아 이런 악을 행하지 말라 내게 남자를 가까이 하지 아니한 두 딸이 있노라 청하건대 내가 그들을 너희에게로 이끌어 내리니 너희 눈에 좋을 대로 그들에게 행하고 이 사람들은 내 집에 들어왔은즉 이 사람들에게는 아무 일도 저지르지 말라"(창19:7-8)

롯은 자신의 집과 가족을 보호해야 할 의무가 있었음에도 어처구니없는 말을 꺼낸다. 아마도 롯의 이 황당한 제안은 너희가 다시는 안 볼 사람에겐 함부로 악을 행해도 된다고 생각한다면, 어디 매일 얼굴을 마주할 내 딸들에게도 같은 짓을 할 수 있는지 해보라는 의미의 발언, 즉 나그네를 상관하겠다고 몰려든 사람들에게 경각심을 갖게 하려는 역설적 의도가 아니었다면 용납하기 힘들다.

이것은 그 의도를 간파한 사람들의 말을 통해서도 알 수 있다. "우리의 법관이 되려 하는 도다"(창19:9). 그러나 롯은 자신의 딸들을 강간당하도록 넘겨주겠다는 말을 함으로써 그 자신 역시 소돔과 고모라 사람들의 의식과 다를 바 없는 죄인임을 드러냈다.

그는 나그네를 대접하는 자가 되려고 했지만, 나그네의 안전도 지키지 못했고, 자신과 가족들의 안전도 지키지 못했으며 대신해서 자신의 딸을 내어주겠다는 말을 함으로써 가족들에게 상처를 남긴 실패한 아버지가 되었다. 소돔과 고모라 지역에서 사회 지도층으로 활동하던 그에겐 모욕감만 남았다. 악을 종식시키기 위해 또 다른 악으로 대응한다면 그 역시 비도덕적인 행위에 불과하다. 롯의 가족은 그들의 불신앙에도 불구하고 하나님께서 자비를 베풀어 주셔서 그의 혈통과 땅을 보존해 주신다.

만일 롯이 소돔과 고모라 사람들의 패악을 견뎌내지 못하고 천사들을 그들에게 넘겼다면 그의 가족은 소돔의 심판에서 살아남지 못했을 것이다. 나그네를 그들 손에 넘기지 않기 위해 겨우 버티며 소돔의 죄악에 물들어 부도덕한 해결책을 내세운 그에게는 도덕적으로도 영적으로도 분별력을 잃었기에 문제 해결의 능력은 없었다.

더이상 사태를 방관할 수 없었던 천사들의 참견으로 롯은 간신히 구원받는다. 롯은 믿음이 아닌 육신의 눈으로 한 선택으로 사악하고 불의한 도성 소돔에 삶의 터를 잡았고, 그 대가를 치를 때가 온 것이다.

성서에 묘사된 위대하고 강하신 하나님의 성품은 외모와 뇌물에 좌우되지 않고 고아와 과부, 나그네를 사랑하시는 분으로 나타난다. 성서는 특별히 나그네에 대한 관심을 많이 가지고 있다.

신명기에서도 '신 가운데 신, 주 가운데 주이신 크고 능하고 두려운 하나님'

을 향한 찬양으로 시작한 다음 구절의 결론은 "너희는 나그네를 사랑하라"는 명령으로 끝난다. 하나님이 나그네인 이스라엘을 사랑하셨으니 나그네를 사랑하는 것이야말로 하나님을 본받는 삶의 본질인 것이다.

"너희 하나님 여호와는 신 가운데 신이며 주 가운데 주시요 크고 능하시며 두려우신 하나님이시라 사람을 외모로 보지 아니하시며 뇌물을 받지 아니하시고 고아와 과부를 위하여 정의를 행하시며 나그네를 사랑하여 그에게 떡과 옷을 주시나니 너희는 나그네를 사랑하라 너희도 애굽 땅에서 나그네 되었음이니라"(신10:17-19)

성서는 나그네의 신앙에 대해서는 언급하지 않는다. 그 땅에 함께 더불어 살고 있는 이들이기에 동포처럼, 자기 자신처럼 사랑해야 한다. 이것이 하나님이 말씀하고 계시는 나그네 섬김이다(레19:33-34).

아브라함은 그 세 사람을 하나님과 천사들로 알고 대접한 것은 아니다. 부지중에 모르고 형제 사랑으로 나그네를 대접한 것이다. 아브라함이 그들의 발을 씻기고 음식을 대접한 것은 그들을 천사가 아닌 사람으로 인식했기 때문이다. 그러나 '나그네는 하나님의 사자'라는 인식이 아브라함의 행동 이면에 있었다. 나그네를 대접할 기회가 생긴 것이 귀한 일인 것처럼 행동했다. 아브라함은 그들이 누구인지 묻지도 않는다. 누군가에 대한 대접은 그 사람이 누구이기 때문에 하는 것이 아니라 상대가 누구인지와 무관하게 이루어지는 것이다. 이처럼 소돔과 고모라 이야기 전에 아브라함의 이야기가 나온 것은 나그네 접대행위에 대한 비교를 위한 것이다.

"형제 사랑하기를 계속하고 손님 대접하기를 잊지 말라 이로써 부지중에 천사들을 대접한 이들이 있었느니라 너희도 함께 갇힌 것 같이 갇힌 자를 생각하고 너희도 몸을 가졌은즉 학대 받는 자를 생각하라"(히13:1-3)

아브라함이 그랄 땅에 거주하는 아비멜렉에게 자신의 아내를 누이라 속이는데, 그 이유는 이곳은 하나님을 두려워하는 곳이 아니었기 때문이다(창20:11). 하나님을 두려워하지 않는 지역은 나그네가 살아가기 어려운 곳이다. 나그네의 것을 마음대로 강탈하는 세상이기 때문이다. 나그네가 온전하고 평화롭게 살아갈 수 없는 지역이고, 자신의 가정을 위해 속여야 목숨을 부지하는 지역이다. 결국 하나님을 경외한다는 것이 그들 가운데 있는 나그네를 어떻게 대접하는가로 드러난다고 볼 수 있다. 소돔과 고모라 사건은 이렇듯 아브라함과 롯, 소돔과 고모라 사람들, 그랄 땅 사람들이 어떻게 나그네를 대하는지를 보여주는 단락 안에 놓여 있다.

소돔 사람들의 특징은 무엇보다도 그들의 나그네 대응에서 드러난다. 낯선 나그네가 들어오자 당장 몰려와 나그네를 요구했다. '상관하리라'고 번역된 (יָדַע 야다)라는 동사는 '알다'라는 의미로 감각 기관을 통해 아는 것 외에도 마음이나 경험을 통해 깨닫는 것까지 포함하고, '동침하다'(창4:1), 즉 성관계를 갖는 것에 대한 표현으로도 자주 등장한다. 그러나 본문에서는 한 걸음 더 나아가 동성애를 가리킨다("관계하리라", 삿19:22). 다수의 힘을 가진 이들에 의해 소수의 나그네가 짓밟히는 앎이다.

아브라함과 롯은 자신들에게 다가온 나그네의 신분과 정체를 묻지 않고 극진히 대접했지만, 소돔과 고모라 사람들은 우리가 '알아야겠다'며 이들을 짓밟으려 한다. 사람들은 상대방의 정체를 묻고, 그의 위치와 상태를 파악하고 그에 맞게 상대한다. 대개 우리는 그러한 앎을 통해 상대의 드러난 모습을 나름대로 계산하고 파악하여, 그 나름의 이해를 가지고 상대방을 차별적으로 대한다.

그러므로 소돔 사람들의 죄악은 동성애뿐만 아니라 자신들과 다른 이들, 자신들과 아무 관계가 없는 타인들, 자신을 보호할 힘이 없는 이들에 대한 짓밟음과 유린이었다. 자신들이 주인이 되어 살아가는 자신들의 세상에 들어온 소수의 낯선 이들에 대한 폭력적인 앎의 형태가 동성애인 것이다. 상대방의 의사와 무관하게 다수의 힘에 의해 소수의 사람에게 저질러지는 성폭력이 소돔의 죄악의 본질이다.

하나님께서 소돔에서 이루어지는 일을 확인하기 위해 그의 사자를 보내신 까닭은 소돔에서 들려온 '부르짖음' 때문이었다(창18:20-21).

이 부르짖음은 소돔과 고모라 사람들에 의해 그동안 짓밟히고 희생당한 이들의 부르짖음이다. 하나님은 애굽에서 고통당하는 히브리 노예들(출3:7), 억울한 일을 당한 고아와 과부(출22:22), 부당하게 희생당하여 피 흘리는 가난한 자(시9:12)의 부르짖음을 들으신다. 하나님은 그 폭력에 희생당한 이들의 부르짖음을 들으시고 소돔을 심판하신 것이다.

소돔에 만연한 폭력성은 동성애를 금지하고 처벌한다고 해도 또 다른 방식의 폭력을 자행할 것이다. 소돔 사람들의 죄악의 본질은 우리와 다른 이들을 용납하지 않고 내 방식으로만 알려고 하는 폭력이다. 소돔에 교회가 존재한다면, 동성애 금지를 위해 싸울 것이 아니라 밤이되도 거처할 곳이 없는 나그네, 우리와 함께 살아가는 힘겨운 이들에 대한 전적인 환대를 위해 싸워야 할 것이다.

사사기 19장에서 레위인이 첩과 함께 베냐민 지파 기브아에 머물렀을 때, 사람들이 몰려와 남자를 내어놓으라고 소리 지른다. 그들 역시 '관계하리라'(삿19:22), 알아야겠다고 말한다. 이들은 양성애자인 모양이다. 남자 대신 여인을 내어놓았더니 밤새 능욕하고 죽기까지 이르게 했다. 기브아 사람들의 죄의 본질 역시 동성애가 아니라 나그네와 약자에 대한 폭력적인 앎과 짓밟음, 유린이다.

나아가 이스라엘 전체가 나서서 이 일을 저지른 자를 내어놓으라 했을 때, 베냐민 지파가 거부한다(삿20:12-14). 옳고 그름을 떠나 자기 사람이라면 끝까지 챙기고 보는 집단 이기주의와 다른 지파에 대한 철저한 배타주의의 상징이며, 약자에 대한 폭력과 집단 이기주의의 상징이다. 이는 너무나 유명한 사건이었기에 호세아 시대에까지 언급된다(호9:9; 10:9).

이러한 행실의 반대는 '정의와 공의'이다. 여호와께서는 정의와 공의를 행하게 하시려 아브라함을 선택하신 것이다(창18:19). 아브라함의 중보기도(창18:20-33)는 억울한 죽음, 억울한 눈물이 생기지 않기를 바라는 기도라는 점에서 올바른 재판, 정의로운 사회와 연관된다. 그러므로 소돔 사람들의 죄악의 반대말은 이성애가 아니라 나그네에 대한 환대로 대표되는 정의와 공의를 행하는 삶이다.

소돔의 죄악은 그들의 태평 무사함과 풍족함 가운데서 그들 가운데 있는 가난하고 궁핍한 이들을 돌아보지 않은 것이다. 도리어 교만해져서 가난한 이들을 향해 가증한 일을 행한 것이다. 나그네를 환대하지 않고 나그네에게 패악을 일삼은 것이 소돔의 죄악이며 멸망의 원인이었다.

"네 아우 소돔의 죄악은 이러하니 그와 그의 딸들에게 교만함과 음식물의 풍족함과 태평함이 있음이며 또 그가 가난하고 궁핍한 자를 도와주지 아니하며 거만하여 가증한 일을 내 앞에서 행하였음이라 그러므로 내가 보고 곧 그들을 없이 하였느니라"(겔16:49-50).

이사야는 악한 유다 백성들을 향해 '소돔의 관원', '고모라의 백성'이라고 부른다(사1:10). 당시의 유다 백성들은 제사와 절기, 안식일 준수를 철저히 지킴과 동시에 가난한 이들에게 악한 행실을 계속했다(사1:11-17). "정의를 구하며 학대받는 자를 도와주고 고아를 위해 신원하며, 과부를 위하여 변호하라"(사1:17)는 것이 하나님의 뜻이다.

"너희 소돔의 관원들아 여호와의 말씀을 들을지어다 너희 고모라의 백성아 우리 하나님의 법에 귀를 기울일지어다"(사1:10)

예레미야도 예루살렘 사람들을 가리켜 '소돔과 고모라'라고 불렀다. 가난한 자를 착취하고, 고아와 과부가 설 자리가 없어지게 만드는 세상이 있다면 그곳이 바로 소돔과 고모라다.

"그들은 간음을 행하며 거짓을 말하며 악을 행하는 자의 손을 강하게 하여 사람으로 그 악에서 돌이킴이 없게 하였은즉 그들은 다 내 앞에서 소돔과 다름이 없고 그 주민은 고모라와 다름이 없느니라"(렘23:14)

우리네 교회들은 어떤가? 이사야, 예레미야로부터 소돔과 고모라라고 불리지는 않을까? 하나님을 경외한다는 것은 나그네를 환대하는 것으로 드러난다. 약자를 짓밟고 소수의 무리를 탄압하며 상대를 자신들의 잣대를 가지고 폭력적으로 알아야겠다고 여기는 것, 그것이야말로 소돔의 실상이고 결국 하나님의 심판을 받게 된 이유인 것이다.

교회에서 연주되는 '경배와 찬양'들은 온통 '하나님의 높고 뛰어나심'이 주제이기에 절로 손을 들고 노래하게 하지만, 그 어느 것도 외모와 뇌물에 대한 거부, 그리고 이 시대의 가난하고 힘겨운 이웃의 삶에 대한 관심으로는 연결되지 않는다. 하나님의 높으심만을 부르고 또 부르며 경건으로 가장된 자기만족에 빠져 소외된 이웃을 외면하고 살아가고 있다.

지금 한국 교회의 모습을 보면, 비정규직 청년이 컵라면 하나를 남기고 생을 마감해도, 자식들을 차가운 물속에 떠나보내도, 열악한 노동 현장에서 철근에 깔려 목숨을 잃어도, 슬픔에 빠져있는 이들을 돌보지 않고 동성애와 싸우는 것에만 온 전력을 기울인다. 주변의 힘없고 가난한 자들을 돌보는 가치 있는 일들을 뒷전으로 미루고 허울과 명분을 앞세우는 일들에 목숨을 걸고 있다. 교회가 싸워야 할 대상은 약자를 짓밟고 조롱하며 비웃으며 자신의 방식으로 알아야겠다고 발악하는 세상이다.

12강 롯 (창 13, 14, 19장)

롯의 잘못된 선택 (창 13:1-11; 14:1-16; 19:1-38)

하란의 아들인 롯은 삼촌인 아브람과 함께 떠났다. 그 후 롯의 삶은 아브람과 동행하며 그로부터 모든 삶의 지혜와 신앙에 이르기까지 깊은 영향을 받았다, 롯은 아브람이 애굽에 내려갈 때도 동행했고 애굽에서 다시 가나안 땅으로 돌아올 때도 함께했다(창13:1).

애굽에서 얻은 남종과 여종(창12:16), 그리고 하란에서 얻은 사람들(창12:5)이 더해져서 아브람의 세력은 더욱 커졌고, 조카 롯도 아브람에게는 미치지 못하나 많은 재물과 가축을 가진 부자로 성장해서 서로 갈라서야만 했다(창13:6).

아브람과 롯의 소유가 많아지자 서로의 목자들이 다투는 일이 발생했다(창13:8). 물질로 인해 관계에 문제가 생겨서 분란의 씨앗이 된 것이다. 더구나 아브람과 롯이 함께 거주한 땅에는 그들만 살고 있던 것이 아니라 가나안 사람과 브리스 사람도 거주했다(창13:7). 그러자 아브람이 먼저 제안한다.

조카를 오랫동안 돌보며 동고동락했지만, 이제 가족 간의 평화를 위해 이별을 선택해야 할 때에 이르렀다. 롯이 눈을 들어 바라보니 요단 계곡의 장엄한 풍경이 펼쳐져 있었다. 그는 하나님께 의뢰하는 모습을 보이지 않고 그저 육신의 눈으로 바라보고 현실적이며 물질적이며 눈에 보기 좋은 것만 추구했다. 요단 단층의 하천과 개울의 넉넉한 물과 평야와 동산은 여호와의 동산 에덴 같았고, 풍요로운 애굽처럼 보였다. 롯은 그 땅이 하나님 보시기에 문제 있는 땅이란 것은 안중에도 없고 망설임 없이 선택한다(창13:9).

아브람이 기근을 피해 하나님이 지시하신 약속의 땅을 이탈해서 제멋대로 애굽으로 내려간 것처럼 롯이 선택한 눈에 좋게 보이는 요단 동편이, 애굽과 같다는 것을 경고하고 있다. 롯의 선택은 잘못된 선택임을 성서가 말해 주고 있는 것이다.

지금까지 롯이 아브람과 동행하며 아브람에게 영향받으며 비슷한 삶을 살아온 듯 보였지만 롯의 선택은 그가 가지고 있던 가치관과 삶의 우선순위가 무엇인지를 드러내 준다. 보기에 좋은 것, 물질적으로 도움이 되는 것만을 따라갔다.

아브람은 놀라운 자비심으로 자신의 주장을 내세우지 않고 자신의 권리를 포기하면서 조카 롯에게 땅의 선택권을 부여했다. 아브람과 롯의 결별에서 보인 두 인물의 성격은 극명하게 갈리며 한편으론 인격이 드러나는 시험의 장을 보는 듯하다.

롯이 오랜 세월 부모처럼 자신을 보살피며 뒷바라지해준 아브람에 대한 감사와 존경이 있었다면 오로지 자신의 실리만을 추구하는 그러한 결정을 할 수 없었을 것이다. 삼촌에게 선택의 권리를 양보하지 않고 자신의 욕심대로 땅을 차지한 롯의 결정은 악한 결정이라 할 수 있다.

롯이 본 소돔과 고모라의 모습은 여호와의 동산 같았다. 문화가 발달했으며 풍요롭고 살기 좋은 곳으로 보였다. 그러나 하나님 없이 물질과 문화만 발달하면 인간의 죄악은 더욱 깊어진다(창13:13). 당시 정치적 상황은 소왕국이 분열되어서 강대국을 중심으로 서로 연합하여 싸우고 있었다. 네 왕의 연합군과 소돔과 고모라가 속한 다섯 왕의 연합군 사이에 전쟁이 붙었다(창14:4).

롯이 살고 있던 소돔과 고모라 성도 함락되어 롯을 비롯하여 소돔 성의 대부분의 거민들이 전쟁의 포로로 잡혀가게 되고, 재물도 다 빼앗기게 되었다(창14:12). 하나님을 쫓아가지 않고 물질을 쫓아간 사람의 결과였다. 자신이 추구하고 섬기던 물질이라는 우상 때문에 롯은 포로 신세로 전락했다. 이러한 난국 속에서 한 사람이 도망쳐 나와 롯의 소식을 아브람에게 전했다,

롯의 소식을 들은 아브람은 훈련된 자 삼백십팔 명을 거느리고 쫓아가서 그들을 쳐부수고 빼앗겼던 재물과 조카 롯과 그의 재물과 부녀와 친척까지 모두 찾아온다(창14:14-16). 이것을 보면 아브람이 롯을 얼마나 사랑하고 있

었는지 알 수 있다.

당시 아브람의 결단력, 희생정신, 용기를 보면 아브람의 변화를 느낄 수 있다, 애굽으로 내려갈 때의 그 아브람이 아니었다. 그의 믿음이 더욱 성장하여 굳건히 하나님을 신뢰하고 있었기에 롯을 찾으러 가길 조금도 주저하지 않았다. 소돔과 고모라의 다섯 왕 연합군이 감당하지 못했던 적을 오로지 롯을 되찾아 오겠다는 일념으로 추격한 것이다.

아브람은 적들을 물리치고 롯과 그의 가족, 그리고 롯의 재산까지도 모두 구했다. 이러한 아브람의 승리 후 소돔 왕과 살렘 왕 멜기세덱이 영접하러 온다, 그러나 소돔 왕이 권하는 전리품을 아브람 자신은 하나도 취하지 않고 전쟁에 동행한 자들에게만 주었다.

물질적인 것에 민감한 롯이 이 장면을 함께 보았을 텐데, 얼마나 아까워하며 아쉬운 한숨을 쉬었을지 눈에 보이는 듯하다. 더구나 아브람은 자신의 힘이 아니라 하나님의 능력으로 적군을 물리치게 된 사실을 알리는 멜기세덱의 축복을 받고 십일조를 드리며(창14:19, 20) 하나님께 감사를 드린다, 이 모습을 보면서도 롯은 변화 받지 못했다. 롯은 그동안 아브람과 함께 하면서 그의 믿음을 외양으로만 배우고 학습했을 뿐이었다, 즉 하나님을 섬기는 모습만 갖추었지 마음을 다하고 목숨을 다하여 섬기는 모습에는 이르지 못한 것이다.

성서는 아브람에게 초점이 맞춰져 있으므로 포로로 잡혀간 롯의 상황이나, 아브라함에게 구해진 이후 롯에 대해서 말하지 않는다. 그러나 이후 창세기 19장의 롯의 이야기 속에서 그간 그가 어떻게 살아왔는지 짐작할 수 있다.

창세기 18장에는 아브라함의 나그네 대접하는 이야기가 나오고 19장에는 롯이 나그네 대접하는 이야기가 나온다. 두 이야기는 나그네 대접에 대한 아브라함과 롯의 비교가 불가피하게 만든다. 아브라함의 접대를 받은 후 주의 사자들은 소돔을 향해 떠나고 아브라함에게 친구처럼 다정하게 말씀하신다.

첫째 "아브라함은 강대한 나라가 되고 천하 만민은 그를 인하여 복을 받게 될 것이 아니냐," 둘째 "소돔과 고모라에 대한 부르짖음이 크고 그 죄악이 심히 중하니 내가 이제 내려가서 그 모든 행한 것이 과연 내게 들린 부르짖음

과 같은지 그렇지 않은지 내가 보고 알려 하노라"(창18:18, 20, 21)

하나님께서는 아브라함에게 숨김없이 당신의 깊은 심정을 다 말씀해 주신다. 하나님은 당신을 믿고 순종하는 아브라함을 친구 삼으시고 복음 역사에 동참시키신 것이다. 그리하여 소돔과 고모라를 심판하실 계획을 아브라함에게 말씀하신다.

소돔과 고모라에 대한 하나님의 계획을 알게 된 아브라함은 하나님께 나아갔다. 하나님께 나아갔다는 것은 기도했다는 것이다. 아브라함 역시 그들의 죄악을 알고 있었지만, 심판을 당연시하지 않고 그들에게 닥칠 불행을 사랑의 마음으로 안타까워했다. 아브라함이 하나님의 뜻을 겸손히 묻고 있는 형식이지만, 멸망당할 두 도시의 영혼들을 위해 포기하지 않고 끈질기게 기도한다. 하나님은 아브라함의 기도를 물리치지 않고 들어주셨다. 과연 두 도시에 의인 10명만 있었더라면 멸망당하지 않았을 것이다. 그런데 왜 의인이 있으면 도시는 멸망당하지 않고 구함을 얻는 것인가? 창세기 18장 19절의 "여호와의 도를 지켜 의와 공도를 행하게 하려고 그를 택하였나니"라는 말씀에서 알 수 있다. 의와 공도를 행하는 길은 아브라함이 걸어야 할 길일뿐 아니라 그의 후손들도 걸어야 하며 모든 인간이 걸어야 할 길이다. 하나님의 사랑은 의와 공도가 내포된 사랑이기 때문이다.

저녁때에 소돔에 두 천사가 도착하자 롯은 아브라함에게 배운 대로 그들을 보고 영접하여 자신의 집으로 맞아들였다(창19:1). 롯은 무교병을 만들어 대접했다. 앞서 아브라함의 풍성한 대접과는 사뭇 다른데, 이는 롯이 물질이 없어서 빈곤한 대접을 한 것은 아니라 그의 마음이 빈곤했기 때문이다.

아브라함은 하나님 앞에서 적합한 사람이었고 롯은 도시에 적합한 사람이었다. 그러나 나그네를 대접한 이 행위가 롯을 구한 의의 표시가 되었다. 롯의 행위가 소돔의 사람들과 상반되기 때문이다. 롯은 나그네를 대접하러 나름의 최선을 다하지만, 소돔 사람들은 자기 자신을 대접하기 위해 나그네를 짓밟고 삼키려 했다.

롯이 두 천사를 만났을 때 소돔 성문에 앉았다는 말은 소돔의 유력 인사가 되었다는 의미이다. 그런데 마을 사람들이 롯의 집으로 몰려와 나그네들을 내놓으라고 아우성쳤다(창19:5).

'문'은 불법적 성관계를 요구하는 소돔 사람들로부터 나그네를 보호하는 마지막 방어막이다. 그들은 왜 나그네를 내어달라고 롯에게 요구하고 있을까? 다수인 자신들이 롯을 밀쳐내고 나그네를 잡아가면 그만일 텐데 말이다. 이는 죄의 책임 전가다. 문을 열어주면 문을 연 자의 책임이라는 논리다. 문의 상징적 의미는 죄를 막고 있는 자와 죄의 문을 넘으려는 자들과의 경계선이다.

> "내 형제들아 이런 악을 행하지 말라 내게 남자를 가까이 하지 아니한 두 딸이 있노라 청하건대 내가 그들을 너희에게로 이끌어 내리니 너희 눈에 좋을 대로 그들에게 행하고 이 사람들은 내 집에 들어왔은즉 이 사람들에게는 아무 일도 저지르지 말라"(창19:7, 8)

롯은 그들을 제지하며 대신 자신의 딸들을 내주겠다고 말한다. 자신의 딸들을 보호하는 것보다 나그네를 잘 대접하고 보호하는 게 우선이라는 것인지, 이해할 수 없는 황당한 제안이다. 고대에는 여자들이 남자의 소유물 취급을 받았다지만, 딸들을 마치 소나 양 한 마리 내 주는 것처럼 생각하고 있는 듯하다. 만약 문 안쪽에서 딸들이 아버지의 말을 들었다면 그들은 끔찍한 두려움과 수치심, 그리고 아버지를 향한 배반감에 버려진 휴짓조각이 된 느낌이었을 것이다. 이후 소돔을 탈출한 후 딸들의 이상 행동은 아버지를 모욕하는 또 다른 복수의 행태는 아니었을까 하는 생각이 든다.

그들은 롯이 나그네살이 하러 온 주제에 자신들의 재판관 행세를 하려 든다며 롯을 밀치고 달려들어 더욱 험악한 분위기로 바뀐다. 롯이 성문에 앉을 정도로 사회적 지위를 갖추었음에도 소돔 사람들은 자신의 욕구를 채우려고 롯을 모욕하고 이방인 취급하고 있다. 감사를 모르는 이자들은 예전에 전쟁 포로로 잡혀갔을 때 롯과 아브라함의 관계 덕분에 죽음의 위협에서 벗어나 구출된 사실도 잊은 듯 보여 진다.

천사들이 롯을 집안으로 끌어들이고 문을 닫고 사람들의 눈을 어둡게 하여 문을 찾지 못하게 했다(창19:11). 천사들은 롯에게 하나님이 이곳을 멸하실 것(창19:13)이므로 가족들을 데리고 떠나라고 요구했지만, 사위들은 거절한다. 사위와 네게 속한 자들까지 구원에 동참시켜 주시겠다는 하나님의 큰 은혜는 결국 받아들이는 자에게만 베풀어지는 은혜로 축소된다.

롯은 아브라함의 흉내를 내며 복을 베푸는 자가 되려 하지만 결과는 어릿광대와 같은 모습으로 남았다. 나그네를 접대하는 방식도 미숙하고 시민으로서의 지위도 불안정하며 아버지로서, 남편으로서의 모습도 어설프다. 장인의 말을 농담으로 여긴 사위들로 보면 가장으로서의 권위도 무너졌다(창19:14).

동틀 무렵 천사가 롯을 재촉하여 빨리 이곳을 떠나라 하지만 롯은 지체한다. 우물쭈물 소돔에 두고 갈 것들이 아쉬워 망설이고, 결국 천사들이 잡아끌어냈다(창19:17). 절체절명의 순간 천사들의 탈출의 다그침 속에서 롯은 어이없게도 작은 성읍 소알에 머물게 해달라고 간청한다. 소알은 작은 성이니 죄악도 작다는 논리를 편 황당한 그의 요구에 그곳에서라도 속히 도망가라는 자비가 베풀어진다. 아브라함은 공의에 근거하여 소돔과 고모라의 의인들을 위해 탄원했지만, 롯은 자신의 이익에 근거하여 소알을 위해 기도한 것이다.

롯은 나그네를 보호하려 애를 써보았지만 결국 나그네들에게 보호를 받게 된 것이다. 소돔성을 나온 롯은 소알에 남기를 원했지만, 결국 소알도 두려워해서 산으로 도망간다. 그의 구원이 하나님의 자비와 아브라함의 탄원에 있었다는 사실을 그가 알았을지 의문스럽다.

천사들은 어둠이 깔리는 저녁 무렵에 소돔에 왔다가 해가 뜨는 무렵에 성을 떠났다. 이 심판의 시간에 소돔과 고모라는 지옥의 모습과 유사한 유황불이 비처럼 내렸다. 도망가다 롯의 아내는 뒤를 돌아보아 소금기둥이 되었다. 하나님께서 아무리 구원하고자 애쓰셔도 끝까지 세상을 버리지 못하면 결국 롯의 아내처럼 될 수밖에 없다.

롯은 자신이 원해서 머물던 소알도 무서워 산으로 올라가 동굴에서 두 딸과 함께 살았다. 롯의 믿음 없음은, 소돔을 떠남을 망설일 때도, 소알로 가겠다고 기도할 때도, 소알도 두려워서 떠날 때도, 살려주신 하나님의 은혜를 망각하는 행위로 드러난다.

롯과 두 딸의 고립된 생활이 시작되었다. 그런데 롯의 두 딸은 이제 세상이 멸망해 결혼할 상대가 없으니 아버지에게 술을 마시게 하여 동침하여 후손을 이어가게 하자는 계획을 세운다. 참으로 근시안적 세계관이다. 우물 안의 개구리처럼 동굴 안의 세상이 자신들의 세상 전부가 된 것이다. 롯은 무기력하게 무너져있어서 딸들에 대한 영향력이 전혀 없음이 드러난다. 롯의 딸들은 아무런 죄의식 없이 소돔의 죄악을 실천하고, 아버지가 자신들을 위험에 내어주려 했듯이, 아버지를 수치의 구렁에 밀어 넣었다. 이 음모는 빛이 들지 않는 동굴에서 실행되었다. 빛으로부터 멀어져 어둠에서 지낼 때 죄의 열매가 태어나고 자람을 볼 수 있다.

롯의 열매를 보면 그동안 성서에 생략된 그의 삶을 유추해 볼 수 있다. 그가 어떤 삶을 살아왔는지 그의 열매가 반증해 준다. 딸들은 술을 마시게 하고 아버지와 동침하자는 계획을 세우는데 그 난리 통에 술을 가져올 여유가 있었는지, 산속 동굴에 살면서 술을 어디서 구해왔는지 알 수 없지만, 롯은 술에 취해 딸들의 동침 사실조차 알지 못했다고 성서는 전한다. 이는 노아의 술 취함을 떠올리게 한다.

롯은 딸들을 '알도록' 소돔의 사람들에게 건네주려 했지만, 딸들이 자신을 '아는' 상태를 깨닫지 못하는 아이러니를 낳는다. 두 딸이 낳은 아들은 모압 족속과 암몬 족속의 조상이 된다. 이 전형적인 혈통의 결론은, 이스라엘에 대항하는 모압과 암몬의 뿌리 깊은 적대감에 관한 이야기다.

육체를 따라가다가 음란과 물질의 유혹에 넘어가고 결국 불의 형벌로 망하게 되는 소돔과 롯은 하나님의 한없는 자비에 기대어 목숨을 유지했음에도 종국에는 죄악으로 결말을 맺었다.

롯은 왜 동굴을 떠나 아브람에게 의탁하지 않았을까 하는 의문이 들지만, 아브라함과 분리된 롯은 비극적 삶의 주인공이 되어버렸다. 소돔에 물들어 죄악의 씨를 낳았지만, 하나님은 롯의 가족의 불신앙에도 불구하고 그의 혈통과 땅을 보존해 주셨다(신2:16-19).

롯의 비극적인 종말은 죄에 대한 하나님의 심판과 불신앙의 비참함을 일깨워 준다. 또한 롯의 구원이 아브라함의 중보기도에 있었음은 우리가 나의 가족과 친구들 그리고 이웃과 나라, 세계를 위한 기도가 얼마나 중요한 일인지를 알게 한다.

13강 하갈 (창16장, 21장, 25장)

하갈을 살피시는 하나님 (창 16:7-16; 21:8-21; 25:1-7)

하갈은 아브라함이 애굽에서 얻어 사래에게 준 시중드는 여종이었다(창 12:16). 이러한 여종들은 빌하와 실바처럼(창30:7, 9) 종종 결혼할 때 함께 가져오는 지참금의 일부로, 하인일 뿐만 아니라 그 여주인의 소유물로 여겨졌다.

사래의 호칭은 '아브라함의 아내'(창16:1, 3), '여주인'(창16:4, 8, 9)이라 불리는 반면, 하갈은 '여종'(창16:1, 2, 3, 5, 6, 8)이라고만 불린다. 하갈이 아브람의 첫아들 이스마엘을 낳았을 때도 그녀의 명칭은 변하지 않는다, 하나님을 포함하여 모든 등장인물이 그렇게 부른다. 여주인 사래의 허락 아래 아브람과 동침하여 아들 이스마엘을 낳았으나 고대의 관습대로 하갈은 아무런 개인적 권리가 없는 여주인의 재산으로 취급된다.

하갈은 그녀의 인생에서 두 번 아브람의 장막에서 쫓겨나는데 첫 번째는 이스마엘을 임신함으로 교만해져서 주인 사래를 모욕하고 멸시했을 때이고, 두 번째는 성장한 이스마엘이 어린 이삭을 희롱한 사건 때였다.

임신한 상태로 쫓겨나 광야를 헤매고 있을 때에 여호와의 사자가 찾아와 하갈을 '사래의 여종'(창16:8)이라고 부른다. 아브라함의 아이를 임신했지만, 하갈이 여전히 사래의 여종임을 여호와의 사자가 상기시켜 준다. 주인으로부터 도망쳐 나왔다고 해도 자유 신분이 주어지는 것이 아니었다. 종의 자유는 오직 주인의 사면 외에는 없기 때문이다.

아담에겐 "네가 어디 있느냐"(창3:9), 가인에겐 "아벨이 어디 있느냐"(창4:9)라고 물어보셨는데 하갈에겐 "네가 어디서 왔으며 어디로 가느냐"(창16:8)라고 물으신다. 이 물음은 하갈이 자신의 인생에서 과거를 돌아보고 미래를 직면하게 하는 질문이다. 하갈은 아브람의 장막 속에서 종의 역할이었다. 그러므로 이것은 존재에 관한 질문으로, 바꿔 말하면 '하갈, 너는 누구냐?'라는 질문이다.

그런데 재밌는 것은 여호와의 사자가 질문 전에 사래의 여종이라고 이미 답을 알려 준 것이다. 하갈의 정체성은 사래의 여종이며 아브람의 장막에서 도망쳤고, 다시 아브람의 장막으로 돌아가야 한다는 것이다. 하갈이 살 길은 도망가는 것이 아니라 사래에게 복종하고 그녀를 멸시하지 않는 데 있다는 것이다.

하갈은 위치와 방향, 즉 그녀의 정체성과 나아갈 바를 묻는 질문에 자신의 형편을 하소연 한다. 하갈의 '여주인'이란 대답 속에 이미 자신이 '종'이라는 것을 인정하고 있다. 도망쳐 나오기 전 임신하지 못하는 사래를 하찮게 여기고 멸시했는데, 지금은 여호와 사자 앞에서 '여주인 사래'라고 말하고 있다. 결국 하갈은 '너는 누구냐?'는 질문에 자신의 처지를 스스로 깨달은 것이다. 여전히 사래가 원망스럽고, 두렵고 싫지만, 아브람의 아이를 임신하고도 학대받는 종의 신분인 처지가 비참하지만, 인정할 수밖에 없는 자신의 위치가 '사래의 여종'이었다.

"나는 내 여주인 사래를 피하여 도망하였나이다"(창16:8)

하나님의 천사는 그녀에게 "그 수하에 복종하라"(창16:9)고 말한다. '복종하라'(עָנָה, 아나)는 '학대하다'("... 사래가 여종을 학대하였더니 ...", 16:6)와 '괴롭게 하다'("... 그들은 400년 동안 네 자손을 괴롭히리니", 창15:13)와 같은 어원에서 나온 것으로 매정한 명령으로 볼 수 있다. 종이 자신을 학대하던 주인의 집으로 되돌아감은 큰 용기를 필요로한다. 도망친 책임을 물어 더 큰 핍박이 가해질지도 모르기 때문이다. 그럼에도 불구하고 자신의 본분이 무엇인지를 깨닫고 그 본분을 지키라는 것이다.

'수하'(יָד 야드)는 '손'이라는 의미와 함께 '힘, 지배, 명령, 보호' 등을 뜻한다. 사래의 학대에도 불구하고 주인의 권위와 권세에 복종하라 것이다. 손이 가리키는 대로 오라 하면 즉시 달려오고 가라 하면 서둘러 떠나라는 것이다.

하갈이 여주인에게 돌아가 복종해야 하는 것은 자신의 임신으로 인해 자신의 신분이 바뀔 수 없다는 것이다. 사래의 신분이 '아브람의 아내 사래'라고 16장에서 두 번(1, 3절) 언급함으로 사래의 위치를 분명히 하고 있다. 그렇다고 주인이 종들을 동물처럼 취급하라는 것은 아니다. 성서는 종들에게도 안식일에 쉴 권리를 부여하고 또한 종을 죽인 주인도 형벌을 받도록 규정하고 있다(출20:10)

사래에게 돌아가서 복종하라는 말 후에 여호와의 사자는 많은 후손에 대한 약속을 한다. 이 말은 하갈에게 큰 위로가 되었다. 여인이 많은 후손에 대한 약속을 받는 일은 처음이다. 그리고 태중의 아이가 아들이라는 사실과 그 아들의 이름이 '이스마엘'인 것을 알게 된다. 이스마엘은 '듣다'(שמה, 샤마)와 '하나님'(אל, 엘)이 합성된 단어로 '하나님이 들으신다'는 뜻으로 하나님이 고통 속에서 부르짖는 어머니 하갈의 소리를 들으셨다는 뜻을 포함하고 있다.

세상을 살아가면서 고통은 인간의 숙명과도 같다. 하갈의 고통은 그녀의 교만으로 더해진 고통이었지만 고통 속에 울부짖는 그녀의 소리를 듣고 하나님은 응답해 주셨다. 고통을 겪는 하갈을 위로하시고 그녀의 눈물을 닦아주셨다. 하갈의 고통을 들으셨다는 것은 사래를 피해 편히 살 수 있는 환경을 만들어 주신다는 뜻이 아니다. 하나님이 하갈과 함께 하심으로 그녀가 자신의 자리와 위치에서 맡은 바 책임을 잘 이루어 갈 수 있도록 함께 해 주신다는 의미이다.

그녀는 힘을 얻어 아브람에게로 돌아와 아들을 낳는데, 사래가 의도한 대로 '사래의 아이'라는 언급은 없다. 태어난 아이는 하갈과 아브람의 아이이지 사래의 아이가 아닌 것이다. 그 이유는 사래의 권위와 계획에도 불구하고 이 이야기에서 고통 받고 정당함을 입증 받은 사람은 사래가 아니라 하갈이기 때문이다. 결국 하갈이 낳은 아이는 아브람의 아들이 되었다.

이후에 이스마엘이 이삭을 희롱한 사건(21:8-21)이 일어나고 그것을 목격한 사라가 분개하여 하갈과 이스마엘을 내쫓는다. 이들은 광야에서 물이 떨어져 죽게 되었다고 소리 내어 울고 있었다. 이때 하나님의 사자가 "하갈아 무슨 일이냐, 두려워하지 말라"(창21:17) 하시며 나타나셨다. 이는 내가 너와 함께 있으니 아무것도 염려하지 말라는 위로를 주신 것이다. 성서는 하갈의 하나님을 향한 믿음에 대한 언급은 없지만, 그녀가 부르짖을 때 하나님이 나타나셨다고 말하고 있다. 그때부터 하갈과 함께 하신 것이다.

"두려워하지 말라"는 말씀 또한 인생의 어려움이나 장애물을 제거해 주신다는 말씀은 아니다. 함께하시며 어떠한 어려움도 이겨낼 힘을 주시겠다는 말씀이다.

"하갈이 자기에게 이르신 여호와의 이름을 나를 살피시는 하나님이라 하였으니"
(창16:13)

'살피시는 하나님'은 나의 눈으로 확인한, 나를 지켜보시는 하나님이란 뜻으로 절망에 처한 하갈이 광야에서 하나님의 위로와 도우심을 받고, 하나님을 만난 감격에서 부른 하나님의 이름이었다. 모든 장소에서 하나님은 하갈을 살피고 계셨다. 하나님은 하나님의 약속의 때를 믿고 기다리며, 자신의 위치에서 마땅히 행할 바를 할 때 항상 함께하고 계신다고 말씀하신다.

하갈은 하나님을 만난 샘에 '브엘라해로이'라는 이름을 붙인다. '살아계셔서 나를 지켜보신 자의 우물'이란 뜻이다. 광야에서 생명의 물줄기인 샘물을 발견한 것은 고통에도 불구하고 살아갈 희망이 있음을 상징한다. 하갈은 구약의 시대에 하나님께 이름이 불린 유일한 여성이고 하나님께 이름을 부여한 유일한 인물이다.

그녀의 이름은 처음엔 '사래의 여종 하갈'에서 그냥 '하갈'로, 이후 이스마엘의 성장기를 간략하게 소개할 때(창21:20, 21) '그의 어미'로 바뀐다.

하나님은 우리를 위해 한 자리를 마련해 두셨다. 우리는 하나님의 목적 안의 한 자리에 살아가고 있다. 그러나 자신의 자리를 지키지 못하고 이탈하여 자신이 어디에서 와서 어디로 갈지를 몰라 방황하게 되면 고통과 시련과 멸시의 자리에 서게 된다. 그러므로 우리는 우리의 삶 속에서 지금 우리가 맡은 자리에서 의무와 책임을 다하는 것이 필요하다. 그렇게 하나님의 목적을 이루어 드려야 한다.

하나님은 죄 많고 거절당한 아픔이 있는 사람들을 찾아내시고 위로하신다. 힘겨운 인생을 사는 동안 끊임없이 반복되는 실수들과 현재를 벗어나고픈 욕망이 우리를 죄 가운데 묶어두려 하지만 하나님의 사랑을 깨닫고 순종하며 발걸음을 되돌릴 때마다 책망하지 않으시고 용서하시는 하나님의 은혜를 기억해야 한다.

향기로운 여인 하갈 (창 21:1-21; 25:1-4)

세 살이 된 이삭을 이스마엘이 놀리고 있었다. '놀리는지라'(מצהק, 메짜헤크)의 히브리어 어근은 '웃다'이지만, 여기서는 단순하게 장난을 치며 놀리는 정도의 수준이 아니다. 사라는 자신의 기쁨이며 희망인 이삭이 비웃음당하는 상황에서 아브라함과 동침하여 임신한 하갈이 자신을 비웃었던 과거가 연상되었다. 하갈은 사라를 모욕했고 이스마엘은 이삭을 모욕했다.

"이삭이 젖을 떼는 날에 아브라함이 큰 잔치를 베풀었더라 사라가 본즉 아브라함의 아들 애굽 여인 하갈의 아들이 이삭을 놀리는지라"(창21:8, 9)

이삭을 희롱한 죄로 두 번째 광야로 쫓겨난 하갈과 이스마엘의 손엔 단지 떡 한 덩이와 물 한 가죽 부대만 들려 있었다. 엄청난 부자였던 아브라함이 여행경비나 약대도 주지 않고 하루치 식량만 주어 보낸 것은 이해할 수 없는 일이다. 이것은 그들이 장막으로부터 멀리 가지 못하게 하려는 아버지의 안타까운 사랑의 표현방식이었다. 떡 한 덩이와 물 한 가죽 부대는 야박한 부정의 표현이 아니라 하룻길 정도의 가까운 곳에 머물기를 바라는, 떠나보내기 싫은 안타까운 아버지의 마음이었다. 사촌 롯에게도 그렇게 관대했던 아브라함인데, 하물며 자식과 첩에게 그렇게 냉정하지 않았을 것이다.

그러나 하갈은 이번엔 아브라함의 장막으로 돌아가지 않는다. 불확실한 미래와 길게 드리운 죽음의 그림자 속에서 망연자실하며 자신들의 생명을 내맡기고 있다. 떡도 다 먹어버렸고, 물도 다 마셔버려서 광야 어느 곳에서도 물과 양식을 구할 곳은 없다. 이제 죽음을 기다리는 수밖에 없었다. 죽음 앞에 자신과 아들을 내맡기고 하갈도 이스마엘도 소리 내어 울고 있었다.

관목 그늘아래 더위와 목마름에 지친 아들을 버려두고 물을 찾아 헤매다 쓰러져 소리 내어 울고 있는 애끓는 모정을 나타낸 모습이다(창21:15). 죽어가는 아들을 차마 볼 수 없어서 화살 한 바탕 떨어진 거리에서 하갈은 통곡하고 있었다. 죽음의 그림자가 드리운 암울한 상황에 처한 이 모자의 자리를 화살 한 바탕 거리라고 표현했는데 이후 이스마엘은 광야에서 활 쏘는 사람이 되었다(창21:20).

그곳에 샘이 있었으나 하갈은 그 샘을 보지 못했다. 절망 가운데 빠져 죽음의 두려움에 떨며 자신의 생각 속에 갇혀 아무것도 볼 수 없었다. 할 수 있는 것이라곤 소리 내어 우는 것뿐이었다. 육신의 고통에 짓눌려 눈이 멀어 샘이 보이지 않은 것이다

이때 하갈에게 이스마엘을 일으켜 세우고 강하게 붙들라는 하나님의 음성이 들려왔다. 먼저 정신을 차리라는 것이다. 삶을 포기하지 말고 이스마엘이 큰 민족을 이루게 될 것이라는 언약을 기억하고 어머니인 하갈이 힘을 내서 아들 이스마엘을 도와주어야 한다는 것이다. 미래에 대한 기대와 소망을 회복한 하갈은 이스마엘을 일으켜 세워서 가죽 부대에 물을 채워 마시게 했다(창21:18).

하나님이 하갈에게 나타나셨듯이 우리에게도 항상 찾아오신다. 내가 하나님께 나아간다는 것은 착각이다. 하나님이 항상 우리를 찾아오신다. 우리의 죄를 아시면서도 먼저 손을 내미시는 하나님, 그러나 우리는 하나님이 내미는 손이나 하나님의 음성을 듣지도 보지도 못하고 있다. 하나님의 은총으로 이미 주어진 그 샘물은 땅속에 가려져 우리 눈에만 보이지 않았을 뿐, 이미 그곳에 존재해 있었다. 세상살이에 만족하지 못해 쉼 없이 목마른 인생의 광야 길에서 헤매는 우리는 눈이 어두워서 샘을 찾지 못하고 있지만, 하나님은 샘물가에서 우리를 기다리고 계신다.

대개 이런 샘물들은 돌로 입구를 막고, 특수한 표시를 해두었기 때문에 그 표시를 모르는 자는 찾아낼 수 없는데 하나님이 하갈의 눈을 밝히셔서 샘물을 찾게 하신 것이다. 사막의 뜨거운 태양, 들짐승의 포효, 고갈된 물, 척박한 땅인 광야에서 젊은 여자 하갈과 소년 이스마엘을 하나님은 버려두지 않으시고 돌보신다. 사람들은 그들을 버렸지만 하나님은 버리지 않으신 것이다.

하갈은 하나님을 직접 만나고 음성을 들은 성서의 첫 번째 여인이며 하나님께 직접적으로 약속을 받은 첫 번째 여인이고, 하나님께 새로운 이름(브엘라해로이)을 지어 드린 첫 번째 인물이다. 하갈은 창세기의 여인들 중 하나님과 밀접한 체험을 가장 많이 한 여인이다. '브엘라해로이'라고 이름 붙인 샘은 한 여인과 하나님과의 만남을 기념하는 유일한 장소였다. 하갈에게 나타났던 여호와의 사자는 두 번 모두 샘물 곁에서 만난다. 물은 생명 유지의 필수 요소이다. 더구나 광야의 샘물은 더욱 의미가 크다.

하갈의 샘 이야기는 예수의 수가성 여인과의 만남을 연상하게 한다(요 4:13). 예수님은 직접 우물가에 앉아 기다리셨다. 순탄치 않은 삶을 살아가고 있는 한 여인에게 자신을 돌아보게 하시고, 다시는 목마르지 않을 생수 되신 자신을 계시하셨다(요4:13, 14).

하나님이 아브라함을 모든 민족의 조상으로 부르신 것은 그로 인해 천하 만민이 복을 받게 하시려는 의도였다. 그의 아들 이삭이 택함 받았다고 해서 이스마엘이 버림받은 것은 아니다. 단지 하나님은 구속 역사 속에서 하나님의 계보를 선택하신 것뿐이다. 선택받지 못했다고 버림받은 것은 아니다.

아브라함과 사라가 이스마엘을 내쫓으며 아브라함의 아들로서 누릴 권세를 박탈당했지만, 하나님께서는 이스마엘이 아브라함의 자녀임을 여전히 인정하시고 민족을 이루는 복을 주셨다. 선택받지 못한 이스마엘 계보가 받은 축복으로 알 수 있듯이 하나님은 결코 무시하거나 버려두지 않으시고 함께 하시며 살펴주신다.

이스마엘 자손들은 이후 이삭의 자손을 괴롭히는 족속이 되고 지금까지 이슬람이란 종교로 대립하는 자들이 되었다. 하지만 지금 우리 시대도 하나님께서 정하신 계획을 이루어가는 과정이다. 하나님은 그들을 저주하지 않으셨고 불쌍히 여기시고 도와주셨다. 언약 밖에 있는 백성들에 대한 하나님의 관심과 은혜이다.

사라가 127세에 죽자 아브라함은 후처를 맞이한다(창25:1-4). '후처'는 첩이 아닌 아내, 부인을 가리키는 말인데, 그럼에도 불구하고 후처로 번역된 것은 언약의 자손을 낳은 합법적 아내인 사라와 구별하기 위함이었다.

그 여인의 이름은 '그두라'(קטוּרה, 향기)인데, 이 여인에 대해 성서는 밝히고 있지 않고, 그 자손들만 3대에 걸쳐 언급한다. 이전에는 한 명의 아들을 낳는 것도 그렇게 어려웠던 아브라함이 이제 그의 생애 후반기에는 생산의 복을 누리고 있다. 역대기상에는 그두라의 여섯 자녀가 소개되는데(대상1:32), 이들의 이름이 아람 종족들의 명칭과 일치 한다.

이스라엘 학자들과 랍비들은 '그두라'가 하갈의 다른 이름이고 아브람이 아브라함이 되었듯이, 사라가 죽은 뒤 하갈을 다시 불러 그녀의 이름을 바꿔주고 함께 살았다고 한다. 이 해석을 따르면 하갈은 광야에서 하나님이 눈을 밝혀 주셔서 샘을 발견하고 죽을 고비를 넘긴 후 도망치는 자에게서 향기로운 자로 변화했다는 것이다.

이후 아브라함은 자신의 합법적인 상속자이자 언약의 후손인 이삭에게 모든 소유를 주었고 가나안 땅의 약속과 언약의 상속권까지 주었다. 그리고 서자들에겐 재산만 물려주고 다른 곳에 거주하게 했다. 이는 이삭과 이스마엘 사이에 발생할 분쟁을 미연에 방지하고 언약 자손의 순수한 혈통을 보존하고자 하는 아브라함의 신중한 행동이었다.

아브라함은 떡과 물 한 가죽부대로 광야로 내쫓은 하갈과 이스마엘에게 평생 큰 짐과 빚진 마음과 마음의 상처로 남았을 것이다. 그러한 마음이 있었기에 죽기 전 그두라의 아들들에게 사전 상속을 하고 먼 곳으로 분가시킴으로 아버지의 도리를 다한 것으로 보인다. 그두라가 후처로서 정식 아내가 되었음에도 여섯 자녀를 서자로 표현한 것은 유일한 상속자인 이삭과 구별하기 위함이다.

삶의 여정에서 많은 시행착오와 시험, 어려움과 실패를 겪은 아브라함이었지만 그것은 하나님에 대한 거역이나 마음의 강퍅함으로 빚어진 일들은 아니었다, 늘 하나님께 순종하길 원했던 말년의 아브라함은 요동함이 없고 담대하게 자신의 신앙을 지켜가고 가정을 세워왔음을 볼 수 있다.

아브라함이 175세에 죽었을 때, 이삭과 이스마엘이 함께 장사를 치른다. 이들의 이름이 함께 언급된 것은 둘 사이의 관계가 회복되었음을 의미한다.

14강 이삭 (창 21:1-27:46)

버려진 두 아들 (창 21장-22장)

아브라함이 기다리고 기다리던 아들이 태어났다. 하나님은 아브라함과 사라에게 아들의 이름을 '웃음'이란 뜻의 '이삭'으로 하라고 명하신다. 이는 아브라함과 사라에게 자식을 주겠다고 하셨을 때 그들이 웃었기 때문이다(창17:17; 18:12-15). 그들은 이삭의 이름을 부르거나 그를 볼 때마다 하나님이 늙은 나이에 아들은 주신 하나님의 은혜와 사랑을 기억함과 동시에 그 말씀을 믿지 못하고 웃었던 자신들을 상기하게 될 것이다, 하나님은 아직도 아브라함의 마음속에 남아있는 불신앙을 제거하시기 위해 방법을 모색하신다.

이삭이 세 살 된 때(젖을 떼는 날) 어머니 사라는 14세의 소년이 된 이스마엘이 이삭을 희롱하는 모습을 보게 된다.

"사라가 본즉 아브라함의 아들 애굽 여인 하갈의 소생이 이삭을 놀리는지라"(창21:9)

이 일은 장차 일어날 비극을 암시한다. 분노한 사라는 이스마엘과 하갈을 내쫓을 것을 아브라함에게 강력하게 요구하고 아브라함은 이에 크게 근심한다(창21:11).

아브라함은 14년 동안 이스마엘에게 깊은 관심과 사랑을 쏟았다(창17:24-25). 이스마엘을 상속자로 삼겠다고 하나님께 맹세까지 했었다(창17:18). 이스마엘이 아브라함의 집에 남는다면 아브라함의 마음은 크게 나뉘어질 것이다. 약속은 이삭을 통해 성취되어야 하는데 그것조차 불투명해질 수 있는 상황이었다. 그런 의미에서 하나님은 사라의 청을 들어주라고 아브라함에게 말씀하신다. 아브라함은 가슴이 찢어지는 커다란 고통 속에서도 하나님께 순종한다.

이스마엘과 하갈은 떡 한 덩이와 물 한 가죽부대를 들려 광야로 쫓겨난다. 그들은 돈도, 목적지도 없이 쫓겨 났다. 이스마엘은 애굽 여인 하갈의 아들이고 이후 이스마엘의 아내를 구할 때 애굽 여인 중에서 구하는 모습으로 확인할 수 있듯이 애굽의 색채가 남아 있었다. 또한 그의 어머니 하갈이 임신 중에 사라를 능멸했듯이 이스마엘의 어린 이삭을 향한 조롱과 질투는 앞으로 지속될 가능성이 다분하다. 하나님께서는 하갈과 이스마엘을 아브라함의 집에서 분리해 내신다.

하나님께서 아브라함을 최초로 부르실 때 "내가 네게 지시할 땅으로 가라"(창12:1)고 말씀하셨다. 이제 마지막 부르심에서 "모리아 땅으로 가라"(창22:2)고 명령하신다. 그리고 '네 아들, 네 사랑하는 독자 이삭'을 희생으로 바치라는 명령을 받는다(창22:2).

그런데 그 이유를 성서는 "하나님이 아브라함을 시험하시려고"(창22:1)라고 밝히고 있다. 그러므로 이야기의 초점은 이삭에게 닥친 위험이 아니라 아브라함에게 닥친 위험인 것이다. 히브리어 '시험하다'(נסה, 나싸)는 '잘못된 일을 하도록 유도하다'를 의미하지 않는다. '다른 사람이 가치 있는지를 알아보기 위해 또 다른 사람을 시험하는 것'을 의미한다(왕상10:1; 대하9:1; 단1:12, 14). 아브라함의 생애에서 가장 극적이며 절체절명의 결정적인 사건으로서 '하나님의 시험'과 '아브라함의 순종'에 대한 이야기다.

사라가 늙은 나이에 아들 이삭을 낳았고, 사라의 요구대로 이스마엘과 하갈을 내보냄으로써 오랜 상속자 문제도 일단락되었고, 아비멜렉과 계약을 맺어 이제 떠돌아다니는 생활을 마무리하고 약속의 땅에 정착하여 살아갈 수 있는 희망이 보이기 시작했다, 브엘세바가 아브라함의 우물이 되어 정착 생활의 가장 중요한 조건도 갖추었다, 오래 살 곳이기에 에셀 나무를 심었다. 유목민이 나무를 심었다는 것은 정착 생활에 접어들었음을 상징한다. 거기서 영원하신 여호와의 이름을 부르는 이 모든 일이 있은 뒤에, 이제 아브라함의 여정이 안정기에 접어든 이때, 하나님이 아브라함을 시험하신다.

'아들'(בן, 벤)이라는 단어의 계속적인 반복은(10회) 이 시험의 심각성을 반복해서 알려주고 있다. 아브라함은 자기 아들, 그것도 '독자'(יָחִיד, 야히드, 창22:2, 12, 16)를 희생으로 바치라는 요구를 받는다.

하나님의 말씀이 있은 후 다음날 이른 아침 아브라함은 두 종과 이삭을 데리고 사라와 한마디의 상의도 없이 길을 나선다. 이날 아침 그의 짐을 보면 떡한 덩어리와 물 한 가죽부대를 들려 보낸 이스마엘과 비교해도 많다. 약대, 2명의 종, 번제에 쓸 나무, 왕복 6일치의 식량 등이 포함됐다. 광야를 헤매던 이스마엘과 달리 목적지도 확실하다. 목표도 확실한데 그것은 예배드리러 가는 길이다. 아브라함에게 있어 이스마엘은 돌아오길 바라는 마음으로 길을 떠나보냈지만, 이제 이삭은 돌아올 수 없는 길로 보내는 것이다.

탄생부터 온전히 하나님의 능력과 은혜 속에서 태어난 이삭은 창세기의 진정한 금수저 인생을 살았다. 아브라함에 대한 축복의 선물인 이삭은 마치 하나님께 희생제물로 드려지기 위해 태어난 듯한 인상을 준다. 이삭의 축복이 번제 드려진 자와 같이 되었기에 얻어진 축복이기 때문이다. 그의 삶, 결혼, 부와 축복 모두 자기 능력 이상의 것으로서 아버지 아브라함으로 인하여 하나님이 베푸신 은혜라고 성서는 밝히고 있다.

이삭이 희생 제단 위에 올려질 때 그의 반응을 성서는 공백으로 남겨두었다. 이는 이삭의 아버지와 하나님을 향한 순종을 의미하는 것이다. 연로하신 아버지를 압도할 만한 힘을 가진 이삭이 아버지 아브라함의 뜻에 동의하여 얌전히 결박당한 사실만 보아도 알 수 있다(창22:9). 그러나 감탄할만한 이삭의 복종이 주제가 아니라 아브라함의 믿음의 순종이 주제다.

번제 사건 후 아브라함은 혼자 돌아갔고 이삭은 홀로 그곳에 남았다. 이 사건 바로 뒤에 사라가 죽는데(창23장), 어머니 사라의 장례식에 상주인 이삭의 모습이 나타나지 않고, 아브라함이 혼자 헤브론에 있는 막벨라 굴에 사라를 장사 지낸 것은 이삭이 그곳에 없었음을 말해준다.

모리아 사건 뒤 이제 이삭은 더이상 아버지와 함께 모리아 땅으로 떠나던 소년이 아니었다. 죽음의 순간에서 가까스로 살아남은 경험을 가진 그의 정신세계는 더이상 예전 그대로가 아니다. 모리아 사건은 아브라함 편에서는 순종이지만 이삭 편에서는 학살이다. 이 경험은 이삭에게 지울 수 없는 상처였을 것이다. 아버지가 나를 죽이려 했다는, 극도의 혼란감, 유기감, 배신감, 충격, 공포, 절망, 무력감, 상실감, 분노가 그를 괴롭혔을 것이다. 해결되지 않은 심리적 문제들이 기억에서 희미해질 만큼의 긴 시간이 필요했다.

번제로 드려질 뻔한 이삭은 이후 한참 동안 성서에서 사라진다. 그 후 이삭은 브엘라해로이 인근의 광야에서 홀로 생활하며 한편으론 하나님과 교제하고 묵상하며 그 시간들 속에서 자신의 고통을 이겨내고 극복해 나간 것으로 보인다. 이후 20여 년이 지난 후에 자신의 상처받은 영혼의 긴 그림자를 끌고 브엘라해로이로 갔다가 다시 네게브 지역으로 가서 생활하다 돌아온 것이다 (창24:62).

가족과 떨어져 여기저기 옮겨 다니면서 자신에게 일어난 일로 인해 받은 충격과 고통에서 벗어나기 위해, 아니 그것이 갖는 의미에 대해 골똘히 생각하면서 상당한 시간을 보냈고 그사이 어머니 사라가 죽었다. 아브라함은 이삭과 떨어져 살고 있었지만 어디에 거주하고 있었는지 알고 있었던 것으로 보인다. 그렇기에 종을 시켜 며느리를 구하려 라반의 집으로 보낸 것이다.

돌아온 이삭은 평범하지 않은 모습을 보인다, 본래 들은 농사를 짓고 일하는 곳인데, 그는 그곳에서 묵상한다(창24:63). '묵상하다'(שׂוח, 수아흐)는 '...을 위하여'라는 뜻의 전치사(ל, 레)와 결합되어 '묵상하기 위하여'로 번역된다. 그렇다면 농사지으러 들에 나간 것이 아니라 묵상하기 위하여 들에 나간 것이 된다. 이 단어는 '명상하기 위하여', 특별히 아람어역인 탈굼은 '기도하기 위해'로 번역했는데 구약성서 전체에서 이곳에서만 유일하게 발견된다. 이때는 사라가 죽은 지 약 3년이 지난해로 이삭의 나이 40세였다. 그는 날이 저물어 가는 들녘에서 명상하며 배회하고 있었다.

이때 리브가를 만나게 되고 이삭의 범상치 않은 모습을 본 리브가는 낙타에서 내린다. 여기서 '내리다'(נפל, 나팔)는 '떨어지다'의 의미로 이삭을 보고 놀라서 떨어진 것이다(창24:64). 이삭과 리브가는 똑같이 눈을 들어 보는데 이삭은 낙타들을 보았고 리브가는 이삭을 보았다. 신부를 바로 찾지 못하고 낙타를 보았다는 기록은 이삭의 시야가 제한되었음을 알려준다. 이는 앞으로 벌어질 사건에서 상징적이고 문학적인 기능을 하게 된다. 이삭은 눈이 어두워 하나님이 정하신 상속자를 알아보지 못하고 둘째 아들 야곱에게 속게 되는 것이다.

결혼한 이삭은 점차 안정을 취하고 그 후 아브라함이 죽었을 때 이스마엘과 함께 장사를 지낸다(창25:9). 이는 버려진 두 아들이 회복된 아들로 변한 것이고, 치유된 가족이 된 것이다. 아브라함의 장례현장에 모습을 드러낸 것은 그가 겪었던 정신적 충격과 고통에서 나름의 방법으로 벗어난 것을 의미한다. 모리아 산에서의 극적인 사건을 경험하기 이전의 모습으로의 회복이 아니라 삶과 신앙에 있어서 뭔가 이전과는 다른 새로운 자기 질서와 해석체계를 갖춘 새로운 신앙적 실존으로서의 이삭이 되었다는 것이다. 이삭은 평탄한 삶을 산, 고난 없는 인생이 아니었다. 자신의 아버지가 자기를 죽이려 하는 모습을 심장에 새긴 상처받은 영혼이었다.

성서는 단락의 구분이 매우 중요한데, 창세기 21장과 22장은 같은 단락 안에서 해석되어야 한다. 이 두 장은 철저한 통일을 이루고 있으며 앞의 이야기들은 다음에 전개되는 이야기의 분명한 전제가 된다. 이삭의 탄생(1-7절), 하갈과 이스마엘의 내어 쫓김(8-19절), 아비멜렉의 평화조약(22-32절)이 나타나는 21장과 모리아 사건의 22장을 한 묶음으로 보고, 하나의 이야기로 보아야 한다. 왜냐하면 창세기 22장을 시작할 때 '그 일 후에'(창22:1)란 말로 시작하는데 이는 앞과 뒤의 사건들이 서로 연관이 있음을 보여주는 표현이다. 특히 21장과 22장의 문장과 단어들을 비교해 보면 많은 유사점들이 발견된다. 같은 단어와 패턴이 반복적으로 등장한다.

21장	22장
하나님이 이스마엘의 떠남을 명하심/ 12-13절	하나님이 이삭의 회생을 명하심/ 2절
먹을 것과 물을 가지고 가다/ 14절	희생제물을 가지고 가다/ 3절
집을 떠나 먼 길을 가다/ 14절	집을 떠나 사흘 길을 가다/ 4-8절
이스마엘이 죽을 지경에 처하다/ 16절	이삭이 죽을 지경에 처하다/ 10절
하늘에서 천사의 음성이 들리다/ 17절	하늘에서 천사의 음성이 들리다/ 11절
내가 그로 큰 민족을 이루게 하리라/ 18절	네 씨로 별과 모래 같게 하리라/ 17절
하갈의 눈을 열어 우물을 보게 하다/ 19절	아브라함이 눈을 들어 숫양을 보다/ 13절

이러한 본문을 비교해 볼 때 '그 일 후에'(דברים, 데바림)는 하갈과 이스마엘을 내어 쫓은 사건을 지칭하는 것으로 볼 수 있다. 이 두 이야기의 공통점은 두 아들이 처한 죽음의 위기에서 극적인 순간에 하나님이 개입하여 두 아들이 목숨을 건지게 된 것이다.

결국 21장은 이스마엘이 버림받은 이야기, 22장은 이삭이 버림받은 이야기로 본다면 모리아 산 사건의 주인공은 아브라함이 아닌 이삭이 되어야 한다. 두 아들이 버림받은 것은 하나님의 요구하심이었다. 아들에 대한 사랑과 하나님의 요구를 따르는 의무 사이에서 아브라함은 순종한 것이다.

성서는 하나님의 언약 역사가 진행되는 가운데 자신의 역할을 충실히 감당했던 성서의 인물들이 등장한다. 성서 인물들의 삶의 모습 속에서 우리는 그 시대의 사회적 환경 속에서 얼마나 많은 외상적 상처와 아픔을 경험했으며 그것으로 인해 그들이 얼마나 고통받으며, 얼마나 방황했는지 살펴볼 수 있다.

버려진 두 아들과 버린 아버지의 고통, 그리고 회복, 상처를 어루만지는 하나님의 손길 등을 느낄 수 있다. 하나님의 부르심을 받은 우리는 어떤 조건이나 대우, 미래를 묻지 않고 전적으로 하나님을 신뢰하는 믿음으로 순종해야 한다.

우리도 고난의 때를 맞을 때마다 그것을 자신을 성숙시키는 기회로 삼고, 하나님께 모든 것을 의뢰하며 감사함으로 고난을 이겨 나가야 한다. 하나님께서 우는 아이의 소리에 귀 기울이셨듯이, 우리의 고통에 귀 기울이시며, 순종하는 자에게는 반드시 번제 할 양을 준비해 놓고 계실 것이다. 우리는 버려짐을 감당할 준비가 되었는가? 우리는 바쳐질 준비가 되었는가? 스스로에게 질문을 던져보자.

아버지의 슬픔 (창 22:1-12)

아브라함은 21장에 언급된 이삭의 탄생과 아비멜렉과 맺어진 평화조약으로 인해 정치적, 사회적, 경제적으로 하나님의 축복을 받고 있던 상황이었다.

그런데 하나님이 아브라함을 시험하시려고 오셨다. 그동안 무언가 주시기 위해 찾아오셨는데 이번엔 빼앗기 위해 오신 것이다. 모두 다 주셨는데, 그중에서 가장 중요한 것, 가장 소중한 것을 빼앗으러 오신 것이다.

"여호와께서 이르시되 네 아들 네 사랑하는 독자 이삭을 데리고 모리아 땅으로 가서 내가 네게 일러 준 한 산 거기서 그를 번제로 드리라"(창22:2)

'아들'(בֵּן, 벤)이라는 단어가 반복적으로 나오는 것은 아들에 대한 지나친 강조로 이 시험이 아브라함에게 얼마나 어렵고 힘든 일인지 알려 준다. 하나님의 시험은 아브라함을 검증하려는 것이 아니라 그를 단련하려는 것이다. 모든 불순물을 완전히 제거하여 순금을 얻듯, 불 신앙의 잔류물들이 완전히 제거된 순수한 믿음의 결정체인 아브라함을 원하시는 것이다.

아들을 번제로 드리라는 말씀은 이삭의 '웃음'이 사라지는 살벌한 광경이다. 하나님은 시험을 통해 그 사람의 참된 신앙의 모습을 보길 원하신다. 배고픔과 목마름으로 이스라엘 백성을 광야에서 시험했고(출15:25; 16:4; 20:2; 신8:2, 16), 이방 민족의 침입을 통해 이스라엘을 시험했으며(삿2:22; 3:1), 다니엘과 그의 세 친구들은 채식만 먹게 되는 시험을 받았다(단1:12). 하나님의 시험의 목적은 그를 따르는 자들이 하나님의 명령을 잘 지키는지를 알아보기 위함이고 궁극적으로는 유익을 주고 겸손하게 하기 위함이었다.

" ... 이는 너를 낮추시며 너를 시험하사 네 마음이 어떠한지 그 명령을 지키는지 지키지 않는지 알려 하심이라"(출16:4; 신8:2)
" .... 이는 다 너희를 낮추시며 너를 시험하사 마침내 네게 복을 주려 하심이었느니라"(신8:6)

이삭은 이스마엘이 없는 상황에서 아브라함의 하나밖에 남지 않은 사랑하는 외아들이었다. 그 아들을 번제로 하나님께 드린다는 것은 아버지로서 감당하기 어려운 결정이다. 그렇기에 아내인 사라에게도 알리지 않고 홀로 떠난다. 모리아 산으로 떠나는 아브라함의 여정은 무섭도록 무거운 침묵의 여정이다. 하란을 떠나라는 명령엔 미래와 새 땅과 수많은 후손에 대한 축복이 주어지는 감미로운 것이었지만, 모리아 산으로 떠남은 보상은커녕 가진 것을 잃어야 하는 죽음과 같은 고행길이었다.

아브라함이 자식이 없어 긴 세월 낙심하며 지내다 얻은 기쁨이며 희망인 귀하고 귀한 아들 이삭을 내놓으라니 이는 인간의 관점에서도 관례를 벗어난 행위이며, "무고한 생명을 해하지 말라"는 하나님의 계명에도 위배 되는 요구이다. 아브라함에게 소중한 독자임을 하나님도 알고 계셨는데, 그 아들을 번제로 드리라고 하신다.

이삭을 번제 드리라는 요구에 아브라함이 '왜'라고 고민하거나 반문한 기록은 없다. 사라와 의논했다는 기록도 없다. 번제로 드림은 이삭을 주신 이가 하나님이심을 바르게 인식하고 있는지에 대한 시험이었다. 100세에 얻은 이삭은 아브라함의 힘으로 얻은 아들이 아니라 은혜로 주어진 아들이었다. 그러므로 그 소유권은 하나님께 있었다. 아브라함은 자신이 알고 꿈꾸는 미래의 모든 가능성을 버려야만 했다.

아브라함은 언약에 따라 하나님께 순종하기 위해 혼신의 노력을 다했으며, 하나님은 자신의 종 아브라함의 믿음을 극단의 시험대 위에 올려놓으심으로 언약이 요구하는 온전한 봉헌이 무엇인지를 가르치고 계신다.

잔인할 만큼 구체적인 하나님의 명령에 아브라함은 침묵하고 있다. 그는 나귀에 안장을 지우고, 두 종과 번제물인 이삭을 준비하고 나무를 준비한다. 일반적인 순서는 먼저 종들에게 장작을 패게 하고, 나귀에 안장을 얹고, 이삭을 불러 길을 떠나는 것이다.

그런데 아브라함은 맨 먼저 나귀에 안장을 지운다. 이는 떠날 차비를 먼저 하면서 자신을 정결하게 준비하는 것이다. 이렇게 자기 자신을 준비시키고 이삭을 준비시킨 후 아브라함은 스스로 나무를 쪼갠다. 수백 명의 종을 호령하는 늙은 주인이 자기 힘으로 나무를 쪼개고 있다. 심장을 쪼개는 듯한 고통을 감내하면서 가슴속으로 울음을 삼키면서 흔들리는 마음을 추스르고 사랑하는 아들을 향한 깊은 애정과 고통으로 나무를 쪼갠다.

'사흘 길 …' 그것은 장례 행렬과 다름없는 고통스러운 침묵의 길이었다. 이삭을 번제로 드리기로 마음먹고 떠난 그 순간 이미 이삭은 죽은 것과 마찬가지였다. 사흘 내내 그 명령을 실행하는 것에 대한 생각으로 그의 믿음의 여행은 고독했으며 그의 고통은 매순간 가중되었다.

두 사람이 동행하는데 흥미롭게도 야살의 책엔 이들이 이스마엘과 아브라함의 종 엘리에셀이라고 말한다(창22:6). 지금까지 아버지 아브라함과 아들 이삭은 동행하며 함께 살아왔다. 그러나 이후 벌어질 번제 행위로 인해 이 둘은 분리될 것이다.

목적지에 도착한 후 아브라함이 종들에게 한 말은 많은 의구심을 자아낸다. 먼저 이삭을 '내 아들'이라고 부르지 않고 '아이'라 부르고 번제를 드린다고 말하지 않고 '예배'한다고 말한다. 그리고 마지막 말인 "우리가 너희에게로 돌아오리라"에 의해 더욱 혼란스럽게 한다(창22:5).

아이와 함께 돌아오겠다는 아브라함의 말이 종들과 이삭을 안심시키기 위한 거짓말이었는지, 아니면 하나님 말씀에 불순종할 것임을 나타내는 말이었는지, 아니면 '네 후손들이 이삭으로부터 날 것'이라는 예언을 한결같이 믿고 있어서 하나님이 결코 그렇게 하지 않으실 거라는 소망을 담고 있었는지 잘 알 수 없는 모호한 표현이다.

이삭은 등에 장작을 지고 간다. 장작은 희생제물을 불사를 도구이다. 아브라함의 손엔 생명을 빼앗을 도구인 칼과 불이 들려 있다. 결국 장작은 이삭에게 사용되지 않았고, 아브라함의 손에 들린 희생제물의 생명을 빼앗는 도구인 칼과 불은 아들에게 사용되지 않았다.

아브라함은 지금까지 자신의 가족과 종들에게 여행의 진짜 목적을 숨기는 데 성공했지만, 산으로 올라가는 도중 이삭이 침묵을 깨고 핵심을 찌르는 질문을 한다. 이는 창세기에 나오는 두 사람 간의 유일한 대화다.

"... 이삭이 이르되 불과 나무는 있거니와 번제 할 어린 양을 어디 있나이까? ... 내 아들아 번제 할 어린양은 하나님이 친히 준비하시리라"(창22:7, 8)

이삭의 꾸밈없는 호기심, 아버지의 억누를 수 없는 애정, 그리고 그의 모호한 대답 속에 담긴 모진 마음은 눈물 없이는 읽을 수 없는 대화이다. 이 짧은 대화의 앞뒤엔 긴 침묵이 있었을 것이다. 이는 광야에서 하갈과 이스마엘이 죽게 되었다고 절규하던 모습과 대조를 이룬다.

제물 없음을 이상히 여긴 이삭의 호기심 어린 질문 뒤에 그는 아버지의 대답을 온순하게 받아들인 것으로 보인다. 반면에 자신이 희생제물이라는 깨달은 다음 이삭의 침묵은 전적인 순종을 보여주는 믿음의 행위로서 실로 놀라울 뿐이다. 나이 많은 노인이 혈기 왕성한 십대 소년의 손과 발을 강하게 묶을 수 있었던 것은 이삭의 동의 없이는 불가능하기 때문이다. 이는 제물에 요구되는 흠 없는 조건을 온전히 갖추고 있음을 보여 준다.

아브라함과 이삭은 죽음의 문턱에서 하나님께 살려 달라고 애원하지 않는다. 이삭은 반항하지도 않고 결박된 채로 제단 위에 누워있다. 이삭 입장에서 보면 황당하여 기가 막힐 노릇이다. 번제물이 자신이라는 것을 깨닫는 순간 그 참담함은 누구도 헤아릴 수 없는 마음이다. 그러한 상황 속에서 이삭의 말이나 움직임은 없다. 체념한 것인지, 순종한 것인지 알 수 없는 일이다. 그러나 확실한 것은 이삭의 죽음은 곧 아브라함의 죽음이다. 두 사람은 운명 공동체로 묶여 모리아 산에 함께 있는 것이다.

제사장이 제사를 집도하듯 순서대로 담담하게 일말의 동요됨 없이 차분히 진행된다. 아브라함의 믿음은 말보다 행동에 있다(약2:21-22). '하나님을 경외'(창22:12)함을 아브라함은 순종을 통해 입증한다. 하나님께서는 순종하는 자에게는 생명을, 불순종하는 자에게는 죽음을 준비하고 계심을 아브라함의 순종을 통해 볼 수 있다.

제사를 위한 모든 준비가 끝나고 이삭을 잡으려 할 때, 하나님의 사자의 다급한 음성에 아브라함은 행동을 멈춘다. 충격적인 하나님의 요구에 순종하며 결심하고 결단하며 마음을 다잡으며, 인간으로서, 아버지로서 차마 결행하기 힘든 이 순간까지 왔는데, 이제 멈추라고 그만두라는 명령이 들린다. 감정의 소용돌이가 폭주하던, 미쳐버릴 것만 같은 그 순간 하나님의 음성을 듣고 아브라함은 내리치던 칼을 멈춰 세운다.

아브라함이 이성의 끈을 놓지 않고 그 순간 하나님의 명령에 순종하여 멈추었다는 것이 놀라운 일이다. 이것이야말로 진정한 용기와 믿음이다. 온갖 감정이 소용돌이치며 정신까지 혼미해질 만큼 긴장되고 아찔한 순간에도 하나님께 온전히 집중하고 있는 아브라함의 모습 속에서 진정한 순종의 모습을 본다.

"아브라함이 아침에 일찍이 일어나"(창21:14; 22:3)라는 문장은 이삭을 번제로 드릴 준비를 하던 날 뿐 아니라 그가 하나님께 순종하여 이스마엘을 떠나보낼 때도 나타난다. 아브라함의 순종은 늘 망설임 없이 즉각적이었다.

'이삭을 번제로 드리라'는 하나님의 명령에 아브라함은 먼저 자기 자신을 드릴 준비를 하고 있었다. 이삭만 번제로 드리고 자신만 살아 돌아올 생각은 아니었을 것이다. 그 쓰임새도 기록되지 않은 두 명의 종을 데려간 이유는 아들 이삭을 죽여 번제로 드린 후 자신의 생명도 끊어 자신의 시체를 들고 오게 하려고 데려간 것은 아니었을까? 일생을 간절히 원하고 원해서 얻은 아들을, 십여 년을 소중히 아끼며 사랑하며 키운 독자를 번제로 드리고 살아갈 수 있는 아버지는 없다.

하나님은 번제 드릴 숫양을 수풀에 준비하셨고, 그 은혜에 감사해 아브라함은 그 땅을 '여호와 이레'라 이름한다. 아브라함은 아들 이삭을 죽음으로부터 되찾았다. 그러나 아브라함은 홀로 산을 내려온다.

본문의 마지막에 아브라함의 이름이 한번 더 거론된다("이에 아브라함이", 창22:19) 이 시험이 시작되는 창세기 22장 1절에 아브라함의 이름이 언급되고, 끝날 때 아브라함이 다시 언급되는 수미상관의 구조로 마무리되면서, 이 이야기가 아브라함의 순종을 시험하는 이야기임을 분명히 하고 있다.

하나님의 인신 공양에 대한 요구는 충격적이며 이해하기 힘들다. 이것은 후대 예언자를 통해서도 금지되어온 말씀이다(렘32:35, 왕하23:10). 어린아이를 제물로 바치는 풍습은 가나안에서 행해지던 것이다. 이곳에 정착해서 살게 된 아브라함은 가나안 민족의 사회적, 문화적, 종교적 영향력에 노출되어 하나님과 우상을 혼합하여 섬기는 도전도 받았다.

그러나 하나님은 아브라함을 위해 제물을 준비하셔서 자신이 인신 공양을 원하는 하나님이 아님을 알리신다. 그리고 아브라함이 하나님을 위하여 자신이 가진 최고의 것을 드리는 제사에 기꺼이 순종함을 크게 기뻐하시며 더 큰 복을 주실 것임을 맹세하신 것이다, 오직 여호와 한 분만을 경외해야 하며, 인신 공양이 신에게 드리는 최고의 제사라는 생각 따위는 버리라는 경고이다. 하나님은 인신 공양을 원하는 신이 아니시기 때문이다.

모리아 산에서 하나님은 아브라함의 온전한 순종에 기뻐하시며 '맹세' 하신다. 아브라함의 순종 위에 하나님은 강도 높은 축복을 약속하신다. 이 사건으로 인해 아브라함은 하나님과 신뢰를 확인했지만, 사라를 잃고, 아들 이삭을 오랫동안 잃었다.

신약성서는 이 사건을 여러 가지 방향으로 전개 시킨다. 하나님은 자신의 외아들을 우리를 위해 내어주셨고 세상을 사랑하셔서 독생자를 주셨다.

"... 자기 아들을 아끼지 아니하시고 우리 모든 사람을 위하여 내어 주셨다"(롬 8:31-32)
"하나님이 세상을 이처럼 사랑하사 독생자를 주셨으니 ..."(요3:16).

야고보는 아브라함의 행위를 믿음으로 보았고, 히브리서 기자는 아브라함이 이삭의 죽음이 확실한 것으로 여기고도 하나님의 약속을 믿은 모범으로 보았다. 이들은 신앙인들이 따라야 할 행동이 무엇인지를 이삭의 제사 이야기에서 찾았다. 믿음과 순종이 그리스도인들이 감당해야 할 최대의 문제라고 여긴 것이다.

"우리 조상 아브라함이 그 아들 이삭을 제단에 바칠 때에 행함으로 의롭다 하심을 받은 것이 아니냐 네가 보거니와 믿음이 그의 행함과 함께 일하고 행함으로 믿음이 온전하게 되었느니라"(약2:21-22)
"아브라함은 시험을 받을 때에 믿음으로 이삭을 드렸으니 ... 그가 하나님이 능히 이삭을 죽은 자 가운데서 다시 살리실 줄로 생각한지라 ..."(히11:17-19)

두 아들을 죽음의 길로 내몰아 버릴 수밖에 없었던 아브라함의 아버지로서의 고통은 짐작조차 하기 두려운 고통이다. 그러나 아버지의 감당키 힘든 고통을 아들들이 알아줄 리는 만무하다. 아들들은 버림받은 자신의 고통과 상

처가 너무 커서 온통 자신의 아픔만이 중요하지 아버지의 고통 따윈 돌아볼
여유도 없었을 것이다.

사람들은 자기를 버리는 믿음에는 관심이 없고 자기를 세워주는 믿음에만
관심이 있다. 믿음을 가진다는 것을 무엇을 얻겠다는 욕망과 혼동할 때가 많
다. 하나님이 주신 복에 마음을 빼앗겨 하나님보다 복을 더 사랑하기 때문에
벌어지는 혼란이다.

그 누구도 시험을 좋아하거나 즐거워하지 않는다. 그럼에도 불구하고 시
험은 반드시 필요하다. 시험을 치르고 나서야 자신의 실력, 위치, 믿음의 상태
를 파악할 수 있기 때문이다. 아브라함의 시험도 시련에 빠뜨려 곤경에 처하
게 하기 위한 것이 아니다. 아브라함을 믿음의 조상으로 만들기 위해 75세부
터 지금까지 40여 년 동안 시험을 통해 훈련시키신 것이다(약1:2-4, 12).

고통의 과정을 거치지 않은 성숙은 없다. 오랜 세월 동안 아브라함의 부족
한 믿음의 행위 속에서도 하나님께서는 참고 기다려 주셨다. 수많은 실패를
거듭하며 아브라함의 신앙이 성숙해진 것이다. 만약 이 시험이 하나님이 아브
라함을 처음 부르셨을 때인 75세에 벌어진 일이라면 아브라함은 감당하지 못
했을 것이다. 하나님의 언약을 받은 이후 40여 년의 시간이 흐르는 가운데 많
은 고난을 겪고 좌절하고 눈물 흘리는 세월을 보내면서도 가는 곳마다 제단
을 쌓고 여호와의 이름을 불렀던 순간들이 있었기에 이런 시험을 감당하게 된
것이다.

완전한 믿음을 지닌 사람은 없다. 아브라함은 흔들리다 바로 세워지며 믿
음이 성숙되어 갔으며 단단해졌다. 성숙한 믿음이란 흔들리지 않는 믿음이고
받았을 때만이 아니라 줄 때도 흔들리지 않는 것이다. 건강할 때만이 아니라
병들었을 때도 흔들리지 않는 것이다. 하나님이 주신 것을 다 가져가신다고
해도 흔들리지 않는 것이다.

하나님이 부르실 때 망설임 없이 아브라함처럼 "내가 여기 있나이다"라고
대답하는 믿음을 본받아야 한다. 믿음이란 나를 포기하고 하나님을 바라보
는 것이다. 모리아로 가는 길에 아브라함은 끊임없이 자신을 포기하며 하나
님만을 바라보았다. 온전한 믿음은 자신의 가장 소중한 것을 드리는 것, 곧

자신을 드리는 것이다.

"그러므로 형제들아 내가 하나님의 모든 자비하심으로 너희를 권하노니 너희 몸을 하나님이 기뻐하시는 거룩한 산 제물로 드리라 이는 너희가 드릴 영적 예배니라"(롬 12:1)

웃음이가 웃다 (창 25-27장)

창세기는 아브라함과 야곱의 이야기를 진행하며 그 중간에 이삭의 이야기를 다룬다, 이삭은 늘 조연으로 나와 주인공으로 나오는 분량이 적다. 아브라함의 아들이든지, 야곱의 아버지로 나온다.

족장의 역사에서 가장 취약한 연결 고리는 이삭이다. 그가 아브라함의 아들이라는 점밖에 내세울 것이 없다고 혹평하기도 하지만, 이삭의 이야기가 성서에 큰 분량을 차지하지 않는다고 해서 그가 중요한 인물이 아니라고는 단정 지을 수는 없다. 이삭의 이야기는 그의 놀라운 탄생의 축복에 비해 긴 여백으로 남아 아브라함과 야곱 사이에서 조각난 파편처럼 이어 붙여야 그의 이야기가 완성된다. 아브라함과 사라의 씨를 통해 열국을 축복하기 위한 그 시작이 이삭의 탄생이었다.

이삭의 삶 전반부는 하나님의 섭리와 이삭의 믿음으로 채워져 있다. 그의 생애는 청년 시절 죽음에 직면한 그의 믿음과 순종, 그리고 하나님의 섭리에 의한 결혼, 하나님의 이삭에 대한 신뢰(25:20-21), 아브라함으로부터 이어진 하나님의 축복 전달하심으로 채워져 있다.

하나님은 아브라함의 두 번째 아들인 이삭을 선택하셨다. 이삭은 사람의 나이로는 임신이 불가능한 어머니의 몸에서 초자연적인 하나님의 은혜로 출생했다. 마른 장작에 꽃이 피듯 죽었던 몸에서 태어난 특별한 존재로서 아브라함을 이어 축복의 통로가 된다. 하나님은 사라를 통해 아브라함에게 아들을 주겠다는 약속을 지키셨다,

'이삭'(יצחק, 이츠하크)은 '차하크'(צחק, 웃다)에서 파생된 단어로 '그가 웃

다'의 의미이다. 웃음의 의미는 기쁨도 있지만 비웃음, 실소, 조롱, 억지웃음 등도 있다. 이 이름이 주어진 이유는 아들을 주시겠다는 하나님의 약속을 아브라함과 사라가 믿지 못하고 웃었기 때문이다. 아브라함은 아마도 '실소'했고 '피식' 새어 나오는 웃음을 웃었을 것이다. 그래서 이삭이란 이름은 한때 아브라함이 하나님의 언약에 대하여 불신앙의 웃음을 웃었던 지난날을 상기시키며 신앙의 경각심을 갖게 하는 이름이다.

성서는 이삭을 수동적인 인물로 묘사한다. 이삭이 훌륭한 믿음을 가졌기 때문에 복을 받은 것이 아니라 훌륭한 믿음을 가진 아브라함 덕분에 복을 받았다고 말하고 있다. 하나님이 이삭에게 복을 주신 이유는 오직 아브라함 때문이고 '아브라함을 위하여' 하나님께서는 이삭과 함께하신다고 말씀하신다. 이삭의 믿음 때문이 아니라, 단지 아브라함의 아들이기 때문에 '아브라함의 아들 이삭', 이것이 성서가 말하는 이삭이다.

이후 이삭이 그랄의 목자들과 다툼을 피하기 위해 애써 판 우물을 포기하고 브엘세바로 올라왔을 때 하나님이 다시 나타나셨을 때도 똑같이 말씀하신다.

"이 땅에 거류하면 내가 너와 함께 있어 네게 복을 주고 내가 이 모든 땅을 너와 네 자손에게 주리라 내가 네 아버지 아브라함에게 맹세한 것을 이루어 네 자손을 하늘의 별과 같이 번성하게 하며 이 모든 땅을 네 자손에게 주리니 네 자손으로 말미암아 천하 만민이 복을 받으리라 이는 아브라함이 내 말을 순종하고 내 명령과 내 계명과 내 율례와 법도를 지켰음이라"(창26:2-5)

"내 종 아브라함을 위하여 내가 너와 함께 있어 네게 복을 주어 네 자손이 번성하게 하리라"(창26:24)

성서 속 이삭은 인물 묘사도 미약하고, 전승 분량도 적고, 개인으로서 존재감도 약하고, 아브라함의 아들 이삭으로서만 존재감이 있을 뿐이다. 이삭은 어머니와 아내, 두 여성에게 둘러싸여 있다. 과거 어머니 사라가 이삭의 상속권을 보호했으며, 아내 리브가는 야곱의 상속권을 보호하게 된다.

이삭의 결혼은 늙은 아브라함이 죽기 전 마지막으로 결정짓고 싶었던 가정의 큰일이었다. 신중하고 충실한 아브라함의 늙은 종 엘리에셀의 지혜로운 행동과, 여호와의 섭리와, 약속의 가족에게 합류하기 위하여 자신의 땅을 기꺼이 떠나온 리브가의 결단으로 이삭의 결혼이 이루어졌다. 결혼을 위해 이삭이 한 일은 아무것도 없다. 그의 결혼은 자신의 아들 야곱의 결혼을 위한 14년의 노동과 비교되는 걸림돌 없는 평안한, 선물과도 같은 완벽한 결혼이었다.

그럼에도 이삭은 아내를 맞이하면서도 아브라함의 종 엘리에셀이 이삭의 결혼을 위해 그가 행한 일을 이삭에게 모두 알려줬음에도(창24:66) 리브가를 인도하신 하나님의 예비하심에 대한 감사가 없다. 그저 자신에게 위로를 주는 존재로 아내를 맞을 뿐이다. 이러한 일련의 행위들이 이삭이 어떤 사람으로 성장했는지를 엿보게 한다, 이렇게 이삭은 아브라함과 야곱 사이에서, 사라와 리브가 사이에서 약한 존재감으로 살아가게 된다.

이삭은 족장 중에서 유일하게 일부일처제를 따른다. 이삭이 40세에 리브가를 아내로 맞아 20년의 긴 세월이 지났음에도 그의 아내가 임신하지 못하자, 이삭이 여호와께 간구하여 리브가가 임신하게 된다. 이 기도는 성서에 기록된 이삭이 드리는 최초의 기도로 자녀의 출산이 인간의 힘에 의한 것이 아니라 하나님께 달려있음을 보여준다.

타락한 라멕으로부터 시작된 일부다처제(창4:19)가 만연한 당시 사회에서 오직 한 아내를 둔 이삭이 리브가를 너무 사랑해서일 수도 있지만, 여러 아내를 감당할 자신이 없어서, 혹은 여러 아내로 인한 갈등의 중심에 있고 싶지 않아서 일 수도 있다. 일부일처가 하나님의 뜻에 부합된 삶이라는 의미에서 이삭의 삶이 칭찬받아 왔지만, 하나님의 뜻에 따르기 위함이라기보다 어린 시절 이스마엘로 인한 깊은 마음의 상처가 여러 아내를 두는 것에 대한 불안 요소로 작용했을 것으로 보인다.

성서에 이삭과 리브가의 부부갈등은 나타나지 않는다. 이삭이 리브가를 사랑했다고(창24:67) 설명하고 있으나, 사실 갈등 없는 부부는 없다. 그런 시점에서 생각해보면 문제가 발생하면 회피하는 우유부단한 이삭의 성품 때문에 갈등이 없어 보일 수 있다. 후일 리브가가 야곱이 장자의 축복을 받도록 속였는데도, 남편의 뜻을 거스른 리브가와 갈등은 없어 보인다. 오히려 이삭은 리브가의 조언을 받아들여 야곱을 라반의 집으로 보냄으로써 문제를 해결하는 모습이다.

이삭이 자리 잡고 사는 네게브 지방은 기근이 잦은 땅이었는데 흉년이 닥치자 그랄로 이주한다. 하나님은 이삭에게 애굽으로 가지 말고 이 땅에서 천막을 치고 접으며 아브라함에게 약속하신 땅 안에서 나그네살이를 하라고 말씀하신다(창26:2). 상식적이고 인간적인 생각을 하면 이전에 아브라함이 그랬듯 기근을 피해 풍요로운 애굽으로 가는 것이 맞는 일이다. 그러나 하나님은 이삭과 그의 가족을 자신의 특별한 섭리 안에 두신다.

아브라함이 두 번이나 자신의 아내 사라를 누이라고 했듯이 이삭도 아내를 누이라고 말하며 아비멜렉과 그의 백성을 속인다, 하나님의 돌보심을 믿지 못하고 인간적 방편을 생각했다. 아름다운 리브가 때문에 두려워하여 거짓말을 한다. 리브가의 미모가 이삭의 신부감으로는 긍정적인 요소였는데(창24:16) 외국 땅에서는 생존의 방해물이 된 것이다. 아브라함은 사라와 상의라도 했지만, 이삭은 리브가와 의논조차 하지 않는다.

아비멜렉이 이삭이 리브가를 껴안는 것을 우연히 봄으로 이삭의 거짓말이 들통나게 된다. 이삭은 아내를 누이라고 속인 자신의 거짓이 그동안 자신을 지켜주었다고 생각했겠지만, 거짓은 창을 통하여 드러났다. 이삭의 거짓에도 불구하고 하나님이 그를 지키고 보호하셨음을 아비멜렉의 말을 통하여 알 수 있다.

이삭이 그 아내 리브가를 껴안은 것은 이삭(יצחק, 이츠하크)이 애무하고 있었다(מצחק, 메짜헤크), 즉 '웃음이 웃고 있었다'(이츠하크가 메짜헤크하고 있었다)라고 해석되는 언어의 유희가 담겨있다. 아내를 누이라고 애써 거짓말하고 주의 깊지 못한 어설픈 행동으로 인해 들통난 이 사건은 이삭의 이름을 가지고 히브리식 언어유희로 풀어내어 웃음인지 비웃음인 모를 묘한 뉘앙스를 풍기고 있다.

이삭은 그랄에서 거류민 신분의 나그네살이를 하고 있었지만 안정된 삶을 유지한다. 이삭은 유목뿐 아니라 농사도 짓게 되면서 나날이 부유해진다(창26:12-14). 흉년이 자주 오는 땅에서 이렇듯 많은 수확을 얻는다는 것은 하나님의 은혜 없이는 불가능한 일이다. 애굽으로 가지 않아도 걱정 없이 살 수 있도록 하나님이 은혜를 베푸셨는데, 은혜에 은혜를 더해 100배나 수확을 얻었다고 성서는 말한다. 이것은 이삭이 애굽으로 내려가지 않고 가나안 땅에 머문 순종의 결과로 내려진 하나님의 보상이었다.

이삭은 여호와께서 복 주심으로 하는 일마다 많은 결실을 얻었고 엄청난 부자가 되었다. 거류민인 이삭이 점점 부자가 되어 많은 양과 소, 하인을 거느리게 되자 블레셋 사람들은 그를 시기하여 그의 아버지 아브라함 시대에 파 놓은 우물을 막고 흙으로 메워버렸다. 그리고 아비멜렉은 강력한 힘을 소유하게 된 이삭에게 떠나 달라고 말한다(창26:14-16). 그들은 이삭을 시기하기도 했지만, 한편으로는 두려움을 느낀 것이다. 그래서 이삭은 살던 터전을 버리고 그랄 골짜기로 가서 우물들을 다시 판다.

이삭의 종들이 골짜기에서 우물을 파다가 물이 스스로 솟아나는 샘 줄기를 찾아냈다, 이삭이 이 우물을 얻자 그 지역의 목자들은 자기들 것이라고 우긴다, 그래서 다른 곳으로 이주하여 다시 우물을 판다. 그러나 또다시 분쟁이 일어나고 세 번째 우물을 파고서야 다툼이 그친다. 그래서 그 우물의 이름은 '르호봇'(רחב, 공간)이라 짓는다. 우물에 이름을 짓는 이유는 소유권(재산권)을 확보하기 위함이다.

이삭은 억울하게 이리저리 쫓기면서도 싸움 한 번 하지 않고 양보한다. 그러나 첫 번째 우물의 이름을 '에섹'(עשק, 불공평하게 강탈당하다), 두 번째 '싯나'(שטנה, 적대감)라 이름 지은 것으로 볼 때 억울함과 불쾌함이 우물의 이름에 드러난다. 이삭이 진정한 평화주의자라서 우물을 양보한 것이라면 이름을 그렇게 짓지 않았을 것이다.

이삭이 브엘세바에 이르렀을 때 밤에 여호와께서 나타나셔서 조건 없는 축복을 약속하신다. 가는 곳마다 제단을 쌓고 여호와 이름을 부른 아버지 아브라함과 아들 야곱에 비하면 이삭이 제단을 쌓고 예배를 드렸다는 언급은 단 한 번만 나온다. 하나님과 수없이 교통하며 기도하고 대화를 나눈 아브라함과 야곱에 비하여, 이삭에 대해서는 하나님의 일방적인 통보의 말씀뿐인 것도 그의 믿음 상태를 보여 준다(창26:24).

아비멜렉은 이삭을 그랄에서 쫓아내면 이삭이 살 곳을 잃어 망하게 될 것이라고 생각했는데, 이삭이 모든 것을 극복하고 더 나은 장소를 찾아 삶이 여전히 풍요로운 것을 보고 이삭의 세력이 더 커지기 전에 계약을 해두어야겠다는 속셈으로 이삭을 찾아온다.

"여호와께서 너와 함께 계심을 우리가 분명히 보았으므로"(창26:28)

아비멜렉은 이삭에게 상호 불가침의 계약을 맺자고 요구하면서 "너는 여호와께 복을 받은 자니라"(창26:29)라고 말한다. 이들은 이삭에게 이제 우리는 당신을 여호와께 복 받은 사람이라고 부르겠다고 하면서 이삭의 복에 참여하고 있다. 이는 아브라함에게 하신 약속(창12:3)이 후손 이삭에게 실현되고 있는 것을 보여 준다. 이삭은 그들에게 잔치를 베풀고 다음 날 아침 서로 맹세한 후에 그들은 떠난다.

바로 그날 이삭의 종들이 판 우물에서 물이 나왔고 이삭은 그것을 '세바'(שבעה, 맹세)라 이름한다. 그래서 오늘날까지 그곳의 성읍 이름을 '브엘세바'(באר שבע, 맹세의 우물)라 부른다. 이삭은 우물을 두고 블레셋 사람들과의 싸움에서 진 것처럼 보였지만, 그들이 먼저 찾아와 계약을 부탁하는 승리자가 되었다, 이는 모두 하나님이 함께하심으로 받은 축복 덕분이다.

이삭은 큰아들 에서가 자기 멋대로 헷 족속의 딸들과 결혼했을 때도, 마음에 근심만 했을 뿐 구체적으로 아들을 꾸짖는 권위 있는 아버지의 모습을 보이지 못했다. 믿음 안에서 아들의 신부를 구하던 아브라함과는 달리, 이삭은 아들의 결혼에 아무런 영향력을 가지지 못한다. 세속적인 에서는 자기 눈에 좋은 대로 이방 여인과 결혼했다. 이삭 가정의 불화가 본격적으로 시작되고 있다.

"이삭은 눈이 어두워 잘 보지 못하더니 ..."(창27:1)라고 시작되는 구절은 불안감을 조성한다. 이삭은 육신의 눈뿐만 아니라 영적인 분별력까지 잃어버린 듯 보인다. 이삭은 에서의 신앙과 인간됨에는 관심이 없고 오직 장자로 태어났으니 장자의 명분은 당연하다는 생각이다. 감각적인 본능만 남은 듯한 이삭은 쇠약하여 침상에 몸을 기댄 늙은이에 불과하다. 분별력도 눈과 함께 어둠으로 사라졌다.

이삭은 자신이 어느 날 죽을지 알지 못한다고 말하며, 죽기 전에 에서가 사냥한 고기로 만든 별미를 먹고, 에서를 맘껏 축복하겠다고 말한다. 이삭의 말은 맛있는 별미를 먹기 위한 핑계 이상 그 무엇도 아니다. 아버지로서 장자 축복권을 운운하며 맛있는 먹을거리를 요구하는 것은 분별력이 없어 보인다. 왜냐하면 이후로도 이삭은 오랫동안 살며(180세) 천수를 누리다 죽었기 때문이다(창35:28). 이때 이삭의 나이가 130세로 여겨지는데 그렇다면 기운이 쇠하고 늙어서 침대에 누워 남은 50년의 세월을 보낸 것이 된다.

이삭은 에서를 편애하는데 에서를 좋아하는 건지, 에서가 사냥한 고기를 들고 오기 때문에 좋아하는 건지 의심스러울 지경이다. 흔히 맛보기 어려운 별미를 즐기고, 새끼 염소 두 마리를 혼자 먹는데 이는 혼자 먹기에는 많은 양이다. 이삭은 식탐이 많은 미식가, 대식가였다. '내가 즐기는'(אהב, 아하브)은 '내가 사랑하는'으로 해석하는 것이 옳다. 이삭의 음식 사랑함이 남녀 간의 애정에 사용되는 단어를 사용할 정도로 지나침을 알 수 있다.

한 집안의 가장이 가족들이나 아내에게 알리지 않고 편애하는 에서만 불러서 침대에 누워 장자의 축복을 하고 싶은데, 축복권 행사 전에 별미를 먹고 하겠다는 이삭의 행동은 너무나 즉흥적이고 이기적이며 단순하여 아버지로서의 위엄이나 권위는 전혀 느껴지지 않는다. 장자권에 대한 중요성, 축복권에 대한 신성함보다 더 중요한 것이 자기 입에 들어갈 별미인 것이다.

이삭은 축복권이 마치 자신으로부터 비롯된 양 착각하고 있다. 1인칭을 네 번이나 강조하면서 자신이 만족해야 축복을 해 주겠다고 하는데, 이삭의 만족할 그것은 겨우 '별미'에 불과했다. 별미와 축복권을 동일 선상에 둔 것이다. 팥죽 한 그릇에 장자권을 판 에서나 별미를 먹고 나서 맘껏 축복하겠다는 이삭의 행위는 다를 바 없다. 축복을 하고 싶어 별미를 요구하는 것인지, 별미를 먹고 싶어 축복을 핑계하는 것인지, 이삭의 성정을 짐작케 하는 대목이라 하겠다.

이삭은 어린 시절 장자권 때문에 이복형 이스마엘이 빈손으로 아브라함의 장막에서 내쳐진 사실을 잘 알고 있었을 것이다. 자신의 장자권을 지켜주기 위해 아브라함은 자신의 첫째 아들을 자기 손으로 내쫓는 아픔을 겪었는데, 그 장자에 대한 축복권의 중요성과 신성함, 엄숙함을 알고 있다면 별미를 먹고 나서 치르는 부속 행사가 아니라 장자 축복은 오히려 금식하고 몸을 정결하게 하고 경건하게 한 후 행할 일이다(창27:2-4).

부모의 편애는 사랑받지 못하는 자녀에게 상처를 남기며, 나아가 가족을 분열시킨다. 그런데 이삭은 입과 혀에 마음을 둔 편애이고, 리브가는 하나님의 신탁을 들은 자로서의 편애라는 차이점이 있다. 리브가가 야곱을 사랑하는 이유에는 어떤 단서도 붙지 않는데 이삭은 사냥한 고기가 없으면 어쩌면 에서를 사랑하지 않을 수도 있다는 말이 되므로 이삭의 사랑을 받기 위해 에서는 들로 뛰어다니며 사냥을 하고 사냥한 고기를 아버지 이삭에게 가져다 바쳤을 것이다. 부모가 자식에게 조건부 사랑을 남발하면 자식으로서는 부모의 기대에 부응하여 사랑과 관심을 사려는 인정욕구의 애달픔이 있다.

"이삭은 에서가 사냥한 고기를 좋아하므로 그를 사랑하고, 리브가는 야곱을 사랑하였더라"(창25:28)

에서가 팥죽 한 그릇 때문에 야곱에게 장자권을 넘겨준 것처럼 이삭은 맛있는 요리에 눈이 멀어 최고의 축복을 야곱에게 넘겨준다. 단지 먹을 것에 의미를 두고 자신이 지켜야 할 소중한 것들에는 의미를 두지 못한 에서와 이삭의 동질성은 이삭이 사랑하고 선택한 대상이 에서라는 점에서 이삭은 육신의 눈만이 아니라 영적인 눈까지 멀어 버렸음을 나타내고 있다. 이삭은 음식에 눈이 멀어 잘못된 축복을 야곱에게 했지만, 그 잘못된 축복이 하나님의 섭리임을 깨달아 야곱에게 두 번째 정식 축복을 할 때에는 하나님의 섭리에 따라 야곱을 축복하게 된다.

비밀스럽게 큰아들만 불러 은밀한 계획을 말하는 아버지 이삭이나, 자기가 사랑하는 아들 야곱이 축복받게 하기 위해 아버지를 속이자고 계획하는 어머니 리브가나, 서로가 대적하여 속고 속이는 이상한 가족이다. 이삭과 리브가는 서로 대화를 나누지 않는 부부가 되었음이 분명하다. 싸움을 피하는 이삭의 성품 때문이다.

'이삭이 그의 아들 에서에게'(27:5)라고 하고, '리브가가 그의 아들 야곱에게'(27:6)라고 말한다. 리브가는 이삭을 "네 아버지"라 하고, 에서를 "네 형"이라고 지칭하며(창27:6), 야곱에게만 "내 아들"이라고 부른다(창27:8). 부모의 편애는 형제를 경쟁으로 내몬다.

성서는 이삭의 이 모든 행위를 "그가 눈이 어두웠다"(창27:1)고 말한다. 육신의 눈뿐만 아니라 영적인 눈도 어두웠다. 그럼에도 불구하고 하나님은 눈이 어두운 이삭을 사용하신다. 오직 하나님이 선택한 이삭만이 여호와의 이름으로 다음 세대에 축복을 전할 권리를 주셨기 때문이다. 이삭은 장자 축복에 대해 하나님께 질문하지 않는다. 하나님의 뜻이 무엇인지도 묻지 않았다. 하나님도 말씀해 주시지 않으셨다. 이것은 하나님과의 교통의 단절을 의미한다.

이삭은 속이는 자 야곱의 염소 고기를 먹고 야곱을 축복해 버린 후, 에서가 사냥한 고기로 별미를 만들어 들어왔을 때 크게 당황하나 이내 포기해 버린다. 에서의 통곡에도 안타까움이나 슬퍼하는 기색이 없다. 눈이 어두운 자신의 잘못이 아니라 작정하고 속인 아우 잘못이라는 변명만 한다(창27:35).

야곱이 형 에서의 장자의 명분을 팥죽 한 그릇에 사고 눈 어두운 아버지를 속여 축복권을 강탈하는 모습에서 보이는 분명한 것은 축복과 장자권은 분리될 수 없는 한 쌍의 쌍둥이와 같은 것이라는 사실이다.

아담은 선악과를, 노아는 포도주를, 이삭은 사냥한 고기를 탐함으로 실패한 모습을 보인다. 사냥에서 돌아온 에서는 그 상황을 알고 대성통곡을 하지만 이제 돌이킬 수 없는 일이다.

아버지로서 이삭은 장자의 축복도 제대로 전달 못 하는 눈먼 장님과도 같다. 불순한 동기와 의도를 가지고 자식을 편애하며, 둔하고 어리석으며 의심이 가도 곧 잊고, 자신의 판단에 확신도 없어서 진실을 밝히기조차 귀찮아하는 듯 보인다.

이러한 이삭의 이상 행동이나 성격은, 모리아 사건 이후 외상 후 스트레스 장애 후유증으로 인해 야기된 것으로 보인다. 예측하기 힘든 행동(갑자기 별미를 먹고 축복하겠다는 것), 대인 관계의 어려움(그랄의 목자들과 다툼을 피하려 우물을 포기), 감정 자각 능력 둔화(에서의 울부짖음에도 감정표현이 없음), 친밀 관계의 어려움(편애하는 왜곡된 가족 관계), 기억과 정신 집중의 어려움(에서, 야곱을 구분하지 못함) 등이 보인다.

지금까지 살펴본 이삭의 생애는 아버지 아브라함 때문에 축복을 누리며 아름다운 아내까지 얻어 평안하고 행복한 인생을 산 것처럼 보인다. 모리아 사건에서의 순종, "여호와 하나님이 함께하심을 우리가 분명히 보았다"는 이방인들의 고백, 가장 긴 수명을 산 것은 족장 가운데 가장 큰 축복을 받은 것으로 이해된다.

그러나 이삭의 인생에서 하나님을 향한 감사와 하나님과 함께한 교통은 느껴지지 않는다. 하나님께 거저 받은 복과 은혜를 누리고 살면서도 마치 당연한 것을 누리며 사는 듯 보인다. 모든 시선은 이삭 자기 자신에게로만 향해 있고 하나님께 드린 제사는 단 한 번만 기록되어 있을 뿐이다.

맛있는 먹을거리에 대한 추구와 탐심은 풍요로운 현대에 발생한 일이 아님을 이삭을 통하여 알 수 있다. 소위 맛집이라 소문난 식당에 몇 시간씩 줄을 서서 기어이 그 맛난 것을 입에 넣고 말겠다는 식탐이 우리에게 포기하게끔 만드는 것은 시간과 돈, 뿐만아니라 미처 깨닫지 못한 소중한 그 무엇일 수 있다. 무엇인가를 얻기 위해서는 다른 무엇인가를 내놓아야만 한다는 평범한 진리를 내 입에 즐거운 먹을 것을 넣기 위해 소모하고 있다면 자신의 삶을 다시금 돌아보아야 할 일이다. 겨우 먹을거리에 인생의 소중한 가치를 소홀히 여겼다고 에서나 이삭을 비웃지만, 우리에게 그럴 자격이 있는지 생각해 보아야 한다.

몸이 불편하여 걸어 다니지도 못하고 침상에 길게 누워 오감의 모든 것은 흐릿해진 채 단지 미각만 살아있어 먹을 것으로 입의 즐거움만을 추구하고 있는 이삭은 삶의 희망이나 기쁨이 상실된 모습으로 그의 이름인 웃음이 사라진 삶이다. 먹는 것만이 이삭에게 웃음을 주는 유일한 수단으로 남아있다. 우리는 살기 위해 먹어야지 먹기 위해 살아서는 안 된다. 먹는 일이 삶의 우선순위가 된다면 우리 삶은 눈뜬장님과 같아질 것이다.

이삭에겐 하나님과의 사이에 별미라는 먹을거리가 눈을 가리고 있다, 우리의 삶에 하나님과 직접적인 소통을 방해하며 놓여 있는 것은 무엇인가? 하나님과 우리 사이에는 그 무엇이 있어서는 안 된다. 우리는 하나님과 직접 교통해야 한다. 내 삶이 나 자신에게만 관심이 집중되어 있고, 나의 웃음만 중요하게 여긴다면 하나님과 나는 단절될 것이다.

야곱이 기나긴 타향살이 후 고향으로 돌아왔을 때 이삭의 나이는 180세였다. 장자권 강탈 후 야곱이 떠날 때 야곱과 에서로 순서가 바뀌었는데, 이삭의 죽음을 말하면서 에서와 야곱으로 다시 순서가 바뀐다(창35:29). 이삭이 사랑한 아들 에서이기 때문인지 이삭에겐 에서가 여전히 장자여서인지 알 수 없으나 성서가 그렇게 기록하고 있다.

이삭은 입으로 사냥한 짐승의 고기를 탐하고 눈으로는 하나님의 주도하심을 인식하지 못하고 고령의 나이에는 주로 앉거나 누워 지내며 완고하여 가족 간의 불화를 주도적으로 해결하지 않으며 자신의 욕구에서 벗어난 하나님의 계획에 복종하려 하지 않았다. 이삭의 삶이 성서 안에 여백으로 가득한 이유는 믿음을 간직하지 못한 그의 실패를 반영한 것일 수 있다.

이삭의 가족은 하나님의 계획을 성취하는 과정에서 이기적이고 자기중심적인 행동으로 믿음과 실패를 반복한다. 오류투성이인 자신의 감각에 의존하여 잘못된 판단을 내리는 이삭, 지배권을 행사하고 속임수를 쓰면서도 죄책감이 없는 리브가, 남을 속이고 신성모독의 거짓말을 하는 야곱, 이들이 하나님의 계획을 이루는 사람들이란 사실은 아이러니하면서도 위로가 된다. 이렇게 허물 많은 사람들에게 하나님의 주권적 은혜를 베푸시며 궁극적으로 하나님의 선한 목적을 이루어 가시는 놀라운 역사에 감사할 뿐이다. 성서는 믿음의 남녀영웅들의 죄를 각색하거나 숨기지 않는다. 인간적으로 부족한 그들의 믿음의 행보를 사실적으로 드러내며 오늘날 우리의 믿음 없음을 위로한다.

믿음의 조상들이라 불리는 그들의 믿음은 여러 가지 모양으로 나타나는데, 아브라함은 하나님의 법도를 지킴으로 자신의 믿음을 보였고, 이삭은 하나님 뜻을 기꺼이 받아들임으로써 자신의 믿음을 증명한다. 그러나 그들이 늘 완벽한 믿음의 본을 보이기만 한 것은 아니다. 실패를 거듭하면서도 자괴감이나 자책에 빠져 파멸하지 않고, 다시 일어섬으로 그들의 믿음은 성숙해져 갔다.

이삭, 리브가, 에서, 야곱의 삶을 보아도 알 수 있듯이 믿음의 자녀들이 간절히 원하는 축복은 만사형통의 도깨비방망이와 같은 것이 아니다. 축복은 내 주변의 적대적인 모든 것들이 사라지고, 모든 사람들이 나를 사랑하고, 나를 힘들게 하는 요소들은 없어져 아무런 걱정과 위협이 없는 평안의 상태를 말하는 것이 아니다. 축복은 하나님의 나라를 확장하고 그 통로로 쓰임 받는 삶이다. 하나님은 우리의 변화를 기다리시며 하나님께 더 의지하기를 원하신다.

이삭은 태어나기 전부터, 그의 잉태됨에도, 모리아 산의 제단 위에서도, 축복과 약속의 한가운데 있었다. 이삭이 야곱에게 준 축복은 하나님이 아브라함에게 주신 것이고 오늘날 우리에게 계승된 축복이다. 우리는 다음 세대로 이 축복을 계승해야 한다. 그리하여 믿음으로 복의 근원이 되며 축복의 통로가 되어야 할 것이다.

3단원 야곱 이야기 (창 25:19-36:43)

15강 야곱 1 (창 25-27장)

쌍둥이 형제간의 갈등 (창 25:19-34)

이삭은 40세에 리브가와 혼인했지만 20년 동안 아이가 없었다. 그러자 이삭이 임신하지 못하는 아내를 위해 하나님께 기도했고 드디어 그의 나이 60세에 에서와 야곱 쌍둥이를 얻게 된다. 에서와 야곱은 이삭의 인내 어린 기도에 대한 응답이었으며 리브가에겐 고통스러운 임신의 열매였다.

아이들이 어머니 리브가의 태 속에서 서로 싸우고 있었다(창25:22). '싸우는지라'의 '라차츠'(רצץ)는 '압박하다', '깨뜨리다'는 의미로 본문에서는 '서로 요동하다'라는 번역이 적합하다. 성서의 다른 곳엔 '두개골을 부수다'(삿9:53), '머리를 부수다'(시74:14), 또는 '갈대 지팡이가 부러지는 것'(사36:6)을 나타낼 때도 사용됐다. 뱃속부터 시작된 쌍둥이의 싸움이 아주 생생하게 묘사됨으로 임산부 리브가가 얼마나 고통스러웠는지 짐작케 한다. 그녀는 정상적인 태아의 운동 이상의 요동으로 인하여 놀란 것이다. 야곱과 에서가 함께 있기에는 어떤 공간도 너무 협소할 뿐이었고, 첫 번째 전쟁터는 그들의 어머니 뱃속이었다.

형 에서(עשו, 에사우)는 '털이 많은', '거친'이란 의미로 그 이름의 뜻대로 몸에 털이 많아서 마치 털옷을 껴입은 사람처럼 보였다. 안색이 붉고 머리, 팔에 털이 많은 에서는 혈기 왕성한 그의 성격과 조화를 이루는 외모였다(창25:25).

동생 야곱은 그의 한 손으로 형의 발꿈치를 잡고 태어난다. 야곱(יעקב, 야아콥)은 '발꿈치를 잡다', '속이다', '불의로 남의 뒤를 치다', '속이다', '거짓되다'(렘9:3; 17:9) 등의 뜻을 가지고 있는 '발꿈치'(עקב, 야코브)에서 유래한 이름으로, 그의 삶은 한마디로 움켜쥐는 삶이었다. 사실 두 아들 모두 자신의 이름과 같은 모습으로 살아가는 삶의 모습을 보임으로 결코 칭찬할 만한 인생은 아니었다. 성서에는 가인과 아벨, 이스마엘과 이삭, 요셉과 그의 형제들 등 형제간의 갈등과 시기, 질투를 자주 그리고 있다. 그중 쌍둥이 형제인 야곱과 에서의 다툼은 창세기 안에서 대표적인 형제의 싸움이었다.

> "후에 나온 아우는 손으로 에서의 발꿈치(עקב)를 잡았으므로 그 이름을 야곱(יעקב)이라 하였으며 ..."(창25:26)

하루 종일 장막에 머물러 있던 야곱은 하루 종일 들판을 뛰어다니는 에서의 모습과 큰 대조를 이룬다. 장막이 여성의 세계로 상징되는 어머니의 영향력 밑에서 산다는 의미라면 들판은 남성의 세계로 상징되는 아버지의 영향력 아래 산다는 의미로 볼 수 있다(창25:27).

이삭은 수동적이며 소극적이고 갈등을 피하는 자신의 약점과 반대되는 성향의 에서를 편애했다. 사실 자신과 비슷한 기질을 보이는 야곱 대신에 자신과 반대되는 성격을 가진 에서를 통해 대리 만족한 것이다. '사냥한 고기'는 '그의 입안에 있는 사냥물'로 해석되는데, 이삭은 그의 입안에 놓인 사냥한 고기에 맛을 들여 에서를 더 사랑했다. 이 편애는 에서가 이삭의 입맛을 맞춰주었기 때문이다.

> "이삭은 에서가 사냥한 고기를 좋아하므로 그를 사랑하고 리브가는 야곱을 사랑하였더라"(창25:28)

에서는 온종일 사냥하느라 산과 들을 헤매다 돌아와서 몹시 피곤하고 시장했다. 그때 마침 야곱이 팥죽을 쑤었는데 에서가 그 팥죽을 좀 달라고 한다. "내게 먹게 하라"는 '나로 들이키게 하라', '삼키게 하라'는 표현으로 이 말은 거칠고 동물적인 탐욕을 드러내는 왕성한 식욕을 말한다. '붉은 것'이라고 부른 것은 팥죽의 이름을 몰랐기 때문이라기보다 야성적이고 남성미 넘치는 에서의 말은 음식 이름 따윈 관심 밖이었음을 나타내는 표현으로 보인다(창25:30).

팥죽은 팥을 물에 불리고 삶은 후 다시 물과 팥을 넣어 아주 오랜 시간 끓여야 완성되는 음식이다. 막 끓인 팥죽은 쉽게 식지 않아 무척 뜨겁다. 뜨거운 팥죽을 바로 먹으면 식도를 다칠 수 있기에 에서가 급히 들이키기에는 적합지 않은 음식이다. 지금 끓고 있는 뜨거운 팥죽은 절대 쉽게 빠른 속도로 먹을 수 없는데, 에서는 그 팥죽을 벌컥 벌컥 들이키게 달라고 요구하고 있다.

팥죽을 끓이고 있는 야곱은 오랜 시간 천천히 저으며 끓여야 하는 팥죽처럼 장자권에 대한 욕심을 오랜 시간 집요하게 가지고 있었다. 속은 무척 뜨겁지만 겉은 고요해 보이는 팥죽처럼 야곱은 자신의 욕심을 드러내지 않고 조용히 때를 기다리고 있었다. 끓고 있는 팥죽은 어머니 뱃속에서부터 치열하게 싸운 쌍둥이의 관계를 말하는 듯하다.

장자권은 먼 미래의 이야기고 지금은 배가 고프니 눈에 보이는 팥죽 한 그릇이 장자의 명분보다 더 소중하다는 에서의 태도는 미성숙하고 단순한 모습이다. 젊은 나이에 온종일 뛰어다니느라 허기져 눈에 보이는 것이 없었겠지만, 단지 배가 고플 뿐이지 굶어 죽을 정도는 아님에도 참을성 없이 과장된 그의 표현은 바로 앞에 있는 팥죽에 눈이 멀어 미래를 대비하지 못하는 눈뜬 장님과 같은 모습이다. 다른 한편으론 장자권이 그렇게 간단하게 매매할 수 있는 성격의 것이 아니기 때문에, 야곱이 아무리 달라고 한들 결코 장자권이 야곱에게 넘어가는 일은 없을 것이라고 단순하게 생각했을 것이다.

에서가 배가 고파 죽을 것 같다고 호들갑을 떨지만, 어머니 리브가를 비롯해 어떤 종들도 에서를 챙기기 위해 등장하지 않는다. 장자이긴 하지만 집안에서 대접을 받지 못한 에서가 아니었을까? 급한 성미를 스스로 다스리지 못하고 눈앞에 보이는 당장의 이권에만 눈이 멀어 자존심도 없이 동생에게 놀아나는 에서의 모습은 야곱 또한 평상시 그를 무시하고 만만하고 우습게보고 있었기에, 감히 팥죽 한 그릇에 장자권을 거론할 수 있었던 것이다.

팥죽 한 그릇을 요구하는 에서에게 야곱은 '장자의 명분을 오늘 내게 팔라'고 말한다. 장자의 명분은 '첫 열매를 맺다', '태를 열다'는 뜻의 바카라 (בכר)에서 유래하여 문자적으로 '처음 난 것'(신14:23; 느10:36)이란 의미를 갖는다. '당장 나에게'라는 강조형을 사용하여 형의 장자권을 고작 팥죽 한 그릇에 팔라고 요구하는 야곱, 더구나 맹세(창25:33)까지 요구하는 모습을 보면 그의 철두철미 하고 야비한 성품이 더욱 드러난다.

야곱은 장자 명분의 탈취에 대해서 치밀한 준비를 하며 호시탐탐 기회를 노리고 있었음이 분명하다. 오늘 내게 맹세하라는 직설적이며 차갑고 철저히 계산된 표현 속엔 장자 명분을 단숨에 확정하고 말겠다는 야곱의 열망이 숨겨져 있다.

야곱이 자신의 요구를 진술하는 방식은, 그것이 오랫동안 준비되어 있던 것이며 형의 약점이 드러나는 순간을 가차 없이 이용하고 있음을 암시한다. "오늘 내게 맹세하라"라는 야곱의 퉁명스러운 세 마디 대답은 그가 형의 어리석음을 이용하기로 마음먹고 있었다는, 냉정하고 계산적인 모습을 확인시켜 준다.

"야곱이 이르되 오늘 내게 맹세하라 에서가 맹세하고 장자의 명분을 야곱에게 판지라"(창25:33).

이렇게 맹세까지 받아내며 장자의 명분을 샀지만, 장자의 명분이 완전히 자기 것이 된 것은 아니다. 맏아들의 위치가 그 순간부터 바뀐 것도 아니고, 이삭의 사랑과 축복을 받아낸 것도 아니다. 정작 팥죽 사건으로 야곱이 실제로 얻은 것은 하나도 없지만, 앞으로 이 둘 사이에서 일어날 장자의 명분으로 인한 분쟁을 짐작하게 한다. 팥죽 사건은 야곱의 장자 상속권에 대한 집념이 얼마나 큰지, 반대로 장자권을 대수롭지 않게 여기는 에서의 경망함을 볼 수 있다.

"야곱이 떡과 팥죽을 에서에게 주매 에서가 먹으며 마시고 일어나 갔으니 에서가 장자의 명분을 가볍게 여김이었더라"(창25:34)

성미가 급하고 참을성 없는 에서는 정신없이 음식을 먹어치운다 "먹으며, 마시며, 일어나 갔으니"(창25:34). 맛을 음미하며 즐기기보다 후다닥 먹어치우며 허기 없애는 것에만 급급하여 자신의 행동에 생각할 여지를 두지 않는 단순하고 성급한 모습이다. 순식간에 배를 채운 후 에서는 겨우 팥죽 한 그 릇에 장자의 명분을 팔았다는 사실도 곧 잊어버렸다.

성서는 이 장면에서 야곱에 대한 논평이 없다. 두 민족을 이룰 쌍둥이의 삶 은 두 사람의 다른 기질을 드러내며 파란만장한 앞날을 예고한다. 하나님으 로부터 주어진 장자권을 한낱 음식 한 그릇과 바꾸어 버리는 에서의 행위는 장자 축복에 대한 모독이다. 히브리서에는 에서의 행위를 속되고 불경건한 '망령된 자'라고 말한다.

"한 그릇 음식을 위하여 장자의 명분을 판 에서와 같이 망령된 자가 없도록 살피 라"(히12:16)

에서는 자신의 장자의 명분과 하나님을 경홀히 여겼기에 야곱과 자신의 위 치를 바꾸지 않으면 안 되는 상황으로 전개된다. 생명만큼이나 고귀한 것으 로 취급받던 장자의 명분을 장난스럽게 농담하듯 다룬 에서의 경박함은 그 에게 바른 인생관과 하나님에 대한 올바른 인식이 없었기 때문에 발생한 일 이었다.

에서와는 달리 야곱은 장자권의 우월성이나 존귀함을 잘 알고 있었다. 사 실 하나님의 계획 속에 야곱이 장자권을 받도록 이미 예정되어 있었다. 그러 나 하나님의 때를 기다리지 못하고 간교하고 인간적인 방법을 강행했다. 속 여서라도 축복권을 강탈하겠다는 계획이었다. 야곱은 자기 형의 긴박한 상황 을 이용하는 계산적이고 야비한 심성의 소유자였다. 야곱은 야망의 사람으 로 '축복'에 대한 열망이 가득했다. 축복을 받기 위한 처절한 투쟁이 야곱의 삶을 지배하고 있다

이스라엘에서 장자는 특별히 귀히 여김을 받아 아버지의 능력의 첫 열매로 여겨졌고(창49:3), 하나님께 바쳐졌다(출22:28). 차남에겐 아무런 관심도 갖지 않았던 것에 비해 장자는 아버지의 권위를 공식적으로 승계받고 사회적 으로도 한 가문의 대표자로 인정받고 사람들의 관심과 사랑도 독차지했다. 다른 형제들에 비해 유산도 두 배를 받았다(신21:17). 장자권(בכרה, 베코라)

이란 단어가 창세기의 중심 주제인 축복(ברכה, 베레카)의 철자순서만 바꾼 것이라는 점 또한 의미심장하다. 야곱이 에서의 발꿈치를 잡고 태어난 것은 장남 중심의 사회에서 절대로 차남으로 태어나고 싶지 않다는 집념을 드러내는 행위였다.

하나님의 선택은 우리에게 소망을 준다. 세상의 관습이 허용하는 범위 내에서 장자권이 뒤바뀔 확률은 없다. 그러나 하나님의 세상에서는 세상의 관습을 벗어난 놀라운 일들이 일어난다. 공평함, 신적 약속, 교훈적 목적으로도 장자권 역전의 이야기는 설명되지 않는다. 오직 하나님의 세계를 특정 짓는 놀라운 개방성과 하나님의 주권적 은혜와 자비가 가능케 한 역사다. 그러므로 우리 모두에게는 가능성이 열려있다. 하나님의 세계 속에서는 세상의 방식대로 우리를 규정할 필요가 없기 때문이다.

에서가 장자의 권리를 경시한 것처럼 오늘날 많은 그리스도인들도 하나님께서 그들에게 내리시는 영적 특권에 대해서 같은 태도를 보인다. 현재에 사로잡혀 미래를 생각하지 못하고 육체의 욕심에 따라 양심의 소리를 외면한다. 영적인 일보다 물질적인 일을, 천국보다는 세상을, 영원보다는 지금을 더 소중히 여긴다.

영적 권리는 험한 세상에서 하나님이 함께하시며 대신 싸워 주시는 강력한 힘이다. 영적 권리는 그리스도인으로서의 은혜와 특권이다. 그러나 그것을 깨닫지 못하는 이들은 눈에 보이는 아주 조그만 유혹에도 그 특권을 포기한다. 영적 권리는 예배에서 강화된다. 예배는 그리스도인의 의무일 뿐 아니라 은혜와 특권이다.

예배드리러 나선 주일 오전에 예배드리러 갈 것인가 말 것인가 망설이며 저울질하고 있는 자신을 발견한다. 이미 세상으로 기울어버린 유혹에 넘어간 마음이다. 예배를 자기 마음대로 할 수 있는 어떤 모임 정도로 생각하기 때문에 발생한 망설임이다. 예배는 의무이지 선택사항이 아니다. 예배를 통해 하나님께 대한 의무를 다하고 우리는 영적 특권을 누리는 것이다. 세상적으로 좀 더 쓸모 있다고 느껴지는 일, 이익을 창출하는 일, 감각을 기쁘게 해주거나 정신적 만족을 세상 것으로 채우려는 선택을 하는 순간 하나님과의 거룩한 교제는 사라져 버린다.

영적 특권을 통한 하나님의 은총을 야곱이 장자권을 사모하듯 해야 한다. 교회 가서 예배드릴 시간이 없을 정도로 바쁘다면 붉은 것을 입에 털어 넣으며 바쁘게 일어서는 에서와 다름없는 삶을 살고 있는 것이다. 야곱이 장자의 명분을 사모했듯이 우리는 그리스도인의 영적 특권을 사모하며 살아가야 한다.

형의 발꿈치를 움켜잡은 자 (창 27:11-30)

야곱의 이름의 뜻은 '움켜잡다'로 형의 발꿈치를 움켜잡고 태어난 자이다, 이는 자신의 출생의 억울함을 표현하는 말이다.

"야곱은 조용한 사람이었으므로 장막에 거주하니"(창25:27)

'조용한'(רָם, 탐)은 '얌전하다'는 뜻이 아니라 '흠이 없는', '완전하다'는 뜻으로 야살의 책에서는 '하나님의 말씀을 듣고 행하여 하나님이 보시기에 흠이 없고 완전한 자'(창17:1; 욥1:1)로 기록하고 있다. 또한 장막에 거한다는 것도 장막 안에서 부모로부터 하나님의 말씀을 배운다는 것으로 해석한다.

"야곱은 온전하고 지혜로운 자로 장막 안에 거하며 양 떼를 먹이고 주의 교훈과 그의 아버지와 어머니의 명령을 배웠다"(야살의 책26:11)

그러나 야곱의 성품에 대한 묘사는 에서와 반대되는 직업을 표현하기 위해 쓴 상대적 표현으로 보인다. 팥죽을 끓이거나 새끼 염소 두 마리를 가져오는 일에 익숙한 것으로 보아 집 안에서 요리를 하고 가축들을 돌보며 지냈을 것이다.

그러나 장막에 머물렀다고 해서 유약하거나 소심한 사람은 아니었다. 후에 라반의 집으로 갔을 때 하란 우물가에서 돌로 된 우물 뚜껑을 혼자 굴려 낼 만큼 튼튼했고(창29:10), 20년 양치기 생활 동안 한낮의 폭염과 한밤의 추위를 견딜 만큼 건강했고(창31:40, 41), 얍복강에서 만난 어떤 남자와 밤새 씨름할 만큼 강건했다(창32:25).

성서는 노골적인 부모의 편애를 말한다. 부모의 자녀 편애는 자녀들 간의 큰 갈등을 불러일으켜서, 한 자녀에 대한 편애는 다른 자녀의 질투를 낳는다. 자녀들은 부모의 애정과 인정을 더 받고 싶어서 싸운다. 사냥한 고기를 좋아하는 이삭을 위해 사냥에서 돌아와 위세를 떨며 음식을 찾는 에서를 보고 야곱은 마음이 상했고 그 모습이 보기 싫었을 것이다.

"이삭은 에서가 사냥한 고기를 좋아하므로 그를 사랑하고 리브가는 야곱을 사랑하였더라"(25:28)

팥죽이라는 이름이 있는 음식을 '그 붉은 것'이라고 에서가 얕잡아 표현한 것은, 자신이 다녀온 사냥은 남자답고 우월하며 아버지가 좋아하는 일이고, 야곱이 정성스레 수고해서 끓인 팥죽은 하찮게 여기며 무시하고 홀대하는 것이다.

이삭과 에서의 사냥과 축복 이야기를 엿들은 리브가가 장자권 탈취계획을 이야기하며 야곱을 설득하자 그는 겁을 먹는다(창27:12). 그러나 야곱은 양심의 가책이란 전혀 없는 비열한 태도로 들키지만 않는다면 괜찮고, 들키면 아버지 눈에 속이는 자로 보인다는 발상이다. 장자의 축복 기도가 끝나자 야곱은 장자의 명분이 뒤바뀐 순간 한 치의 주저함도 없이 거짓말을 늘어놓는다. 아버지를 속여 거짓이 탄로 날까 봐 겁을 먹었다는 이야기만 있을 뿐이지 자신의 거짓에 대해 부끄러워하거나 죄스러워했다는 기록도 없다.

야곱은 자신의 신분을 형으로 둔갑시키고, 염소 고기를 사냥한 고기로 속이면서 온갖 거짓으로 무장하고 아버지 앞에 나아가 축복을 원한다. 하나님의 이름을 팔면서까지 거짓말하는 야곱이다. 앞서 야곱이 형으로 변장하는 것을 주저했지만 지금은 전심을 다해 형의 역할에 자신을 던지고 있다. 자신의 목소리가 발각될 수 있음을 깨닫고 가능한 한 말도 적게 한다.

눈이 어두운 이삭은 시각으로 확인되지 않자 촉각을 사용한다. 이삭에게 에서는 사냥꾼의 땀 냄새 나는 체취, 털이 수북한 몸뚱이로 기억되었다. 그렇게 사랑하고 편애하던 에서라면 아버지와 아들 사이에 둘만이 아는 비밀신호가 있을 법하지만 그런 것은 보이지 않는다.

이삭은 의심스러워 세 번 확인하고 이에 야곱은 세 번 거짓말한다. 자신을 에서라고 칭한 것, 아버지께서 명령하신 대로 했다는 것, 자기가 사냥했다는 것이다. 에서인척 하고 있는 야곱은 아버지가 목소리를 의심하고 체취를 맡고 그래도 의심해서 질문하는 아버지 앞에서 숨쉬기 힘들 만큼 초조하고 불안했을 것이다.

눈이 어두운 이삭은 옷의 향취를 맡으며 후각으로 검증 작업을 거친다. 시각, 청각, 촉각, 후각, 인간이 사물을 분별하는 네 가지 감각을 모두 사용했지만 그는 알아차리지 못했다.

야곱은 형의 발꿈치를 움켜쥔 그 손으로 드디어 장자의 축복권을 움켜쥔 것이다. 아버지의 목소리, 아버지의 어루만짐, 아버지의 입맞춤, 아버지의 축복. 정상적인 방법으로는 야곱이 결코 받을 수 없는 것들, 이 모든 것들을 속임수를 통해 맛본 야곱이었다. 그러나 그 대가는 혹독해서 20년간이나 고향을 떠나 살아야 했고 다시는 사랑하는 어머니를 보지 못한다.

우리는 야곱의 축복권 쟁취를 통해 영적인 목적을 얻기 위해 세속적인 수단을 사용해도 되는가에 대한 의문을 갖는다. 하나님은 일의 성취를 위해 그릇된 방법을 허락하시지 않으신다. 목적이 수단을 정당화할 수 없기 때문이다.

성서는 야곱이 계략과 속임수를 써서 축복을 받아낸 것을 말하려는 것이 아니다. 하나님은 야곱의 부족함을 아셨지만 그를 선택하여 하나님의 절대적 주권 속에서 하나님의 하나님 되심을 드러내기 위한 통로로 사용하셨다. 에서든 야곱이든 하나님께 복 받을 자격을 갖춘 사람은 없다. 인간의 노력으로 성급히 하나님의 뜻을 성취시키려 한 인물은 리브가나 야곱 뿐만 아니라 성서의 많은 사람들이 저지른 일이다. 하나님의 축복은 인간적인 노력을 통해서 완성되는 것이 아니다.

아브라함에게 주어진 참된 축복의 약속은 태어날 아들 그 자체가 아니라, 아들을 낳을 것이라는 그 약속이 반드시 지켜질 것이며, 하나님은 그 약속을 반드시 지키시는 분이라는 사실이다. 하나님께선 반드시 당신의 방법대로 그 말씀을 이루실 것이다.

실제로 야곱은 장자의 축복을 갈취했음에도 아버지의 재산을 하나도 물려받지 못했다. 축복을 받은 이후 고통스러운 삶이 그를 기다리고 있었다. 아버지의 집에서 쫓겨나야 했고, 외삼촌 라반의 집에서 무보수로 착취당해야 했으며, 라헬을 얻기 위해 수고한 시간도 헛되게 첫날밤 신부가 바뀜으로 고통을 겪었고, 귀향길에서 만난 어떤 남자와의 씨름으로 절름발이가 됐고, 사랑하는 아내 라헬을 길거리에 묻어야 했다.

또한, 난폭하고 무분별한 자식들로 인해 끊임없는 걱정과 근심 속에 살아야 했으며, 자신의 하나뿐인 딸은 강간당했고, 그 일로 인해 자식들이 세겜 남자들을 대량 학살하는 바람에 주변 가나안 족속의 복수를 두려워하며 살아야 했다. 장남 르우벤이 그의 첩 빌하를 취하는 패륜을 겪어야 했고, 열 명의 아들들이 작당해서 사랑하던 아들 요셉을 팔아버려 죽음보다 못한 고독한 세월을 보냈으며, 노년기에는 혹독한 흉년으로 인해 낯선 땅으로 이주해야만 했다.

이렇게 야곱은 숱한 시련을 통해서 다듬어져 갔다. 슬픔과 고통, 시련과 인내로 가득한 삶을 보내면서 하나님의 선택된 자로 단련되어갔다. 그의 인생을 보면 축복은 고난을 겸하여 받는 것으로 보인다.

우리 역시 야곱과 같다. 하나님의 뜻에 미치지 못하는 행동과 생각을 하지만 하나님은 그것을 아시면서도 우리를 사용하신다는 것을 기억해야 한다. 때문에, 날마다 겸손히 무릎 꿇고 하나님 앞에 나아가야 한다.

축복은 우리가 원하는 것을 갈망할 때 채워지는 것이 아니라 우리가 원하는 것을 포기할 때 비로소 채워진다. 우리의 현재를 바라보며 욕심을 내다보면 무엇 하나 성에 차지 않는다. 평생을 하나님을 믿으면서도 남들과 비교하는 불평이 사라지지 않는다면, 우리의 믿음은 헛된 것이다. 내 능력으로 사는 것이 아니라 하나님이 살게 하셨다는 고백을 드릴 수 있는 삶을 살아야 한다. 그것이 은혜요, 축복이다.

야곱이 받은 두 번의 축복 (창 27:27-30)

이삭은 두 번 야곱을 축복하게 된다. 첫 번째는 에서로 착각해서 한 축복이고, 두 번째는 야곱을 제대로 알고 한 축복이다.

먼저 이삭은 땅의 풍요로움을 축복해 준다. 가나안 땅에서는 비뿐만 아니라 새벽에 내리는 이슬도 중요했다. 적절한 이슬이 내리지 않으면 비가 오지 않을 때처럼 흉년이 들기 때문이다. 곡식과 포도주는 잔치를 상징하는 단어로 풍요로운 삶을 빌어 주고 있다.

첫 번째 축복에서 야곱을 아들이라 부른 적이 없는 이삭이 '내 아들'이란 호칭을 사용한 것은 야곱을 에서로 오해했기 때문이다. 에서의 향취는 들판의 향취여야 하는데 이삭은 자신도 모르게 밭의 향취라고 축복한다. 축복의 내용도 농사꾼에게 어울린다.

"내 아들의 향취는 여호와께서 복 주신 밭의 향취로다"(창27:27)
"하나님은 하늘의 이슬과 땅의 기름짐이며 풍성한 곡식과 포도주를 네게 주시기를 원하노라"(창27:28)

가나안 지역에서 이슬은 식물 생존에 절대적으로 필요했기에 하나님의 축복으로 간주되었다(신33:28). 토지의 비옥함은 풍성한 곡식과 포도주로 이어져 풍요롭고 안정된 생활을 의미한다. 축복의 내용이 사냥꾼 에서와는 전혀 어울리지 않고 농부를 향한 축복으로 이삭은 자신도 모르게 야곱을 축복하고 있었던 것이다.

세상의 밭을 보면 척박한 밭, 비옥한 밭, 씨앗을 심어도 열매를 내지 못하는 밭도 있다. 하나님이 복 주신 밭은 씨앗을 심으면 잘 자라고 열매를 맺는 좋은 밭이다. 하나님은 좋은 씨앗을 야곱의 마음 밭에 심으시길 원하셨다. 땅을 기름지게 하시기 위해 때를 따라 비와 이슬과 햇빛을 공급하시며 택함 받은 약속의 자녀로서 하나님의 기름진 축복을 누리는 생활을 하게 되리라는 축복의 기원이다.

이어서 정치와 군사적인 주권을 축복해 준다. 이 통치권의 범위는 야곱의 형제와 그의 자손들에게 제한된 것이 아니라 온 세상을 포함하고 있다. 가나안 땅의 실질적인 주인이 될 것과 근방의 여러족속들에게 절대적인 영향력을 행사할 것을 예언한다(창27:29).

이 첫 번째 축복의 주체는 온통 이삭에게 쏠려 있다. 내가, 내게로, 내가, 내 마음껏(27:4). 후에 자기도 축복해 달라며 울며 매달리는 에서에게도 축복의 주체가 이삭 자신임을 말하고 있다. '내가 그를 너의 주로', '내가 그에게'라는 표현에서 알 수 있듯이 '여호와께서', '여호와의 이름으로', '여호와 앞에'란 선언이 없다.

이것이 야곱이 강탈해서 빼앗은 첫 번째 축복이다. 축복을 가로채서 빠른 걸음으로 이삭의 장막을 빠져나오는 야곱의 음흉한 미소가 보이는 듯하다. 아버지를 속이며 마음을 졸이면서 받아낸 축복은 그래도 만족스러운 내용이 많았다. 기름진 땅과 풍성한 곡식, 넘치는 포도주, 형제들의 주인이 되는 삶은 세속적 시각에서 보면 성공한 삶의 모습이기 때문이다.

나중에 자신이 야곱에게 속았다는 사실을 알게 된 이삭은 "심히 크게 떨며"(창27:33) 삼중 강조법을 사용했다. '그가 매우 극렬하게(מאד, 메오드), 큰(גדלה, 게돌라) 경련으로 떨었다'(חרדה, 하라다). 이삭은 이 사건을 통하여 자신의 의지와는 다른 하나님의 예정을 깨달으며 거룩한 두려움에 사로잡혔을 것이다.

이삭이 사랑하는 맏아들 에서의 간청에도 불구하고 축복을 취소할 수 없는 이유는 비록 구두로 행해졌다 하더라도 공식적인 족장의 축복이나 유언은 유효성이 있었고, 그 당시 사회가 그것을 인정하고 있었기 때문이다.

야곱을 부추겨 장자 축복권 탈취를 공모한 리브가는 에서의 분노가 심상치 않음을 직감하고 야곱을 도피시켜야겠다고 생각한다. 리브가가 낸 꾀는 야곱을 결혼 핑계로 외삼촌 라반의 집으로 도피시키는 것이었다. 이삭은 리브가의 말을 듣고 야곱이 이방 여인과 결혼하지 않도록 외삼촌 라반의 딸 중에 아내를 구하도록 보내기로 동의한다(창27:46).

이삭은 외삼촌 라반의 집으로 떠나는 야곱을 불러 두 번째 축복한다(창 28:3, 4). 다시 축복한 이유는 이삭이 이전에는 모르고 한 축복이었기에 이제 축복의 계승자가 야곱임을 확인한 상태라서 다시 축복한 것이다, 야곱의 편에서 보면 비정상적으로 받은 축복이었기에 자신이 받은 축복이 유효한가에 대한 의문이 없도록 다시 분명하게 하려는 축복이다. 두 번째 축복의 내용이 더 구체적이고 규모도 크다. 아브라함의 계보를 잇는 하나님의 축복을 전하고 있기 때문이다.

이 축복에서는 하나님의 뜻을 깨달은 이삭의 변화가 보인다. 그는 아브라함의 복을 언급함으로써 언약의 계승자로 야곱을 인정한다. 이삭 자신도 아브라함의 뒤를 이어 하나님과 언약 관계에 있는 사람임을 자각하고 제대로 된 축복을 한다.

이제 아브라함으로부터 이어진 언약의 상속자가 된 야곱은 아버지의 집을 떠남으로 물질적인 상속은 받지 못했으나, 하나님이 택한 백성의 조상이 되는 지위를 계승했다. 이때 에서와 야곱의 순서가 바뀌어 나타나고 있다("야곱과 에서의 어머니 리브가", 창28:5). 육적인 출생 순서가 아니라 언약 자손을 중시하는 영적인 순서의 장자권에 따라 야곱이 정식으로 장자 축복의 계승자로 인정받은 것이다. 하나님의 약속은 하나님의 자유 주권에 달려 있는 것이지 세상적 기득권이나 자연적인 출생 순위에 달려 있는 것이 아님을 보여준다(고전1:26-31).

두 번째 축복의 내용은 먼 훗날 일어날 일로 현실적인 삶과는 동떨어진 이야기이다. 당장의 육신적 만족은 없으나 먼 미래에 있을 확실한 보상을 말하고 있다. 하나님이 이스라엘 민족의 조상이 될 야곱의 삶의 모든 순간에 동행하시며 역사하시고, 야곱의 고난 속에서도 은혜로 함께 하실 것이다.

리브가는 야곱에게 외삼촌 라반에게로 '도망하라'(ברח, 바라)고 한 것에 반해(창27:43) 이삭은 '가라'(הלך, 할라크)고 한다(창28:3). 그는 에서가 야곱을 미워하여 죽이려 마음먹은 상황을 모르고 있었다. 야곱은 하란으로 향한다. 하란은 하나님께서 아브라함을 부르신 곳이고 이삭의 며느리감을 정한 곳이다. 야곱은 하나님의 때를 기다리지 못하고 성급하게 속이고 받아낸 강탈 사건으로 인해 제 발로 빈손으로 그 땅으로 가게 되었다. 이후 라반의 집에서 20년, 세겜에서의 10년 후에 이 땅으로 돌아오게 되는데, 이후에도 더욱 험난한 인생이 그를 기다리고 있었다.

16강 리브가 (창 24장, 27장)

리브가의 선택 (창 24:1-67)

사라가 죽은 후 아브라함은 이삭의 결혼을 서두르게 되고 신부감을 찾기 위해 그의 충실한 종 엘리에셀을 고향으로 보낸다. 이때 종을 보내기 전에 세 가지 단서를 붙이는데(창24:3-8), 첫 번째로 가나안인 중에서 선택하지 말 것, 두 번째는 고향 친족에게서 아내를 데려올 것, 그리고 마지막으로 이삭을 절대로 데려가지 말라고 요구한다. 이삭의 아내를 찾는 일은 아브라함과 종이 맹세할 만큼 중요한 문제였다.

늙은 종은 이삭의 아내를 얻으러 가는 길에 모든 좋은 것들을 낙타 열 필에 가득 싣고 떠났다. 마침내 목적지에 도착하자 그는 먼저 이삭의 아내가 될 처녀를 순조롭게 만나게 되길 기도한다. 나그네를 도와줄 만큼의 자상함, 사랑이 넘치는 순종, 동물에게까지 자비를 아끼지 않는 마음을 가진 처녀를 만나게 해달라는 기도였다. 이것은 아브라함이 종에게 지시한 내용도 아니었다. 그의 기도가 끝나기도 전에 리브가가 물동이를 어깨에 메고 우물가로 나왔다. 그녀는 아름다운 외모를 소유했고 순결하며 생기발랄한 여자였다.

> "그 소녀는 보기에 심히 아리땁고 지금까지 남자가 가까이하지 아니한 처녀더라 그가 우물로 내려가서 물을 그 물동이에 채워가지고 올라오는지라"(창24:16)

리브가가 있던 '밧단아람'은 물이 귀한 지역이라 지하로 20-30미터를 파고 들어가야 물을 얻을 수 있는 곳이다. 그래서 공동으로 성 밖에 우물을 파놓고 처녀들이 물을 긷기 위해 갔는데 그녀들에게 이 일은 육체적으로 매우 힘든 일이었다.

이렇게 힘든 수고로 떠온 물을 달라고 요구하는 것은 미안한 일이다. 나그네에겐 물을 나눠줄 수 있겠지만, 약대에게까지 물을 마시게 하려면 사정은 달라진다. 약대 한 마리가 한 번에 약 100리터의 물을 마시는데 아브라함의 종이 끌고 간 열 마리의 약대 모두에게 물을 마시게 하려면 1,000리터의 물이 필요했다.

여러 차례 계단을 오르내리며, 처음 본 나그네의 약대까지도 물을 길어다 먹이는 리브가의 마음 씀씀이는 성실하고 친절하며 선한 아름다움이 넘치는 모습이다. 늙은 종이 자기가 마실 물을 달라고 했을 뿐인데, 열 마리나 되는 약대까지 물을 마시게 하려고 자발적으로 수고를 자청하는 리브가의 모습은 건강한 아름다움을 느끼게 한다. 여행에 지쳐 목마른 나그네와 낙타를 환대하며 수고를 아끼지 않은 리브가의 모습은 하나님께 선택받을 사람으로서 완벽히 준비되어 있었음을 보여준다.

약대가 물을 다 마신 후 금 코걸이와 금 손목고리 한 쌍을 답례로 리브가에게 선물한 종은 유숙할 곳이 있느냐고 물었다. 이에 리브가는 자신이 밀가가 나홀에게서 낳은 아들 브두엘의 딸(창24:24)이라고 밝히는데, 리브가의 명확한 자기소개는 마치 현대 여성을 보는 듯하다. 주체적이고 적극적이며 담대한 여성임을 보여준다. 그런데 당시 관습으로 볼 때, 결혼도 안 한 처녀가 가족 동의 없이 나그네를 집으로 초대하는 것은 힘든 일인데 리브가는 달려가서 어른들에게 말한다.

여기서 리브가의 오라버니 라반에 대한 묘사가 흥미롭다. 라반의 치밀하고 계산적이며 탐욕스런 모습을 볼 수 있다. 상대의 재물을 순식간에 스캔하는, 자신이 얻을 것이 있을 때 기회를 낚아채러 달려가는 모습이다.

"그의 누이의 코걸이와 그 손의 손목고리를 보고 ... 그 사람에게로 나아감이라"
(창24:30)

라반을 만난 종은 오랜 여행으로 지쳤음에도 자신의 임무가 무척 중요해서 자기의 배고픔을 만족시키기 전에 아브라함에 대한 의무를 수행하고자 했다. 그는 리브가가 주인의 아들을 위해 찾고 있는 처녀라고 말하고, 이삭의 아내로 달라고 가족들에게 말하자 그들이 허락했다.

다음날 종은 바로 떠나려고 했으나 그들이 만류한 그들이 정확한 날짜를 예측할 수 없는 불분명한 표현으로 말하는 까닭에 시간을 끌다 보면 결정이 번복되고 무효도 될 수 있기에 종은 당황했으나 속히 떠나야만 함을 말한다.

그러자 리브가의 어머니와 오빠는 그녀에게 결정권을 맡긴다. "우리가 소녀를 불러 그에게 물으리라"(창24:57) '저 아이를 부릅시다. 아이의 입에게 물읍시다'라는 뜻으로 결정적인 답변은 리브가의 '입'에 달려있었다. 하나님의 인도하심을 믿는 영리한 종도 이 시점에서는 아무런 힘도 없고 리브가의 결정만 기다릴 뿐이다. 종이 맡은 임무의 성패는 리브가의 한마디에 좌우되는 순간이었다.

그녀는 "가겠나이다"(창24:58)라고 말한다. 성경 어디에도 신부가 결혼으로 집을 떠나는 문제에 대해 자신의 의견을 표현할 기회가 주어진 적은 없다. 과감하게 결단을 내리는 모습은 그녀가 스스로 선택한 것이다. 이러한 선택은 라반과 브두엘이 "이 일이 여호와께로 말미암았으니 여호와의 명령대로 그를 당신의 주인의 아내의 아들이 되게 하라"(창24:51)는 말을 할 때 함께 있었고 하나님의 인도하심에 공감했기 때문에 결혼 결정에 동의하고 결단한 것이다.

라반과 브두엘이 '여호와'의 이름을 자연스럽게 부른 것으로 보아 그들은 여호와를 아는 자들이었다. 과거 아브라함은 형제 나홀과 그의 아내 밀가와 함께 우르에서 떠나 하란에서 함께 살았다. 이들은 나홀과 밀가의 자손으로서 아브라함과 함께하시는 여호와를 아는 자들이었다. 그러나 이들은 여호와 신앙 외에도 토착 신앙을 함께 믿는 혼합신앙을 가지고 있었다.

리브가가 떠날 때 가족들이 그녀에게 복을 빌어 준다. 그런데 이 복의 내용은 시집가는 누이에게 주는 것치고는 범상치 않다. 이는 아브라함이 받은 복과 같고(22:17), 야곱의 사명과 관계된 말씀이다. 그런데 이 말씀이 리브가에게 언급된 것으로 보아, 그 복이 이삭으로 이어짐은 분명해진다. 하나님이 라반의 입을 빌려 축복한 것이다(창24:60) .

리브가가 종을 만난 것은 '저녁 때'(창24:11)이고 '다음 날 아침'(창24:54)에 결정하고 바로 따라나선 것으로 보아 그녀가 빠른 결단과 주저 없는 행동력의 소유자임을 보여준다. 리브가는 아브라함의 늙은 종 엘리에셀의 진술을 통해 이 결혼이 하나님께로 말미암았음을 알게 되어 주저함 없이 믿음의 선택을 한 것이다,

신실한 종이 지혜롭게 자신의 사명을 완수하고 리브가와 함께 집으로 돌아오는 길에 드디어 이삭을 만난다(창24:63, 64). 이때 이삭은 낙타들을 보고, 리브가는 이삭을 보았다고 성서는 말한다. 이삭의 시야 제한, 혹은 약한 시력은 하나님이 정하신 배우자를 제대로 알아보지 못한 반면, 리브가는 정확히 이삭을 보았다. 자신의 목적과 목표를 잊지 않는 리브가는 신랑을 맞이하러 "너울을 가지고 얼굴을 가린"(창24:65) 결혼 전 신부의 예의를 갖춘 완벽한 여성의 모습으로 그려진다.

리브가는 포용적이고 관대한 남편 이삭을 만나 사랑받으며 살아가게 된다. 그녀의 선택은 확고한 그녀의 의지만큼 확신에 찬 삶으로 이어진다, 남편 이삭은 오직 리브가 한 사람만을 아내로 삼아, 일생 여자 문제로 그녀를 괴롭게 하지 않았고, 그녀의 자존감을 지켜주었기에 리브가는 당시 여성들의 삶의 모습과는 다른 자기 주도적인 삶을 살아가게 된다.

축복의 끈 리브가 (창 27:13)

본문에는 어떤 희생을 치르더라도 축복을 얻고야 말겠다는 마음으로 이삭을 속이는 아내 리브가가 등장한다. 그런데 리브가가 원하는 축복의 대상은 자신이 아니라 그녀의 아들 야곱이다. 그녀는 야곱을 편애하며 장자의 명분을 뒤바꿀만한 기회를 엿본다. 이윽고 그 기회가 왔을 때, 망설임 없이 실행에 옮기는 저돌적인 추진력을 보인다. 그러나 안타깝게도 이 기회는 하나님이 주신 기회가 아니라 리브가가 선택한 기회이다.

리브가는 아브라함의 형제 나홀의 후손을 소개할 때 처음 성서에 등장하는데, 오빠 라반의 이름은 등장하지 않고 리브가의 이름만 언급된다.

"... 아브라함의 형제 나홀의 아내 밀가의 소생이며 브두엘은 리브가를 낳았고"
(창22:23)

이는 리브가의 중요성을 강조한 것으로 그녀는 이삭의 시대를 대표하는 자로서 능동적으로 하나님께 나아가는 역할로 등장한다. 이에 반해 이삭은 상속자가 되기는 했지만, 그의 역할은 미흡하다. 성서는 자기 주도적이며 강인한 리브가와 소심하고 타협적인 이삭의 대비를 보여준다.

리브가는 결혼 후 오랜 세월이 지나도록 아이가 생기지 않았지만, 아브라함처럼 조급하게 굴거나 사라처럼 첩을 들일 계획을 세우지 않았다. 이삭이 아내의 임신을 위해 기도하고 그 기도가 응답 되어 20년 만에 쌍둥이를 임신한다.

쌍둥이를 임신한 리브가는 임신 중에 고통을 호소한다. "이럴 경우에는 내가 어찌할꼬" '뱃속에서부터 둘이 이렇게 싸우는데 나중에는 어찌될까? ... 왜 이런 일이 벌어지는 것인가? 리브가의 복잡하고 혼란스러우며 착잡한 외침이다. 리브가의 호소에 하나님은 놀라운 비밀을 이삭이 아닌 그녀에게 알려 주신다. 리브가는 "큰 자가 어린 자를 섬기리라"는 하나님의 신탁을 듣게 된다.

"그 아들들이 그의 태 속에서 서로 싸우는지라 ... 내가 어찌할꼬 하고 가서 여호와께 묻자온대 ... 큰 자가 어린 자를 섬기리라"(창25:22-23)

태중에서 싸우는 아이들의 싸움은 서로를 짓이기고 있는 것이나 다름없는 격렬한 싸움이었다. 이는 그들이 살아가면서 계속될 경쟁과 분쟁과 다툼을 암시한다. 그러나 인간관계 속에서의 분쟁이나 우열다툼은 하나님의 주권적 선택 앞에서 의미 없는 싸움일 뿐이다.

하나님의 말씀을 흘려듣지 않고 마음에 새긴 리브가는 야곱에게 하나님의 뜻이 있음을 확신하고 이후 야곱의 삶에 적극적으로 개입한다. 그리하여 하나님이 지정하신 상속자 야곱이 축복받게 하려는 사명을 가지고 살아간다.

많은 시간이 흐른 어느 날, 이삭은 에서만 따로 불러 사냥한 고기를 먹은 후, 에서를 축복하겠다고 말한다. 리브가가 자손의 미래에 대한 하나님의 음성을 듣고도 이삭에게 말하지 않았듯이, 이삭도 에서를 축복하려는 계획을 리브가와 상의하지 않는다. 이 말을 몰래 엿들은 리브가는 재빨리 야곱을 불러 이삭이 말한 축복의 조건과 축복 계획을 전하고 야곱이 할 일을 명령하고, 이삭이 원하는 조건을 충족시켜 주고 이삭을 속여 축복을 강탈하자는 계획을 말한다.

이 상황에서 보여지는 리브가의 언행은 그녀의 영적 가치관이 건전하다 할지라도 그녀의 행위는 잘못되었음을 드러낸다. 리브가의 행위는 부부간의 신뢰뿐만 아니라 눈이 보이지 않는 남편, 즉 약자에 대한 배려가 없는 불건전한 선택으로 비난을 면하기 힘들다. 눈먼 사람의 상태를 악용하여 목적을 성취하는 것은 하나님의 방법이 아니며, 인간적인 면에서도 용납되기 힘든 비도덕적인 방법이다. 리브가는 남편 이삭과 소통하지 않고, 가족이 서로 대적하여 음모를 꾸미는 일에 앞장서서 가족 분열의 원인을 제공한다.

이삭의 상속권에 관여한 사라와, 야곱이 상속받게 하는데 관여하는 리브가의 행동을 보면, 하나님의 약속의 자녀가 되는 선택과 흐름에 여자들이 강력한 영향력을 행사하고 있는 것을 발견할 수 있다.

팥죽 한 그릇으로 형 에서의 장자의 명분을 탐내던 야곱이었지만, 막상 장자의 축복권 앞에선 두려움에 망설인다. 리브가는 주저하는 야곱을 설득하며 이 일로 인해 발생하는 모든 저주를 자신이 달게 받겠다고 말한다(창 27:13).

리브가는 분주하다. 이삭의 별미를 만들어야 하고, 야곱을 에서로 만들기 위해 에서의 옷을 야곱에게 입히고 염소 새끼의 가죽을 야곱의 손과 목에 둘러 변장시켜야 했다. 야곱은 형의 옷을 입고 형의 신체 조건을 흉내 내고 리브가는 에서의 요리 솜씨를 흉내 낸다. 시력을 상실한 노인 앞에서 다른 사람으로 분장하는 것은 가능하겠으나, 시력 대신 입맛이 민감한 노인을 속이려면 흉내 정도가 아니라 능숙한 음식 솜씨가 필요했다.

그런데 리브가가 과연 편애로 얼룩진 모성애 때문에 이삭을 속이고 장자 축복권을 빼앗은 것일까? 아마도 리브가는 두 아이를 임신했을 때 '큰 자가 어린 자를 섬기리라'는 하나님의 말씀을 기억하고 그 말씀을 이루는 것이 당면한 과제인양 행동한 것으로 보인다.

그 이유를 리브가의 이름에서 찾아볼 수 있다. 그녀의 이름의 뜻이 '끈, 고리, 단단히 묶는다'로 이삭에서 야곱으로 언약의 계보가 이어지도록 '축복의 끈' 역할, 약속의 자녀의 끈을 단단히 묶는 역할을 한 것이다. 그녀는 하나님의 축복을 다음 세대 상속자인 야곱에게 전달하는 책임을 완수했다. 리브가의 생명력이 넘치고 자립적, 자율적, 결단과 추진력까지 갖춘 모습은 축복의 전수자로서 적합한 모습이다

그러나 이 일로 인해 리브가가 얻은 것이라곤 '수고로움' 밖에 없다. 열 마리나 되는 낙타의 목을 축일 물을 자청하였듯이, 야곱이 축복받게 하기위해 수고로움을 자청하고 있다. 수고는 리브가가 하고 별미를 먹는 것은 이삭이다. 사냥을 위해 들로 뛰어다니는 수고는 에서가 하고 복은 받는 것이 야곱의 몫이었던 것과 같다.

상속권을 빼앗긴 에서가 분노에 떨며 야곱을 죽이려는 마음을 가지자 리브가는 야곱을 자신의 오빠인 라반의 집으로 도피시킬 계획을 세운다. 리브가는 에서의 말하는 것을 직접 들은 것도 아닌데 마치 바로 옆에서 들은 사람처럼 행동한다. 리브가는 에서의 마음을 꿰뚫어 보는 심리적 직관과 통찰력을 지닌 사람인 듯하다.

리브가와 야곱이 작당을 하여 이삭을 속였지만, 그 일로 인하여 리브가와 이삭이 다툼이 있었다거나 사이가 나빠졌다는 기록은 없다. 다툼을 싫어하여 쉽게 포기하는 이삭의 성격상 회피한 것으로 보여 진다. 집안이 소란스러울 만한 큰일이 벌어졌는데도 그 흔한 부부싸움 한번 없는 이삭과 리브가의 관계도 건전하고 정상적인 부부 사이는 아니다.

야곱을 떠나보내기 위한 구실을 얻기 위해 이삭을 회유하는 리브가의 책략은 그녀의 투정 섞인 요청으로 표현되는데, 직접화법이 아니라 중의적 표현을 사용한다. 이때, 자신과 야곱이 공모하여 벌인 이삭 속이기나 축복권 강탈에 대한 사과나 반성은 없다. 이는 어쩌면 잘못이라고 생각하고 있지 않기 때문일 수도 있다.

야곱을 살리기 위해 라반의 집으로 보낼 책략을 세운 리브가는 이삭에게

"내가 헷 사람의 딸들로 말미암아 내 삶이 싫어졌거늘 야곱이 만일 이 땅의 딸들 곧 그들과 같은 헷 사람의 딸들 중에서 아내를 맞이하면 내 삶이 내게 무슨 재미가 있으리이까"(창27:46)라고 말한다. 눈먼 이삭은 리브가의 목소리만 듣고 상황파악을 해야 한다. 그녀의 표정이나 몸짓, 눈짓은 전혀 볼 수 없다. 리브가의 말에 의하면 자신과 야곱이 공모하여 벌인 이삭 속이기나 축복권 강탈의 근본 원인이 에서의 잘못에서 비롯된 것처럼 말하고 있다.

그녀의 말에서 알 수 있는 것은 결혼이 믿음의 지표가 되고, 믿음을 간직한 야곱은 축복받음에 합당한 결혼을 해야만 하는 것이며, 믿음 없이 살아온 에서는 부모의 동의 없이 이방 여인과의 결혼함으로 이미 축복에서 멀어졌으니 축복에서 제외되는 것이 옳다는 의미를 포함하고 있어서, 리브가의 축복 강탈을 위한 속임수가 설득력을 얻는다.

야곱이 배필을 얻기 위해 라반의 집에 가야만 한다는 리브가의 우회적 책략은 이삭의 동의를 얻는 데 성공한다. 야곱을 라반의 집으로 보내는 일은 아내를 구한다는 핑계로 당당하게 집을 떠나도록 하는 구실이 되었다. 또한 에서를 피해 달아나는 것이 아니라 부모의 뜻에 순종하여 떠나는 야곱의 모습이 되므로, 야곱에게 다시 돌아올 명분까지 제공하고 있다.

에서의 분노는 리브가에게 야곱을 죽일지도 모른다는 위기감을 느끼게 했다. 그리하여 리브가는 야곱이 형의 손에 죽임을 당하느니 차라리 야곱의 안전이 보장되는 이별을 선택한다. 사랑하는 자식과의 생이별이지만 하나님의 언약의 계보를 이어갈 야곱의 생명을 자신의 그리움보다 크게 여기는 모습이다. 그러나 영영 보낼 것은 아니었다. "네 형의 분노가 풀려"(창27:44)라는 말에서 알 수 있듯이 짧은 이별을 기약했었다. 그러나 야곱을 떠나보낸 리브가는 이후 자신이 죽을 때까지 다시는 야곱을 만나지 못한다.

야곱을 떠나보낸 후 리브가의 삶은 남은 가족들의 눈총과 외로움으로 힘겹게 살았을 것이다. 늙고 노쇠하여 눈도 잘 보이지 않는 남편과, 이방 여인과 결혼해서 이방인 같이 되어버린 큰 아들 에서와의 갈등 속에서 사랑하는 야곱이 돌아올 날을 기리며 그리움을 삼키며 고독한 삶을 살았을 것이다.

장자권 강탈은 에서의 입장에서는 억울하고 황당한, 어처구니없는 일이 발생한 것이다. 눈뜨고 코 베인 격이다. 그의 분노는 야곱을 죽이고 싶은 마음이 들 정도였는데, 이는 에서가 잠재적으로 제2의 가인이 될 위험에 놓였음을 보여준다. 축복권을 상실한 에서의 통곡, 야곱이 떠난 후 이 모든 상황의 배후에 어머니 리브가가 있음을 알게 됨으로써 야곱만 편애하던 어머니 리브가에 대한 에서의 서러움과 원망이 모자의 갈등으로 이어졌을 것으로 보인다.

성서는 이후 리브가의 유모 드보라의 죽음을 언급하면서도 리브가의 죽음은 기록하지 않는다. 다만 막벨라에 있는 가족묘에 묻혔다고 전한다(창 49:31). 그렇기에 리브가의 죽음에 대한 이삭의 애도 기사도 없다. 사라가 죽었을 때 애도한 아브라함의 이야기나 이후 라헬이 죽었을 때 야곱의 애곡을 생각하면 리브가의 죽음은 씁쓸한 여운을 남긴다.

저주를 대신 받기를 자청할 만큼 사랑하는 아들 야곱을 죽을 때까지 보지 못한 리브가의 쓸쓸한 삶과 죽음은, 야곱을 축복받게 하기 위한 그녀의 올바르지 못한 방법의 선택과 행동이 크나큰 값을 치른 것으로 보인다. 이렇게 축복권 찬탈을 둘러싼 다툼은 가정의 파괴라는 불행을 몰고 왔다. 리브가는 축복을 이어주는 끈의 역할을 하고 나서 그녀의 소임이 다하기라도 한 듯 이후 성서의 기록에서 사라졌다.

리브가는 여자를 남자의 소유물이나 물건처럼 취급하던 고대 사회에서 자기 주도적인 삶을 살아간 여성이며 어머니이다. 리브가는 현대의 여성이라 해도 어색하지 않을 만큼 자기주장과 삶의 목표의식이 뚜렷하며 진취적이고 능동적인 삶을 살았다. 일생 하나님의 계획하심을 이루어야 한다는 열망이 가득한 사람이었지만, 하나님의 뜻을 하나님의 때를 기다려 이루어야 함을 알지 못하고 자신의 방법으로 이루려 한 성급함과 그 방법이 거짓과 속임수였다는 것은 치명적인 흠이다.

복을 받고자 하는 용도가 자신이 중심이 되면 기복 신앙이다. 구약은 물질적인 복에 대해 부정하지 않지만(신7:12-15) '부'를 최고의 복, 절대적 가치의 기준으로 제시하지는 않는다.

하나님은 우리의 세상 적 욕구와 물질적 축복을 채워주시기 위해 존재하는 분이 아니시다. 세상의 복을 받아야 축복받았다고 생각하는 잘못된 축복

관을 버려야 한다.

자신의 결혼에서부터 야곱을 상속자로 세우기까지 리브가는 하나님의 인도하심과 섭리에 따라 분명한 선택을 했다. 자신의 의사 표현을 분명히 하면서도 하나님의 뜻을 잘 알아듣고 하나님의 뜻을 이뤄드리는 리브가는 야곱의 축복권을 보호하는 어머니로서 적극적이며 자율적인 여성으로서의 사명을 완수한 믿음의 여인이었다. 하나님의 인도하심에 망설임 없이 선택하는 모습이었고, 그녀의 선택들은 하나님을 향한 아름다운 믿음의 고백이었다.

사람들은 어리석은 선택으로 인한 결과에 지배받고 살기 마련이다. 그러나 하나님은 그 가운데에서도 하나님의 계획과 뜻을 이루어 나가신다.

17강 에서 (창 27장)

축복을 강탈당한 자 (창 27장)

태어날 때부터 예고되어온 야곱과 에서의 분쟁은 단순한 장자권 쟁탈을 넘어 하나님의 언약 상속권을 놓고 벌이는 영적 전쟁으로 나타난다. 그 싸움의 절정에 이삭이 에서만을 은밀히 불러 축복하려는 이야기가 있다. 분별력 없는 이삭의 어설픈 속임수는 리브가와 야곱의 철저히 계획된 속임수에 가로막힌다.

이삭의 장자권 축복 사건에 앞서 에서는 헷 족속 이방 여인과 결혼한다. 헷 족속의 여인들은 그들의 신을 섬기고 있었기에 헷 족속의 신이 아브라함의 가문에 들어오게 되었기에 이 일은 이삭과 리브가에게 근심이 되었다. 이것을 문자적으로 해석하면 '이삭과 리브가에게 마음의 쓰라림'이다. 에서는 자신이 가나안 여인인 두 아내를 얻은 일이 부모의 속을 쓰라리게 하는 일인지 깨닫지 못한다. 에서의 고집스러운 결혼과 영적 분별력 없이 살아온 삶의 모습에도 불구하고 이삭은 에서가 맛있는 사냥감을 잡아 와 자신의 입에 넣어주는 것을 좋아하기 때문에 에서를 사랑한다.

아브라함이 소중하게 여겼던 율법의 명령에 대한 에서의 부주의함은 그가 아브라함의 복을 물려받을 자격이 없음을 보여주고 있다. 그럼에도 불구하고 이삭은 에서를 축복하려 한다. 빗나간 에서에게 빗나간 편애를 넘치도록 부어주려는 이삭이다.

고대 도시 누지(Nuzi)에서 발굴된 토판의 한 계약문서에 따르면, 어떤 후리 족 사람이 3마리 양을 받고 장자권을 팔았다고 기록한다. 당시에는 장자 상속권이 장자로서의 권한뿐만 아니라 책임도 포함하고 있었기에 책임을 면하고 싶은 사람은 다음 계승자에게 팔 수도 있었다고 한다.

그러나 에서는 야곱에게 장자권을 넘겨줄 마음이 전혀 없었다. 축복권을 잃은 후 그의 통곡에서 보듯이, 설마 그깟 일(동생 야곱에게 팥죽 한 그릇에 장자권을 판일)로 장자의 위치가 바뀔 수 없다는 자만한 생각으로 맹세까지 하며 장자권을 경시한다. 자신이 받을 축복권의 본질을 알지 못했기 때문에 나온 경거망동이었다.

에서의 직업은 사냥꾼이었는데 성서에 사냥꾼은 에서를 제외하면 니므롯 한 명만 나온다(창10:9). 고대 근동의 왕들은 종종 사냥하는 일이 있었지만, 이스라엘의 왕 중 어느 누구도 사냥하고 있는 모습으로 등장하지 않는다. 하나님께 제물로 드릴 수 있는 짐승도 가축들로 제한된 것으로 보아, 에서와 같이 들짐승을 사냥하는 사람을 성서에서는 긍정적으로 여기지 않는다.

에서는 팥죽을 야곱에게 요구하며 지금 당장 배고픔을 면하는 것이 장자의 명분보다 중요하다고 말한다("내가 죽게 되었으니 이 장자의 명분이 내게 무엇이 유익하리요", 창25:32). 에서는 '내가, 내가, 내가, 내게'라는 단어를 사용하며 온통 자기 자신에게 관심을 집중하고 있다. 내일보다 오늘, 지금, 당장 이 순간을 중시하며, 충동적으로 행동하는 모습이다.

음식에 대한 욕망은 에서와 이삭에게 나타나는데, 두 사람의 음식에 대한 자세는 사뭇 다르다. 에서가 원하는 음식은 빠르게 허기를 메우는 용도의 음식으로서, 배고픔을 모면케 할 어떤 음식이라도 상관없는, 빠르고 가볍고 조악하며 단순하고 가벼운 음식이다. 반면에 이삭의 음식은 미식가의 고급진 입맛을 만족시킬 별미로서, 긴 기다림도 용납되는 귀한 정찬과도 같은 음식이다. 에서는 배고픔만 해결할 수 있으면 아무 음식이나 상관없는 성급한 사람이고, 이삭은 식도락가로서 입맛 까다로운 자신의 미각을 만족시킬 맛있는 음식을 원하는 사람이다.

이삭은 에서에게 "내가 즐기는 별미를 만들어 내게로 가져와서"(창21:4)라고 말한다. 이 문장에서 '즐기는'(אהב, 아하브)의 히브리어는 '내가 사랑하는'으로 번역됨이 더 낫다. 이 단어는 남녀 간의 사랑과 같은 개인적인 관계에 사용되는 단어로서, 음식이라는 비인격적 대상에 사랑과 열정을 담아, 에서의 사냥감을 이삭이 얼마나 사랑하고 있는가를 표현하는 것이다. 미식가의 사전적 의미는 '맛있는 음식을 가려먹는 특별한 기호를 가진 사람'인데 이삭에게 적절한 표현이다.

한순간의 욕망을 참지 못하는 성미 급한 에서는 허겁지겁 음식을 먹어치운다 '먹으며, 마시며, 일어나 갔으니'(창25:34) 삼키다시피 빠른 속도로 음식을 먹어치우며 허기 없애는 것에만 급급한 에서는 자신의 행동에 대해생각할 여지를 두지 않는 단순한 모습을 보인다. 순식간에 배를 채운 후에는 겨우 팥죽 한 그릇에 장자의 명분을 팔았다는 사실도 잊어버린다.

기나긴 인생에서 볼 때 얼마나 짧은 순간 인생이 뒤바뀌게 되는 선택을 했는지, 그 선택에 의미를 부여할 새도 없이, 자신이 버린 것의 가치를 인식하기도 전에 스스로 말도 안 되는 거래로 팔아버린 장자의 명분이다. 이미 저질러버린 자신의 무지를 후회해 봤자 그 찰나의 순간을 돌이킬 능력이 에서에게는 없었다.

에서와는 달리 야곱은 장자권의 우월성이나 존귀함을 잘 알고 있었다. 사실 하나님의 계획 속에 야곱이 장자권을 받도록 이미 예정되어 있었다. 그러나 때를 기다리지 못하고 속히 얻기 위해 간교하고 인간적인 방법을 강행한다. 속여서라도 축복권을 강탈하겠다는 계획이다. 야곱은 자기 형의 허술한 성품과 긴박한 상황을 이용하는 계산적이고 야비한 심성의 소유자이다.

야곱과 에서의 비뚤어진 형제 관계는 어머니 뱃속에서부터 시작된 것이지만, 부모의 잘못된 양육방식과 보살핌이 두 사람의 관계를 더욱 빗나간 길로 내몰았다.

히브리어 원문에 에서는 '그의 아들'(창27:5) 즉 이삭의 아들이며, 야곱은 '그녀의 아들'(창27:6) 리브가의 아들로 나온다. 이삭은 에서를, 리브가는 야곱을 편애하는 역기능 가정에서 두 아들이 정상적으로 자라기는 힘든 일이다.

"눈이 어두워"(창27:1)는 이삭이 나이가 많아 눈이 어두워서 잘 보지 못하는 상태를 설명하는데, 성서에서 '보다'라는 동사는 예언적 능력과 관련된 단어로 많이 사용된다. 이삭의 어두운 눈은 상징적으로 육적인 시력 상실이 영적인 시력의 상실과 연관 지어질 것을 암시한다.

이삭은 축복을 빌어 줄 테니 사냥감을 잡아서 별미를 만들어 오라고 에서만 은밀히 불러서 말한다. 공적인 축복의 행위를 사적인 일로 축소하고 있는 이삭의 행위도 상식적이지 않고, 장자로서 당연히 받아야 할 축복을 받는 일에도 사냥할 고기를 조건으로 제시하며, 자신의 입을 즐겁게 해주어야만 축복받을 수 있다고 말하는 아버지의 태도도 이상하다. 축복이 거래행위로 변질되는 비상식적인 모습은 이삭과 에서의 믿음 없음을 드러낸다.

당시에는 일반적으로 죽음을 앞두고 축복의례를 행했었지만, 정상적으로 축복의례를 행한다면 가족들이 모두 모인 자리에서 의례를 행하고 예배를 드린 후 맛있는 음식을 차려 잔치를 벌일 수는 있었을 것이다. 그러나 이삭은 에서만 조용히 불러서 은밀한 거래를 하는데, 이는 이삭이 먼저 가족들을 속이려 한 것으로 볼 수 있다. 이삭은 잘못된 축복 관을 가졌으며, 일그러진 부자 관계를 종용한 장본인이고, 자식이 부모에게 무언가 만족할만한 것을 주어야만 축복하겠다는 이기적인 아버지다.

사냥감이 있어야만 사랑과 관심을 보이는 그런 아버지여도 에서는 기꺼이 순종한다. 그렇다면 에서는 사냥에 타고난 재능이 있어서 사냥꾼이 된 것이 아니라, 아버지의 입에 들어갈 고기를 마련하기 위해 날마다 뛰어다니다 보니 익숙한 사냥꾼이 된 것이리라. 하나님의 말씀이나 진리에 대해 가르치지 않고 자기 입에 들어갈 고기를 위해 아들을 들로 뛰어 다니는 사냥꾼으로 키웠으니 에서의 단순하고 속물적인 근성은 아버지 이삭으로 인해 만들어진 것이다.

반복되는 단어인 '사냥감'(8회)과 '별미'(6회)는 이삭의 약점을 드러낸다. 눈이 어두워 자식조차 분별하지 못하고 있는 이삭의 축복은 본인의 의지와는 다르게 야곱을 축복함으로 끝나게 되는데, 이 이야기는 어딘가 불편하다. 눈이 어두워서 자식도 알아보지 못하고 오직 먹을 것만 밝히는 아버지, 이런 허점을 이용해 자기가 사랑하는 아들에게 장자의 축복을 받게 하려는 어머니, 형의 장자권을 도둑질해서라도 차지하겠다고 아버지를 속이고 뻔뻔하게 축복을 받는 야곱, 동생에게 속아 장자의 축복권을 놓치고 자기도 축복해 달라고 통곡하며 우는 형 에서... 성서는 이 장면에서 야곱에 대한 논평이 없다. 두 민족을 이룰 쌍둥이의 삶은 서로 다른 기질을 드러내며 파란만장한 앞날을 예고한다.

에서는 야곱이 자신에게 제시한 선택, 즉 팥죽 한 그릇에 장자권을 팔라는 요구를 가벼운 장난처럼 여기고, 무책임하게 대함으로써 자신의 장자의 명분과 하나님을 경홀히 여겼기에 야곱과 자신의 위치가 바뀌는 상황이 발생했다. 생명만큼이나 고귀한 것으로 취급받던 장자의 명분을 장난스럽게 농담하듯 다룬 에서의 경박함은 그에게 바른 인생관과 하나님에 대한 올바른 인식이 없었기 때문에 발생한 일이었다는 히브리서의 말씀은 성서의 엄격한 질책인 것이다(히12:16).

야곱으로 인해 상실감을 느꼈을 에서는 자기의 의지와는 상관없이 축복에서 밀려 나가 버린 인생이다. 히브리서는 음행하는 자와 장자의 명분을 판 에서를 동등하게 취급하고 있다. 하나님이 주신 장자권을 가벼이 여긴 그의 경솔한 행위는 긴 세월이 지난 후에도, 후손들에게도 부끄러운 모습으로 기억된다.

사실 성서엔 에서가 인간적으로, 도덕적으로 나쁜 일을 행한 기록은 없다. 단순하고 성미가 급하긴 해도 폭력적이거나 패륜적인 인물은 아니었다. 동생 야곱에게 속아 장자의 축복을 빼앗겨 죽이고 싶은 마음이 들었을 때도 아버지의 마음을 다치게 할까 봐 아버지 이삭이 죽은 뒤에 그 일을 하리라 마음먹는 어리석고 순진한 구석이 있었다. 더구나 야곱에게 속아서 축복을 해 버린 아버지를 원망하거나 적대시하지도 않았다.

그러나 믿음 없는 에서는 자신이 어떤 잘못을 저질렀나에 대한 깨달음이나, 왜 장자의 축복권을 잃었는가에 대한 되돌아봄이나 회개보단, 어머니와 동생 야곱, 아버지로부터 거절당함, 빼앗김에 대한 허전함과 억울함으로 분노했다. 장자권 강탈은 에서에게 결코 쉽게 회복되기 힘든 내면의 상처로 남는다. 이렇게 이삭의 가족은 누구 한 사람의 잘못이 아니라 가족 모두가 서로가 서로에게 회복될 수 없는 상처와 아픔을 남기며 찢어진다.

야곱은 머나먼 하란 땅에서 20년 동안 집으로 돌아오지 못하고, 어머니 리브가는 다시는 사랑하는 야곱을 보지 못하고 쓸쓸한 죽음을 맞이했으며, 에서는 부모가 원하지 않는 여인들과의 거듭된 혼인으로 인해 가족과 등지고 살아간다. 이삭의 가정은 가족 해체와 가족의 생이별이라는 비극 속에 살아야만 했다. 모두가 하나님의 뜻을 따라 살지 못하고 자신의 잘못된 욕심을 선택한 결과다.

이러한 이삭 집안의 가족 공동체의 해체라는 상황의 근본에는 에서의 장자로서의 책임감이나 하나님의 축복에 대한 열망의 부족이 가장 큰 원인으로 자리 잡고 있다. 그럼에도 불구하고 아버지 이삭이 가장으로서 아버지로서 중심을 바로잡고 있었다면, 에서가 좀 더 존경받는 형의 권위를 갖추고 있었다면, 다른 선택과 결과도 가능했을 것이다.

이삭 집안의 장자 축복 사건으로 인한 혼란은 가족 개개인이 하나님 앞에 바로 서 있지 못했기에 일어난 일이다. 이삭은 아들들을 말씀으로 양육하지 못했고, 에서의 결혼에 대해서도 단호한 태도가 없었으며, 아들의 영적인 문제에도 관심이 없어 결국 건강하고 남자답게 성장한 에서가 생각하는 것은 온통 세상적인 것뿐이었다.

에서가 반드시 몰아내야 할 가나안 일곱 족속 중 하나인 헷 족속과 결혼한 것은 하나님의 기업에 대한 관심이 없다는 증거다. 에서는 이방 여인과의 결혼을 하나님께서 금기시 하신다는 사실에도 관심을 두지 않았다. 그는 이방 여인과 결혼하여 많은 자식을 두었는데 그 가운데 하나님이 진멸하라 말씀하신 아말렉과 모세에게 반역했던 고라 자손이 속해 있다(창36:12, 14). 그리하여 에서는 민족을 이루기는 했지만, 이스라엘을 대적하는 민족의 아비가 되는 비극의 역사가 시작된다(옵1:18).

어머니 뱃속의 동일한 환경 속에서 출발했고 한 집에서 같은 음식을 먹고 같은 교육을 받고 자랐어도, 생각과 신앙이 다르고 삶의 우선순위가 다름으로 인해 서로 다른 선택을 할 수 있고 극과 극의 대조되는 신앙생활을 할 수 있음을 볼 수 있다.

에서가 배가 고파 죽을 것만 같은 기분에 사로잡혀 팥죽 한 그릇을 구했던 것처럼, 우리에게도 현재 죽도록 절박하게 필요한 것들이 있다. 이러한 필요는 우리에게 육체를 따라 살 것을 강력하게 요구한다.

살아가면서 우리는 때때로 한계상황에 직면할 수 있다. 그때 우리의 필요를 채워줄 그 무엇이 팥죽인지 아니면 하나님의 기업을 사모함인지 선택해야 한다. 자기 좋은 대로 자기 하고 싶은 대로, 자기 멋대로 자기 자신만을 위해 살아가면 평안히 무사히 별일 없이 살아간다고 해서 축복받은 사람, 축복받은 인생이라 할 수 없다(히12:6-8).

우리는 삶의 모든 선택과 행위의 결과로 주어지는 축복과 징계를 겸허한 자세로 받아들이고 살아야 한다. 눈앞에 놓인 팥죽 한 그릇과 같은 세상의 값싼 유혹에 가벼이 움직이지 말고, 삶의 어느 때일지 알 수 없으나 축복을 예비하신 하나님을 바라보며, 그의 때를 기다려야 한다.

에서의 절규 (창 27:38)

에서는 장자로 태어났으므로 부부의 첫 열매인 장자는 하나님께 드려져야 했다. 장자로 태어나고 싶다고 태어나지는 것은 아니다. 그래서 성서는 장자 됨은 온전히 하나님의 권리이며 하나님의 결정이라고 말한다. 장자는 영적 지도자로서의 권리와 축복이 주어지고 유산의 몫도 두 배로 받는 물질적 축복을 받지만, 장자 자체는 하나님의 몫으로 간주된다(시105:36; 출22:29).

장자로 태어난 에서는 하나님께 바쳐져야 하는데, 그의 삶은 하나님께 바쳐진 맏아들의 삶이 아니었다. 오히려 아버지 이삭에게 바쳐진 삶이었다는 표현이 적절할 정도로 하나님께 드려진 장자다움은 찾아볼 수 없다. 에서가 장자로서의 권위와 자존심이 있었다면, 팥죽 한 그릇에 장자권을 팔라고 깐죽대는 동생을 꾸짖었을 것이며, 동생이 형의 장자권을 탐내는 일조차 발생하지 않았을 것이다.

배고픔을 참지 못해 죽 한 그릇을 먹고 장자권을 팔아버린 에서에게 당장 아무런 일도 일어나진 않았다. 그러나 이런 모습을 하나님께서는 다 지켜보고 계셨다. 이후에 성서는 에서가 장자의 자격이 없음을 더욱 부각시키고 있는데, 이는 40세에 두 명의 가나안 여인을 아내로 맞이한 일이다. 두 명의 이방 여자와 결혼한 이야기를 26장 끝부분에 배치함으로 27장에 야곱에게 축복이 돌아간 사건이 필연적임을 말하고 있다. 아내를 맞이하는 중차대한 일에 부모의 의견이나 동의를 구하지 않고, 오히려 부모에게 근심이 될 만한 여자들과 아무렇지도 않게 결혼하고, 한 해에 두 명의 여자를 아내로 맞이하고, 집안의 신앙적 색채는 고려하지도 않은 채, 자기 멋대로 육체의 욕망에 따라 결혼한 에서는 하나님의 축복권이 내려지기엔 너무나 타락해 버린 상태로 보인다는 암시를 하고 있다.

이렇게 에서가 이방 여인들과 결혼한 후 뒤이어 야곱이 축복받는 장면이 나오는 것은 에서가 아버지의 축복을 받기에 부족한 존재임을 알리면서 동시에 속임수를 써서 축복이 야곱에게 돌아가도록 한 리브가의 행위에 정당성을 부여한다.

야곱이 장자권을 빼앗아 간 것을 알게 된 에서는 소리 내어 통곡한다(창 27:34). 이 더듬거리는 말투는 에서의 충격과 고통을 잘 표현하고 있다. 에서는 야곱에 대한 축복이 무효가 될 수 없음을 알고 있다. 그렇기에 아버지에게 다른 축복을 요구하고 있는 것이다.

자신이 장난 취급하며 팔아넘긴 장자권에 대해 빼앗긴 책임을 오로지 야곱의 탓으로 돌리며 자기의 축복까지도 빼앗겼다며 억울함에 몸부림치며 자신에게도 축복해 달라고 소리 높여 울고 있다(창27:36). 모든 축복을 다 쏟아부어서 남겨진 복이 없음에도 가엾은 큰 아들 에서를 위해 이삭은 마지못해 축복하는데, 그러나 축복의 내용을 보면 축복이 아니라 저주같이 느껴져 안타깝다. 야곱에게 빌어 준 복의 반대되는 것들이 에서의 축복 아닌 축복이 된 것이다. 그는 기름지지도 않고 비도 잘 내리지 않는 땅에서 칼을 의지하며 살게 될 것이며 아우를 섬길 것이라는 내용이었다(창27:39-40).

졸지에 서열이 뒤바뀌고 아우를 섬기고 살게 된다니 기가 막힐 노릇이다. 에서는 아버지가 야곱을 축복한 그 축복으로 말미암아 야곱을 미워하게 된다. 에서가 이 축복 사건 이전에 야곱을 미워했다는 기록은 없다. 이제는 야곱을 미워하여 죽이려는 마음을 먹는다. 그런데 지금 당장 죽이는 것도 아니고 아버지 이삭이 죽고 난 뒤에 죽이겠다고 한다(창27:41). 당장 죽여도 시원찮을 미운 동생 죽이기를 언제인지 알 수 없는 때로 미루는 것도 이상하다. '내 아우 야곱'이라고 자신이 죽일 동생을 부르는 것도 너무 다정한 말투다.

이러한 정황들을 볼 때, 에서는 잔인하고 흉폭한 자가 아니라 단순하고 성미급한, 생각 없이 용감하기만 한 사내로 보인다.

인간적 관점에서 살펴보면 에서는 자신이 믿고 사랑하는 가족에게 속임 당하고 이용당하고 자신의 권리까지 빼앗긴 것이다. 친밀한 관계의 사람에게 상처받고 배반당한 아픔은 상상할 수 없는 고통을 안긴다. 어머니와 동생이 자신의 존엄성을 짓밟고 농락한 일은 에서에게 분노와 슬픔을 안겨 주었을 것이다. 에서의 절규와 분노는 인간적이며 도덕적으로도 문제가 없다.

가족들이 자신을 벼랑 끝에 내몰며 밀어 떨어뜨리려 했는데도 에서는 극단적인 분노 표출이나 원망, 혹은 자기혐오에 빠지지 않았고, 자신에게 몹쓸 짓을 저지르고 달아난 동생을 쫓아가 위협을 가하지도 않았다. 마음에 분노를 품기는 했으나 그것을 실천하지는 않았다. 에서는 한없이 억울하기만 한 그 상황을 자신의 방법대로 나름 잘 이겨 내었다.

사실 에서의 입장에서 야곱을 용서하기가 쉬운 일은 아니다. 장자 축복권 강탈은 에서에게는 뼈를 깎는 후회와 통한의 사건이다. 그가 받은 심리적 외상은 트라우마로 남아 그의 일생에 영향을 미쳤겠지만, 에서는 통곡 한 번으로 모든 것을 흘려보낸 듯하다.

거짓말을 식은 죽 먹기처럼 하는 야곱과는 달리 한 번도 거짓말을 하지 않은 에서는 세상적 관점에선 야곱보다 나은 사람일 수 있다. 태어나기도 전에 정해진 형제 서열이 동생의 속임수로 뒤바뀔 수 있다는, 상상도 할 수 없는 일이 벌어져서 결국 축복권을 상실한 황망한 상황에 억울할 수밖에 없다. 그럼에도 불구하고 기분 내키는 대로 저지르는 영적 분별력 없는 에서의 행동들로 인해 안타깝게도 동정표조차 얻지 못한다.

말이 가지는 권위를 무시했던 에서가 아버지의 말에서 나오는 축복에 연연하는 것은 행동에 일관성이 없어 더욱 신뢰를 잃는다. 자기에게도 복을 빌어 달라고 울부짖었지만, 그 복의 근원이 하나님께로부터라는 인지도 없고, 복을 가벼이 여긴 것에 대한 회개의 모습도 없다. 그저 자기를 속인 야곱을 욕하며 탓할 뿐이다.

에서는 아버지의 관심과 사랑을 다시 회복하고 인정받기 위해 같은 혈통에 속한 이스마엘 집안 여자를 맞아들이는데, 마할랏은 에서의 큰 아버지인 이스마엘의 딸이다. 에서의 생각에 이삭과 리브가가 거절할 수 없는 집안의 여자를 선택한 것이다. 그러나 이삭과 이스마엘은 서로 좋은 감정을 가지고 있지 않았을 것이다. 이스마엘도 장자권을 빼앗긴 자로 에서와 같은 상황의 사람이라는 의미에서 적절치 못한 선택의 아이러니가 있다.

그런데 에서가 장자의 축복은 잃었지만, 물질적으로 비참하게 살았다는 기록은 없다. 오히려 풍요로운 지대에 정착해서 부유하게 살았다. 이후 야곱이 귀향길에 가져온 사과의 선물에 애착하지 않을 만큼 많은 재물을 소유했고, 400명의 무장한 장수들을 거느리고 에돔 왕국을 통치할 만큼 강력한 힘도 가지고 있었다. 후손들도 강성해서 이스라엘이 그 아래 있기도 했으니(역하 20:10-11) 세상적 관점에서 보면 현세적 축복은 에서가 오히려 더 받은 것이다.

하나님이 야곱을 선택하셨다고 에서를 버리신 것은 아니다. 하나님의 돌보심 속에 에서는 한 민족의 창시자로 하나님께로부터 많은 축복을 받았다. 하나님의 선택은 선택한 자를 구원의 도구로 사용하시는 것으로 선택과 축복은 별개의 것이다. 야곱을 선택한 것도 그를 구원의 도구로 삼아 이스라엘의 열두 부족을 세우시기 위한 것이다. 야곱의 도덕성이나 인품과는 상관없이 태어나기도 전에 이미 선택되었다.

미드라쉬 전승은 에서를 효자로 기록한다. 야곱이 떠난 후 에서는 늙고 눈먼 이삭을 극진히 보살폈고 하나님이 그 효심을 높이 사서 물질적 축복을 내려 주셨다고 한다.

장자의 명분을 가볍게 여긴 에서의 선택은 통곡이란 허무한 결론에 이르지만, 더 큰 비극은 동생에게 속아 장자의 축복을 잃어버린 조롱받는 자로 남았다는 사실이다. 하나님은 당신의 약속을 업신여기는 자를 미워하신다(말 1:3; 히12:16-17).

18강 야곱 2 (창 28-29장)

야곱이 본 사닥다리 (창 28:10-22)

야곱은 집에 있기를 좋아하는 조용한 사람이었지만, 형 에서의 장자 축복권을 탈취하고 난 후 형에 대한 두려움 때문에 도망자 신세로 집을 떠난다. 집을 떠나온 명분은 하란에 살고 있는 외삼촌 라반의 집에 가서 아내를 구한다는 것이다.

빈털터리 도망자가 되어 떠난 길은 100여 년 전 아브라함이 떠나 온 길을 거꾸로 걷는 여정이다. 두려움과 낙담 속에서 지친 몸을 이끌고 걸어 온지 삼일 정도 지났을 때 루스에 잠시 머물게 된다.

당시의 여행자들이 그러하듯이 야곱은 자신의 옷을 이불 삼고 돌을 베게 삼아 잠을 청한다. 들판에서 홀로 밤을 지새우는 것은 추위와도 싸워야 했지만, 맹수 혹은 강도가 나타날지도 모르는 위험한 일이었다. 야곱이 인근 마을을 찾지 않고 광야에서 밤을 보낸 이유는 축복을 가로챈 행위로 인해 증오심이 불타는 에서가 쫓아와 마을을 뒤질지도 모른다는 공포감과 장자권 강탈에 대한 소문이 인근 마을에 퍼졌을지도 모르는 불안감 때문일 것이다.

밝은 해는 사라지고 어두운 밤은 야곱의 신세를 대변하는 듯 처량하고 공포스럽게 다가와 두렵고 심란한 마음에 잠을 이룰 수 없다. 야곱은 거칠고 차디찬 땅바닥에 돌 하나를 베개 삼아 잠을 청했다. 부유한 집안에서 태어나 장막에만 거하면서 부족함 없이 자란 야곱이 처음 겪는 고생인 것이다. 장자권을 탐내 아버지를 속이고 축복을 받아냈지만 정작 물려받은 유산은 하나도 없이, 빈손으로 쫓기듯 집을 떠나 들판의 방랑자가 되어버린 야곱, 어두움이 깔리는 시간, 비참한 심정으로 돌 베게에 머리를 기대고 누웠지만 밀려오는 회한과 미래에 대한 막막함, 불안감에 쉽게 잠이 오지 않는다.

외삼촌 라반이 아직 하란에 살고 있을지, 축복을 강탈한 일에대해 이야기해야 할지, 발 없는 말이 천리를 간다고 이미 외삼촌이 소문을 들은 것은 아닐지, 사실대로 말하면 외삼촌이 딸을 자신의 아내로 내어 줄지, 지참금도 없이 아내를 구할 수나 있을런지…잡다한 걱정이 끊임없이 밀려오는 고통스러운 잠자리였을 것이다.

이때 야곱은 인생에서 처음 겪은 고통의 시간 속에서 특별한 체험을 하게 된다. 하란으로 가는 기나긴 여정 중에서 이날 밤의 특별한 경험은 야곱의 인생에 새로운 의미를 부여하고 야곱의 성품이 변화되기 시작하는 출발점이 된다.

야곱은 꿈을 통해 처음으로 하나님을 만나는 경험을 한다. '꿈'은 특별히 구약시대에 하나님께서 당신의 뜻을 계시하는 수단으로 사용하셨다(창 28:12). 꿈의 내용은 거대한 사다리가 외롭고 처량한 신세로 전락해 두려움과 무기력함에 잠겨있던 야곱이 누운 그 자리에 찾아와 우뚝 서 있는 것이다.

'사다리'(סֻלָּם, 술람)는 성서에 단 한 번밖에 나오지 않아 어원이 확실하지 않은데 '계단'으로 번역되기도 한다. 그가 베고 잤던 베개가 계단이 되었다.

이 꿈은 하늘과 땅을 잇는 계단, 오르락내리락하는 하나님의 사자들, 주권자로 위에 계시는 여호와, 이렇게 세 가지를 보여 준다. 이 사다리는 땅에서 출발해서 하늘에 닿아 있었다. 하나님의 사자들이 야곱의 비참한 상태와 간절한 소망을 땅에서부터 하늘로 실어 나르고, 하나님의 위로와 약속을 야곱에게 전하기 위해 하늘로부터 내려온다. 오르락내리락하는 하나님의 사자들은 신적 영역과 인간적 영역 사이를 오가며 하늘과 땅을 연결한다. 이는 하나님께서 약속의 땅과 야곱을 돌보신다는 의미를 내포한다.

그리고 사다리 꼭대기에 서 있는 여호와를 목격하는데, 그분은 자신을 이삭과 아브라함의 하나님으로 소개하고 그들에게 주어진 약속들이 야곱에게도 실현될 것이라고 축복하신다.

약속의 말씀은 많은 후손과 땅을 주시고, 야곱의 후손을 통해 다른 종족들도 혜택을 입게 되고, 하나님이 언제나 함께하고 고향으로 돌아오게 하실 것이라는 말씀이다(창28:13-15).

이 중에서도 '너를 떠나지 아니하리라'는 동행과 보호의 말씀은 도망자였던 야곱에게 가장 절실하고 값진 약속이다. 야곱은 하나님이 나를 온전히 다 알면서 나를 벌하기보다 돌보아 주고 싶어 애쓰는 분임을 발견한다. 야곱은 부모들의 신앙과 그들의 종교적인 경험을 알고 있었지만 이제야 처음으로 하나님과 직접 대면한 것이다. 이 사건이 야곱과 하나님과의 첫 번째 대면이다. 꿈에서 깬 야곱은 탄성을 지른다. 하나님의 임재에 대해 야곱은 엄청난 경험을 한 것이다.

"여호와께서 과연 여기에 계시거늘 내가 알지 못하였도다 이에 두려워하여 이르되 두렵도다 이 곳이여 이것은 다름 아닌 하나님의 집이요 이는 하늘의 문이로다 하고" (창28:16-17)

두려움이란 단어가 두 번 반복되며 야곱의 두려움이 매우 큼을 나타낸다. 두려움을 느낀 야곱의 반응은 하나님이 아브라함과 이삭에게 현현하셨을 때, 그들이 보인 반응과는 다르다(창12:1; 15:1; 17:1; 22:1; 26:2). 아마도 그가 갖은 두려움은 아버지와 형에 대한 잘못을 깨달음으로 시작된 두려움일 것이다. 아담과 하와도 범죄 한 후 하나님의 임재를 두려워했다(창3:10). 하나님의 임재와 더불어 야곱은 자신이 죄 많은 피조물임을 깨닫는다(사6:5; 눅5:8). 이 두려움은 자기 목숨을 부지하려고 형을 피해 도망하는 자신의 도피와도 잘 어울리는 감정이다.

잠자기 전에는 평범했던 한 장소가 잠에서 깨어난 후에는 하나님을 만난 특별하고 두려운 장소가 되었다. 야곱은 자신이 누웠던 장소인 '루스'(לוז)에 새로운 이름 '벧엘'(ביתאל, 하나님의 집)을 부여한다. 야곱이 하나님의 집이라 명한 곳은 허허벌판이지만, 하나님을 인격적으로 깊이 만난 그 자리야말로 '벧엘' 곧 하나님의 집이 된 것이다.

그리고 야곱은 베고 잤던 돌을 기둥으로 세우고 거기에 기름을 부었다. 돌 제단 앞에서 서원 기도를 드리는데, 야곱의 이 서원에는 조건이 붙어 있어서 하나님과 거래하고 있다는 부정적인 견해가 있다. 에서나 이삭과 거래하던 습성을 버리지 못하고 옛사람의 습관이 다분히 남아있었다고 보기 때문이다.

또한 감사의 말이 없다는 것에도 주목한다.

"야곱이 서원하여 이르되 하나님이 나와 함께 계셔서 내가 가는 이 길에서 나를 지키시고 먹을 떡과 입을 옷을 주시어 내가 평안히 아버지 집으로 돌아가게 하시오면 여호와께서 나의 하나님이 되실 것이요 내가 기둥으로 세운 이 돌이 하나님의 집이 될 것이요 하나님께서 내게 주신 모든 것에서 십분의 일을 내기 반드시 하나님께 드리겠나이다"(창28:20-22)

하나님은 이미 야곱의 하나님으로 야곱의 허물과 관계없이 무조건적으로 그를 보호해 주시고 살펴줄 것을 약속했다. 그렇다면 야곱도 하나님의 무조건적인 사랑에 응답하여 하나님을 섬기면 된다. 하지만 거래와 흥정을 하는 듯한 야곱의 말투로 인해 하나님의 무조건적인 축복을 야곱은 조건적 축복으로 만들어버렸다.

야곱은 하나님의 약속을 재확인하면서 그 약속대로 성취시켜줄 경우 하나님을 자신의 하나님으로 삼고 십일조를 바치겠다 한다. 이 서원에는 야곱 자신이 체험한 후에 하나님을 모실지 아닐지를 결정하겠다는 의도가 전제되어 있다. 야곱은 주님께서 '이곳'에 계실 뿐 아니라 '자신'과 함께 계신다는 사실을 아직 깨닫지 못하고 있다.

실상 야곱이 하나님의 축복을 얻기 위해 해야 할 일은 아무것도 없다. 그저 놀라운 선물이요 신비스러운 은총 앞에서 감사드리면 그만이다. 그런데 야곱은 하나님의 마음보다는 세상 적인 관점에서 은총을 재해석하고 있기에 하나님의 무 조건적인 축복을 값싼 조건적 축복으로 만들어버린 것이다.

야곱은 자신이 여호와께 드릴 예배를 그분의 약속을 성취하는 조건으로 만든다. 이는 아브라함과 이삭의 언약에서 보여준 순종과는 다른 모습이다. 그러나 하나님은 야곱의 서원을 받아들이셨다. 더구나 야곱의 십일조에 대한 서원은 하나님께서 주신 모든 것에서라는 전제조건이 붙지만, 그럼에도 불구하고 이는 그의 변화된 모습을 알 수 있게 해준다. 야곱은 더 이상 움켜쥐는 자가 아니다. 이제는 드리고, 바치고, 줄 줄 아는 자로 변화되고 있다.

야곱이 신비로운 꿈을 꾸고 난 후 외적으로 변화된 것은 없다. 여전히 황량

한 벌판에 홀로 남아있고 도망자 신세이며, 앞날은 불투명한 상태다. 그러나 내면에는 큰 변화가 일어났다. 꿈을 꾸고 난 후 그 모든 두려움과 염려가 다 사라졌다. 함께하신다는 하나님의 약속을 들은 후 그의 내면은 밝은 희망과 깊은 평화, 그리고 활기로 가득하게 되었다.

야곱은 더이상 목적 없이 떠돌아다니는 도망자가 아니다. 그동안 하란으로 가는 실제적 이유는 에서를 피하기 위해서였다. 핑계거리로 삼은 것이 동족 여인을 만나 결혼하기 위한 것이다. 그런데 이제 배우자를 만나는 것이 그의 거룩한 사명이 되었다.

야곱은 그 꿈을 현실화시키며 귀하게 여김으로써 보다 나은 삶을 향해 용기 있는 발걸음을 내딛는다. 야곱이 꿈을 꿈으로 흘려버리고 돌기둥을 세우고 기름 부으며 하나님께 예배드리지 않았다면, 그의 삶은 도망자의 비참함에 머물러 버렸을 수도 있다. 그러나 그는 작은 제단을 쌓고 예배드림으로 더욱 하나님과 가까워졌으며 자신의 삶믈 다른 시각으로 보게 된 것이다

야곱은 에서와의 갈등으로 약속의 땅을 떠나 이방 땅으로 갔다. 야곱의 여정을 통해 하나님의 언약 백성이 된다는 것은 무엇을 의미하는지 발견할 수 있다. 택한 백성을 통해 자신의 규칙을 확립하시는 하나님은, 하나님의 섭리를 통해 야곱에게 축복을 주시기 위해 야곱의 인생 속으로 들어오셨다. 이제 야곱은 하나님의 약속 성취를 위한 도구로 사용될 것이다. 그의 믿음은 인생의 장애물을 극복해 냄과 더불어 성숙해져 갈 것이며 고난을 이겨내며 경건의 모양도 갖춰질 것이다.

우리는 우리가 머무는 그 어떤 자리라도 벧엘로 만드는 사람이 되어야 한다. 우리가 있는 이 자리를 하나님의 집으로 부를 수 있어야 한다. 하나님은 언제나 우리와 함께하시는 임마누엘의 하나님이시기에 우리가 머무는 자리가 모두 벧엘인 것이다.

라헬을 향한 끝없는 사랑 (창 29:1-20)

야곱은 하란에 도착하자마자 우물가로 향한다(창29:1-3). 고대 사회에서 우물의 역할은 사람과 짐승들이 목을 축이는 생명 보존의 원천으로 광야 생활을 하는 유목민에게 필수적이며, 친분 관계를 형성하는 만남의 장소로 삶의 다양한 사연과 아픔, 고통을 함께 나누고 위로받는 자리이다.

야곱은 우물가에서 한 무리의 양치기를 만난다(창29:4-7). 그들이 라헬이 온다고 말하자, 라헬을 본 야곱은 즉시 양치기들에게 지시하는 말을 한다. "아직 대낮이 아닙니까? 가축들을 모아들일 시간도 아닌데 왜 양 떼에게 물을 먹이고 가서 풀을 뜯지 않습니까?" 평소 야곱답지 않은 모습이다. 늘 장막에 머물러 온 그가 자기 집안의 양치기도 아닌 처음 보는 사람들에게 대놓고 훈계를 한다.

야곱이 이런 말을 한 이유는 우물로 오고 있는 외사촌 라헬의 아름다운 모습을 바라보면서 첫눈에 반해버려 이미 흥분하고 있었던 것이다. 히브리어 원문엔 "야곱이 (그녀를) 보았다. 그리고 그가 보니 들판에 우물이 있었다"(창29:10)고 말한다. 라헬과 단둘이만 있고 싶어서 양치기들에게 눈치를 주며 빨리 자리를 뜨라고, 대담하게 충고하지만, 그들은 우물가에서 시간을 보내는 것이 게으름이 아니라 우물 사용과 관련된 규정 때문임을 밝힌다(29:8-10). 하란은 물이 귀한 곳이기에 한 방울의 물도 아끼기 위해 일정한 숫자의 양들이 모였을 때만 우물의 물 뚜껑을 옮기고 물을 먹일 수 있었다. 아직은 그 숫자가 되지 않았으므로 목동들이 기다리고 있었던 것이다.

라헬(רחל)이 양 떼를 몰고 나타났다. 그녀의 이름의 뜻이 '어린 암 양'인데 어린 암 양이 양 떼를 몰고 온 것이다. 당시 여자 목자는 흔히 볼 수 없는 일이다. 라반이 아들이 없는 것도 아닌데, 딸에게 양을 치게 한 이유를 알 수는 없지만, 라헬이 남자들과 더불어 양을 칠만큼 힘도 좋고 건강하고 당당한 성격의 여인이었음을 미루어 짐작해 볼 수 있다.

그런데 야곱은 라헬이 도착하자마자 우물가로 급히 내려가 돌 뚜껑을 연다. 양들이 다 모인 것인지 아닌지도 알 수 없는 나그네 주제에 우물 뚜껑을 연 것이다. "목자들이 우물 아귀에서 돌을 옮겨야"라는 표현에서 알 수 있듯이 야곱은 한 사람의 힘으로는 굴려 내기 어려운 큰 돌 뚜껑을 혼자 힘으로 열었다. 이는 야곱이 아주 건장한 사내임을 가리킬 수 있지만, 첫눈에 반한 여성 앞에서 힘자랑을 하며 남성미를 뽐내고픈 마음을 드러낸 것이다. 야곱은 육체적 괴력을 발휘하며 열정적으로 라헬에게 자신의 남성미를 과시한다.

야곱이 라헬에게 아주 반갑게 인사하는 것은 목자들이 그를 맞을 때 보인 차가움과 대조를 보인다. 야곱은 지금 이순간 처음 마주한 라헬에 대해 아무것도 알지 못했지만, 그는 자기 눈에 좋은 대로 마음이 끌리는 대로, 육적이며 감정적이며 감각적인 것을 우선시하여 영적인 것은 둔감해져 버린 모습을 보인다.

야곱은 기습적으로 라헬에게 입을 맞춘다(창29:11, 12). 입맞춤이 친족간의 관례적 인사라 할지라도(창29:13; 31:28, 55) 사촌에게 입 맞추기 전에 먼저 자신을 소개했어야 한다. 낯선 남자가 처음 본 처녀를 갑자기 껴안아 입 맞추는 것은 예나 지금이나 정상적인 절차는 아니다. 그리고 몸과 마음이 지칠 대로 지친 야곱은 라헬 앞에서 안도감을 느꼈는지 밀려오는 기쁨과 벅차오르는 행복감에 겨워 울음까지 터진다.

아브라함의 종은 이삭의 신부 리브가를 만나러 갈 때 하나님께 기도하며 인도하심에 의지했기에 하나님의 예비하심대로 일사천리로 잘 진행되었지만, 야곱의 신부 구하기는 야곱 자신의 육신의 힘과 능력으로만 진행된다. 하나님의 도움을 구하거나 기도하지 않기에 표면적으로 잘되어지는 듯 보여지지만 결국 길고도 험난한 세월과 질곡의 삶을 겪게 된다.

아브라함의 종이 하란에 이삭의 신부를 구하러 왔을 때 나그네인 그에게 물을 주고 약대에게 물을 먹인 사람이 리브가였는데, 지금은 나그네 야곱이 라헬의 양 떼에게 물을 먹이고 있다. 두 경우 모두 미래의 신부가 우물가로 왔지만 리브가와의 결혼이 바로 정해진 반면, 야곱이 라헬과 결혼하는 데는 7년이 넘는 시간이 걸렸다.

외삼촌 라반은 달려나와 야곱을 영접하나 곧 실망한다. 라반은 아브라함의 늙은 종 엘리에셀이 찾아 왔을 때, 그가 가져온 선물을 한눈에 점검한 사람으로 지극히 속물적이고 교만하고 탐욕스러운 사람이었다. 이런 라반이 부잣집으로 시집간 누이의 아들이 나타났다는 소식을 들었을 때 그가 가져온 선물을 기대하며 얼마나 흥분했을지 짐작이 간다. 즉시 달려가 야곱을 껴안고 입 맞추었지만, 그 포옹은 일순간에 끝나 버린다. 선물을 가득 실은 약대도 보이지 않고 누추한 모습으로 혼자 나타난 야곱을 보고 실망한다. 야곱은 신부를 구하러 왔으면서도 지참금이나 선물도 없이 지팡이 하나 달랑 들고 빈손으로 라반의 집에 왔다. 신부를 구하러 왔다면서 이처럼 비상식적인 모습을 하고 있는 야곱은 라반의 환대를 받을 수 없는 것이 당연하다.

계산적인 라반이 혈육에게 베풀 수 있는 최대의 호의 기간은 한 달이었다. 그동안 야곱은 첫눈에 반해버린 라헬을 향한 마음을 감추지 못했다. 교활한 라반이 한 달 동안 유심히 살펴보니 야곱이 유능한 일꾼임을 간파했다. 자기 딸 라헬을 사랑하는 마음을 이용하면 얼마든지 자기 밑에 잡아두고 실컷 부려 먹을 수 있음을 파악한 것이다. 능력 있는 야곱은 라반에게 금에 못지않은 가치가 있었다.

라반은 야곱이 조카지만 어떻게 삯도 주지 않고 일을 시킬 수 있느냐고 말한다. 그러나 그의 말로는 정의로운 척 자신을 포장하고 있지만, 탐욕을 감춘 교활함이 숨어 있다. 야곱을 조카가 아니라 종으로 부려 먹으려고 작정을 하고 묻고 있는 것이다. 라헬에게 눈멀어 있는 야곱을 길들여 부려먹기는 라반에겐 식은 죽 먹기와 같은 일이기 때문이다.

"품삯을 말하라"(창29:15-18)는 라반의 말에, 뜬금없이 라반의 딸들에 대한 묘사가 나온다. 이는 라반의 집에 오게 된 야곱의 목적을 환기 시키는 것이다. 또한 두 딸에 대한 이야기가 라반의 질문 뒤에 언급된 이유는 빈손으로 신부를 구하러 온 야곱에게 라반이 요구하는 지참금이 야곱의 품삯이기 때문이기도 하다.

"레아는 시력이 약하고"(עיני רכות, 에네 라코트)는 '눈'(עין, 아인)과 '연약한, 조용한'(רכות, 라코트)의 형용사가 합쳐진 말로 히브리인의 감각에서 해석하면 시력이 나쁜 것이 아니라 조용하고, 부드러운 눈매의 소유자로 정적인 미를 표현한 것이다. 라헬보다 외모가 못생겼다는 것이 아니라 레아의 아름다움과 라헬의 아름다움이 다르다는 표현이다.

"라헬은 곱고 아리따우니" 라헬에 대한 성서 기자의 묘사는 직설적이고 대담하다. 부드러운 눈으로 상징되는 레아의 내적 아름다움과 눈에 보이는 외적 아름다움을 갖춘 라헬이다. 야곱이 라헬을 사랑했다는 두 번의 표현(창 29:18, 30)에서 라헬의 외적 아름다움에 야곱은 이미 마음을 빼앗겼음을 볼 수 있다.

"야곱이 라헬을 더 사랑하므로 …"(창29:18)
"… 라헬을 사랑하는 까닭에 칠 년을 며칠 같이 여겼더라"(창29:20)
"… 그가 레아보다 라헬을 더 사랑하여 다시 칠 년 동안 라반을 섬겼더라"(창29:30)

7년이란 기간을 제의한 사람은 라반이 아닌 야곱이었다. 라헬을 위해 7년을 봉사할 각오를 하고 있는 야곱에게 7년은 그의 애정의 크기를 보여 준다. 고대 근동의 약혼은 돈을 주고 신부를 사야 했다. 이는 신랑의 집에서 신부의 집으로의 자본 이동이었고 구약성서는 결혼 지참금의 최고 한도를 50세겔로 정하고 있다(신22:29). 7년은 신부의 몸값으로 상당한 기간으로 라헬을 얻기 위해 야곱은 라반이 감히 거절할 수 없는 제안을 한 것이다. 그럼에도불구하고 야곱에게 있어 7년이라는 종살이는 라헬을 위해서 우물 뚜껑 굴리는 것만큼 쉽게 느껴지는 일이었다. 7년을 기쁘게 보냈을 뿐만 아니라 지속적, 헌신적인 사랑으로 일관했다.

이에 라반은 기꺼이 이 값비싼 제안에 동의한다. 야곱은 분명히 "외삼촌의 작은 딸 라헬"이라고 밝혔지만 그는 "그를 네게 주는 것이 타인에게 주는 것보다 나으니"라고 애매하게 말하면서 결코 '그녀'가 누구인지 라반은 확실히 밝히지 않는다. 아마도 야곱이 라헬을 위해 7년의 봉사를 마치기 전에 큰딸인 레아가 다른 누군가와의 결혼이 성공할 것을 희망하면서 라반은 애매한 표현으로 자신의 선택의 폭을 열어두고 있다. 이렇게 라반의 친절을 가장한 음흉한 속임수는 이후 20년의 세월 동안 야곱을 괴롭히게 된다.

야곱은 세속적인 부와 성공을 위해 집념을 불태웠지만 동시에 첫눈에 반하여 변함없이 사랑한 라헬을 위해 무려 14년이란 긴 세월을 희생할 만큼 사랑에 집착하는 사람이었다. 야곱은 왜 라헬을 향해 그토록 집착에 가까운 사랑을 보였을까? 그녀가 아름답기 때문이라는 말로는 적절한 답이 되지 않는다. 야곱은 자신의 생애 동안 오직 자신만을 사랑해주던 소중한 어머니를 보지 못하게 된 상태였다. 아름답고 씩씩하며 진취적이고 도발적이기까지 한 라헬은 자신의 어머니를 떠올리게 하는 사람이었을 것이다. 라헬을 사랑하는 야곱의 집착 행동은 애정 결핍의 돌파구로 삼는 듯 여겨진다. 너무 사랑하게 된 라헬을 얻기 위해서라면 스스로를 속박하여 라반의 노예가 된다 해도 좋을 만큼 미쳐 있었다. 소유욕에 가까운 집요한 야곱의 사랑은 자신의 것이 될 때까지 계속된다. 그런데 흥미로운 점은 야곱이 라헬을 얻기 위해 치른 값이 야곱의 육신으로 하는 노동이라는 점이다. 야곱이 육신의 눈으로 반해버린 라헬을 얻기 위해 야곱은 자신의 몸을 내어주어야만 했다.

야곱의 신부 구하기의 과정은, 아브라함의 종이 이삭의 신부 구하기와 비교된다. 지혜로우며 늘 기도했던 아브라함의 종과 달리 야곱은 아름다운 여인 라헬 외에는 그야말로 눈에 보이는 게 없는 지경이었다. 아내를 선택하는 데 있어서 야곱은 기도하지 않았고 영적 각성도 없으며 영적인 것보다 육적이고 감정적인 것을 우선하는 사람이었기 때문이다.

후에 야곱이 죽음을 앞두고 요셉에게 복을 내릴 때도 라헬에 대한 변함없는 그리움을 회상한다. 라헬이 낳은 요셉을 축복하며 라헬의 한 부분으로 여기고 있었다. 야곱의 사랑은 죽음에 이르기까지 변함없었다.

남녀 간에 쉽게 만나고 헤어지는 오늘날의 세상 풍토에서 보면 지극한 야곱의 사랑이 주는 감동이 있다. 야곱의 사랑에서 성실함, 오래 참음, 불의함을 견딤, 섬김, 계산 없음, 무조건적인 헌신, 변함없음을 배운다. 사람과 사람 관계에서 야곱의 사랑이 있다면 어떤 어려움도 능히 이겨내는 사랑이 될 것이다.

예수님은 사랑이 식어지는 현상이 세상 끝의 징조라고 하셨다. 실속이 우선인 계산적인 사랑, 자기희생이 없는 이기적 사랑이 당연시 여겨지는 시대에,

라헬을 향한 지고지순한 사랑이 현실감 없이 느껴짐은, 지금 이 순간 세상이 개인주의와 이기심의 끝을 향해 치닫고 있기 때문은 아닐까. 사랑의 핵심은 행복이 아니라 자기희생과 고통을 감당함이거늘, 바로 이것이 두렵기 때문에 야곱의 사랑은 도무지 흉내 낼 수도 없는 사랑이 되어가는 현실이다.

엉망이 된 야곱의 결혼식 (창 29:21-30)

노예와 같은 7년의 세월을 채운 후 야곱은 "내 아내를 내게 주소서"라고 라헬이 아니라 자기 아내를 달라고 라반에게 요구한다. 이미 라헬은 공식적으로 야곱의 약혼자로 간주된 것이다. 당시 약혼 기간은 함께 살지는 않지만, 법적으로 부부와 마찬가지다.

"내가 그에게 들어가겠나이다"에서 '들어가다'(בֹא, 보)는 '가다', '도착하다'란 의미와 함께 '성관계를 맺다'는 뜻도 갖고 있다. '저는 그녀와 눕고 싶습니다' 야곱은 간단명료하고 단도직입적인 요구를 한다. 이는 라헬을 얻기 위한 7년의 무료 봉사기간 동안 장인 라반의 야비한 성품을 익히 알게 되었기 때문이다. 야곱의 7년의 봉사는 종살이나 다름없었다. 야곱은 라헬을 얻기 위해 교활한 라반의 눈에 나지 않으려 열심히 성실하고 완벽하게 일했을 것이다.

야곱의 요구에 라반은 풍성한 결혼 잔치를 베푼다. 결혼선물로 몸종을 주었는데, 이는 딸이 출가할 때 함께 가도록 규정되어 있을 뿐 아니라 임신하지 못하는 여주인 대신에 아이를 낳아 주기까지 할 여종이다. 라반이 출가하는 자기 딸의 결혼선물로 몸종만 준 것을 보아도 그의 인색함을 알 수 있다. 라반의 누이 리브가를 출가시킬 때 유모, 종들까지 함께 보냈던 사실과 비교된다.

결혼식 저녁에 신부가 얼굴과 몸을 모두 가리는 베일을 하고 신랑을 맞이했다. 눈이 어두운 아버지를 속여 장자의 축복권을 받은 야곱은 밤새 자기

옆에 누워있는 신부가 누구인지도 모르는 눈먼 자가 되어 원하지 않은 신부를 맞아 사랑을 나눴다. 에서인 척하고 장자권을 갈취한 야곱이 라헬인 척하는 레아와 초야를 치렀는데, 이는 속이는 자가 속임을 당한 것이다. 야곱은 아버지 이삭에게 동생인 자신을 형이라고 속였는데 지금 라반이 야곱에게 형을 동생이라고 속이는 일이 벌어진 것이다.

야곱은 설마 신부가 바뀌리라 상상하지도 못했을 것이며, 베일을 쓰고 있는 신부의 모습을 분간하기도 어려웠다. 라반의 계획에 동참한 레아가 라헬처럼 처신했거나, 7년의 기다림 끝에 맞이한 결혼식에 흥분한 야곱이 지나치게 술에 취해 인사불성 상태였거나 너무 어두운 신방에서 신부 모습을 볼 수 없었을 수도 있다. 성서는 이때 라헬의 상황과 반응에 대해서는 침묵한다.

7년을 하루같이 변함없는 성실함으로 오직 라헬 한 사람만을 얻겠다는 집념으로 버텨왔던 야곱의 헌신이 한순간에 묵살 당했다. 억울함에 목청을 돋우고 몸을 떨지만, 라반은 꿈쩍도 하지 않는다. 라반은 처음부터 신부 바꿔치기를 계획한 듯하다.

라반은 라헬을 줄 테니 다시 7년의 종살이를 야곱에게 제안하는데, 큰 아량을 베풀고 선심을 쓰듯 레아와의 초례기간 7일만 채워주면 라헬도 주겠다고 한다. 이는 바뀐 신부 레아에 대해 야곱이 무효선언을 하지 못하도록 만들기 위한 기간이며, 또다시 야곱의 노동력을 착취하려는 의도이다. 처음의 7년은 야곱이 먼저 제안한 기간이었다. 사실 7년 전 야곱이 라헬을 위해 라반의 집에서 일을 시작했을 때부터 그 지방에 두 사람이 약혼한 사이가 되었다는 소문이 파다하게 퍼져 있었을 것이고, 라헬은 야곱의 약혼녀 상태로 7년이나 있었기에 다른 누군가에게로 시집간다는 것은 이미 포기해야 할 처지였을 것이다.

라반도 그런 사정을 잘 알고 있었기에 라헬을 다른 곳에 시집보내는 일 따윈 생각조차 하지 않았다. 야곱이 7년을 채웠으니 라헬을 달라고 한 것은 라헬이 이미 야곱의 아내와 같은 취급을 받고 있었던 것임을 알 수 있다. 라헬은 결혼식도 못 치르고 첩과 같이, 언니의 결혼 잔치 마지막 날 야곱의 아내가 되었다. 7년을 기다렸던 사랑하는 사람과의 혼인이 도둑 신부의 계략으로 인해 팔려가는 신세처럼 전락하여 비참한 결혼식이 되어버린 것이다.

이스라엘의 결혼식은 7일간 진행되는데. 라반은 두 딸을 결혼시키며 당연히 두 번 치러야 할 결혼 잔치를 한 번에 연속으로 끝냄으로 엄청난 비용을 절약했다. 두 딸을 시집보내는 경비도 줄이고, 무상 노동력 7년을 다시금 쟁취한 것이다. 야비한 야곱이 더 야비하고 수완이 좋은 라반을 만나 14년의 시간을 갈취당하는 모습이다. 자신의 딸을 사랑하는 남자를 이용하기 위해 어떠한 수단이라도 쓰겠다는 아버지라는 이름조차 부끄러운 라반에게는, 자신의 둘째 딸 라헬의 마음이나 행복 따위는 안중에도 없는 일이다. 오직 자기 재산을 불리는 일에만 관심을 가질 뿐인 것이다. 신부 바꿔치기와 같은 황당하고 억울한 일을 당했음에도 여전히 야곱은 스스로의 힘으로 문제를 해결하려 한다. 야곱은 무릎 꿇고 벧엘에서 만난 하나님께 도움을 청했어야 했다.

야곱은 레아를 거절할 수도 있었지만, 둘 모두를 취한다. 이는 야곱이 이후 세겜 학살 사건에서 보듯 겁이 많고 타협적인 성격 탓인지 아니면 장자 권의 질서를 파괴한 죗값을 치르는 것이라 생각한 것인지, 그도 아니면 라반의 교활한 성격상 라헬을 얻기 위해선 이 방법밖에 없다고 생각했는지 알 수 없으나, 야곱은 라반의 제안대로 다시 7년간 종살이를 하겠다는 결정을 한다. 이것은 진정으로 야곱이 라헬을 사랑했음을 보여 준다.

야곱은 실제로 다시 7년을 더 봉사하지만 처음 7년과 같이 그 시간들이 '수일 같았다'(창29:20)라고 말하지 않는다. 7년간 많은 자녀들이 태어나지만 새로운 가족 안의 불만과 대립, 애증의 날들이 전개된다. 라반과 레아에 대한 야곱의 증오에 찬 분노는 기술되지 않고 단지 암시되어 있을 뿐이다. 어떤 결혼도 그처럼 나쁘게 시작되지는 못했을 것이다.

·언니를 꼭 먼저 시집보내고야 동생을 보내는 이러한 관습이 실제로 행해지던 일이었다 하더라도 이를 위해 신부감을 속여 신방에 들여보낸 라반의 철면피한 행위는 설득력이 없다. 그런데 야곱은 더이상 따지지도 않고 화를 내지도 않는다. 라반의 성격상 씨알도 안 먹힐 일이기도 하고, 아마도 장자권의 질서를 파괴하면서 속임수로 축복을 얻어낸 자신의 과거가 생각났기 때문일 것이다.

라헬은 자기만의 남자라고 생각한 야곱을 언니와 공유하게 된 상황을 받아들이기 힘들었을 것이다. 도둑 결혼으로 야곱을 빼앗아간 아버지에 대한 적개심과 본부인의 자리를 언니에게 빼앗긴 것이니 도둑 결혼을 공모한 언니에 대한 미움 또한 마음속에 자리 잡게 되었다.

레아는 아버지의 부당한 요구에 순종했다. 리브가와 야곱이 장자권을 위해 공모했듯이 라반과 레아가 공모한 것이다. 레아가 이 계획에 동참한 것은 그녀도 야곱을 짝사랑하고 있었음을 암시한다. 그러나 거짓과 속임수로 점철된 도둑 결혼의 주인공이 되어버린 레아에게 펼쳐질 앞으로의 결혼생활이 결코 행복하지 않으리라는 짐작을 할 수 있다.

레아는 야곱을 속이고 동생의 남편을 빼앗아 결혼했기에 그녀의 결혼생활은 남편의 사랑이 없는 메마르고 수치스럽고 비참한 나날이 된다. 마음에 없는 결혼생활은 서로를 피곤하게 한다. 마음이 온통 라헬에게 빠져버린 야곱에게 레아는 안중에도 없었다. 레아에게 앞으로 벌어질 결혼의 고통은 자업자득의 결과이고 라헬에겐 자기 것을 빼앗긴 억울함으로 더욱 불행한 결혼생활이 될 것이다.

일주일 만에 두 명의 아내를 맞게 된 야곱은, 일 년에 두 명의 이방 아내를 맞이해 욕을 먹었던 형 에서를 떠올리게 한다. 고의든 자의든 타의든 간에 결혼이라는 일생일대의 큰 결단을 요구하는 일이 이렇듯 손쉽게 이루어졌다는 사실 만으로도 준비되지 않은 결혼이 불러올 혼란과 무질서는 자명한 일이 된다. 야곱이 이룬 가정은 속임수로 시작되었으며 자매가 한 명의 남편을 차지하기 위해 벌일 경쟁과 질투는 불 보듯 뻔한 일이다. 앞으로 풍파가 멈추지 않고 파란만장한 일들이 벌어질 가정이다.

야곱의 지독한 사랑은 지독한 편애의 성격을 띠고 있다. 리브가의 편애를 받으며 성장한 야곱은 라헬에 대한 자신의 집착적 편애를 진짜 사랑이라고 여긴다. 오직 한 사람의 사랑만을 받으며 성장한 야곱은 오직 한 사람 라헬만을 사랑하며 파란만장한 결혼생활을 시작한다. 야곱이 14년을 투자해 얻은 라헬에 대한 사랑은 고된 노동도, 라반의 속임수도 초월하는 집요하게 불타는 사랑이었다.

그러나 엉망이 되어버린 야곱의 결혼을 바로 잡을 방법은 정말 없었던 것일까? 자신이 원하는 여인 라헬을 얻기 위해서라면 다른 여인을 더 얻게 되어도 문제없다고 여기는 것인지, 이러한 문제를 라헬과 합의하지 않고 진행해도 상관없는 것인지 의문을 갖게 된다.

고민할 사이도 없이 신속히 진행된 라헬과의 결혼은 야곱의 이기심을 교묘히 이용한 장인 라반이 빚어낸 결과물이다. 야곱은 레아와의 도둑 결혼 후 장인 라반에게 항의하는 것을 포기한다. 라반과는 어떤 대화로도 합일점에 이를 수 없다는 생각 때문이다. 그는 이때 자신의 능력으로 해결할 수 없는 문제를 하나님 앞에 내려놓고 기도했어야 한다. 그러나 교활한 라반의 제안을 무기력하게 받아들이며 불행한 결혼생활, 많은 아내와 많은 자식으로 인한 파란만장하고 혼란한 삶의 구덩이로 스스로 들어간 꼴이 되었다.

그런데 두 번의 결혼이 진행된 7일 동안 어느 누구도 라헬의 의사를 묻지 않는다. 라헬은 야곱과 결혼하지 않으면 누구도 결혼을 꺼리게 될, 이미 결혼한 사람과 다름없는 상태의 여자라 선택의 여지가 없는 불리한 상황이었기 때문이다.

원하는 것을 얻는 것만이 인생의 목표가 되면 주변을 돌아볼 마음의 여력을 갖지 못한다. 달리는 말에게 눈가리개를 하여 앞만 보고 달릴 수 있도록 하듯이 목표지향적인 사람들이 흔히 범하는 오류는 과정에 대한 의미를 중요시하지 않는다는 점이다.

야곱에겐 오로지 라헬에게만 생각과 행동이 집중되어 있어서 라헬만 얻으면 자기 안의 모든 결핍이 채워질 것이라는 착각이 더욱 집요한 집착으로 이어지고, 어떠한 대가를 치르더라도 얻고야 말겠다는 생각을 하게 된 것이다.

또한 엉망이 된 결혼의 주된 책임자인 아버지 라반에게 있어서 라헬과 야곱의 심정이나 결혼의 정당성 따위는 어떻게 되어도 상관없었다. 그에게는 성실하고 유능한 일꾼 야곱을 잡아두기 위한 수단으로 라헬이 필요할 뿐이다. 오직 자신의 재산 불리기에만 관심이 있는 그는 아버지나 외삼촌의 의무와 역할이 없는 악덕 고용주에 불과한 사람이다.

야곱이 일주일 만에 두 여자와 결혼한 일은 결혼에 대한 입체적인 이해와 도덕적 양심이 없기에 벌어진 일이다. 삶과 결혼에 대한 성숙한 이해와 성찰하는 능력이 있었다면 모두가 상처받는 불행하고 황당한 결혼이 이루어지진 않았을 것이다. 그러므로 야곱의 엉망이 된 결혼과 이후 결혼생활은 이기적이고 독선적인 두 남자가 자기만족만을 추구함으로 빚어진 불행이었다.

19강 레아 (창 29-30장)

레아를 돌보시는 하나님 (창 29:31-35)

미드라쉬(Midrash)는 레아의 시력이 좋지 않은 이유가 결혼을 위하여 밤낮으로 눈물 흘리며 기도한 까닭이며, 그래서 하나님이 레아의 기도를 들으시고 허락하신 것이라 전한다. 결혼식 날 밤, 사람들이 신부를 데리고 오면서 불을 모두 꺼버려 캄캄해서 아무것도 보이지 않아 야곱은 신부가 라헬이 맞냐고 물었는데 사람들이 라헬이라 했다고 전한다. 레아도 라헬을 부르는 야곱의 음성에 라헬인 것처럼 대답했고, 라헬은 그날 밤 아버지에 의해 다른 곳으로 보내졌으며 레아가 초야를 치른 후 돌아왔다고 전한다.

아버지 라반의 신부 바꿔치기로 인하여 야곱의 아내가 된 레아는 야곱이 라헬을 얻기 위해 일했던 7년의 세월을 헛되게 만들었다. 레아를 맞이한 대가로 야곱의 7년의 세월이 지참금으로 치러졌기 때문이다. 다시 라헬을 얻는 대가로 7년의 세월을 더 라반의 노예로 지내야 하는 야곱을 보며 레아는 어떤 마음이었을까? 그렇게라도 붙잡아 두고 싶은 사람이라 자신의 이기적인 사랑에 만족했을까?

레아, 라헬 두 명의 아내를 7일의 간격으로 맞이한 야곱의 라헬만을 사랑하던 마음에는 균열이 일어난다. 성서는 "그가 레아보다 라헬을 더 사랑하여"(창29:30)라고 말한다. 문자 그대로 보면, 레아를 사랑하지 않은 것이 아니라 라헬을 더 사랑하는 것이다. 7년 동안 진심 없는 사랑 행위에 의한 것이라 하더라도, 의무감으로 이루어진 결혼생활이라 해도 레아는 야곱의 많은 자녀를 낳았고 남편의 사랑을 갈망했다.

그러나 이어지는 내용은 "여호와께서 레아가 사랑받지 못함을 보시고"(창29:31)이다, '총이 없음'(사랑받지 못함, שנואה, 세누아)은 '미워하다'(שנא, 사네)의 수동태로, 사랑받지 못한 것이 아니라 미움을 당한 것이다. 더욱이 기본적으로 '증오하다'란 뜻을 가져서 가증스럽게 생각하고 원수처럼 대한 것이다. 속임수와 거짓으로 이루어진 결혼은 부부 사이를 원수처럼 대하는 괴로운 시간의 연속이었다. 레아는 야곱과의 결혼이 사랑으로 이루어진 것이 아니라는 것을 잘 알고 있었기에 달콤한 신혼 생활이나 남편의 속삭임 따위는 기대할 수도 없는 일이었다.

야곱은 레아와 신혼살림을 차린 지 8일째 되던 날 라헬을 두 번째 아내로 맞이하면서 노골적으로 레아를 멀리했다. 축복받아야 할 결혼식이 아버지의 욕심으로 인해 사기극이 되면서 사기 결혼의 공범이 된 레아는 수치감과 모멸감에 몸을 떨었을 것이다. 첫 단추부터 잘못 끼워진 레아의 결혼생활은 라헬만 편애하는 남편 야곱과 이기적인 동생이자 두 번째 부인인 라헬로 인해 더욱 고통스러웠다. 그런데 야곱은 이렇게 적대시한 레아에게서 어떻게 그 많은 자녀를 얻을 수 있었는지 의문스럽다. 의무감으로 행한 부부관계까지도 야곱은 성실히 최선을 다하여 이행한 결과로 보인다.

레아의 결혼생활은 전혀 행복하지 않았다. 레아에게 유일한 희망이 있다면 남편 야곱에게 아들을 낳아 주고 그의 관심을 얻는 일뿐이었다. 야곱이 오직 라헬을 얻기 위해 14년의 종살이를 기꺼이 치러낸 사람임을 레아 역시 잘 알고 있었다. 외골수처럼 동생만 사랑하는 남편의 시선을 끌기 위해 그녀가 할 수 있는 일이라곤 자식을 낳는 일뿐이었다. 그래도 자기 핏줄, 자기 자식인데 사랑하지 않을 수 없을 것이라고 계산한 것이다.

하나님은 불행한 레아를 살피시고 태를 열어 아이를 낳게 하셨다. 남편의 사랑을 받지 못하는 레아에게 먼저 아들을 주신 것이다. 레아가 낳은 자식들의 이름을 보면 남편에게 사랑받고 싶어 하는 간절한 마음과 상처받은 마음을 동시에 볼 수 있다.

르우벤(רְאוּבֵן)은 '보라 아들이다'란 뜻으로, 아들을 낳은 후 "여호와께서 나의 괴로움을 돌보셨으니"(창29:32)란 말에서 그동안 레아가 겪었을 가슴앓이를 짐작할 수 있다. 그녀는 아이를 낳음으로 어머니가 되는 것보다 남편에게 사랑받는 것을 더 원했다. 그러나 아들을 낳았음에도 불구하고 야곱은 레아에게 조금의 관심도 보이지 않았다. 아마도 야곱은 대놓고 레아를 무시했던 모양이다. 남편 야곱이 아들을 낳은 자신을 돌아봐 주길 간절히 원했던 그녀의 기대는 완전히 깨어졌다.

레아의 둘째 아들 시므온(שמעון)은 '들으심'이란 의미로서 레아 자신이 사랑받지 못하는 고통스러운 처지를 한탄하는 기도를 하나님께 많이 드렸음을 알 수 있다. 그 호소를 하나님께서 들으시고 다시 아들을 낳게 하셨다는 것이다. 레아의 서러움에 북받친 기도, 괴로움에 얼룩진 기도를 들으시는 하나님을 의지하면서 레아는 하루하루를 버텨갔을 것이다. '보다'(ראה)를 어원으로 한 이름인 르우벤과 '듣다'(שמע)를 근거로 한 시므온이라는 이름을 지어 준 것은 그녀의 신앙이 조금은 성숙했음을 보여 준다.

셋째 아들 레위(לוי)의 뜻은 '연합하다'로 남편과 연합하기를 갈망한 마음이 숨어 있다. 레아가 자녀를 낳은 이유는 오직 남편의 관심을 받기 위해서였다. 자신을 사랑해주지 않는 남편 때문에 마음고생이 심했던 레아는 하나님만 붙들고 믿음으로 모든 괴로움을 이겨왔다.

레아는 넷째 아들 유다(יהודה)를 출산한 후 남편의 무관심을 초월했는지 알 수 없으나, 기쁜 마음으로 이제는 여호와를 찬송할 수 있게 되었다고 말한다. 남편의 사랑을 갈구하는 마음을 조금은 내려놓고 자신이 낳은 아이들을 돌아보는 마음의 여유를 가진 어머니의 모습을 조금은 찾은 듯하다. 마지막으로 레아에게 딸, 디나를 주신 것은 하나님께서 레아를 충분히 위로해 주셨다는 마무리와 같은 것이다(창30:21).

이렇게 오직 라헬만 사랑하고 레아에겐 무관심했던 야곱이 말년에 유언을 하면서 다른 이야기를 꺼낸다. 야곱이 열두 아들에게 각각 축복한 다음 유언의 말미에 "나도 레아를 그곳에 장사하였노라"(창49:31)라고 이야기한다. 아브라함과 사라, 이삭과 리브가가 막벨라 굴에 장사 지낸 것처럼 야곱은 그곳에 레아와 함께 묻어 달라고 유언을 남긴다. 이는 야곱이 레아를 진정한 아내로 인정했다는 것이다. 당시의 법도를 따라 첫 번째 부인만이 남편과 함께 묻힐 수 있어서였는지, 살아생전 레아에게 행했던 잘못한 행동들을 죽어서 곁에 묻히는 것으로 용서를 구하는 마음이었는지 알 수 없으나, 레아는 죽어서야 진정한 아내로 인정받았다.

이스라엘 12지파를 탄생시킨 레아와 라헬이 완벽하게 영적이거나 흠잡을 데 없는 신실한 믿음의 소유자는 아니었다. 그러나 자신들의 삶의 고통 안에서 하나님을 가까이 찾고 자신들의 문제에 항상 하나님의 간섭하심을 원하고 도움을 청했다. 그들의 끊임없는 갈등과 대립 속에서도 견뎌낼 힘을 얻는 원천이 하나님이셨다.

삶을 살아가며 어느 누구도 완벽하게 사랑받고 행복하기만 한 삶을 살 수는 없다. 고통과 좌절, 외로움은 필연적으로 생명 있는 모든 것들과 함께하기 마련이다. 스스로 이 모든 고통에서 벗어나기는 불가능한 일이다. 왜냐하면 이 모든 고통이 관계에서 비롯되기 때문이다. 아무리 잘하려고 노력해도 사람들은 우리에게 상처와 좌절, 고통과 외로움을 주지만, 하나님은 우리를 끊임없이 돌보시며 위로해 주신다. 그러므로 사람은 삶의 모든 고통, 좌절, 외로움을 하나님과 함께 나누면서 하나님과 동행하는 삶을 살아가야 하는 것이다.

자녀 낳기 경쟁 (창 30:1-24)

야곱 가정에 대한 전체적인 이야기는 어두운 열망이 지배하고 있다. 야곱의 사랑을 갈구하는 레아와 아이를 갖고자 하는 라헬의 열망에 대한 이야기가 지배적이다. 레아의 잦은 임신은 아이가 없는 라헬을 좌절시키고 더욱 고통스럽게 했다. 그러나 자식을 낳는 데 성공한 레아는 더 깊은 실망에 빠지고 만다. 그녀는 남편의 아이를 여럿 낳았음에도 불구하고 남편을 결코 자신에게로 돌아오게 하지 못했기 때문에 차츰 잠자리에서 배제되었다. 라헬만이 야곱을 독점한다. 언니를 이기려는 라헬의 고군분투는 동생이 형보다 더 인정받는 다른 이야기들과 함께 에서에 대한 야곱의 승리를 생각나게 한다.

야곱의 한결같은 사랑을 받은 라헬은 레아가 4명의 아들을 낳는 동안 라헬은 단 한 명의 자녀도 낳지 못한다. 그녀의 팔은 언제나 비어있었다. 고대 사회에서 여자들의 자랑거리는 자녀의 숫자에 있었다. 당시 불임은 하나님의 징벌을 받은 것으로 간주 되었기 때문에 여인에게 있어 아이를 낳지 못하는 것은 큰 수치요 슬픔이었다.

레아가 계속해서 야곱의 아이를 낳을 때마다 라헬의 괴로움은 커져만 갔다. 그녀의 심장은 질투 때문에 터져 버릴 듯해서 더이상 견딜 수 없어져 투기 어린 발악을 하기에 이른다(창30:1).

비탄에 잠겨 안달복달을 하며 자신의 감정을 과장하여 표현하는 라헬의 흥분한 모습이 나타난다. 이는 레아를 시기하는 라헬의 고통이 극에 달했음을 보여 준다. 남편의 사랑을 받고 있지만, 언니와 나눠 가져야 하는 온전하지 못한 사랑이고 더구나 언니는 야곱과 사이에 자식을 벌써 넷이나 두었는데, 자신은 아이도 낳지 못하는 여자라는 수치심과 심한 모멸감의 표현인 것이다. 이 말이 씨가 되었는지 이후 라헬은 베냐민을 낳다가 안타까운 죽음을 맞이한다.

라헬이 임신하지 못한 것이 하나님 때문이라며 화를 내며 응수했던 야곱의 말은 너무 잔인하다(창30:2). 임신하지 못하는 아내에게 가장 부정적인 표현으로 대응하는 야곱은, 아브라함이나 이삭과는 달리 불임인 아내를 위하여 단 한 번의 기도도 하지 않았던 남편이다. 야곱은 하나님을 핑계 삼으며 라헬과의 감정싸움에서 빠져나오려 하고 있다. 저렇게 냉정하고 가슴을 후벼 파는 잔인한 말이 과연 일생을 라헬만 사랑했다는 야곱의 입에서 나온 말인지 당황스러울 뿐이다.

야곱은 야곱의 방식대로 라헬을 사랑하고 있을 뿐 라헬이 원하는 방식으로 라헬을 사랑하고 있는 것은 아닌듯하다. 라헬의 불임이 야곱 본인 탓이 아니라는 것을 말하기에만 급급하다. 라헬도 물론 알고 있다. 다른 아내들은 자식들을 잘만 낳고 있기 때문이다. 라헬이 몰라서 물은 말이 아니고 답을 듣고자 한 말도 아니다. 오죽 답답하고 슬펐으면 투정을 부렸을까? 그러면 남편은 아내의 어깨를 토닥여주고 가만히 안아주기만 해도 해결될 문제다. 결코 답을 줄 수 없는 물음에 화를 내며 자기합리화에 급급한 야곱의 모습은 과거 에서와의 갈등에서도 문제를 해결하지 않고 회피하고 도망했던 모습을 떠올리게 한다. 사실 좌절감에 휩싸인 라헬은 남편의 이해와 동정, 따스한 말한마디를 얻고 싶었을 뿐이다. 이는 한나의 남편의 위로와 비교된다(삼상 1:8).

사라와 리브가는 아들을 얻기 위해 각각 25년, 20년의 세월을 기다렸다. 이에 반해 라헬은 7년 만에 요셉을 낳게 되는데 그녀들에 비하면 훨씬 짧은 세월이었다. 그러나 라헬의 아들에 대한 열망은 훨씬 강렬했다, 그녀는 질투심과 분노에 찬 항의가 아니라 기도로 대응했어야 했음을 알았더라면 지독한 자녀 낳기 경쟁은 전쟁과 같은 살벌한 투쟁은 되지 않았을 것이다.

라헬은 자신의 자식 없는 문제를 해결하고자 자기 여종 빌하(이름 뜻이 '근심 없는'을 의미한다)를 통해 아이를 낳아 자신의 아들로 삼겠다는 제안을 한다. 아브라함의 아내 사라가 그의 여종 하갈을 통해 아들을 얻은 것과 마찬가지로 자신의 여종 빌하를 야곱에게 보내 두 명의 아들을 얻는다. 그러나 아브라함은 아들이 없는 상황에서, 사라가 그의 여종 하갈을 이용했지만, 레아를 통해 이미 야곱의 아들이 있는 상황 속에서 라헬은 빌하를 통해 태어나는 아들을 자신의 자식으로 간주하겠다는 주장을 하고 있는 것이다. "아들을 낳아 내 무릎에 두리니"(창30:3)는 아기가 양자로 받아들여지는 모습을 생생하게 그리고 있다. 이 구절은 '그녀는 나의 태를 대신해 낳을 것이다'로 번역되어야 한다.

야곱과 빌하 사이에서 '단'과 '납달리'가 태어난다. 첫 번째 아들이 태어나자 라헬은 "내 억울함을 푸시려고"(창30:6) 하나님이 나에게 공의를 베푸셨다고 말한다. 라헬은 자신의 그릇된 방법에도 불구하고 하나님께서 아들을 주심으로 자신의 사정을 변호해 주셨다고 제멋대로 해석하며 믿고 있다. 그래서 아들의 이름을 '단'(דן)이라고 지었는데 이는 '판단하다'란 의미로, 억울한 처지에 있는 자가 공의로운 판단으로 그 사정을 해결 받았다는 뜻이다. 언니로 인한 마음의 상처가 단이 태어남으로 회복되었음을 반영하는 이름이다. 사라는 라헬의 계획과 비슷한 방식을 사용했음에도 이스마엘을 거부한 반면, 라헬은 단을 자신의 실제 아들로 여긴다.

빌하가 낳은 두 번째 아들인 '납달리'(נפתלי)는 '싸움', '경쟁'이라는 의미로 레아와 경쟁에서 이겼음을 나타내며 하나님께서 자기편이 되셨음을 은근히 자랑하는 말이다. 라헬은 자기 몸에서 태어난 자식도 아닌 단과 납달리의 출생으로 언니가 받은 하나님의 은총을 자기도 받았다고 생각하며 억지 주장을 한다.

그러나 라헬의 환호성은 오래 가지 못한다. 레아도 같은 방법으로 자신의 몸종 실바를 통해 두 아들을 더 얻었다. 그들은 '갓'(גד, 행운)과 '아셀'(אשר, 기쁨)이었다. '아셀'의 이름을 지으며 레아는 "기쁘도다 모든 딸들이 나를 기쁜 자라 하리로다"(창30:13)하며 "내가 부러움을 받을 것"이라 노래한다. 이는 라헬을 겨냥한 빈정거림이다.

어느덧 야곱에겐 8명의 아들이 생겼다. 그러나 레아는 자신의 종 실바가 낳은 아이들의 이름에 대해서는 더이상 하나님을 찬양하지 않는다. 이미 4명의 아이가 있는 레아가 굳이 자기 몸종을 통해 아이를 낳을 필요는 없었다. 그럼에도 불구하고 자신의 여종 실바를 야곱에게 들인 것은 라헬이 할 수 있는 것은 레아도 할 수 있음을 보여 주고자 한 것이다. 이쯤 되니 야곱은 아내들의 자식 낳기 경쟁에 이용된 자식을 낳기 위한 종마와 같은 역할을 하고 있는 듯하다.

"레아가 그에게 이르되 네가 내 남편을 빼앗은 것이 작은 일이냐 그런데 네가 내 아들의 합환채도 빼앗고자 하느냐 라헬이 이르되 그러면 언니의 아들의 합환채 대신에 오늘 밤에 내 남편이 언니와 동침하리라 하니라"(창30:15)

이 장면을 보면 야곱의 잠자리 권한을 라헬이 가지고 있었다는 것을 알 수 있다. 라헬은 자신의 여종 빌하를 통해 아들을 얻었지만, 여전히 자신이 아이를 낳기를 간절히 원하고 있었다. 성서 기자는 이 야릇한 장면을 꽤 섬세하게 서술하는데, 이는 레아와 라헬 사이에 야곱 쟁탈전이 얼마나 치열했는가를 보여준다.

합환채(דודאים, 두다임)로 번역된 맨드레이크(Mandragora autumnalis)는 건포도 크기의 열매를 맺는 다년생 지중해 식물로 고대에는 정욕을 자극하고(아7:13) 불임 여성의 임신을 돕는 것으로 유명했다. 당시 라헬은 임신한 적이 없고 레아도 임신이 중단된 상태였다.

레아는 야곱의 사랑을 갈망하고 라헬은 절박하게 자식을 원했다. 두 사람 모두 상대방이 가지고 있는 것을 얻고자 한다. 두 자매의 자녀 낳기 경쟁은 여기서 멈추지 않는다. 르우벤이 합환채를 가지고 오자 레아는 임신하지 못해 전전긍긍하고 있는 라헬에게 합환채를 주고 야곱과 동침할 권리를 얻는다 (30:14-16). 야곱이 팥죽 한 그릇으로 에서의 장자권을 빼앗았는데 지금은 두 아내의 합환채로 인한 협상으로 인해 야곱의 잠자리가 좌우되고 있다.

합환채 사건에서 보여지는 또 다른 것은 라헬이 이교도적 배경에 영향받는 인물이라는 것이다. 레아는 남편에게 사랑받지 못하고, 라헬은 자녀를 얻지 못하는 결핍을 겪고 있다. 이러한 결핍은 무엇으로도 채워지지 못하기에 야곱의 두 아내가 야곱을 사이에 두고 합환채를 거래할 만큼 병들어가고 있음을 보여 준다.

그러나 합환채의 도움을 받아 임신하고자 했던 사람은 라헬이었는데 임신한 사람은 합환채를 포기한 레아였다. 그녀는 2명의 아들을 더 얻는데, 다섯 번째 아들 '잇사갈'(יששכר)은 '보상', '삯'의 의미로 합환채를 포기하는 대가로 동침하여 얻은 아들이라는 의미이다. 여섯 번째 아들 '스불론'(זבלון)은 '거하다', '동거하다'로 스불론의 탄생으로 레아는 야곱이 자신과 함께 거할 것으로 기대했다. 지치지 않는 남편 쟁탈전과 자매 사이의 애 낳기 경쟁이다. 라헬과 레아는 임신이 합환채의 효과로 가능하다고 생각했지만, 성서는 자녀가 하나님의 선물이라는 사실을 보여 준다.

결국 하나님께서는 라헬의 애타는 기도를 "생각하시고... 들어주시고... 열어주셨다." 마침내 라헬은 자신의 몸종을 통해서가 아니고, 합환채 때문에도 아니며 오직 하나님의 자비를 통해서 아들을 낳는 데 성공한다(창30:22-24).

그녀가 마침내 얻은 아들 '요셉'(יוסף)은 '제거하다', '수치를 제거해 주심'(אסף, 아사프)으로 해석될 수 있고, 혹은 '증가하다', '더하다'(יסף, 야사프)로 해석될 수 있다. 다른 의미로는 라헬이 오랜 세월을 불임의 상처와 언니와의 갈등으로 인해 뒤틀린 마음을 갖고 있었기에 만족하거나 감사하기보다 자식을 하나 더 달라는 욕심을 낸 것으로 보인다. 출산의 고통이 가시기도 전에 한 명 더 낳아야 한다는 강박에 시달리는 라헬이다.

두 번째 아들 베냐민이 태어날 때 산파가 고통을 겪고 있는 라헬에게 "또 아들이다"고 말한다. 발부터 나왔다는 의미이다. 다시 아기를 뱃속으로 밀어 넣고 뱃속에서 돌려 머리부터 꺼내야 하는 과정은 산모에게 상상을 초월하는 끔찍한 고통을 준다. 라헬은 노산이었다. 그것을 뒷받침할 근거는 다른 아내들은 생리가 끊겨 자녀 출산이 불가능한 시점이었다는 사실 때문이다. 두 번째 아이를 달라는 라헬의 기도는 응답 되지만, 그녀는 자신의 생명을 대가로 치르게 된다. 두 번째 아들 베냐민을 낳고 죽게 되기 때문이다(창35:16-19)

죽어가는 라헬은 너무도 슬픈 나머지 태어난 아들의 이름을 '슬픔의 아들'(בן אוני, 벤오니)로 짓는다. '슬픔'(אוני, 오니)은 죽은 사람을 위해 애곡할 때 사용된 용어다(신26:14; 호9:4). 그토록 열망하던 아들을 둘이나 낳았건만 자신의 품에 안아보지도 못하고 죽게 된 억울한 심정의 표현이다. 그러나 야곱은 비슷한 음율에 전혀 다른 뜻을 가진 이름, '오른손의 아들'(בן ימין, 벤야민)이라 불렀다. 오른쪽은 지시하고, 결정하고, 행운을 가져오는 쪽이다(신27:12). 야곱은 그가 강대하고 자신 있게 자라기를 바랐기 때문이다. 야곱이 아들의 이름을 지은 것이 처음이다. 핏덩이를 낳아 놓고 죽음의 길을 떠나야 하는 라헬은 출산의 고통에, 마음의 고통이 더해져 찢어지는 아픔을 안고 차마 감을 수 없는 눈을 감았다. 라헬은 죽어 에브랏, 곧 베들레헴 길가에 장사 되었고, 라헬의 죽음으로 두 자매의 살벌한 자녀 낳기 경쟁과 서로에 대한 증오와 질투가 끝을 맺는다.

야곱의 가정은 한 남편을 둘러싼 여러 명의 아내로 인해 가정불화와 자녀 낳기 경쟁으로 인한 아내들의 적개심과 증오가 끊이질 않았다. 레아와 라헬은 남편의 사랑을 얻기 위해 자식 낳는 일에 몰두했지만, 그들에겐 진정한 어머니의 모습은 찾을 수 없다. 세상에 던져진 열두 명의 아들들과 한 명의 딸은 가정불화와 질투심이 난무하는 어머니들 속에서 역기능적 가정의 아이들로 성장할 수밖에 없었다. 이러한 환경 속에서 자란 아이들이 온전하게 성장하기를 기대하긴 어렵다. 큰아들 르우벤이 아버지의 첩 빌하와 동침하고, 형제들이 모의해서 동생 요셉을 팔아넘기는, 죄의식도 없고 잔인한 사람들이 된 것이다.

결국, 하나님이 야곱을 하란으로 보낸 이유는 이곳에서 열두 지파를 건설하려는 계획이었다. 레아와 라헬, 그리고 그녀들의 두 여종 빌하와 실바를 통해 이스라엘 열두 지파가 만들어진다(룻4:11). 열두 지파의 조상들이 태어난 것은 애증이 난무하는 이처럼 가장 비참한 가족의 분열 속에서였다. 열두 지파는 나중에 지파에 따라 분배된 가나안이 땅과 예수님께서 선택하신 열두 제자들, 그리고 하늘에서 내려오는 새 예루살렘의 최종적인 건물(계 21:12,14,21)에도 반영되는 개념이다.

이들의 아버지는 거짓말로 속이는 자였으며 어머니들은 독설을 내뿜는 자들로서 그러한 부모의 모습을 닮은 자들이 되었고, 불완전한 인격을 드러내며 온전한 하나님의 자녀 노릇도 못 하지만, 하나님은 그들의 결함 많고 타락한 모습을 보듬고 다듬어 자신의 은혜로운 계획 속으로 인도하신다. 하나님의 은혜는 우리의 죄에 가려지지 아니하며 하나님의 목적은 우리의 죄로 인해 좌절되지 않는다. 하나님의 나라를 세우는 것은 인간의 공로가 아니라 하나님의 은혜와 자비다.

20강 라헬 (창 29-30장)

Girl Crush 라헬 (창 29:1-20; 30:22-24)

야곱은 하란의 우물가에 이르러 양치는 라헬을 만난다. 우물가의 목자들은 모두 남자였고 라반이 아들이 없는 것도 아닌데, 여자인 라헬이 양을 치고 있었다.

"레아는 시력이 약하고 라헬은 곱고 아리따우니"(창29:17)

새 번역엔 "라헬은 몸매가 아름답고 용모도 예뻤다"로 번역했다. 남자들과 경쟁하는 목자의 일도 거뜬히 해낼 만한 체력과 미모까지 겸비한 사람으로 girl crush를 느끼게 하는 당찬 모습을 가진 라헬의 등장이다.

크러쉬(crush)는 '눌러 부수다, 박살내다'와 함께 '짝사랑'이란 뜻도 포함하고 있다. 어떤 상대를 보고 내 마음이 박살나고 부서질 정도로 충격을 받는 것으로 '반하다'란 뜻을 가진다. 그래서 기가 센 언니들을 girl crush라 부른다. 여자가 여자에게 반하는 감정으로, 이는 레즈비언(Lesbian)과는 다른 뜻으로 여성들 간에 호감과 친해지고 싶은 감정이다. 라헬의 등장은 여자들조차 반할 만큼 멋진 모습이었다.

그러나 이후 성서는 라헬의 모습에 호의적이지 않다. 야곱을 독점하지 못하게 된 라헬은 언니와의 관계 속에서 이기적으로 행동했고, 자식 낳기 경쟁에서 밀리자 언니에 대한 질투와 미움에 눈이 멀어 안달하며 살아갔다. 아버지 라반에게서 도망칠 때는 드라빔을 훔쳐 제 욕심만 챙겼고, 드라빔을 찾으려 애쓰는 아버지를 속일 만큼 뻔뻔했다. 아름다운 외모를 지니고 있었으나 욕심 많고 시기심 많고 이기적인 사람이다.

라헬의 억울함은 결혼 첫날밤을 언니에게 빼앗기게 된 것에서 시작된다. 법적으로 레아가 정실부인이고 자신이 두 번째 부인이 된 것이다. 모든 것을 아버지 라반이 꾸몄다고 할지라도 레아의 동의 없이는 불가능한 일이었기에 모든 것을 알면서도 야곱을 먼저 차지한 언니에 대한 원망과 억울함으로 인한 마음의 상처는 레아가 아들을 하나씩 낳을 때마다 비수가 되어 가슴 깊이 꽂혔다.

라헬의 성품은 언니 레아와의 자녀 낳기 경쟁 구도 속에 적나라하게 드러난다. 자신이 임신하지 못하는 것 자체를 문제 삼은 것이 아니라 레아와의 경쟁에서 진다는 것을 문제 삼는다. 그런데 자신에겐 자식이 생기지 않고 언니만 계속 자식을 낳으니 이제 무엇을 하든지 언니만은 반드시 이기리라는 마음으로 남편을 또 다른 여자의 품에 안긴다.

라헬은 자신이 가진 것에 대한 소중함이나 자신이 받는 사랑에 대한 만족감을 느끼지 못하고 살았다. 만약 라헬이 가질 수 없는 것에 집착하기보다 하나님이 허락하신 것들에 감사할 수 있었다면 좀 더 행복할 수 있었을 것이다. 야곱이 평생 오직 자신만을 사랑했다는 사실에 행복할 수 있었고, 아들을 둘이나 주신 것에 감사하며 살 수 있었다. 그러나 라헬은 자신이 가진 것에 감사하기보다 남이 가진 것을 시기하고 질투하며 집착했고 더 가지려 안달했다.

그래서 창세기 속 라헬의 행동이나 말들은 그다지 신앙적이지 않다. 그런데 그럼에도 불구하고 라헬이 주목받는 이유는 이후 성서에서 자식을 위해 자신의 삶을 희생한 거룩한 어머니로 상징되기 때문이다.

라헬의 애곡과 여호와의 위로라는 제목을 가지고 있는 예레미야 31장 15절은 "라마에서 슬퍼하며 통곡하는 소리가 들리니 라헬이 그 자식 때문에 애곡하는 것이라"라고 전하고 있다. 라헬이 요셉이 태어날 때 "여호와는 다시 다른 아들을 내게 더하시기를 원하노라"(창30:24)고 기도했는데 그 기도가 자신이 죽어가는 순간에 이루어져서 그녀가 자식들을 위해 울었다는 것이다.

후에 예레미야는 라헬이 라마에서 우는 소리를 여전히 들을 수 있었는데, 라헬이 우는 것은 자기의 죽음에 대해서가 아니라 그녀 자식들의 죽음에 대해서였다고 밝히고 있다. 그리고 마태는 이 관념을 더욱 발전시켜서 그것을 베들레헴 지역의 어머니들이 자기 자식들이 살육당하는 것을 보고 애곡하는 것에 적용했다(마2:16-18). 그래서 오늘날 많은 불임 여성들은 베들레헴 외곽에 있는 라헬의 무덤에 찾아가 자식을 갖게 해달라고 애끓는 호소를 담아 기도를 올리고 있다.

야곱은 아름다운 라헬에게 첫눈에 사랑의 감정을 느끼고 자신의 욕망대로 행동하여 오랜 세월 라헬을 얻기 위해 몰두하며, 집착하며 살았다. 만약 야곱이 라반의 집에 와서 하나님과 끊임없이 교제하며 자신의 아내를 얻는 일에 자신의 눈에 아름다운 라헬보다 하나님의 뜻을 간구했다면 그의 삶은 달라졌을 것이다. 그러나 야곱은 라헬을 얻고자 하는 욕망에 눈이 멀어 하나님을 찾지 않았다.

첫눈에 반한 사랑은 설탕에 의해 유발된 행복감과 비슷한 쾌감을 불러일으킨다고 한다. 전두엽이 자극받아 아름다운 사람을 보고 반함으로 엄청난 즐거움을 느낀다는 것이다. 야곱은 아름다운 라헬을 마음에 품고 평생 라헬만을 사랑하며 달콤한 감상에 젖어 살았다. 그러나 그의 삶은 평탄하지만은 않았다. 본의 아니게 여러 아내를 얻으므로 열두 명이나 되는 자녀를 얻게 된 야곱의 삶은 바람 잘 날 없는 삶이 되었고 애증으로 지독히 얽혔으나 야곱은 오로지 라헬과 라헬의 아들들만 편애함으로 다른 자녀들의 삶엔 무관심하게 된다.

라헬은 야곱을 정신적으로 독차지하므로 변함없는 남편의 사랑을 받고 있었지만, 만족하지 못했고 끊임없이 언니와 경쟁 구도를 만들며 삶을 자식 낳기 전쟁터로 만들었다. 라헬과 레아가 결코 행복할 수 없었던 것은 끊임없이 남편의 사랑을 갈구하며 상대가 가진 것과 자기가 가진 것을 비교하면서 시기하고 질투했기 때문이다. 그런데 아이러니한 것은 여종에게도 스스럼없이 내어준 남편을 자매끼리는 서로 용납하지 못했다는 것이다. 라헬의 입장에서 보면, 결혼 첫날밤의 억울함과 자기를 속인 언니에 대한 배반감을 아마도 평생 용서할 수 없었던 까닭일 것이고, 레아가 라헬에게 미안한 마음을 갖고 있지 않았기에 미움의 골은 더욱 깊어질 수밖에 없어서, 남보다 못한 가족이 되어버린 것이다.

"시기는 뼈를 썩게 하느니라"(잠14:30)라는 말씀은 라헬과 레아의 고통을 말해준다. 살이 썩는 것도 고통스럽지만 뼈가 썩는 일은 더 크게 고통스러울 것이다, 온몸이 무너져 내리는, 그 무엇과도 비교할 수 없는 고통이다. 다른 사람을 시기, 질투한다는 것은 상대에게 그렇게 좋은 것을 허락하신 하나님을 인정할 수 없다는 말이므로 참으로 무서운 말이다. 결국 시기심은 나보다 나은 사람을 미워하는 것이 아니라 하나님을 미워하는 것이다. 다른 사람이 가지고 있는 것과 내가 갖고 있는 것 모두 하나님의 선물로 인식하고 감사드린다면 시기, 질투는 멈추게 될 것이다.

우리도 이제 남들과 비교하는 것을 멈추고 있는 그대로의 우리 자신의 모습과 타인의 모습을 바라보고 사랑해야 한다. 자신과 타인을 비교하는 함정에서 벗어나 하나님의 긍휼하심에 의지하는 삶을 살아가야 한다.

우리의 비교 대상은 우리의 이웃이 아니다. 오직 예수 그리스도와 자신을 비교해 보아야 한다. 우리가 예수님만큼 믿음이 좋은지 우리가 예수님만큼 겸손한지 우리가 예수님만큼 사랑이 많은지 우리가 예수님만큼 기도하는지 우리 예수님처럼 낮아지는 삶을 살고 있는지 …… 비교해야 한다.

우리는 당장 내 눈에 보기 좋고, 아름답고, 자신에게 유익이 되고 탐나는 것들을 구하며 살아간다. 그런데 우리가 품고 있는 욕망이 우리로 하여금 수고하고 근심케 하는 이유가 된다. 왜냐하면 욕망은 만족함을 모르기 때문이다. 사람의 눈은 앞을 향하여 보는 것만 할 수 있도록 만들어져서 남이 가진 것은 잘 볼 수 있는데, 자기 자신이 가진 것은 보지 못한다. 이미 가지고 있으며, 충분히 가지고 있음에도 조금만 더 달라고 요구하는 욕망을 내려놓기 힘들다. 뿐만 아니라 내가 가지지 못해도 좋으니 남이 가진 것을 용납하지 못하는 질투, 시기심도 있다. 결국 질투나 시기심도 욕망에서 비롯된다. 욕망이 죄를 낳는 법이다. 욕망을 우리의 마음에서 비워낼 때 하나님은 더 값진 것으로 우리 마음을 채워주시고, 더욱 복된 삶으로 우리를 이끌어 주실 것이다.

21강 야곱 3 (창 30:25-33장)

후생유전학의 대가 야곱 (창 30:25-39)

야곱에게 있어서 요셉은 열한 번째 아들이 아니라 첫 번째 아들이었다. 사랑하는 아내 라헬의 소생이었기 때문이다. 야곱은 요셉이 태어나자 14년의 종살이에서 벗어나 고향으로 돌아가기로 결심한다. 그가 하란에 있었던 목적이 이제 달성된 것이다. 그의 아버지 이삭이 지시한 대로 라반의 딸들 중에서 아내를 취했고 사랑하는 아내에게서 아들을 얻었다. 이제 그의 후손들에게 상속될 약속된 땅으로 돌아가야 할 시간이 된 것이다.

돌아와도 좋다는 리브가의 전갈이 있었던 것도 아니고(창27:45), 형 에서의 죽음의 위협에서 벗어났는지도 알 수 없는 일이지만, 라반 밑에서 일한 세월 동안 늘어난 것은 부양할 대가족뿐이고, 14년 노동의 대가는 빈털터리 무일푼이었지만, 이제 라반으로부터 독립할 필요성을 느낀 것이다. 그는 홀 아버지의 집에서 떠나 왔지만, 이제는 4명의 아내들과 11명의 아이들이 함께 하기에 돌아가는 길은 더 힘들고 어려워졌다. 더구나 마음대로 떠날 수 있는 처지도 아니었고, 라반의 허락이 필요했다.

야곱의 외삼촌 라반은 이기적인 모사꾼이요 속이는 자다. 야곱은 그런 라반 앞에서는 라헬로 인하여 언제나 수동적인 약자요 희생자였지만, 이번엔 용기를 내어 먼저 이야기를 꺼낸다. 야곱은 라반에게 자신의 결혼 계약을 존중해 줄 것을 요구하며, 아내와 아이들과 함께 고향으로 보내 달라고 청한다(창 30:26).

후에 모세의 율법에 의하면 주인이 준 아내를 취한 히브리 종은 종살이가 만료되어 해방될 때 아내와 자식은 주인에게 남겨 두고 떠나야 했다(출21:4-6). 그러나 처자식들과 헤어지기를 원치 않으면 그는 계속 종의 상태로 머물도록 규정되어 있다.

본문의 야곱의 발언은 율법전의 시대로 모세 율법과 직결시킬 수 없으나 이후 라반이 "딸들은 내 딸이요 자식들은 내 자식이요..."(창31:43)라고 주장하는 것으로 보아 야곱을 노예와 같이 취급하고 있는 라반의 속셈을 꿰뚫고 있는 야곱이 선수를 치고 있는 것이다. 그러나 야곱은 노예와 같이 라반 밑에서 일했지만 표면적으로는 라반의 생질이며 사위의 입장이지 노예 신분은 아니다.

야곱은 자신의 일과 수고에 대해 당당히 주장한다. 거짓을 일삼던 야곱이 성실함과 정직함으로 떳떳하게 자기가 맡은 일에 전심전력함으로 하나님 앞에 부끄러움이 없는 사람이었음을 고백한다("나의 의가 내 대답이 되리이다", 창30:33). 더구나 자신이 행한 일의 모든 나타난 일의 결과가 자신이 이룬 것이 아니라 하나님께서 도와주신 일이라고 고백한다("내 발이 이르는 곳마다 여호와께서 외삼촌에게 복을 주셨나이다", 창30:30).

오직 자신의 복을 이루는 일에만 관심을 가졌던 야곱이 라반의 집에 온 순간부터 남의 복을 위해 일하는 사람으로 변화된 것이다. 물론 그 모든 행위가 사랑하는 라헬을 얻기 위한 것이었지만 야곱은 최선을 다해 일함으로 라헬도 얻었고, 라반에게는 많은 소유와 번성을 안겼다.

그러나 라반은 훌륭한 일꾼인 야곱을 자신의 집에 붙들어 두려고 한다. 아브라함의 종이 리브가를 데리고 바로 출발하려고 할 때 그랬던 것처럼 최대한 출발을 지연시키고 있다. 그는 야곱과 함께 있는 것이 자신에게 축복이 된다는 사실, 야곱의 하나님 덕분에 자기가 부자가 되었음을 알고 있었다(창30:27).

라반은 야곱에게 자신의 할 도리를 다했다는 투로 서운하게 대한 것이 없다고 말하고 있다. 야곱에 대한 노동력 착취는 두 명의 딸을 지참금 없이 온 야곱에게 준 라반 입장에선 정당한 대가일 뿐이고 자신의 잘못은 없다는 것이다. 또한 이 말은 자신이 야곱의 주인이요 갑의 위치인데, 마치 야곱이 갑인 것처럼 띄워 주는 말투로 은근한 협박을 담고 있으며, 빈손으로 떠날 야곱에 대한 그의 빈정거림이 내포되어 있는 말이다.

라반은 자신의 부가 야곱 덕분에 주어진 것임을 고백하면서도 그 부의 일부를 야곱에게 떼어줄 마음은 추호도 없었다. 하지만 능력 있는 야곱을 붙들어 두어야 했기에 사업상 제안을 한다. 라반이 야곱에게 품삯을 정하라는 말은 합리적이고 관대한 제안으로 들리지만, 솔직히 말하면 아무것도 주지 않겠다는 의도가 담겨 있다(창30:28).

원하는 품삯을 이야기하라는 라반의 질문에 야곱은 자신이 유능한 일꾼임을 강조한다. 그는 라반이 자신을 붙잡을 것을 미리 알고 있었다는 듯 보통 상식으로는 생각할 수도 없는 엉뚱한 제안을 한다. 일반적인 계약은 언제고 손바닥 뒤집듯 번복해 버리는 라반이기에 그가 납득할 만한, 라반식 계산법과 욕심에 흡족할 만한, 또는 후일에 라반이 결코 번복할 수 없는 제안을 하는 수밖에 없었다. 야곱의 제안은 양과 염소 중에 비정상적이고 예외적인 것들만 자신의 것으로 달라는 요구였다.

양들은 대부분 하얗고 염소들은 거의 검거나 어두운 갈색으로 여러 색깔을 가진 얼룩덜룩한 양과 염소는 매우 드물었다. 이러한 제안은 마치 아무것도 요구하지 않는 것이나 아주 조금의 대가만을 바라는 것처럼 보였다. 외삼촌 라반과 보낸 14년의 세월 동안 다양한 방법으로 자신을 속인 교활한 장인의 재산을 어떻게 정당하게 탈취해야 하는지를 야곱이 얼마나 고심했는지 보여지는 대목이다.

아주 보잘 것 없어 보이는 엉뚱한 야곱의 요구는 라반의 마음을 흡족하고 즐겁게 했다. 그 이유는 야곱이 그런 조건에서는 거의 이익을 얻지 못할 것이고 반면 자신은 무보수의 훌륭한 일꾼을 한동안 계속 가질 수 있다는 계산이 서기 때문이다. 라반은 당연히 그런 유리한 거래를 받아들이게 된다. 라반은 야곱이 제시한 거래가 오직 자신에게만 유리한 거래라고 자만했지만, 야곱이 그 거래를 역으로 이용할 것이라고는 생각지 못한다.

라반이 얼마나 야비한 인간인지는 이 계약이 이루어진 후 그가 취한 행동에서 드러난다. 자신의 아들들을 불러 야곱이 치는 가축 가운데 비정상적인 검은 양과 얼룩무늬나 점 있는 염소는 미리 모두 빼돌리게 한다. 어떻게 해서든지 야곱에게 재산을 주지 않을 속셈이었다. 또한 야곱과 야곱이 치는 양떼를 자신과 멀리 떨어지게 함으로 자신이 손해 입을 만한 조그마한 가능성까지도 모두 봉쇄한다. 결국 야곱은 라반과 사흘 길 떨어진 곳으로 흠 없는 양과 염소만 몰고 갔다.

흰 양떼를 몰고 떠나는 야곱을 보며 라반은 만족한 웃음을 지었을 것이다. 양이나 염소는 본래 대부분 흰색이나 검은색이 보편적이고, 얼룩진 것이나 점 있는 것들 즉, 비정상이거나 돌연변이로 태어날 가능성이 적은데, 그것 중에 이미 있는 점 있는 것, 얼룩진 것, 검은색 양들은 이미 추려 내어 그런 것들이 태어 날 가능성은 더욱 희박해 졌기 때문이다.

야곱이 자신의 재산이 될 짐승 들을 확보하려면 단색의 짐승들에게서 다색의 짐승들로 번식시키는 방법을 발견해야만 했다. 이에 야곱은 양들이 교미할 시기가 왔을 때 버드나무(포플러나무), 살구나무(개암나무), 신풍나무(플라타너스)가 있는 곳으로 데리고 가서 물을 먹인다. 교미할 때, 알록달록한 가지를 보게 함으로 임신할 때 영향을 받을 수 있는 환경을 만든다.

양과 염소들이 짝을 지을 때 그것들 앞에 껍질이 부분적으로 벗겨진 나뭇가지를 놓아두면 그것들이 점이 있는 새끼를 낳게 된다는 것이다. 게다가 흰색의 양들이 짝을 지을 때 그것들 앞에 검은색의 염소를 놓아두면 검은색의 새끼 양이 태어나게 된다. 야곱은 이러한 과정을 마구잡이로 적용하지 않고 무리에서 가장 힘세고 건강한 동물들에게만 적용한다. 그렇게 태어난 점 있는 새끼 염소와 검은 양들이 일반적인 검은색 염소와 흰색의 양들보다 더 건강했고 이들은 모두 야곱의 소유가 되었다. 사흘 길만큼 떼어 놓는 예방조치는 라반의 양떼가 먹을거리를 보호받기는커녕 오히려 야곱이 마음껏 선택 개량에 몰두해서 후에 라반의 수중에서 벗어날 수 있도록 야곱을 도와준 거리가 되었다.

야곱이 후생유전학의 원리를 알았을 리 없겠지만 임신 중에 무엇을 먹고 보는 지가 후손의 피부색이나, 질병, 정서적으로 영향을 미친다는 사실을 오랜 목축의 경험과 지식으로 알고 있었던 것 같다.

후생유전학(epigenetics)이란 후천적으로 음식, 생활습관, 스트레스 등이 DNA에 영향을 주어 질병을 일으키거나 다음 세대까지 영향을 주는 것을 연구하는 학문으로 산모가 먹는 음식에 따라 태어날 자녀의 질병이 결정된다는 태아 재프로그램 (fetal reprogram)이다.

산모의 음식과 정서 상태가 자녀에게 영향을 끼친다는 것은 어른들의 오랜 경험과 지혜로 내려오는 이야기인데 현대 의학에서 유전학적으로 이를 증명한 것이다. 대표적인 연구로 임신한 어미 쥐에게 각기 엽산의 양이 다른 음식을 먹였더니 자녀 쥐의 피부색이 검거나, 얼룩무늬 혹은 희거나 노란 피부를 보인 결과가 나왔다.

살구는 엽산이 풍부한 대표적인 과일로 엽산이 풍부한 음식을 먹은 양은 얼룩지고 검은 양을 낳고 얼룩 양은 유전적으로 우성이라 계속 얼룩무늬의 양을 생산한다. 이런 방식으로 야곱은 가축의 수를 늘려갔던 것이다. 더구나 튼튼한 양에게만 그렇게 해서 건강한 양은 야곱의 것이 되고 약한 양에게는 이 방법을 사용하지 않아 라반의 것이 되게 한다. 속이는 자 라반을 속이는 야곱이다.

현대에 이르러 후생유전학 분야의 연구가 이루어져 야곱의 행위가 과학적 근거가 있음이 밝혀졌지만, 야곱은 이미 품삯 제안을 할 때 오랜 세월 동안 양을 치면서 터득한 지식을 갖고 있었기 때문에 가능성을 갖고 그런 제안을 한 것이다.

그렇다 해서 야곱이 칭찬받을 만한 일을 하고 있는 것은 아니다. 여전히 하나님께 의뢰하지 않고 스스로 잘난 자신의 머리를 믿고 자신의 능력을 과신한 야곱의 계획은 자신의 교만함을 드러낼 뿐이기 때문이다.

과연 그 많은 비정상적 색채를 띤 동물이 야곱의 껍질 벗긴 얼룩얼룩한 나뭇가지 때문에 태어날 수 있었을까? 한마디로 불가능한 일이다. 야곱은 교활한 장인 라반을 속이기 위해 다시 한번 자신의 머리를 굴려 잔꾀를 부렸지만, 야곱의 성공은 자신의 힘으로 이룬 것이 아니다.

예측 불허의 위험한 도박과 같은 제안이 현실에서 실현된 것은 야곱 자신이 보아도 놀라운 일이었다. 6년 동안 자신에게 주어진 넘치는 복이 모두 하나님 덕분임을 야곱 스스로 밝히고 있는 바와 같이 사람의 힘으로는 이룰 수 없는 불가능한 일이다(창31:9).

흥미로운 것은 '붉은' 에서(אדום, 에돔, 붉음)를 '붉은 것'(אדום, 팥죽)으로 이긴 것처럼 이번에는 흰색을 뜻하는 라반(לבן, 흰색)을 '흰색'(לבן, 라반) 양으로 이겼다.

야곱은 자신의 조부인 아브라함이 애굽에서 그랬던 것처럼 하란에 머물러 있는 동안에 부자가 되었다. 이제 자신의 재산을 얻었고 하란에 왔을 때는 빈 털터리로 지팡이 하나 들고 왔지만, 야곱은 라반이 질투할 만큼 많은 부를 이루어 떠날 수 있게 됐다.

많은 튼튼한 얼룩 양과 염소가 야곱의 소유가 될 수 있었던 것은, 무엇보다 오직 불가능한 것을 가능케 하시는 하나님의 은혜로 이루어진 것이다.

"매우 번창하여"(창30:43) 이는 야곱과 라반의 대결 구도의 절정을 언급한 말이다. 이 히브리어 동사는 "터지다, 갑자기 발생하다"를 의미하는데 벧엘에서 주신 하나님의 약속에 사용된 동사와 동일하다. 이는 벧엘의 약속이 성취되었음을 보여 준다.

두 모사꾼의 머리싸움은 결국 야곱의 승리로 끝난다. 그러나 야곱의 능력으로 얻은 승리가 아니라 초자연적 축복을 베푸시는 하나님이 함께하셨기 때문에 얻은 승리이다.

하나님은 인간의 장점과 약점까지도 모두 사용하시면서 각자의 인생에 서로 다른 모양의 은혜를 베풀어 주신다. 이제 야곱은 하나님의 간섭하시는 손길을 깨닫게 됨으로 신앙의 변화를 맞을 때가 되었다.

여자의 엉덩이 밑에 깔린 신 (창 31:17-20, 33-35)

라반의 집에서 일하며 20년의 세월이 지난 후 많은 식솔과 재산을 소유하게 된 야곱에게 하나님은 고향으로 돌아갈 것을 명령하셨다(창31:13).

야곱은 고향에 돌아가라는 하나님의 명령에 대해 아내 레아와 라헬과 의논하기 위해 그녀들을 자신이 양 떼치는 곳으로 부른다. 그런데 사랑하는 라헬을 부른 것은 이해가 가지만, 미워하기까지 했다는 레아를 부른 사실은 의외성을 느끼게 한다. 야곱의 야비한 성격이라면 도망갈 때 라헬과 요셉만을 데리고 갈 법하기 때문이다, 야곱이 애정은 없으나 가족에 대한 책임감은 있는 사람이었다고 보아야 할지, 수많은 가축과 노비를 거느리고 다스리며 먼 길을 가야할 상황에서 주인 신분의 노동력이 필요하다는 계산 인지, 아니면 야곱이 하나님의 함께하심을 깨닫고 정말 변화되고 있는 것인지 알 수 없지만, 레아를 부른 사실에서 알 수 있는 것은 레아를 자신의 정식 아내로 인정하고 있다는 것이다.

야곱은 먼저 자신의 아내들을 설득 시켜야 했다. 야곱은 라반과의 관계에서 억울한 자신을 증거 하는데, 레아를 의식해서인지 라반이 14년 전 자신을 속였던 결혼식과 관련된 일은 언급하지 않고, 라반이 행한 최근의 배신행위만을 집중적으로 말한다. 자신을 보호하시는 하나님의 섭리로 많은 재산을 얻게 되었고 라반에게 억울한 일을 당한 모든 것을 하나님이 알고 계시며, 하나님의 명령으로 고향으로 돌아가야 함을 말한다.

평생 하란에서만 살아온 아내들이 남편을 따라 미지의 땅으로 떠나는 일은 쉽지 않은 결정이다. 게다가 이들은 같은 남편을 두고 치열하게 싸워온 사이였다. 이들에겐 야곱을 따라나서지 않아도 되는 선택권이 있었다. 만일 하나가 다른 하나가 따라오지 않는 것을 조건으로 내걸고 따라나서겠다고 하면 야곱의 입장이 난처해질 수 있었다.

다행히 문제는 쉽게 풀렸다. 아버지의 지나친 욕심에 진절머리가 난 자매들이 아버지를 버리고 남편을 따라 떠나기로 결정한 것이다. 딸들은 아버지에게 재산을 물려받지는 않았지만 결혼할 때 받아가는 지참금은 받아야 했다. 그러나 라반은 그녀들에게 몸종만 주었고 지참금은 주지 않았다. 보통 지참금은 신랑이 신부의 아버지에게 결혼선물로 준 돈에서 일부분 주어졌는데 야곱은 14년 노동으로 결혼선물을 대신했으므로 주어지지 않았을 것이다.

라반은 야곱이 떠날 때 충실한 노예에게 마땅히 주어야 할 전통적인 고액의 퇴직금을 주기를 거절해서 야곱은 자신의 소유의 충분한 재산을 획득하기 위해 6년을 더 일한 것이다.

하나님의 귀환명령을 전하는 야곱에게 라헬과 레아는 아버지에 대해 불만을 토로한다. 지참금으로 대체한 야곱의 노동력과 그 노동력에 대한 대가마저 몇 번이고 반복한 아버지에 대한 불평이 극에 달해 있었다. 더구나 아버지가 자신들을 외국인과 같이 취급하고 철저히 무관심하게 대한 모습에 넌덜머리가 나고 오만 정이 다 떨어져 버린 것이다. 이러한 아버지에 대한 불만을 행동에 옮긴 것은 라헬이다.

라반은 아브라함의 종이 리브가를 데려가기를 원할 때 지연시키려 했던 사람이었다. 20년 동안이나 야곱이 집으로 돌아가는 것을 지연시켰다. 야곱이 떠나겠다고 하면 라반은 야곱이 머물러야 하는 또 다른 그럴듯한 이유를 찾을 것이다. 따라서 야곱은 인간적인 계산과 생각으로 말없이 도망가기로 결정하고 양털을 깎기 위해 집을 비운 라반 몰래 도망치듯 떠난다. 평생 남을 속이고 착취하는 데 익숙해 있던 라반이 처음으로 사위 야곱과 그의 딸들에게 속임 당하고 있다.

하나님의 명령에 의해 결정된 귀향은 하나님의 보호하심으로 이루어짐을 깨닫지 못하고 또다시 라반에게 붙잡힐까 두려워 잔꾀를 부리며 도망치는 야곱의 모습이다. 이때 라헬은 아무도 모르게 아버지가 귀하게 여기는 가정 수호신 드라빔을 훔쳐 달아난다.

드라빔(תרפים, 테라핌)은 복을 빌고 점을 치며 신탁행위를 하는 가정 수호신이다(겔21:21; 슥10:2; 삿18:17, 18, 24). 이 우상은 인간의 형상을 닮은 반신상으로 나무(삼상19:13-16)나 은(삿17:4)으로 만들어졌으며 작은 것으로부터 사람의 키와 맞먹는 것까지 종류가 다양했다. 메소포타미아인들은 여행 시 드라빔을 가지고 다닌 것이 일반적인 관습이었다. 라반에게 있어서 드라빔은 점을 치고 풍요를 비는 신탁행위를 하는 중요한 것이었다.

"라반이 그에게 이르되 여호와께서 너로 말미암아 내게 복 주신 줄을 내가 깨달았노니(내가 점을 쳐 보니) 네가 나를 사랑스럽게 여기거든 그대로 있으라"(창30:27)

이러한 사실을 잘 알고 있는 라헬은 아버지가 소중히 여기는 것을 빼앗아 아버지를 절망에 빠뜨리고 싶은 마음이었다. 라헬은 7년을 손꼽아 기다리던 결혼식 날 아버지의 음모로 신랑을 언니에게 빼앗기면서 받았던 그 굴욕감을 결코 잊을 수 없었다. 또한 사랑하는 사람을 언니와 함께 나누어 갖게 된 상처는 아버지에 대한 원망으로 고착되었으며 아버지의 집을 떠나기로 결정한 순간 아버지에 대한 복수심이 불타올랐다. 라헬에게 가장 소중한 사람을 훔쳐간 아버지에게 복수하기 위해 아버지가 딸들보다 소중히 여기는 드라빔을 훔친다.

14년에 걸친 야곱의 노동력의 대가로 팔린 두 딸을 남보다 못한 사람으로 여기는 아버지였다. 자신을 한낱 재산을 불리는 도구로 취급하는 아버지는 라헬의 야곱을 향한 마음 따윈 신경도 쓰지 않았다. 이러한 아버지에 대한 원망이 드라빔을 훔쳐 아버지에게 큰 상처를 돌려주고 타격을 입히고 싶은 라헬의 마음이었다.

또한 한 가정의 축복과 풍요를 지켜주는 가정의 수호자였으므로 한편, 축복을 탐내 훔친 것이다. 야곱과 마찬가지로 라헬도 축복을 훔쳐서라도 자기 것으로 만들고 싶은 강렬한 욕망이 있는 사람으로, 어쩌면 야곱은 본능적으로 라헬이 자신과 같은 부류의 사람임을 알고 사랑에 빠진 것일 수 있다.

한편 Nuzi 문서에 의하면 드라빔은 재산 상속의 상징이었다고 기록되어 있다. 만약 법정에서 유산 상속 문제로 논쟁이 벌어지게 되면 드라빔을 소유한 자에게 상속권이 있었다. 라반과 그 아들들이 재산 상속 권리를 주장할 수 있는 물건을 라헬이 도둑질해서 달아난 것이다.

그러므로 라헬이 드라빔을 훔친 것은 아버지의 재산에 대한 상속에 욕심을 가진 것으로도 보인다. 실현 가능성은 없지만 인색한 아버지의 재산을 도둑질해서라도 갖고 말겠다는 마음에서 옮긴 상징적 행위였다.

야곱은 라반 몰래 떠났으나 사흘 만에 들통이 났다. 이는 둘 사이의 거리가 사흘 길임을 의미한다(창30:36). 라반은 자신의 일가친척을 이끌고 야곱 일행을 추격했다. 라반이 480Km 떨어진 길르앗 산에 7일 만에 도착했다는 것은, 하루 70Km의 속도로 추격해 온 것이다. 이는 라반의 마음이 맹렬한 분노로 불타고 있었음을 보여준다. 야곱을 잡으면 죽이고 딸들과 손자들, 그리고 모든 재산을 다 빼앗아 버리겠다는 마음이었다. 이때 하나님이 꿈을 통해 라반에게 나타나셔서 야곱과 시비를 따지지 말 것을 경고하신다. 그 결과 주눅이 든 라반은 드라빔만이라도 찾으려 한다.

　야곱을 만난 라반은 마음에도 없는 소리를 늘어놓는다. 나에게 알렸다면 즐겁게 떠나보냈을 것을 나를 속이고 가만히 도망갔다고 말하며 야곱을 비난한다. 야곱을 몰인정한 사람으로 몰아붙이며 '너의 아내들'이란 표현 대신 '내 딸들', '내 손자들'이란 표현을 사용해서 야곱이 강제로 데려간 것으로 몰아가고 있다(창31:28).

　이렇게 마음에도 없는 말과 사실과 다른 말을 하며 야곱을 공격한 후 자신을 가장 격노케 만든 사건을 지적한다. "어찌 내 신을 도둑질하였느냐?"(창31:30) 그러나 야곱은 드라빔을 훔친 사실을 전혀 모르고 있었다. 그래서 "우리들 가운데 외삼촌의 드라빔을 감추고 있는 사람이 있다면 죽이셔도 좋습니다"라고 당당히 외친다(창31:32).

　이 말을 들은 라헬은 드라빔을 낙타 안장 아래에 넣고 깔고 앉는다. 그리고 "생리 중이어서 낙타에서 내리지 못합니다"(창31:35)라고 말한다. 라반은 라헬이 설마 부정한 가운데 신상을 가까이했으리라고는 상상도 못하여 라헬에게 속고 만다. 속임수의 대가인 라반을 라헬이 속여 넘긴 것이다.

　결국 라헬이 드라빔을 훔친 이유는 하나님의 능력에 자신을 온전히 맡기지 못한 라헬이 자신만의 방법을 하나 더 마련한 것이다. 드라빔 도둑질 사건은 라헬 자신의 의지와 목적의식을 분명히 하지 않음에서 시작되었다. 다산과 축복의 상징인 드라빔을 통해 출산에 대한 미련, 아버지의 재산권에 대한 미련을 떨쳐버리지 못한 것이다. 야곱의 말을 통해 하나님의 명령으로 떠나라 해서 떠난 길임을 분명히 알았지만, 자신의 과거 습관과 자기 유업에 대한 욕망을 온전히 버리지 못한 라헬의 혼합된 신앙으로 인해 일어난 일이다.

　성서는 라헬의 행위를 통해 이방 우상들을 경멸하고 있다. 여인의 엉덩이 밑에 깔린 신, 더구나 라헬이 정말 생리 중이었다면 드라빔을 최대한 모욕한 것이 된다. 부정한 여인에게 모욕당한 이 신은 무능한 신이다.

　누군가에게 훔쳐짐을 당하고, 자신의 신으로 마음대로 삼을 수 있는 신, 스스로 존재할 능력도 없어서 나무형상에 붙어사는 존재, 그래서 나무형상을 가진 자가 신의 소유자가 되는, 즉 인간에게 소유 당하는 신인 것이다. 드라빔이 옮겨가는 곳에 행운도 옮겨가고 드라빔을 가진 자가 재산권도 주장하는 행운의 열쇠와 같은 신이다. 세상 사람들이 바라는 기복의 요소를 충족시켜 주는 신이다. 소유하기만 해도 행운이 따라오고 복을 주는 우상이다. 도깨비 방망이와 같은 만능의 신은 이런 신이 있다고 믿고 싶은 어리석은 인간들이 만들어낸 우상에 불과하다.

우리는 과거의 어떤 습관에 매여 우상숭배인지도 모르고 행하는 일이 있는지 살펴보아야 한다. 또한, 하나님의 능력에 자신을 맡기지 못하고 자신만의 방법을 하나 더 마련하려는 습성도 버려야 한다. 하나님이 주신 복에 만족하지 못하고, 더 큰 욕심을 내며 쉽게 얻을 복을 기대하며 다른 신을 구하는 모습도 버려야 한다. 하나님이 주신 것을 족히 여기고 하나님의 인도하심에 조건 없이 순종하는 삶을 살아야 한다.

하나님은 야곱의 아내들이 서로를 향한 질투로 자녀 낳기 경쟁을 한 결과 이스라엘의 12지파가 탄생하게 하셨다. 라헬이 가족 수호신을 훔친 어리석음을 통해 야곱이 라반과의 싸움에서 승리의 기세를 잡도록 하셨고, 라반과 그의 아들들의 질투와 시기는 야곱이 자기 조상의 땅으로 귀환을 더욱 빨리 결단하는 결과로 이어지게 만드셨다. 이처럼 하나님의 섭리는 부정적인 인간의 감정과 행동들까지도 주관하시어 하나님의 주권적 목적을 성취하심을 볼 수 있다.

야곱과 라반의 휴전선 (창 31:43-55)

도둑 쫓듯 자신을 추격한 라반에게 야곱은 격렬히 항의한다. 이 항의는 그동안 자신이 당한 억울함과 하나님께서 라반이 한 짓에 대하여 심판하실 것이라는 항변으로 끝난다. 예전의 야곱과 달리 거세게 반발하며 확실한 자기주장을 하는 야곱에게 라반은 당황하며 심히 놀랐다. 더구나 야곱의 모든 말들은 사실이며 자신이 야곱을 착취해 왔음을 스스로도 잘 알고 있었기 때문이다.

라반은 거창하지만 무의미한 재산권 주장을 한다. "네가 보는 것은 다 내 것이라"(창31:43) 자신이 동의하고 야곱이 모두 이행했던 계약은 무시하면서 야곱이 제기한 불만에 동조조차 하지 않는다. 거드름을 피우며 자신에겐 아무 소유권이 없는 대상에 대한 공허한 권리 주장과 푸념을 늘어놓지만 라반도 알고 있는 진실은 하나님께서 야곱에게 모든 것을 주셨다는 사실이다.

라반은 구겨진 자신의 체면을 살리고 앞날을 보전하기 위한 책략으로 자신과 야곱 사이에 공존을 위한 협상을 제시한다. 라반조차 궁극적으로 하나님이 야곱의 편이며 자신이 야곱을 손댈 수 없다는 것을 인정해야 했다.

꿈에 나타난 하나님의 보복 금지 명령과 야곱의 진실하고 강력한 항변에 할 말을 잃은 라반은 야곱과 화해의 언약을 세우기 원했다(창31:44). 이는 아브라함과 이삭이 블레셋 족속과 맺은 불가침 조약과 같은 성질을 보여준다. 언약의 과정은 쌍을 이루는 여러 요소로 진행된다. 언약의 두 증거물인 돌무더기와 기둥, 증거물 돌무더기에 대한 두 이름, 두 번의 식사, 두 가지 조항, 조약을 감시하는 두 신(아브라함의 하나님과 나홀의 신, 창31:53), 이는 야곱이 라반과 동등한 지위를 갖게 되었음을 말하고 있다.

라반이 미친 듯이 야곱을 추격한 이유는 딸들, 손자들과 양 떼들이 모두 자신의 소유라고 생각했기 때문이며, 더구나 드라빔까지 훔쳐 달아난 것으로 확신했기 때문인데, 드라빔도 되찾지 못하고 이제 빈손으로 돌아가게 된 라반으로서는 만만치 않은 세력으로 성장한 야곱에 대하여 특단의 안전장치라도 하고픈 심정이었다.

드라빔을 소유한 자가 유산 상속을 받을 권리가 있으며 집안의 장자 권을 갖는 당시 관습에 따라 혹시라도 야곱이 드라빔을 소유하고 있다가 라반이 죽은 후에 나타나 드라빔을 제시하며 권리 주장을 한다면 그의 아들들이 꼼짝없이 야곱에게 상속권을 줄 수밖에 없었다. 라반은 드라빔을 찾지 못한 지금 드라빔의 효력 정지에 관한 맹세를 한다. 즉 재산 상속권의 증표인 드라빔의 분실로 훗날 생길지도 모르는 재산권 분쟁을 미연에 방지하려는 것이다. 라반이 분실한 드라빔은 이제부터 라반 집안에 어떤 힘도 행사할 수 없음을 선언하고 맹세한다.

그들은 돌무더기를 쌓고 그 돌무더기에 이름을 붙인다(31:47-48). '여갈 사하두다' '돌무더기'(יגר, 여갈)와 '증거'(שהדותא, 사하두다)가 합해져 '증거의 돌무더기'란 의미의 아람어다.

야곱은 라반이 사용하는 아람어를 사용하지 않고 자신의 고유 언어를 사용함으로써 자신은 아람 사람이 아니라 하나님께서 그의 선조들에게 허락하신 가나안 땅에 거하는 사람임을 선언하고자 '갈르엣'이라고 정한다. 이는 '무더기'(גל, 갈)와 '증인'(עד, 에드)을 합한 히브리어로 '증인의 돌무더기'란 뜻이다.

'미스바'(מצפה, 미츠파)는 '지켜보다'(צפה, 차파)란 뜻으로 '파수대'의 의미이다. 하나님께서 지켜봐 주시기를 원한다는 또 다른 히브리어 명칭이다. 라반은 자신의 체면을 살리고 앞날의 안위를 보호하기 위한 책략으로 자신과 야곱 사이에 공존을 위한 협상을 제시했다.

이 평화 조약의 궁극적인 목적은 야곱과 라반 사이에 경계선을 만들어 서로 그 선을 침범하지 않도록 하여 평화를 누리자는 것이다. 이 조약 때문에 후에 가나안 땅에 흉년이 들었을 때 야곱은 하란으로 가지 않고 애굽으로 내려간다. 라반과 야곱의 계약은 성사되었고 야곱은 드디어 라반의 손아귀에서 벗어나게 되었다.

사실 이 언약은 불필요한 것이다. 야곱은 라반의 영토를 침해할 의도가 전혀 없었기 때문이다. 더구나 야곱이 라반의 두 딸 외엔 어떤 첩도 두지 말아야 한다는 주장도 어처구니가 없다. 그 이유는 여러 아내를 원하지 않았던 자신의 조카에게 중혼을 강요한 사람이 바로 라반 자신이었기 때문이다.

라반의 집에서 야곱은 성실과 인내와 진실함으로 일했다. 그런데 열 번이나 야곱의 품삯을 변경했던 라반은 아직도 야곱이 소유한 모든 것이 본래 자기 것이라고 주장한다. 라반의 병적인 욕심과 집착은 오직 물질적인 것에 집중되어 있다. 그러나 야곱이 만만한 사람이 아님을 알았고, 야곱의 하나님까지 자신을 겁박하는 상황에서 자신의 불리함을 깨달은 라반은 이제 야곱이 두려워 돌무더기의 경계선을 넘지 말 것을 다짐시키고, 재차 다짐한다.

조약체결 후 라반은 고향으로 돌아갔고 이후 더 이상 등장하지 않는다. 그는 기회주의자이고, 속물적이고 철면피하며 탐욕스러운 인간의 전형적인 모습이다. 20년 동안 야곱과 함께하며 하나님을 만날 기회가 있었다. 하나님이 야곱에게 내린 축복을 그 또한 보았다. 그러나 라반은 오로지 사람을 자신에게 유리한 대로 이용해 먹으려고만 했고, 물질적 이익만을 추구하며 탐욕의 삶을 살았다. 야곱을 통해 드러난 하나님의 진실 된 길을 찾기보다 야곱에게 내려 주시는 축복에만 관심을 가진 사람이다. 전형적인 기복신앙을 가진 라반의 삶은 결국 무의미하게 끝났다.

살의를 품은 추격자 라반과 교활한 도망자 야곱 사이에 있던 팽팽한 긴장감은 하나님 앞에서 맹세함으로 모든 문제가 근본적으로 해결되었다. 이들의 언약은 인간들의 치졸한 경쟁과 불협화음을 잠재우며 평화와 안녕을 정착시키신 하나님의 화해의 손길을 느끼게 해준다.

하나님이 막으시면 내가 할 수 있는 일이 하나도 없고 하나님이 허용하시면 내가 막을 수 있는 것은 하나도 없다. 문제 해결은 하나님의 도우심 안에서 해야 한다. 갈등 관계 속에서 씨름하지 말고 하나님께 맡기는 믿음을 가져야 한다.

야곱의 군대 Two Armies (창 32:1-2)

이제 야곱은 외삼촌 라반의 손아귀에서 완전히 벗어났다. 재산도 많이 소유했고 자녀들과 종들도 많았다. 명실상부한 대가족을 거느린 족장이 되었다. 이제 남부러울 것 없이 고향에 금의환향할 수 있는 여건이었지만 고향을 떠난 20년 동안 그를 짓누르는 압박감이 있었다. 얽힌 매듭처럼 풀지 않으면 안 되는 중요한 일, 그것은 에서와의 문제였다.

20년 전 도망치듯 고향을 떠나올 때 야곱은 형 에서의 장자의 축복을 속임수로 빼앗았다. 에서는 야곱을 죽이겠다고 마음 먹을 만큼 분노했고, 그 사실을 누구보다 잘 알고 있었던 야곱이다.

야곱은 20년간 얽매여 있던 라반과의 갈등을 해결했으니, 이제 고향으로 돌아가는 발걸음이 가볍고 자유롭고 행복해야 하는데, 고향을 떠나올 때의 불안하고 두려웠던 마음과 별반 다르지 않다. 어쩌면 더 무거웠다. 떠나올 때는 홀 홀 단신이었지만, 지금은 자기가 보호하고 지켜야 할 식솔들이 많아져 책임져야 할 무게가 더욱 무거워졌기 때문이다. 가진 것이 많아 잃을 것이 많아진 사람은 더욱 두려운 법이다.

야곱은 고향을 떠나온 후 에서에 대한 소식을 들은 적이 없다. 리브가가 에서의 화가 가라앉으면 사람을 보내 야곱을 부르겠다고 했지만 20년간 소식이 없었다. 야곱은 에서의 화가 풀렸는지 확신이 서지 않았고 불같은 성질의 에서와 만나 벌어질 일을 생각하면 두려움과 걱정에 휩싸이게 되었다. 이러한 상황 속에서 고향을 떠나올 때 벧엘에서 나타났던 하나님이 다시 나타나신다. 이는 지금까지 하나님이 야곱과 함께하셨음을 상기시켜 주며 라반의 온갖 모략에서 보호하셨듯이 장차 에서의 손에서도 지켜주실 것이라는 확신을 주기 위함이다.

"야곱이 길을 가는데 하나님의 사자들이 그를 만난지라 야곱이 그들을 볼 때에 이르기를 이는 하나님의 군대라 하고 그 땅 이름을 마하나임이라 하였더라."(창32:1-2)

'하나님의 사자들'은 모두 하나님의 군대였다. 에서에 대한 두려움으로 가득해 있었던 야곱을 보호하기 위해 하나님이 자신의 군대를 보내셨다. 하란으로 향할 때 벧엘에서 만났던 하나님이 "내가 너를 그 땅으로 돌아가게 하리라"(창28:15)고 하신 말씀을 이루어 주신 것이다. 야곱은 하나님의 사자들을 다시 만남으로 벧엘과 마하나임의 경험이 연결된다.

야곱은 하나님께서 무사히 이 땅으로 돌아오게 하시면 자신의 하나님으로 섬기겠다고 벧엘에 제단을 쌓고 약속을 했었다. 이제 무사히 많은 재물와 식솔을 거느리고 돌아오게 되었는데 야곱은 그때의 약속은 까맣게 잊고 벧엘로 단을 쌓으러 가는 것이 아니라, 에서의 분노를 가라앉힐 걱정만 하고 있다.

'하나님의 군대'는 '구부리다', '진을 치다'(חנה, 하나)에서 유래한 '원형의 진'(מחנה, 마하네)을 나타내는 '하나님의 진영(The camp of God)'을 의미한다. 헬라어 번역본인 70인역(LXX)은 성도들의 진인 '교회'로 번역했다.

'마하나임'(מחנים)은 쌍수로 '두 진영', '두 군대(Two Armies)'를 의미한다. 야곱이 이 땅의 이름을 그렇게 부른 이유는 하나님의 진영과 야곱의 진영이 서로 만나는 장소였고, 두 군대로 형성된 많은 천사들이 야곱 일행을 전후 혹은 좌우에서 옹위했기 때문이다.

벧엘에서 나타난 하나님이 지난 20년간 야곱을 보호하였듯이 지금 나타나신 마하나임의 하나님도 앞으로 야곱의 인생을 책임져 주시고 인도하실 것이니 근심하지 말라는 말씀이다.

이후 마하나임은 레위 지파의 성 중 하나였으며(수13:26; 21:38), 사울의 아들 이스보셋이 그의 아버지 사울이 죽은 후 세운 왕국이었고(삼하2:8-9), 압살롬의 반역 동안에는 다윗의 피난지가 된다(삼하17:24).

야곱은 에서를 만나기 전에 온갖 지혜를 짜내어 대비책을 마련하였고, 하나님도 그를 준비시키셨다. 그러나 라반에게서 겨우 벗어나자 곧바로 에서와의 갈등이 기다리고 있는 현실은 더욱 가중된 두려움으로 인해 야곱을 나약하게 만들었다. 짐작할 수 없는 불확실성, 긴장과 불안감의 증폭은 에서와의 만남을 상상하는 것만으로도 자신의 모든 것을 잃게 될 것이라는 공포감이 엄습해올 뿐이었다. 야곱의 내적 싸움은 전투를 방불케 하는 고뇌의 싸움이었지만, 그가 간과한 사실은 야곱이 약속의 땅을 떠날 때 만났던 하나님의 사자들이 그의 귀환 길에도 함께했다는 사실이다.

20년 전 벧엘에서 하나님은 야곱에게 자신의 임재를 확신시키시고 함께하실 것을 약속하셨다. 그런데 야곱은 자신의 알량한 잔꾀와 자신의 힘을 믿고 살아왔다, 간간이 하나님의 이름을 들먹이긴 했지만, 자신의 머리와 능력을 더욱 신뢰하며 살아온 인물이다. 그러나 지금 눈앞에 보인 하나님의 군대 진영을 보고는 비로소 지난 20년 동안 하나님의 군대가 눈에는 보이지 않았지만, 자신을 둘러 진치고 지키고 있었음을 고백한다. 가나안 초입에 이르러 나타난 천사들의 군대 진영을 보고 비로소 야곱은 20년 전 벧엘의 약속을 기억해 내었다.

"보라 마하나임이라" 야곱의 입에서 터져 나오는 감탄사로 보아 야곱은 하나님의 군대가 지난 세월 동안 함께 하셨음을 알게 되었다는 것이다. 하나님의 군대가 한 곳에 진을 치고 있는 것이 아니라 야곱을 따라 장엄한 진을 치고 함께 움직이고 있었다.

마하나임은 지금도 우리 주위에서 우리를 둘러싸고 우리를 지키시는 하나님의 군대다. 하란에서 머무는 동안 보이지 않았던 하나님의 천사들이 이제야 보인 것은 야곱의 곁에 없어서 안 보였던 것이 아니라 단지 야곱이 보지 못했던 것이다. 하나님은 항상 야곱 편이었다. 이제 야곱은 하나님이 함께하심을 믿고 하나님 편에 서기만 하면 된다.

하나님의 사자, 하나님의 군대 마하나임을 야곱에게 보내셨듯이 우리에게 보내셨음을 믿는다. 내가 보지 못하는 것이지 하나님의 군대, 하나님의 사자가 없어서 안 보이는 것이 아니다.

오늘도 눈을 크게 뜨고 좌우를 살펴보자. 우리는 우리 삶이 주는 불안과 두려움을, 에워싼 적군의 군대처럼 느끼며 두려움과 압박감을 가지고 살아가고 있다. 세상이 주는 두려움은 우리의 생명을 위협하며 비굴하고 초라하게 우리를 굴복시키려 한다.

그러나 이미 문제의 발생 전에 위로와 사랑을 담아 우리 곁에 와계신 하나님의 군대가 있음을 바라보아야 한다. 오늘도 하나님께서는 사자들을 보내어 우리들을 모든 환란과 핍박 속에서 보호하고 늘 승리케 하신다(히1:14).

그러므로 우리는 세상의 두려움에 눌려 떨지 말고 믿음으로만 볼 수 있는 하나님과 그의 군대를 확신하면서 살아야 한다. 세상 모든 것을 포기하고서라도 천국을 소유하겠다는 믿음 속에서 마하나임의 하나님을 경험할 수 있다.

야곱의 꼼수 (창 32:3-12)

야곱은 약속의 땅으로 돌아가는 길에서 하나님이 함께하심을 체험하게 되는데, 먼저 마하나임에서 사자들이 그에게 나타나고 다음엔 브니엘에서 여호와의 사자가 개입하는 내용으로 이어진다. 이 두 번의 만남으로 야곱은 커다란 개인적 변화를 경험하게 된다. 그런데 하나님께 '이스라엘'이라는 새로운 이름으로 불리웠음에도 불구하고, 야곱은 두려움을 온전히 떨쳐 내지 못하고 에서와의 만남을 하나님과의 만남과 동등하게 여긴다(창33:10).

야곱은 에서에게 사자(메신저)를 보내면서 형 에서를 "내 주"로, 자신을 "주의 종 야곱"으로 부른다. '내 주'란 자신을 최대로 낮추면서 상대방을 최대한 높이는 관용적인 표현이다. 에서에 대한 두려움과 과거에 자신이 에서에게 한 행동에 대한 죄책감 때문이었다. '내 주'가 히브리인들의 관용적 표현이지만, 야곱의 정중한 인사는 형을 향한 자신의 오만함을 바로 잡으려 첫 번째 시도였다.

20년 전 이삭에게 '네가(야곱) 형제들의 주가 되고 네 어머니의 아들들이 네게 굴복하리라'(창27:29)는 축복을 받았지만, 사실은 그렇지 않다는 것을 에서에게 알리려 한다. 에서가 야곱을 지배하는 주인 됨을 알리려는 것이다.

"내가 라반과 함께 거류하며 지금까지 머물러 있었사오며"(창32:4) 야곱은 자신이 형을 피해 라반에게 갔던 이유를 생략한다. '거류했다'는 표현은 야곱 자신이 하란에서 나그네와 같이 잠시 머물렀을 뿐 언제든지 가나안으로 돌아갈 것을 기대하고 있었음을 나타낸다. 이제 나그네 생활을 마치고 집으로 돌아왔으니 너그럽게 받아달라는 부탁이다.

야곱이 소유한 가축 목록을 나열한 것도 자신이 부자임을 나타내 보이려는 것이 아니라 아버지의 유산을 원하지 않는다는 것을 밝히려는 것이다. 그런데 이 상황 속에서도 야곱은 자신의 재산을 축소하여 말한다. "소와 나귀와 양 떼와 노비"(창32:5) 값비싼 낙타는 언급하지 않는다(창32:15). 이것은 이후 에서에게 보낼 예물을 택할 때 포함되는 "젖 나는 낙타 삼십과 그 새끼"(창32:15)를 먼저 말하지 않음으로 자신의 재산 자랑이 아니라 형을 감동시키려는 계산된 행동임을 나타낸다.

장자 축복권을 자신이 갈취했지만 20년이 지난 지금은 그것에 큰 의미를 두고 있지 않음을 애써 에서에게 알리려는 노력을 하고 있다. 고향으로 돌아가기 위해 반드시 해결해야만 하는 에서와의 화해, 그러나 야곱은 장자권 포기에 대한 직접적 표현은 하지 않는다. 그저 에서와의 충돌만은 모면하고 보자는 계산이 엿보인다. 야곱은 에서에게 받아들여지기를 간절히 바라면서 마음 졸이고 있다.

에서의 관점에서는 야곱의 갑작스러운 출현은 상속권 주장이자 아버지의 축복내용처럼 야곱에게 자신을 종속시키기 위한 실력행사의 행위로 해석될 수 있다. 적어도 에서는 자신을 위해 무언가 준비해야 했다. 야곱과 마찬가지로 에서 역시 20년 동안 야곱이 어떻게 변화했는지 알 길이 없었기 때문이다.

이때 자신을 '나의 주'라고 부르는 전령이 도착한다. 다소 야곱에 대한 경계심이 풀려서인지 전령들을 죽이지 않고 돌려보낸다. 그러나 돌아온 전령은 에서로부터 어떤 답장도 가져오지 않았고 단지 에서가 400명을 거느리고 오고 있다는 보고만 한다.

에서는 환영의 표현인지, 전쟁도 불사하겠다는 건지 알 수 없지만, 400명의 수하들을 데리고 야곱을 마중 나온다. 그에 비해서 야곱에겐 여자와 아이와 노비가 있을 뿐이다. 이러한 상황의 비교도 에서는 들을 뛰어다니는 사냥꾼의 모습을 연상시키고, 야곱은 장막에서 여인들과 함께 하는 모습을 연상하게 한다.

야곱은 심히 두려워하여 형의 마음을 돌이키기 위한 필사의 노력을 한다. 먼저 자신의 재산을 보호할 방법을 모색한 다음(창32:8-9), 기도하고(창32:10-11), 에서에게 많은 선물을 보낸다(창32:14-22).

야곱은 세 번에 걸쳐 하나님의 계시를 직접 체험한 사람이었다(하란으로 향하는 길에 루스에서, 창28:10/ 가나안 땅으로 돌아갈 것을 명령받았을 때, 창31:3/ 지난밤 마하나임에서, 창32:1-2)). 그러나 이 체험들이 아무런 힘이 되지 못한다. 하나님께서 고향으로 돌아갈 것을 명하면서 "내가 너와 함께 있으리라"(창31:3) 약속했지만, 이 약속이 공포에 사로잡힌 야곱의 마음을 진정시키지 못했다.

하나님께서 야곱을 죽이려고 추격해온 라반의 격노를 가라앉히면서 돌보아 주셨지만(창31:29), 이 돌봄의 경험 또한 전혀 힘이 되지 못했다. 얼마 전

'마하나임'의 하나님을 외치면서 하나님의 군대가 야곱을 호위하며 함께 움직이고 있음을 직접 보았으면서도 공포를 떨쳐 내는 데 도움이 되지 못했다. 에서를 만나야 한다는 강력한 두려움에 힘없이 무너지는 모습이다.

아직 야곱에겐 하나님께 의뢰하는 삶이 우선이 되지 못했다. 야곱은 늘 자신의 힘과 지혜와 능력을 믿고 살아온 사람이기에 여러 차례 하나님의 함께하심과 돌보심을 경험했음에도 습관처럼 자신의 힘으로 해결하려 한다. 이제는 라반과의 협정으로 인해 되돌아갈 곳도 없다. 생존의 길을 찾아 강구한 방법이 우선 식솔을 두 떼로 나눈다. 함께한 동행자와 가축도 두 떼로 나눈다. 한 무리라도 살리려는 궁여지책이다.

그럼에도 절망의 상황은 해결책이 보이지 않자 야곱은 이제야 하나님께 기도한다. 이 기도는 성서에 나타난 야곱의 첫 기도이다. 야곱의 기도는 하나님을 부름, 고백, 청원, 확신과 동기로 구성된다. 야곱은 지금 직면하고 있는 어려움이 고향으로 돌아가라는 하나님의 명령에 복종함으로써 생겨난 것임을 말하고 하나님 때문에 어려움을 맞게 되었으니 하나님이 해결해 주셔야 한다는 간청을 하고 있다.

먼저 야곱은 20년 전 지팡이 하나 들고 급히 도망가던 야곱에게 큰 부자가 되게 하신 하나님의 은혜와 축복에 대한 감사와 더불어 하나님의 선하심과 자신의 무가치함을 고백한다. 그리고 하나님이 자신에게 아무리 좋은 것들을 풍성하게 주셨을지라도 그가 목숨을 잃게 된다면 하나님의 선물은 무용지물이 되고 말 것임을 호소한다.

야곱과 그의 처자식이 에서에게 죽임을 당하면 하나님께서 하신 후손에 대한 약속이 무슨 소용이 있겠습니까? 하는 반문으로 이루어진 그의 기도는, 순수한 기도라기보다 하나님이 하신 말씀을 상기시키고 그 말씀에 대해 책임져 주시길 간청하는 기도다. 이 기도 역시 야곱다운 기도다. 야곱의 절박한 기도는 같은 뜻의 말을 반복하며 애원하며 몸부림치면서 하나님께 매달리고 있음을 보여준다. 지금까지 하나님이 매 순간 동행해 주시고 위기의 순간마다 하나님이 구해주셨지만, 에서가 400명을 끌고 온다는 말을 들은 지금 야곱은 다시 두려움에 사로잡혀 있다.

형의 장자권을 빼앗았던 자신의 옛 허물이 되살아나 내면 깊숙이 자리 잡고 있던 죄와 두려움을 끝내 떨쳐버리지 못하고 도피 방안을 마련하는 동시에 하나님께 호소하며 에서의 손에서 구원해 달라고 절규하고 있는 것이다(창32:11). 야곱은 에서에게 굴복할 수밖에 없는 약한 자의 운명을 받아들이면서 하나님 앞에서 자신의 무가치함을 인정한다. 야곱의 고백은 그에게 영적인 변화가 발생하고 있음을 나타낸다.

하나님의 답은 "내가 반드시 네게 은혜를 베풀어 네 씨로 바다의 셀 수 없는 모래와 같이 많게 하리라"(창32:12)였다. 지금 에서와의 문제 따윈 아무 것도 아니라는 것이다. 먼 미래의 약속까지 거듭 확인해 주시는 하나님은 당면한 문제에 대한 직접적인 답보다 언약을 다시금 상기시키신다. 하나님은 야곱 자신의 생명뿐 아니라 후손의 생존까지 지켜주실 것이다.

야곱이 이렇게 두려움에 떠는 것은 하나님의 사랑과 보호가 부족했기 때문이 아니라, 하나님의 사랑과 보호를 담을 야곱의 믿음이 부족하기 때문이다. 하나님에 대한 전적인 신뢰와 하나님의 주권을 자신의 삶 속에서 인정하며 살아오지 못했기 때문에 하나님이 천군 천사를 보내 위로의 메시지를 보내 주셨어도 인간적인 방편을 열심히 모색하며 더불어 기도하는 모습을 보였던 것이다.

야곱은 이때까지도 자기가 삶의 주인이었으며 하나님은 단순히 조상들의 역사 속에 활동했던 신이라고 생각했다. 하나님을 자신의 삶의 주관자로 여기지 못하고, 지금 여기에서 살아 역사하시는 하나님이심을 알지 못했기에 야곱은 조상 아브라함의 축복까지 들먹이며 기도했던 것이다.

야곱의 하나님과의 놀라운 만남은 우리에게 하나님의 임재에 대해 많은 것을 가르쳐 준다. 인생을 살면서 정말 중요한 것은 '하나님이 바로 지금 이 순간 여기에서 우리와 함께 하시며, 함께 하시는 하나님은 우리의 모든 상황을 다 알고 계시며 돌보아 주신다는 확신이다. 삶이 뿌리째 흔들릴 때 이러한 확신은 더욱 중요하다. 그러나 야곱은 이러한 확신이 부족했다. 야곱이 살 길을 찾기 위하여 인간적 방법이든 하나님께 매달리는 방법이든 가리지 않고 다 시도한 것은 사실 야곱의 신앙이 얼마나 약한 상태인지를 드러내 준다. 신앙의 뿌리가 깊지 않았기에 하나님과 세상 사이에 양다리를 걸치고 있는 것이다.

하나님의 군대가 나를 호위하며 지키고 있는 모습을 보아야 한다. 하나님의 임재하심을 믿으며 모든 불안과 두려움을 예수의 이름으로 물리치며 살아가야 한다. 하나님이 우리의 모든 상황을 다 알고 계시며 돌보아 주시리라 확신하며 세상 속에서 담대히 살아가야 하고 야곱의 선택과 그의 발자취를 통해 우리의 믿음을 돌아보아야 한다. 야곱을 판단하며 비난할 자격이 우리에게 없다. '너 버러지 같은 야곱아'라는 부르심이 바로 나를 부르시는 소리로 들어야 한다.

하나님이 나를 대신해서 싸워주신다 (창 32:12-32)

야곱은 하나님의 자비와 약속에 호소하는 기도를 마친 그 밤이 지나자마자, 또 다른 해결 방법을 찾아 끊임없이 머리를 굴린다. 자기 운명을 온전히 하나님께만 맡겨두기엔 자신의 의지와 집념이 너무나 강했던 야곱은 또 다른 살 궁리를 마련하고 있다. 선물 공세로 에서의 마음을 풀어 보려고 엄청난 양의 가축들을 준비한다. 선물을 보내는 행위에는 에서의 묵은 앙금이 풀어져 만들어 자신을 받아들였으면 하는 간절한 바람이 담겨있음이 명백하다. "밤을 지내고 … 예물을 택하니"(창32:13) 밤을 보냈다, 예물을 보냈다는 표현은 에서를 만나기까지 야곱 일화의 기본 틀이 된다.

그런데 형이 지금까지 화가 나 있다는 것은 사실로 확인된 것이 아니다. 야곱의 생각일 뿐이다. 야곱은 형의 마음을 지레짐작하여 형의 화를 누그러뜨리기 위해 많은 선물을 준비한 것이다. 자신이 형에게 끼친 손해와 잘못을 배상하는 의미의 선물이다. 야곱은 에서를 위해 준비한 자신의 선물을 '복'이라 부른다(창33:11). 에서에게 복을 되돌려주고 그를 주인으로 모실 준비가 되어 있음을 알리려는 것이다.

수백 마리의 가축을 일정한 거리를 두고 종류별로 떼를 나누어 가게 한 것은 예물의 양이 많아 보이게 하는 효과를 노림과 동시에, 급한 성격의 소유자인 에서의 격한 감정을 완화 시키려 한 야곱의 잔꾀다. 이는 과거의 잘못을 뉘우치고 있고, 자신을 에서에게 종속시킴으로 아버지의 축복을 통해서 받은 특권을 모두 에서에게 돌려주겠다는 암묵적 의미를 품고 있는 행위이다.

어젯밤 하나님께 간절히 기도를 드렸지만, 다음 날 즉시 선물로 에서를 기쁘게 해서 그 마음을 풀게 하려는 인간적 수단을 생각한다. 온전히 하나님만 의지하지 못하고 인간적 방법을 도모하는 야곱의 모습에서 믿음과 두려움의 감정이 복합되어 뒤엉켜 어떻게든 살아남아야겠다는 생각이 드러난다. 이는 어떻게든 라헬과 결혼하고 말겠다는 의지를 불태우던 모습을 떠올리게 함으로 야곱의 인간적 기질을 엿볼 수 있다.

염소, 양, 낙타, 소, 나귀와 새끼까지 550여 마리를 보낸다. '당신의 종 야곱이 그의 주 에서'라는 메시지를 5번 연속 언급한다. 야곱은 할수 있는 모든 수단과 방법을 다 동원하여 에서의 분노가 누그러지기를 갈망하고 있다.

"형의 감정을 푼 후에 대면하면 형이 혹시 나를 받아 주리라 ......"(창 32:20)는 말은 '내가 그의 얼굴을 덮으리라'는 의미로, 피해를 입은 자에게 선물을 안겨 그의 얼굴을 가림으로써 자신에게 가한 해를 보지 못하게 하는 일종의 유화정책이다. 불같이 흥분했다가 금방 누그러지는 에서의 성격을 알고 있었기에 내놓은 방책이다.

밤중에 아내와 아이들은 얍복강을 건너게 하고 20년 전 광야를 헤맬 때와 마찬가지로 야곱 홀로 남았다. 생사의 갈림길에 놓인 야곱이 그 어떤 안전장치도 없이 홀로 남겨졌다. 이 긴박감과 적막함이 흐르는 밤, 이제 야곱은 홀로 하나님을 만나야 한다. 그때 갑자기 나타난 낯선 사람과 야곱은 동이 틀 때까지 씨름을 벌이게 된다. 야곱은 처음에 단순히 어떤 사람과 씨름을 하고 있다고 생각했다. 그러나 상대가 야곱의 환도뼈를 한 번의 손놀림으로 부러뜨리자 야곱은 그가 초인간적인 힘을 소유한 신적 존재임을 알게 된다.

'그가 씨름하다'(יאבק, 바예아베크)를 먼저 '먼지를 일으키다'(אבק, 아바크)에서 유래한 것으로 보면 먼지가 일어날 정도로 격렬하게 몸싸움을 한 것이다. 또한 '단단히 붙잡다'(חבק, 하바크)의 유래로 보면 필사적인 싸움을 암시한다. 실제 싸움을 한 것인지 씨름을 하듯 필사적으로 붙들고 처절하게 기도하는 모습인지 알 수 없으나 이는 야곱의 처절한 모습을 보여 준다.

야곱은 허벅지 뼈가 부러지는 부상을 당해 서 있기조차 힘들었지만, 어쩌면 이 부상으로 인해 얻은 확신으로 더욱 그의 허리에 매달린 채 자신을 축복해 주기 전에는 절대로 놓아 줄 수 없다고 고백하며 씨름을 계속한. 복에 집착한 야곱은 복을 요구하고 복 주지 않으면 놓아주지 않겠다고 고집한다.

그 미지의 인물은 야곱에게 "날이 새려하니 나로 가게 하라"(창32:26)고 말한다. 야곱은 "당신이 내게 축복하지 아니하면 가게 하지 아니하겠나이다"(창32:26)라고 대답한다. 그렇다면 문맥상 그 어떤 사람은 '축복한다' 또는 '안 한다'고 말해야 하는데 뜬금없이 이름을 물어본다. 그 사람이 이름을 물어보자 '야곱'이라고 대답한다(창32:27).

야곱의 이름은 '발꿈치를 잡은 자'(Follow at the heal)로 남의 뒷발꿈치를 잡고 늘어지는 사람, 교만과 사기, 속임수로 점철된 이름이다. 움켜쥔 자, 빼앗은 자로 살아온 야곱은 장자권, 축복, 사랑하는 아내, 재산 등 인간적인 수단과 방법을 총동원해 얻고자 하는 것은 반드시 얻고야 마는 인간이었다.

그러자 그 사람은 야곱의 이름을 '이스라엘'로 바꿔 주신다. 이스라엘(ישראל)의 어원은 '씨름하다', '싸우다'(שרה, 사라)와 결부시키면 '하나님이 싸우신다'를 의미한다. 그렇다고 '네가 하나님과 씨름했다'와 같지는 않다. 다른 한편 '다스리다'(שׁרר, 사라르), '심판하다'(משׁרה, 미스라)와 관련시키면 '하나님이 다스리신다, 하나님이 심판하신다'로 해석될 수 있다. 문제는 '하나님과 싸우다'인지 '하나님이 싸우다'인지를 구별하는 것이다.

'이스라엘'을 '하나님과 겨루어 이김'으로 보는 것은 잘못된 해석이다. 우리는 하나님과 싸워서 결코 이길 수 없다. 죽을 때까지 매달리고 애원하고 조른다고 하나님이 다 응답해 주시지는 않는다. 우리가 열흘, 사십 일 금식하며 무엇인가를 간구하면서, '하나님 저 곧 있으면 죽어요, 꼭 들어주셔야 해요' 하고 아무리 매달린다고 해서 모두 이루어지진 않는다. 응답받았다고 해서 하나님과 싸워서 이긴 것이 아니다.

이는 '하나님이 대신 싸워주신다(Let God content)', '하나님이 통치하신다'의 뜻으로 해석해야 한다. 하나님을 나의 삶의 주인으로 모시고 모든 것을 맡기고 의지할 때 하나님은 나의 인생의 역경과 고난, 원수들을 향해 나를 대신해서 싸워주시는 분이시다. 그러므로 '하나님과 및 사람들과 겨루어 이겼음'은 하나님과 싸워 이겼다는 것이 아니라 하나님이 야곱의 간절함에 응답하셔서 야곱이 하나님의 통치 안에 들어오도록 허락하셨다는 의미이다.

"네 이름을 다시는 야곱이라 부를 것이 아니요 이스라엘이라 부를 것이니 이는 네가 하나님과 및 사람들과 겨루어 이겼음이니라"(창32:28)

야곱이 엄청나게 끈질기고 힘이 세서 하나님과 겨루어 이긴 것이 아니다. 하나님이 자신을 스스로 낮추셔서 인간이 접근할 수 있도록 허락하신 것이다. 그래서 야곱은 그 사람과 무승부로 끝나는 씨름을 할 수 있었다. 이렇게 겸손하게 나타나신 하나님은 야곱의 씨름을 멈추게 하셨으며 야곱을 축복하셨다. 하나님이 주도하신 씨름에서 야곱은 오직 '부러져'서야 하나님과 사람들을 이기는 사람이 되었다.

이는 야곱이 자신의 육체적인 힘을 잃고 단지 기도를 통해서만 승리를 거둘 수 있음을 말하는 것이다. 하나님의 약속을 의지하여 기도드리면서도 겸손하지 못하고 자신의 방편을 생각하던 야곱은 이길 수 없는 사람이었지만 이제 부러진 야곱은 축복을 실현하기 위해 하나님께 매달려 떠나지 않는 사람이 되었다. 기도하지 않고 수많은 문제와 고통과 아픔 속에서 살아왔던 야곱은 이제 하나님께 자신을 의탁함으로 새 이름을 받아 변화된다.

움켜쥐고 빼앗는 자로 살아왔던 삶의 갈증, 채워도 채워지지 않는 불만족함, 내면의 어두운 그림자, 애써 외면해 왔던 불편한 진실들과 해결해야만 하는 가족과의 갈등, 이 모든 것을 이제는 하나님께 모두 맡겨야 한다는 도전을 받고 있다.

불안한 마음으로 항상 쟁취하려 욕심내고, 불확실함 속에 두려움을 안고 살아왔던 삶, 책임져야 할 그 무엇으로부터는 항상 핑계를 대며 회피하기만 했던 야곱은 에서와의 화해에 앞서 먼저 자기 자신을 내려놓고 전적으로 하나님께 모든 것을 맡겨야 했다.

야곱은 이곳의 이름을 '하나님의 얼굴(פניאל, 브니엘)'로 부른다. 하나님을 만나서 직접 대면했는데도 살아 있다는 것이다. '내가 하나님과 대면하여 보았으나 내 생명이 보전되었다'(창32:30)와 '에서의 손에서 건져내옵소서'(창32:11)에서 '보전되다'와 '건져내다'는 모두 '구원하다'와 동일한 단어로 하나님과의 만남에서 살아났듯이 에서와의 만남에서도 살아날 것을 기대하게 한다.

다리를 절뚝거리며 브니엘을 지난 것은 하나님께서 하나님을 만난 흔적을 그의 몸에 남겨 놓았음을 의미한다. 절름발이 됨은 앞으로 더욱 하나님을 의지하며 살아갈 것을 상징한다. 절뚝거림은 육체의 힘이 아니라 영적인 힘으로 걷고 있는 성도의 자세다.

얍복강은 현재를 사는 우리 모두에게 주어진다. 생의 위기는 예고 없이 누구에게나 찾아온다. 우리의 꿈과 가치관과 인격을 걸고 하나님과 씨름할 때가 온다. 그때 우리도 야곱처럼 치열하게 싸워야 한다. 우리의 변화와 구원을 방해하는 문제들과 대면하고 씨름해야 한다. 이 씨름으로 인해 절름발이가 된 야곱처럼 우리 안에도 영광의 상처가 남게 될 것이다. 그리하여 하나님의 은혜에 전적으로 의지하며 살아가는 또 하나의 이스라엘로 탄생할 것이다.

야곱에서 이스라엘로 변화된 이 사건은 죄인이었던 우리가 하나님의 은총으로 의인이 되어 구원받음과 같다. 그러므로 우리는 변화된 이름, 하나님의 자녀 됨, 하나님의 소유된 자로서의 삶을 살아야 한다.

드디어 만난 야곱과 에서 (창 33장)

야곱은 자신의 가족들을 애정이 덜 가는 순서대로 앞에 세운다. 즉 여종들과 그의 자식들, 레아와 그 자식들, 라헬과 요셉의 순서로 세 무리로 나누어 나아가게 하고 야곱이 맨 앞으로 나선다. 그가 앞에 선 것은 얍복강 사건 이후 완전히 변화된 모습이다. 그는 항상 맨 뒤에 있었다. 얼굴이 땅에 닿을 만

큼 몸을 숙여 경의를 표하는 일곱 번의 인사를 하며 에서에게로 가까이 나아
간다. 진심으로 잘못을 뉘우치며 화해를 간구하는 성의를 다하는 모습으로
에서의 주인 됨을 인정할 뿐 아니라 장자 축복을 탈취한 과거 행위에 대한 용
서를 구하는 모습이다.

야곱은 절룩거리며 형을 맞이하러 갔고 에서는 동생을 만나기 위해 뛰어왔
다. 먼저 달려와 준 건 에서였다. 그는 '달려와서 ... 목을 어긋 맞추고 ... 입
을 맞추고 ... 운다'(창33:4). 그리고 야곱을 향해 "내 동생아"라고 부른다
(창33:9). 사실 에서에게는 야곱이 늘 "내 동생"이었다. 동생이 장자축복권
을 속임수로 빼앗아가 미워 죽겠는 마음이 들 때에도 "내가 내 아우 야곱을
죽이리라"(창27:41) 라고 표현할 정도였다. 형제의 관계를 저버리고 믿음을
깨 버린 건 야곱이었다. 그럼에도 불구하고 에서는 야곱을 용서하고 있는 것
이다.

그들은 울음을 터뜨렸다('서로 우니라', 창33:4). 야곱을 만난 기쁨과 용
서했음을 보여주는 에서의 눈물이었다. 야곱도 형의 환대를 보며 안도감의
눈물을 흘린다.

야곱은 처자식들을 소개하며 의식적으로 '축복'이란 말을 사용하지 않는
다. 축복이란 단어는 지난 20년 전 야곱에게 빼앗긴 에서의 그 축복이 야곱
을 부자로 만들었다고 볼 수 있기 때문이다. 또한 의도적으로 두 아내와 두
첩을 소개하지 않는다. 이는 과거 에서의 결혼으로 인한 상처를 건드리지 않
기 위함이다. 가나안 여인과 결혼한 에서와 달리 야곱은 부모의 명령에 따라
친척 여자를 아내로 맞이했기 때문이다.

야곱은 에서의 용서가 하나님의 자비와 은혜 덕분임을 깨닫고 "형님의 얼
굴을 뵈온즉 하나님의 얼굴을 본 것 같사오며 ......"(창33:10)라고 에서의 얼
굴이 하나님처럼 보였다는 고백을 한다. 하나님이 에서의 마음을 풀어 놓음
으로써 자기가 살게 되었음을 인식하며 하나님께 감사하는 것이다.

형에 대한 잘못으로 양심의 가책을 느낀 야곱은 형 에서의 마중을 오해했
으며 두려움을 느꼈다. 악한 행동은 악한 감정으로 이어진다. 해결하지 않고
도망쳐버린 예전의 죄는 결국 자신의 발목을 붙잡고 죗값을 치르게 한 것이

다.

　에서는 야곱에게 에돔 땅 세일로 가서 함께 살자고 말한다. 그러나 야곱은 수긍하는 척하며 피하는데 그 이유는 아직 에서를 완전히 신뢰하지 못했기 때문이다. 여전히 에서에 대한 두려움과 불편함을 가지고 있는 것이다. 야곱은 지정하지 않은 그 어떤 때에 '세일로 가서' 만나겠다는 모호한 대답만 한다. 심지어 호위하는 사람을 남겨두고 떠나겠다는 에서의 마지막 제안마저 거절한다. 에서의 제안은 여자들, 아이들, 노비들, 가축들뿐인 야곱의 대가족에 대한 따뜻한 배려였다. 그러나 에서에게 마음을 열고 있지 않은 야곱은 에서의 감시자들이라고 생각했는지, 하나님이 항상 함께할 것이란 약속을 굳게 믿은 것인지 알 수 없으나, 야곱은 에서의 모든 제안을 정중히 거절하고 '숙곳'에 정착한다.

　하나님은 얍복강 사건을 통해 야곱을 변화시켰고, 에서의 불같은 증오심과 야곱의 두려움을 형제의 사랑으로 승화시켰다. 하나님의 강권적인 개입으로 변화된 야곱과 에서는 용서하고 눈물 흘리며 화해하였다. 돌이킬 수 없을 것 같은 이들의 변화와 평화의 주체는 하나님이심을 알 수 있다.

　그러나 얍복강가에서의 씨름 이후 야곱이 하루아침에 완전히 옛사람을 벗어버리고 새로운 사람으로 변화된 것은 아니다. 여전히 그는 이스라엘이 아닌 '야곱'으로 불리고 있다. 완전히 새사람, 이스라엘로 변화된 것은 아니라는 것이다. 옛사람의 모습과 새사람의 모습을 왔다 갔다 한다. 하나님의 뜻에 순종하는 듯 보이다가 어떤 때는 인간의 의지와 집념만을 갖고 살아가는 야곱의 모습이다. 야곱은 집념의 인간이었지만 집념의 신앙인은 아니었다.

　야곱의 모습을 통해 단 한 번의 영적 체험이 단번에 우리를 성숙한 인간, 하나님의 사람으로 바꿔 놓은 것이 아님을 배우게 된다. 오랜 세월 동안 세상 것에 집착하며 살아온 옛사람의 모습은 그렇게 빨리 사라지지 않기에 우리의 변화 성숙은 점진적으로 이루어지는 것임을 인식해야 한다.

　죄의 경향성과 어두운 성향, 또 수많은 상처들로 인해 변화 속도는 더딜 수 있지만, 우리는 조금씩 어제보다 나은 신앙인의 모습으로 나아가야 한다. 거듭남의 체험은 영적 성장 과정의 첫걸음일 뿐이다. 거듭남을 통해 옛사람은 죽고 새사람으로 태어나지만, 우리의 인격과 삶의 방식은 이전 그대로 남아있기 때문에 완전한 그리스도인으로 살아갈 수 없다. 그저 오늘보다 나은 신앙의 모습을 갖도록 변화를 위해 노력하며 살아야 한다.

하나님께서 자신을 야곱의 하나님이라 부르신 것은 야곱이 이스라엘로 살지 못한다고 해서 버리시는 분이 아니라는 것을 알려 주시기 위함이다. 못나고 부족한 우리를 다듬고 품어 주시기 위해 그렇게 부르신 것이다. 그러므로 '야곱의 하나님'이란 칭호 앞에 우리는 큰 위로를 받는다. 야곱의 거듭된 실망스러운 모습에도 하나님은 실망하지 않으시고 책망하지도 않으신다. 또다시 축복해 주시기 위해 찾아오실 뿐이다.

에서와 야곱의 화해에서도 알 수 있듯이 인간적인 방법으로 모든 수단과 방법을 다 동원했지만 결과적으로 쓸데없는 일이 되었다. 그저 하나님만 믿고 의지하며 나아가기만 했으면 되는 일이었다. 수많은 근심과 걱정에 사로잡혀 떨며 불안에 울부짖으며 몸부림칠 필요가 없었다.

영적 변화와 성숙에 있어서 우리는, 우리 자신을 믿기보다 하나님을 믿어야 한다. 하나님의 은혜로 서서히 변화되는 것이다. 하루 종일 하나님과 동행하는 것, 매시간 그리스도인으로 살아가는 것, 온 마음을 다해 하나님을 사랑하고 원수 같은 이웃을 사랑하는 것, 모든 악을 끊고 오직 선을 쫓는 모든 것이 불가능해 보이지만 실망할 필요는 없다.

하나님은 완전한 우리를 원하시는 것이 아니라 죄와 타락한 성품으로부터 벗어나 하나님께로 더 가까이 나아가기 위해 노력하는 우리를 원하신다.

22강 디나 (창 34장)

디나의 비극 (창 34장)

야곱이 숙곳에 머문 지 10년 정도의 시간이 지난 후, 세겜으로 가서 하몰의 아들들에게서 땅을 산다. 땅을 산 것은 완전히 정착하겠다는 의도다. 야곱은 20년 전 벧엘에서의 하나님과의 약속을 지키기 위해 벧엘로 가야 하건만, 그곳으로 가지 않고 세겜으로 간 이유는 주변에 풍부한 목초지가 있었기 때문이다. 아직도 세속적 이해에 의해 좌지우지되며, 실리적인 선택에 망설임 없는 야곱의 모습이다.

야곱 가족이 세겜에서 지내는 동안 비극적인 일이 발생한다. 야곱의 하나뿐인 딸 디나가 세겜의 여자들을 보러 갔다가 그 지방 군주 하몰의 아들 세겜에게 강간을 당한다. 단순한 호기심을 가지고 구경 간 것으로 보이나 아람역 탈굼엔 '그 땅의 딸들'(창34:1)이 '제의 매춘부', '들에 일 보러 나가는 자'라고 기록된 것으로 볼 때 디나의 행동이 신중하지 못했음을 지적하고 있다.

성서는 디나를 '레아가 야곱에게서 낳은 딸'(창34:1)이라고 시작부터 소개하고 있다. 부녀관계를 지속적으로 밝히는 것은 디나의 강간 사건 이후 보이는 야곱의 수동적인 태도의 부끄러움을 드러낸다.

당시 고대 근동에서 시집가지 않은 처녀에 대한 성폭행은 우선적으로 그 처녀의 아버지를 모독하는 범죄 행위였다. 그러므로 정상적인 아버지라면 분노와 적개심으로 어쩔 줄 몰라했어야 하는데, 야곱은 '잠잠히 있었다'(창34:5). 딸의 비극 앞에서 어떤 감정의 동요도 보이지 않는 모습이다. 문제를 해결하기 위해 서둘러 자식을 불러 모은다거나 세겜의 집에 갇혀 있는 딸을 구출하러 달려간다든가 하는 노력을 일체 하지 않는다.

야곱은 가족과 가나안 사람들과의 뒤틀린 관계 속에서 리더십을 전혀 발휘하지 않는다. 그는 믿음이 아닌 두려움으로 하나님과도 사람들과도 씨름하지 않고 있는 것이다.

　사실 야곱은 그렇게 자신을 잘 통제하는 사람이 아니다. 라헬을 처음 만났을 때 입 맞추고 울음을 터트렸고(창29:11), 요셉이 죽었다는 소식을 들었을 때는 옷을 찢고 통곡하며 식음을 전폐한 사람이었다(37:34-35). 야곱이 조용히 있었던 것은 단지 생존에 대한 현실적 염려 때문이다. 남의 땅에 얹혀사는 입장에서 소란을 일으켜 위험에 처하는 상황을 피하기 위해 자존심을 죽이고 현실 앞에 가만히 웅크리고 있는 것이 상책이라 여긴 것이다. 야곱에겐 딸의 수치 당함이 목숨을 걸 정도의 사건이 아니었던 것이다. 반대로 야곱의 아들들은 분노한다. 이는 야곱의 잠잠함과 대조를 보인다.

　하몰과 그의 아들 세겜은 디나를 강간한 것에 대해 한마디 사과도 없이 야곱을 찾아와 뻔뻔하고 당당하게 디나와 세겜의 혼인을 언급한다. 자신의 가문과 결혼을 야곱이 사양할 이유가 없을 것이라는 확신에 찬 거만한 행동이다. 하몰은 세겜의 결혼을 위한 좋은 조건을 제시한다. 땅, 결혼 지참금, 예물을 원하는대로 주겠다는 것이다.

　야곱은 저울질과 계산속에서 침묵한다. 딸의 결혼으로 얻게 될 낯선 땅에서의 권리와 늘어날 재산과 비교해서 딸이 당한 일로 인해 손상된 가문의 명예와 체면을 저울질한다. 혼인 관계를 통해 두 종족이 서로 평화롭게 공존하며 결혼 혼수와 예물까지 요구대로 줄 것이라는 제안은 솔깃한 것이었다.

　서로 딸들을 주어 결혼하면 몇 세대가 지나지 않아 그들은 완전히 섞이게 될 것이다. 그렇게 되면 당연히 소수가 다수에게 흡수된다. 현재 야곱은 고작 11명의 아들밖에 두고 있지 않은 반면 히위 사람들은 성읍을 짓고 살고 있다. 이스라엘 민족이 탄생도 하기 전에 없어질 위험에 처했음을 야곱이 전혀 의식하고 있지 못하고 있다. 하몰의 계획대로 일이 진행된다면 재산은 접어 두더라도 이스라엘의 생존이 위협을 받는 상황이 될 것이다.

　하몰의 너그러운척하는 제안에 야곱의 아들들이 제동을 건다. 고대 근동에서 남자들은 아내의 수치보다 누이의 수치를 더 심각한 문제로 여겼다. 아내는 이혼으로 새 출발을 할 수 있었지만 누이는 그럴 수 없었기 때문이다.

　하몰과 그의 아들 세겜은 잘잘못을 떠나 부자 관계가 능동적으로 소통하는 관계다. 그러나 야곱과 그의 아들들은 아버지의 수동성을 폭로하고 극단적인 폭력성으로 아버지 야곱에게 반항하며 일그러진 부자 관계를 드러낸다.

야곱의 아들들은 세겜 족속에게 분노의 감정을 드러내지 않고 자신들과 혼인 관계로 맺어지고 싶다면 그들이 할례를 받아야 한다고 말한다. 그러나 이는 속임수에 불과했다. 남을 속이는데 명수였던 야곱처럼 그 아들들도 속이는데 일가견이 있는 자들이었다. 이들의 거짓말에 세겜 사람들도 속았고 야곱도 속았다.(34:30) 이들은 할례의 진정한 의미를 저버리고 단순한 육적 할례만 요구함으로써 거룩한 언약의 증표를 망령되이 취급하는 죄를 범한다.

자기 부족에게 돌아온 하몰은 할례 받아야 하는 진짜 이유는 설명하지 않고, 경제적 이득만 강조한다. 야곱에게는 세겜 지역 어디든 땅을 사서 자리를 잡으라고 해놓고 성읍 사람들에게는 야곱의 모든 재산이 그들의 것이 될 것이라고 부추긴다. 하몰 부자도 세겜 사람들을 속인 것이다.

이에 성읍 모든 이들이 할례를 행한다. 할례로 인한 고통, 즉 염증과 고열이 최고조에 이르러 거동조차 괴롭고 불편한 삼 일째 되는 날, 시므온과 레위가 그들을 찾아가 세겜의 모든 남자들을 죽여 버린다. 이후 나타난 다른 아들들은 죽은 시체에 달려들어 재산이 될 만한 것들을 노략질하고 온 성을 약탈했다. 하몰과 세겜이 백성들을 설득하면서 '야곱 집안의 재산이 그들의 것이 될 것'이라고 했지만, 정반대의 상황이 전개되었다.

이러한 비극은 한 여자의 강간당함에 대한 보복이라고 하기엔 정도를 넘어선 것이다. 세겜은 간음죄에 대한 해결을 하고자 하는 마음이 있다면 손해에 대한 비싼 값을 치르거나 결혼을 하면 된다(출22:16-17; 신22:29). 그러나 한 사람의 죄 때문에 성읍 전체의 남자가 학살된다는 것은 너무나 큰 대가를 치르는 것으로 납득할 수 없는 일이다.

레아가 야곱에게 낳은 딸 디나, 야곱은 레아를 사랑하지 않았기에 그녀가 낳은 딸 디나에게 무관심했으며 강간당한 디나의 상황에 어떤 조치도 취하지 않았다. 디나는 야곱이 아닌 레아의 딸일 뿐이었다. 시므온과 레위는 모두 레아의 소생으로 얼마나 끔찍이 여동생 디나를 사랑했었는지 몰라도 성서 저자는 '디나의 오라버니'라는 사실을 강조하여 보복의 동기를 부여하고 있다.

디나는 세겜의 집에 볼모로 잡혀 강제적으로 억류되어 있었던 것이 아니라 사랑에 빠진 세겜의 극진한 대접을 받으며 결혼을 꿈꾸고 있었을지도 모른다. 어느 누구도 디나의 의견을 묻는 이 없고 성서 어디에도 디나의 목소리는 들리지 않는다. 디나의 침묵은 가부장 중심의 문화, 남성 우월주의 문화 속에서 여자의 일생이 얼마나 가련한지를 보여주는 부분이다. 처음 등장했을 때 오빠들과는 달리 이름의 뜻도 소개되지 않는다(창32:22). 얍복강을 건널 때도 디나의 이름은 언급되지 않는다. '함께 한 동행자'(창32:7) 정도로 취급된다. 이름조차 언급되지 않음을 문자대로 해석하면 강 저편에 버리고 간 것이다. 하나밖에 없는 딸은 이렇듯 존재감 없이 야곱의 무관심 속에 비극을 맞았고 오빠들의 무자비한 복수 속에 더 큰 비극을 맞았다.

세겜은 강제적으로 디나를 범했지만, 그 후 그녀를 사랑했고 결혼하기를 진정으로 원했다. '그의 마음을 말로 위로하고'(창34:3)를 직역하면 '세겜은 그 젊은 처녀의 가슴을 향해 말했다'이다. 가슴을 향해 말한다는 것은 진실한 사랑 고백을 묘사할 때 쓰는 표현이다. 이 표현은 이스라엘을 향한 하나님의 성실한 사랑을 가리킬 때 사용되었다. 디나는 세겜의 따뜻한 위로를 받으며 그곳에 머물러 있었을 것이다. 가족에게 늘 소외와 차별을 받던 중 세겜의 따뜻한 사랑을 받았고, 시간이 지나면서 디나는 점차적으로 세겜의 사랑을 받아들였을 것이다. 오빠들은 디나가 결혼하기를 원하는지, 복수를 원하는지도 묻지 않는다. 디나의 인생이 걸린 중요한 결정임에도 자기들끼리 의논하고 음모를 꾸미고 관련 없는 사람들까지 모두 죽여 버렸다. 그리고는 디나를 위해 복수했다는 명분만을 앞세울 뿐이다. 어쩌면 디나의 오빠들은 결과적으로 디나가 결혼해서 행복하게 살 기회를 박탈한 것이다.

이 일로 평생 홀로 살아야 하는 디나의 입장에서는 오빠들이 그녀를 위한답시고 저지른 일이 결코 반가운 일만은 아니었을 것이다. 사실 시므온과 레위는 여동생을 위한 일을 했다기보다 자신들과 집안의 실추된 명예를 회복하고 세겜에게 복수하기 위한 살육이었다. 그 과정 속에서 디나를 희생시킨 것이다.

이후 디나는 가뭄을 피해 이집트로 내려가는 일행의 명단에 나온다(창

46:15). 이 사건 이후 20년 이상의 긴 공백이 있었고 디나는 그때까지 살아 있었다. 억압받고 물건처럼 취급받던 여인 디나는 침묵 속에 야곱의 집에서 죽은 듯이 살고 있었다.

야곱은 시므온과 레위의 세겜인 학살 행위를 비난하지만, 시체에서 전리품을 노략해 온 다른 아들들은 꾸짖지 않는다. 야곱이 화를 낸 이유는 순진한 세겜 사람들에게 사기를 쳐서 죽이고 약탈해서가 아니다. 이 일로 주변 사람들이 동맹을 맺어 자신을 해치려 할지도 모른다는 두려움뿐이었다. 다른 부족들의 원한을 살지도 모른다는 걱정뿐이다. 야곱의 관심은 오로지 자신의 안위일 뿐, 도덕이나 정의가 아니었다.

야곱의 비난 앞에 시므온과 레위는 심하게 반발한다. 아버지의 딸이 아닌 '우리 누이'라고 말한다(창34:31). 디나의 비극에 아버지답게 대응하지 않은 야곱을 '아버지의 딸'이라 불러줄 자격도 없다는 항변이다. 야곱은 두 아들의 반박 앞에서 아무런 답도 하지 못한다. 강간당한 딸 디나에 대해 아무런 항변이나 조치를 취하지 않고 무관심했다가, 청혼을 허락한다면 많은 혼수를 주겠다는 세겜의 말에 솔깃해하는 야곱의 모습에 오래전 라반의 모습이 보여진다.

성서는 강간에 대해 '욕되게 했다'(창34:2), '더럽혔다'(창34:5), '이스라엘에서 부끄러운 일'(창34:7)이라는 표현을 사용한다. 그러나 세겜도 하몰도 강간을 모욕적인 일이라 생각하는 기색이 전혀 없다. 세겜은 진정으로 디나를 사랑하고 있기 때문에 이 모욕적인 행위는 결혼으로 해결될 문제라는 입장이다. 야곱은 디나의 강간문제에 대해 아무런 분노도 표현하지 않음으로 가나안 사람들과 다를 바 없는 모습을 보이는 것은 심히 유감스런 일이다. 성서는 강간을 이스라엘에서 응징되어야 할 비도덕적 행위로 단정 짓는다.

디나의 비극의 원인은 젊은 처녀의 조심성 없는 호기심과, 욕정에 눈이 먼 세겜의 성적 충동과 자제력 결핍으로 발생 되었지만 보다 근본적인 원인은 야곱의 벧엘 서원 불이행에 있다. 야곱은 벧엘에서 제단을 쌓겠다는 서원을 지키지 못하고 자신이 있어야 할 장소에 있지 않았기에 하나님은 현실에 안주해 버린 야곱이 하나님과 바른 관계를 회복하길 원하셨다. 야곱의 불순종과 불성실이 치른 값은 너무 가혹하다. 세속의 자리에서 부귀와 쾌락, 안일을 누리기 원했던 야곱은 이 사건을 통해 다시 생명이 위협받는 불안과 공포, 자기의 삶의 터전까지 잃어버릴 두려움 속에 놓이게 된다.

이 이야기는 야곱의 옛 본성이 다시 나타나는 것을 보여준다. 그는 정의가 자신에게 큰 희생을 치를 것을 요구할 때는 정의의 편에 서기를 두려워하는 사람이며, 하나님이 지켜주시는 능력을 의심하고, 증오가 자신과 형을 갈라놓았던 것과 같이 자기와 자식들을 갈라놓도록 내버려 두는 사람이다.

야곱에게 애정과 정의와 용기가 결여되어 있는데도 불구하고 그는 살아남게 되고 아들들의 잔인한 행동 덕분에 예기치 않은 방식으로 그는 더욱 부유해진다. 아들들이 세겜 사람들의 양과 소와 아내들과 그 밖의 재산들을 약탈해 와 큰 부자가 된 것이다. 아브라함과 이삭이 자기 목숨을 염려해서 아내를 보호하지 못했지만(창12:10-20; 20:1-18; 26:6-14), 큰 부자가 된 것처럼 여기서 야곱은 딸을 지키지 못함으로 부자가 되는 유사한 체험을 한다.

우리도 야곱처럼 주께서 지시하신 길을 따라가기보다는 엉뚱한 장소에서 머물며 '이만하면 됐지'하며 안심하고 방심한다. 하나님이 원하지도 않은 장소에 제단을 쌓고 스스로 만족해한다. 겉보기에는 신앙적인 체, 영적인 체 가장하지만 실제로는 자기 하고픈 대로 하며 지극히 세속적이다. 하나님의 뜻을 따른다고 내세우면서 우리의 이해를 따라가고 하나님께 영광을 돌린다고 하면서 우리 자신에게 영광을 돌리고 있다.

창세기 34장은 강간, 분노, 속임, 탐욕, 살인, 폭력, 하나님의 신성한 약속인 할례에 대한 모독, 자기중심주의에 대한 이야기다. 디나의 목소리는 단 한 마디도 들리지 않는다. 하나님의 이름은 단 한 번도 언급되지 않는다. 강간, 종교적 상징인 할례의 오용됨, 속임수, 대량학살, 약탈 등의 비윤리로 가득 찬 34장엔 하나님이 함께할 수 없기 때문이다.

그러나 그럼에도 불구하고 이들을 다시 찾아오셔서 축복하시며 기회를 주시는 하나님의 은혜가 놀랍다. 세속에 시달리며 양심의 톱니가 무뎌지는 현실 속에서 발견한 디나의 비극은, 양심의 톱니를 다시금 세워야 함을 일깨운다.

23강 야곱 4 (창 35장)

드디어 벧엘로 (창 35:1-15)

벧엘은 지리적으로 세겜보다 1,000피트(304.8m) 높은 고지에 위치한다. 이 지리적 고도는 하나님께 좀더 가까이 다가가는 야곱의 영적인 고도를 상징하는 것으로 보인다. "제단을 쌓으라"는 말씀은 하나님께서 제단을 쌓으라고 직접 지시하신 유일한 사례다(창35:1). 야곱은 세겜에 정착하지 말고, 벧엘로 올라가야만 했다.

'벧엘'(בית אל)은 야곱의 생애 중에서 가장 두려움에 싸여 있을 때 가장 뜨겁게 하나님의 손길을 체험한, 순수한 마음으로 진실한 신앙을 고백했던 서원의 장소다. 하나님이 야곱에게 벧엘로 올라가라고 명하신 것은 벧엘에서 서원(창28:20-22)했던 내용들을 이행할 때가 되었음을 일깨워주기 위함이었다. 야곱이 하란에서 돌아온 지 10년이 지났지만, 아직도 벧엘 서원을 이행하지 않고 있었다.

야곱은 가족 구성원들에게 하나님께 대한 참된 예배 정신과 태도를 지시한다. 이방 신상을 버리고 세겜 사람을 학살하면서 더럽혀진 몸을 깨끗이 씻고 옷을 갈아입을 것을 명령한다(창35:2). 아들들은 아직 하나님의 제단 앞에 선 적이 없었다. 아들들은 몸과 마음을 새롭게 하고 하나님 앞에 서야 했다. 야곱의 선택받음이 그의 아들들에게 이어져 내려갈 것이기 때문이다.

"그들이 자기 손에 있는 모든 이방 신상들과 자기 귀에 있는 귀고리들을 야곱에게 주는지라 야곱이 그것들을 세겜 근처 상수리나무 아래에 묻고"(창35:4)

'귀고리'는 액세서리가 아니라 주물을 새긴 일종의 간이용 우상으로, 그것을 부착함으로 악귀를 몰아낸다고 믿었다. 모든 우상들을 땅속에 묻은 것은 우상숭배를 완전히 청산하겠다는 결단이자 하나님의 언약 앞에서 모든 우상들이 죽은 시체와 같음을 뜻하는 행위였다. 우상들은 수치스럽게 땅에 묻힘을 당하고 폐기된다. 야곱의 가족들에게 이방의 우상들은 매장당하는 모욕을 당했다.

하나님께서는 세겜 학살 사건으로 인해 야곱에게 보복하려는 주변 세력들의 용기를 꺾고 오히려 두려움에 떨게 하셨다. 이는 바로 전 야곱이 정결케 하며 우상을 묻는 행위, 즉 우상숭배와의 단절과 가정의 신앙개혁을 단행함을 기뻐하셨다는 증거다.

벧엘로 올라가라는 하나님의 말씀에 순종한 야곱과 그 가정을 초자연적인 능력으로 보호해 주심으로 성읍의 남자들을 모두 학살하고 노략한 죄를 짓고도 하나님의 보호하심으로 무사히 빠져나올 수 있었다. 주변 족속은 하나님이 주신 두려움에 휩싸여 추격조차 할 수 없었다.

같은 신앙 공동체로서 벧엘을 향해 떠난 야곱 족속의 행렬은 삶의 여러 고비에서 고민하며 결단하며 언약의 후손들을 이끌고 나아가는 야곱의 신앙고백과도 같은 모습이다. 야곱이 벧엘로 향하는 길은 성스러운 여행길이었다.

야곱은 20년 전에 형을 피해 도망갔던 그 벧엘로 가나안 족속을 피해 지금 다시 올라왔다(창35:6). 그곳에서 자신이 서원했던 대로 제단을 쌓고 '엘벧엘'(אלבית־אל, 벧엘의 전능하신 하나님)이라 부른다. 야곱의 신앙은 벧엘에서 시작하고 벧엘에서 끝난 것이다. 간교하고 비겁했던 도망자 야곱이 하나님의 언약 대상자로 부름받은 곳이 벧엘이다. 그러나 벧엘에서의 만남과 서원을 잊고 세상에 심취해 있던 야곱에게 디나 사건을 통해 각성시키며 그로 하여금 벧엘로 순례길을 떠나게 하셨다. 야곱에게 있어서 이 벧엘은 가장 외롭고 고통스러울 때 하나님의 위로와 도움을 체험했던 곳이다.

야곱은 세겜에서 실패한다. 잘못된 거주지였던 세겜에서 겪은 야곱 가족의 비극은 벧엘 성소에서 확장된 언약으로 오직 하나님의 뜻에 부합한 예배의 중요성을 강조한다. 하나님의 뜻에 부합한 예배형식은 세상 속의 '하나님의 얼굴'이다. 하나님이 규정하신 예배형식이 우리의 필요를 따라 바뀌지 않도록 해야 한다.

야곱이 벧엘로 올라가기 전 실행한 세 가지 개혁조치에서 볼 수 있다. 첫 번째로 라헬이 훔쳐 왔던 드라빔을 위시한 여러 우상을 모두 제거한다. 하나님께 나아가는 자는, 하나님과 대적 되는 모든 우상은 제거해야 한다. 라헬이 라반의 집에서 훔쳐 온 드라빔을 내놓았을 때 야곱은 충격을 받았을 것이다.

두 번째로 이방 풍속에 젖어있던 불결한 삶을 청산하라는 의미로 자신을 정결케 한다. 거룩하신 하나님께 나아가는 자는 몸과 마음을 깨끗이 해야 한다. 야곱 집안사람들은 세겜 학살로 인한 피로 얼룩진 몸과 마음을 씻으며 하나님께 나아가기 위한 준비를 했다.

세 번째로 의복을 바꾼다. 몸을 씻는 것이 회개를 의미한다면 의복을 바꾸는 것은 구체적인 삶의 변화를 의미한다. 십계명 수여 전 백성들에게 옷을 빨고 기다리라는 명령(출19:10, 14)한 것도 같은 의미로 볼 수 있다. 깨끗한 옷을 입는 것은 영적인 개혁과 의를 행하는 것을 상징한다(겔36:25; 히10:22). 우리도 예수 그리스도로 옷 입고 말, 행동, 인격이 변화된 모습을 이루어야 한다(롬13:12-14).

하나님이 야곱에게 다시 나타나셔서 '이스라엘'이라 다시 칭하시며 야곱과의 관계가 회복되었음을 선포하신다. 이미 얍복강에서 이스라엘이란 새 이름을 받았지만, 이후로도 계속 야곱이라 불리운 것은, 그가 야곱이라는 이름에 걸맞은 삶을 산 까닭이다. 35장에 이르러서야 하나님이 직접 이스라엘로 부르신다. 그렇다고 이후 야곱의 이름이 사라지고 이스라엘로만 불린 것은 아니다. 33장에서 50장까지 야곱이 45번, 이스라엘이 23번 사용된다. 이는 새로운 이름 이스라엘을 받았지만 어떤 때는 하나님의 뜻에 순종하며 살아가는 이스라엘의 모습을 보이기도 하고, 어떤 때는 인간의 의지와 집념이 하나님의 뜻을 거스르는 삶을 살기도 했기 때문이다.

'네 이름이 야곱이지만은'(창35:10)은 '너에게 아직도 야곱의 근성, 야곱의 속성이 남아있지만'의 의미이다. 하나님께서는 야곱에게 완벽한 이스라엘을 원하고 계신 것은 아니다. 야곱이 이스라엘이 될 수 있도록 하나님이 먼저 불러주고 계신다. 이는 얍복강가에서의 약속이 결코 변함없음을 확증해 주신 것이다. 하나님이 이스라엘 백성을 "벌레 같은 야곱, 구더기 같은 이스라엘"(사41:14)이라 부른 것은 그들을 더욱 품어 주시기 위해 부른 것이다. 같은 장소에서 하나님과 두 번 만남을 경험한 야곱은 이곳을 '하나님의 집'이라 부른다.

우리에게도 야곱이 경험했던 벧엘이 있다. 세속의 파도에 휩쓸려 방황하며 두려움에 싸일 때마다 각자의 벧엘로 올라가 하나님과 나누었던 첫사랑의 밀어를 나누면서(계2:4-5), 침체의 늪에 빠진 자신을 구원해 달라고 하나님께 무릎 꿇고 기도드려야 한다(엡5:14; 빌4:6).

늘 좌우로 흔들리는 연약한 우리는 하나님의 품에 안기기까지 방황을 계속할 수밖에 없다. 우리가 자신의 삶의 목표를 이루기 위해 온 정열을 불태우며 세상에서의 성공이 삶의 안정과 권위를 제공한다고 믿지만, 그 결과는 항상 허무와 고통, 두려움만을 남긴다. 하나님을 제외한 모든 것은 무너질 수밖에 없다. 하나님의 주권을 인정하는 삶만이 궁극적으로 참 평안과 번영을 누릴 수 있다. 야곱의 삶은 이 모든 것을 표본처럼 보여 준다.

야곱이 철저히 인간적이며 간교했을 때는 물질이나 세상적인 번영을 누릴 수 있었지만, 그 이면에는 항상 쫓김과 방황과 영육의 고통이 함께했다. 그에 반해 가장 절망적이며 자신의 무능함에 무너져 하나님만 바라볼 수밖에 없었던 상황이 되었을 때는, 도리어 무한한 힘과 위로와 앞날에 대한 희망을 가질 수 있었다. 어떠한 것을 소유했느냐가 중요한 것이 아니라 누구의 소유가 되었느냐가 중요하다. 하나님의 품 안에 있느냐 아니냐 하나님의 품을 떠나 자기가 주인된 세상을 살고 있느냐가 포인트다.

야곱의 일생은 실수와 허물로 가득했지만, 하나님의 언약을 성취하는 과정이었다. 가나안 입성을 위한 기나긴 여정으로 끝내 하나님의 품으로 돌아와서 서원한 것을 이루었다는 데 의미가 있다. '벧엘로 올라가라'는 부르심이 오면 그 자리에서 모든 것을 버려두고 순종해야 한다. 우리 삶에 방향전환이 필요함을 알려주는 신호이기 때문이다. 죄악의 길을 돌이켜 하나님께 나아가야 할 때이기 때문이다.

유모 드보라 (창 35:8)

　이제 야곱과 그의 가족들이 벧엘에 올라가서 단을 쌓고 하나님의 임재를 기다리고 있다. 흐름상 다음 이야기는 하나님의 임재를 위해 몸과 마음을 가다듬고 준비하는 모습이 그려져야 하는데, 생뚱맞게 드보라라는 한 여인의 죽음을 말하고 있다. 드보라는 리브가가 이삭에게 시집갈 때 유모로 함께 왔던 사람이다(창24:59). 라반이 리브가의 유모 드보라를 딸려 보낸 이유는 리브가에게 신부 수업을 시키고 친정어머니처럼 그녀를 돌봐줄 수 있는 적합한 인물이기 때문이며, 먼 곳으로 시집가는 누이가 의지할 만한 인물이기 때문이다. 그녀는 어린 시절부터 리브가를 돌보고 가족들과도 친밀한 사이였을 것이다.

　뚜렷한 신앙의 행적을 남긴 것도 아니고 어떤 큰 사건에 연루된 것도 아닌 한 집안의 유모에 불과한 이름이 성서에 등장한 것은 당시 여자의 지위를 생각할 때 보통 일이 아니다. 야살의 책에 보면 세 번이나 그녀의 이름이 등장한다. 또한 야곱이 에서를 피해 하란으로 도망한 이후 리브가는 아들이 보고 싶고 소식이 알고 싶어서 유모 리브가를 야곱에게 보냈다고 성서에 언급되지 않은 이야기를 전한다.

　"그들이 일어나 리브가와 그 여자의 유모인 우스의 딸 드보라를 보냈다"(24:42)
　"리브가가 자기 유모 우스의 딸 드보라와 이삭의 종들 중 둘을 야곱에게 보냈다"(31:22)
　"우스의 딸 드보라가 죽었다"(36:4)

　리브가의 유모인 드보라는 유모 이상의 가족으로 인정받을 만큼 충성되고 성실한 여자였음을 짐작해 볼 수 있다. 리브가를 양육할 때부터 라반의 가정을 거쳐 이삭의 가문에 이르기까지, 또한 야곱의 자식들까지 돌보는 어머니와 같은 존재였다. 리브가, 에서와 야곱, 열한 아들과 딸 디나까지 돌본 유모다. 유모는 종과 달리 주인과 친분을 나누는 신뢰의 대상으로 평생 그 집안을 떠나지 않고 그 가정의 자손 몇 대에 이르기까지 유모로서 어머니 역할까지 담당한다.

그녀가 줄곧 야곱과 함께 있게 된 동기는 아마도 리브가가 아들 소식을 듣기 위해 야곱에게 보냈거나 야곱이 리브가가 죽은 후 어머니를 생각하면서 그녀를 데리고 왔기 때문일 것이다. 드보라는 온전히 남을 위해 살다간 인생으로 155세에 생을 마감한다.

야곱이 벧엘에 제단을 쌓은 뒤 하나님의 임재 전에 드보라의 죽음을 기록한 이유는 야곱에게 있어서 불효자였던 자신을 평생 못 잊고 그리워하던 어머니에 대한 기억을 이어주던 마지막 끈의 단절을 의미한다. 드보라의 장사 지냄은 야곱이 지금까지 살아온 삶과 추억을 장사 지냄과 다름없다.

상수리나무 밑에 장사하는데, 상수리나무가 갖는 의미는 다양하다. 상수리나무는 오래 사는 식물로서 힘, 자존심, 아름다움, 장수를 상징한다. 생명력 또한 강해서 잘리더라도 그 그루터기에서 새로운 생명이 자라는 나무다. 그래서 가나안 지역의 큰 상수리나무엔 신의 능력이 특별히 임하거나, 아니면 하늘을 찌를듯하게 성장한 커다란 나무는 하늘과 땅을 연결한다고 생각해서 신령한 나무라는 인식에 제단을 세우고 우상으로 숭배하기도 했다. 이 상수리나무는 아브람이 처음 세겜에 도착했을 때 하나님께 제단을 쌓고 예배를 드렸던 장소이고 훗날 여호수아는 하나님의 말씀을 율법 책에 기록하고 큰 돌을 취하여 여호와의 성소 곁에 있는 상수리나무 아래 세웠다(수24:26).

'알론바굿'은 '상수리나무'(אַלּוֹן, 알론)와 '눈물을 흘리다'(בְּכוּת, 바쿠트)의 합성어로 '눈물의 상수리나무'란 의미로 드보라의 죽음을 대하는 야곱의 심정이다. 영구히 그녀를 기리기 위해 그녀의 무덤에 이러한 명칭을 붙인 것이다. 야곱에게 있어서 가장 의미 있는 장소이며 상징적인 장소인 벧엘에 유모 드보라가 묻힌다.

창세기 35장엔 드보라, 라헬, 이삭, 이렇게 세 명의 죽음이 나온다. 그중 먼저 등장하는 것이 리브가의 유모 드보라의 죽음이다. 성서에 여자의 죽음을 이렇게 통곡한 일이 없음을 볼 때 드보라는 야곱의 전 가족에게 사랑을 쏟고 사랑을 받았던 여인이었음을 알 수 있다.

드보라의 이름의 의미는 '꿀벌, 인내, 총명, 유능'의 의미를 가지고 있다. 또한 (토라의 가르침을 주는) '입'의 어원을 가지고 있다. 그 영적 의미는 '생명의 가르침을 주는 말을 한다'이다. 모세 시대 이후론 '말씀', '율법'의 의미로 쓰였다. 유모는 아이에게 젖을 먹여 키우는 사람인데, 아이가 젖을 먹는 일은 생명을 유지시키는 일로 생명은 말씀(רבד. 다바르)를 상징한다. 사사 드보라도 같은 이름이다. 드보라의 이름에서 알 수 있듯이 그녀는 신실한 믿음의 소유자였다. 그렇기에 성서는 굳이 지면을 할애해 그녀의 죽음을 기리며 의미를 부여하고 있는 것이다.

벧엘에 제단을 쌓으러 올라감은 야곱의 믿음이 크게 성장했음을 의미하고 유모의 죽음은 야곱에서 이스라엘로 바뀌는 종착점을 의미한다. 유모의 죽음 후 바로 다음 9절에 하나님이 나타나셔서 "다시는 야곱이라 부르지 않겠고 이스라엘이 네 이름이 되리라"고 말씀하신다.

이제 야곱은 '... 모든 이방 신들과 자기 귀에 있는 귀고리들을' 세겜 근처 상수리나무 아래에 묻었듯이 어머니 리브가와의 마지막 끈이 되어 주었던 유모 드보라를 '벧엘 아래에 있는 상수리 나무 밑에 장사'하며 인간적으로 자기 삶에 큰 의미가 되었던 것들을 하나씩 땅에 묻고 있다.

야곱은 마치 어머니 리브가를 여읜 것처럼 큰 슬픔으로 드보라의 죽음을 애도한다. 어머니의 임종을 지켜보지 못한 야곱이 어머니를 대신하여 늘 자기 곁에서 함께 했던 드보라를 떠나보내며 통곡한 것이다.

한 구절만 언급된 드보라의 이름이지만 그 기록만으로도 의미가 있다. 이는 하나님이 드보라를 알아주시며 귀히 여기시고 복되게 여기시며 인정해 주시는 깊은 의미가 있다. 세상 속 삶이 비천하고 낮은 자의 삶이었다 해도 드보라는 온 가족의 사랑과 인정받는 삶을 살았던 인물이다. 더구나 여호와께서 드보라를 알아주시며 인정해 주셨다.

하나님은 자기가 맡은 일에 최선을 다하는 충성된 자를 귀히 여기신다. 맡은 일이 무엇이고 받은 달란트가 얼마인가가 중요한 것이 아니라 자기가 맡은 그 직분에 얼마나 충성하느냐가 중요하다. 하나님은 열심히 섬기고, 봉사하며 사랑을 실천하고 충성하는 모든 일들을 낱낱이 다 기억하시고 인정해 주신다.

자기가 하는 일에 대해 사람들이 시시하게 여기거나 무시할지라도 실망할 필요는 없다. 하나님께서 알아주시고 인정해 주시면 된다. 반대로 사람들에게 큰 인기를 얻고 추앙받더라도 하나님께서 알아주시지 않는다면 그것처럼 의미 없고 불행한 일도 없다. 우리는 성서 속 많은 인물들에서 그 답을 찾을 수 있다.

사람들은 삶의 주인공이 되고 자신을 드러내고 관심받기를 소망한다. 그러나 중요한 것은 큰 직분을 맡아 크게 쓰임 받기를 소원하기보다 맡은 직분을 어떻게 충성을 다해 섬길 것인가를 사모하는 것이 가치 있는 일이다. 유모 드보라는 이와 같이 맡은 일에 감사하며 최선을 다해 충성했던 사람이다.

우리의 죽음의 날, 우리의 죽음을 참으로 애석하게 생각한 사람이 얼마나 될까? 가족과 친구와 성도와 이웃들이 죽음을 맞이한 우리를 드보라와 같은 사람으로 기억하길 원한다면, 유모 드보라처럼 사람들의 마음속에 귀한 자로 남을 수 있는 삶을 살아야 한다. 하나님께 인정받는 삶을 살아야 한다.

드보라, 라헬, 이삭의 죽음 (창 35장)

현재 야곱은 108세이므로 이삭의 나이는 168세였다. 그가 180세에 죽음을 맞이하므로 야곱이 돌아온 이후 12년간 야곱의 아들들과 더불어 살았다. 야곱이 애굽으로 내려가 바로 앞에 섰을 때 130세였고(창47:9), 30세에 총리로 취임한 요셉은 애굽에서 7년의 풍년과 2년의 흉년이 지나 39세에 야곱과 만난다. 이렇게 보면 130세에서 39세를 빼면 91세에 요셉을 낳은 것이 되고, 20년간 라반 집에 있었으므로 71세에 하란에 도착한 것이 된다.

창세기 35장은 초반부에 벧엘로 올라가는 야곱의 모습을 통해 하나님과의 관계를 회복하고 제대로 된 신앙의 모습을 갖춘 야곱을 보여준다. 중반부에서는 영원한 사랑 라헬의 죽음과 베냐민의 탄생을 통해 희비의 쌍곡선을 그리고 있다. 베냐민의 탄생으로 12지파가 완성된 것이다. 인생의 희비 쌍곡선은 한 사람의 죽음을 통해 새로운 생명이 탄생함으로 인생의 아이러니를 보여준다. 야곱은 사랑하는 아내 라헬을 잃는 대신 12번째 아들 베냐민을 얻었다.

라헬의 죽음에 대한 기록 후에 장자 르우벤이 라헬의 여종 빌하와 동침한 이야기가 나온다. 르우벤이 빌하와 동침한 이유가 라헬의 여종이 라헬의 뒤를 이어 아버지의 아내가 되는 것을 막으려 했던 행동이라면 그의 동기는 성욕적인 것 이상을 말한다. 그러나 빌하가 야곱에게서 낳은 단과 납달리가 르우벤 자신의 형제들임을 생각하면 르우벤의 죄는 아버지의 침상을 더럽힌 것뿐만아니라 배다른 형제의 어머니와 패륜을 저지른 것으로 납득 할 수 없는 행위이기에 무슨 의도를 가지고 저지른 짓이 아닌지 의심해 보게 된다.

성서에는 사건의 결과만 짧게 기술되어 있고 르우벤이 왜 그런 일을 저질렀는지 상황적 설명이나 동기에 대한 언급이 없기 때문에, 야곱의 유언에 "물의 끓음 같다"는 르우벤의 성격, 혹은 행위에 대한 지적을 눈여겨보게 된다. 당시 이러한 근친상간은 사형에 해당하고(레20:11), 하나님의 저주를 받는 행위였다(신27:20).

야곱에게 장자는 처음 결혼하려고 마음먹은 라헬이 낳은 요셉이지만, 사회적 통념상 장자는 르우벤이기에 빌하와의 동침은 그가 아버지를 정면으로 대항한 것이므로 야곱의 유언에서 르우벤의 장자권 박탈에 합리적인 이유를 제공하는 사건이 된다.

레아의 아들들은 자신들의 누이 디나가 당한 강간이 '이스라엘에게 부끄러운 일이 된' 것에 대해 강력하게 항의했는데 이제 그의 장남은 이스라엘 그 자신에게 더욱더 부끄러운 행위를 저지른 것이다. 야곱은 이런 일이 벌어졌는데도 침묵하고 있다. 그저 '이를 들었을'(창34:5)뿐이었다. 그리고 가슴속에 간직해 두었다가 야곱은 그의 마지막 유언에서 르우벤을 장남의 축복에서 박탈하고, 그의 후손에게도 저주를 내림으로 단호한 징계를 가한다(창49:2-3). 이처럼 언약 가문의 영적 순결을 욕되게 하고 하나님의 뜻에 역행한 자는 현세와 미래에 소망이 없다.

그 후 후반부엔 새삼스럽게 열두 아들의 이름을 기록하고 있다. 그런데 태어난 순서대로의 기록이 아닌 어머니의 이름을 따라 소개한다. 레아, 라헬, 빌하, 실바로 결혼하고 동침하게 된 순서다. 아들들의 이름이 다시 언급된 이유는 야곱의 생애가 곧 마감되고 앞으로 열두 아들들의 시대가 시작됨을 알리기 위함이다. 더욱이 할아버지 이삭의 죽음을 기록함으로 세대의 마감을 확실히 보여주고 있다.

하나님께서 주신 약속의 땅에서 생을 마감하게 된 이삭의 죽음은 값진 교훈을 남긴다. 소원해진 형제들이었던 이스마엘과 이삭이 함께 만나서 아브라함을 장사 지냈듯 에서와 야곱이 이삭의 죽음으로 한 자리에 모였고 이삭은 '자기 열조에게로 돌아갔다'(창35:29).

사실 이삭이 야곱에게 속아 장자권을 축복한 이후로도 오랫동안 삶을 누리지만 이후의 그의 삶은 창세기에 별다른 영향을 끼치지 않는다. 저자는 이삭의 나머지 이야기를 생략해 버렸다. 이삭은 아버지 아브라함과는 달리 노년기에 존경받는 인품을 소유하지 못했고 행복과 성공을 즐기지도 못했다. 오히려 모든 면에서 쇠퇴해져서 침대 위에서 지낸 것으로 보인다.

그런데 이삭의 죽음이 허무한 생의 마감이나 단지 새 시대로의 역사적 전환만을 위해 기록된 것은 아니다. 죽음으로 생이 마감되는 것이 필연적인 일이지만, 야곱이 아버지 이삭의 죽음 전에 하나님께서 유업으로 주신 땅에 안착하는 영광을 누렸음에 주목해야 한다(창35:27). 이삭은 아버지 아브라함으로 인해 축복이 가득한 인생을 살았고 장수의 축복까지 허락하셔서(시71:18), 집 떠난 아들이 돌아와 함께 하는 삶까지 누리다 죽는다. 이삭은 자신의 가장 편안한 장소에서 사랑하는 사람들에게 둘러싸여 천수를 다하고 죽음을 맞이했다. 성서에서 이삭의 중요성은 그가 약속의 자녀이며 약속이 그의 후대 야곱으로 전해진다는 사실이다.

이삭의 죽음으로 마무리된 35장 이후 36장은 에서의 자손을 언급하고 37장부터 요셉의 이야기로 넘어간다. 이삭의 죽음 후 에서에 대한 언급은 에서가 여전히 이삭의 사랑하는 아들이라는 것을 되새기게 하고 하나님께서 에서에게 한 약속 역시 성실히 수행해 오셨으며 하나님의 은혜 가운데 에서가 번성하고 에돔이 대국이 되었음을 말하고 있다. 하나님께서는 자신의 주권적인 선택으로 약속의 성취를 이루어 나가시지만, 하나님의 은총은 모두에게 주어진다는 은혜의 보편성을 일깨워 준다.

창세기 35장에 언급된 세 죽음은 야곱에게 각기 의미하는 바가 다르다. 드보라의 죽음은 사랑하는 어머니 리브가를 떠나보내는 아픔이고, 라헬의 죽음은 일생 가장 집착했던 것과의 단절이고, 이삭의 죽음은 가나안 땅으로 돌아와 다음 세대로 이어질 축복의 통로로서의 역할을 무사히 완수했음을 보여주는 것이다.

야곱의 탄생(창25장) 이래 창세기 35장까지 야곱을 보살피시고, 약속한 것은 꼭 이루시며 끝까지 포기하지 않으시는 하나님을 발견한다. 아브라함이나 이삭, 야곱이 위대한 인물이어서 한 민족을 이루는 시조가 된 것이 아니라 하나님의 은총이 임하게 될 때 그가 민족과 나라를 이루는 조상이 될 수 있었음을 야곱의 파란만장한 삶을 통해 깨닫게 된다.

우리와 같이 평범한 사람들이었던 그들이 단지 하나님께 선택됨으로 한 민족의 조상이 되는 축복을 받았다. 이 축복의 통로는 이삭에게서 야곱으로, 그리고 그의 아들들에게로 계속 이어진다. 평범한 삶, 성공한 삶, 혹은 평탄한 삶, 굴곡진 삶이 중요한 것이 아니라 축복의 통로로서의 삶을 살아갔느냐가 중요하다.

하나님이 아브라함을 세우시고 이삭과 야곱에 이르기까지 자비와 사랑으로 보살피심은 수천 년 이후 오늘날 우리에게 그들의 영적 후손으로서 축복하시기 위함이다. 우리도 우리의 삶을 통해 하나님의 약속을 이루어 드리며 이삭과 야곱처럼 축복의 통로가 되는 삶을 살아야한다.

무릇 생명 있는 것들은 의식하든, 의식하지 않든 태어나면서부터 죽음이라는 한 지점을 향해 나아가며 누구도 예외 없이 죽음을 맞이하게 된다. 그러나 사람들은 천년만년 살 것처럼 욕심을 부리며 살아간다. 죽음은 생명 있는 모든 것들에 예고된 운명이다. 한 세대는 가고 다음 세대로 이어지는 것이다. 꽃이 지고, 열매가 맺히고 그 씨가 떨어져 다시 생명이 소생하듯 순환되는 것이다. 누구나 죽는다. 순서도 없다. 세상에서 부귀영화를 누렸다 하더라도 아무것도 가져가지 못한다. 누구도 대신할 수 없고 미리 경험할 수 없는 것이 죽음이다. 그러므로 우리의 죗값으로 대신 죽으신 주님을 기억하며 살아가야 한다. 진짜 죽음은 영적인 죽음인 까닭이다. 그리스도인에게 평안한 죽음이란 하나님의 품 안에서 맞이하는 죽음이다.

우리는 영원한 하늘나라를 향해 가는 나그네들이다. "내 아버지의 집에는 거처할 곳이 많다"(요14:2)는 말씀에 의지해 이 세상 삶을 충실히 살아가야 한다. 하나님 안에서 그 사랑에 응답하는 인간으로서 하루하루 충실히 살아가야 한다.

야곱의 유언과 죽음 (창 49장)

'야곱의 축복'이라 이름하는 야곱의 유언(창49장)은 예언자와 같은 야곱의 모습을 보여 준다(창49:1). 초기 해석자들은 야곱의 유언이 시작되는 '후일에 당할 일'은 '다가올 날'을 뜻하며 미래를 가리킬 때 쓰이는 말인데, 문자 그대로 해석하여 종말의 비밀을 말하는 것으로 생각했다.

종말론적 해석의 틀에서 야곱이 '마지막 날'에 관하여 말하는 야곱의 유언은 가장 이른 시기에 만들어진 팔레스타인 아람역 탈굼에서도 나온다. 탈굼의 야곱은 완전한 종말론적 예언자의 모습이다.

"그후 야곱은 유언을 남기려고 아들들을 불렀다. 모두들 모여라. 숨겨진 비밀, 감추어진 종말, 의인의 보상으로 주는 것, 악인의 심판, 그리고 에덴의 행복이 무엇인지 내가 일러 주리라"(창세기 49:1에 대한 팔레스타인 탈굼)

요셉의 정체가 밝혀진 뒤 야곱과 그의 아들들은 애굽에서 안전하게 정착하였다. 야곱은 147세가 되기까지 17년 동안 애굽에서 살았다. 요셉은 야곱이 병들었다는 말을 전해 듣고 두 아들 에브라임과 므낫세를 데리고 야곱을 보러 간다. 이것은 요셉이 17년 동안 자신의 가족들과 왕래하지 않았음을 의미한다. 이는 가족들이 정치적으로 이용되는 것을 막으려는 요셉의 냉철한 의지의 실현이다.

야곱이 요셉을 축복할 때는 세 번 반복해서 하나님을 부르는데, 이는 그가 믿음의 사람임을 보여 주고 있다.

"내 조부 아브라함과 아버지 이삭이 섬기던 하나님, 나의 출생으로부터 지금까지 나를 기르신 하나님, 나를 모든 환난에서 건지신 여호와의 사자께서 이 아이들에게 복을 주시오며 이들로 내 이름과 내 조상 아브라함과 이삭의 이름으로 칭하게 하시오며 이들이 세상에서 번식되게 하시기를 원하나이다"(창48:15-16)

야곱이 요셉의 두 아들에게 축복한 것은 물질적인 풍요가 아니라 자신이 한평생 체험했던 하나님, 조상들이 체험한 하나님에 대한 선포였다. 언약의 하나님, 목자가 되어 주신 하나님, 모든 환난에서 건지신 사자라는 표현을 사용해 자신의 하나님을 향한 믿음을 드러내 보이며 하나님이 요셉과 그의 아들들에게 은혜와 복을 주시기를 기도한다.

야곱은 요셉의 두 아들 에브라임과 므낫세를 입양하며 자신의 자녀로 삼는다(창41:51-52). 이로써 이스라엘은 13지파가 되지만, 레위를 땅 분배에서 제외함으로 다시 열둘이 된다(수14:4). 그런데 요셉에 대한 하나님의 축복은 특이하게도 오직 야곱의 입을 통해서만 이루어진다. 야곱은 요셉의 장자권을 인정하므로 에브라임과 므낫세는 순서에 있어서, 레아에게게서 태어난 아들 르우벤과 시므온 앞에 놓인다(대상5:1). 르우벤은 아버지의 침상을 더럽혀서 장자의 명분이 요셉 자손에게로 돌아갔다는 역대상의 기록이 있다. 시므온과 레위는 세겜에 대한 그들의 잔혹한 범죄 때문에 밀려난다.

사랑하는 라헬의 장남은 레아의 장남을 능가하고 요셉의 두 아들은 이스라엘 열두 지파 가운데 르우벤과 시므온과 동등한 지위를 누린다. 이제 에브라임과 므낫세는 야곱의 아들이 된다(민26:28-37; 대상7:14-29).

야곱은 요셉의 장자인 므낫세를 오른손으로 축복했어야 함에도 불구하고, 그의 양손을 교차하여 오른손을 동생 에브라임의 머리에 얹고 왼손을 형 므낫세의 머리에 얹은 채로 축복한다. 이것은 요셉의 의도와는 다른 야곱의 결정이다. 요셉이 잘못 얹은 손의 위치 수정을 요구하자 야곱은 "나도 안다. 내 아들아, 나도 안다"(창48:19)라고 말하는데, 이는 하나님의 계획을 따라 요셉의 아들들을 축복하고 있음을 분명히 하는 확고한 표현이다.

야곱이 예언했던 대로 에브라임 지파는 므낫세 지파보다 앞서서 북 왕국을 주도하는 지파가 된다. 히브리서는 야곱이 믿음으로 요셉의 아들들을 축복한 사건을 이야기하고 있다(히11:21). 하나님은 세상의 관습과는 무관하게 하나님의 뜻을 펼치심을 야곱의 축복 속에서 또다시 볼 수 있다.

요셉의 장자됨은 여호수아 시대에 땅을 분배하는 일에도 영향을 준다(수 16장-17장). 요셉은 다른 형제보다 두 배의 몫을 받았다. '몫'이라는 뜻의 히브리어 '쉐킴'은 '세겜'이라는 성읍의 이름과 언어유희를 이룬다. 나중에 요셉은 세겜 지역을 유산으로 물려받고 그 땅에 묻힌다.

그런데 아이러니한 것은 야곱이 세겜 성읍에 대한 시므온과 레위의 만행을 폭력(창49:5)이라 비난하면서도 그 일을 자신의 공로로 삼고 있다는 것이다, "이는 내가 내 칼과 활로 아모리 족속의 손에서 빼앗은 것이니라"(창48:22) 세겜 정복이 잔인한 아들들로 인해 얻어진 것이지만, 그들은 오히려 그 땅에 대한 소유권을 상실하고 그 땅은 요셉의 땅이 된다. 가족의 고통과 피로 얼룩진 그 땅은 자녀들 중 가장 하나님을 의지하고 믿음으로 승리한 경건한자에게 돌아가 그로 인해 정화되어야 하는 땅이다.

이제 야곱의 죽음이 가까워진다. 죽음을 앞둔 야곱이 하나님의 약속을 이어가게 하겠다는 마음으로 취한 행동은 과거에 그가 속임수를 써서 얻은 이 축복이다. 죽음을 앞둔 야곱은 아들들을 불러 유언을 한다. 다음 세대를 위한 축복의 형식을 가진 유언은 아들들의 도덕적인 특성에 따라 전개된다. 장래에 있을 일들에 대한 예언, 복, 저주, 심판, 약속은 야곱이 하나님의 언약 도구로 사용되고 있음을 보여준다. 하나님이 그의 백성에게 이러한 예언을 주심은 그들이 앞으로 겪을 험난한 세월을 극복할 수 있도록 그들을 위한 하나님의 계획이 있음을 보여주고 있다.

야곱은 장자인 르우벤을 위해 축복을 예비해 두었었다. 야곱의 능력과 기력의 시작이었다는 회상 속에는 어린 시절 반짝반짝 빛나는 그의 모습을 보는 듯해 회한의 아픔이 느껴진다. 그러나 그가 아버지의 첩 빌하와 통간하여 아버지의 침상을 더럽힌 일로 인해 축복은 철회되었다(창35:22). 단 한 번의 실수로 모든 능력과 기회를 날려버리고 이제는 그저 죽은 듯이 살아가야만 하는 신세가 된 것이다.

르우벤은 장자였기에 두 배의 몫을 물려받도록 되어있었다(대상5:1-2). 그러나 르우벤은 물의 끓음과 같은 충동을 억제하지 못하여 장자의 명분을 상실했다. '물의 끓음'은 더러운 생각들, 세상의 것들을 이루고자 하는 욕망들, 분별력 없는, 통제할 수 없는, 또는 불안정한 상태를 의미한다(사57:20). 사사 시대에 르우벤 지파는 미래에 뚜렷한 역할을 하지 못하며 우유부단하다는 특징을 가지고 나타난다.

시므온과 레위는 사람과 짐승의 생명을 가볍게 여기는 폭력적이고 분노와 혈기가 많은 자들로 세겜 족속을 몰살함으로 아버지 야곱을 수치스럽게 만들었다. 그들이 세겜 학살에서 행한 '소의 발목 힘줄을 끊었음이로라'(창 49:6)의 해석은 분분한데, 시므온과 레위는 가축을 모두 끌고 올 수 없자, 남은 가축이 도망치지 못하고, 쓸모없어지게 만들 목적으로 동물의 다리 힘줄을 모두 끊어 놓았다고 해석한다. 내 것이 될 수 없으면 남의 것도 못 되도록 만들자는 심보인 것이다. 그들의 폭력과 잔인한 기질은 지나치게 호전적이어서 인간적인 분별력과 동정심을 상실한 상태이므로 저주를 받을 것이라고 야곱은 예언한다.

야곱은 두 아들에게 이스라엘 도처에 흩어지리라는 저주를 한다. 실제로 두 지파는 여호수아서 후반부에서 자신의 몫을 받지 못한다. 시므온 지파는 그 수가 너무 적어 더 큰 유다 지파에 흡수되어 유다 지파 내에서 몇몇 성을 받았고, 반대로 레위 지파는 저주받은 흩어짐을 통해 오히려 축복이 되어 모든 지파 가운데 가장 두드러진 제사장 지파가 된다. 이들은 모세의 편에 서서 여호와에 대한 충성심으로 금송아지를 섬기는 이스라엘의 반역을 응징하기도 한다(출32-34장).

유다는 아버지의 큰 축복을 받는다. 유다에겐 장자 르우벤을 대신할 리더십의 약속이 주어진다. 유다의 축복은 사자와 포도인데, 사자는 힘을 상징하고 포도는 기쁨과 풍성함을 나타낸다, 이는 유다 지파의 영적 정복력을 나타내는 말이기도 하다. 야곱은 유다가 그의 원수들과 그를 찬송할 그의 형제들을 사자처럼 다스릴 것이라고 예언했다(창49:10). 초대 왕은 베냐민 지파의 사울이지만 왕조의 약속을 받은 것은 유다 지파의 다윗이다(삼하7장).

유다에 대한 야곱의 축복은 다윗 자손에서 나올 메시아사상의 씨앗이 되었다. 야곱이 "왕의 지팡이가 유다를 떠나지 아니하리라"(창49:10)고 예언했을 때 그는 종말의 비밀을 드러낸 것이라고 초기 해석자들은 생각했다. 사해문서는 이 예언을 다음과 같이 해석한다.

"왕의 지팡이가 유다 지파에서 떠나지 않을 것이다. 다윗의 자손, 정의의 메시아가 올 때까지, 그의 백성의 왕권에 대한 언약은 그와 그의 자손들에게 영원히 주어졌다(창세기 A의 주석[4Q252])

종말론적 해석 틀에서 야곱은 '마지막 날'에 대해 말하고 있는 것이기 때문에 미래의 이상 세계에서 메시아가 통치할 것이라는 말은 완벽하게 의미가 통한다. 유다 지파는 포도를 재배하며 풍요로운 삶을 살 것이다. 이러한 풍요로움은 천년왕국에서 분명하게 나타날 것이다. 유다의 축복은 그리스도의 축복이다. 그는 강한 발톱으로 우리를 붙잡으시며 넘치는 포도주로 우리를 풍요롭게 하실 것이다.

야곱은 스불론과 잇사갈에 대해서 긍정적인 예언을 한다. 스불론은 해상 무역으로 부요해 질 것이다. 이스라엘에서 가장 경계선 쪽에 있는 지파다. 그러나 스불론의 영토는 지중해에 접해 있지는 않다. 해변 지역을 차지한 지파는 아셀 지파다(수19:10-16). 이들은 지중해와 갈릴리 바다 사이에 거주했다. '배'와 '시돈'이란 도시는 무역과 밀접한 관계를 가진 것으로 스불론 지파가 상업을 중시하게 될 것이라는 예언이다.

잇사갈 지파는 건장한 나귀같이 다른 사람들을 위해 일하도록 압제당할 것이다. 잇사갈 지파는 힘이 센 종족(삿5:15)이지만 우직하고 단순하여 힘든 노동에 적합한 농사일을 하게 되는데, 아름답고 넓은 에스드렐론 골짜기에 기업을 얻은 잇사갈은 종종 침략군에게 예속되었다.

단과 납달리는 라헬의 시녀 빌하의 소생이다. 단은 하나님의 부르심과 그들의 행위 사이에 또 다른 불일치를 보여 주고 있다. 단 지파는 정의를 공급하도록 부름 받았으나, 길가의 뱀처럼 배신을 선택했다. 사사들의 시대에 첫 번째 우상숭배 행위는 단 지파에서 나타났다(삿18:30). 하나님께서 삼손을 블레셋과 싸우게 하시려고 보내셨는데, 그들은 삼손을 돕기는커녕 삼손을 결박해서 원수들에게 넘기는 큰 실수를 저질렀다(삿15장). 또한 단 지파는 제비뽑아서 배정받은 지역이 블레셋 접경 지역인데 그들은 블레셋과 싸우는 대신 북쪽의 라이스라는 곳을 점령해서 그곳 이름을 단이라 짓고 살았다. 지도에서 가장 북쪽에 단 지파가 위치하는 이유이다.

야곱은 하나님의 구원에 대한 자신의 소망을 중간에 나타낸다. 아마도 그는 그의 아들들이 모든 환란과 고통으로부터 건짐을 받을 소망과 하나님의 도우심을 의지할 필요를 느꼈기 때문 일 것이다.

갓은 '추격자'라는 의미의 이름으로 언어유희를 포함하고 있다. "갓은 군대의 추격을 받으나 도리어 그 뒤를 추격하리로다"(창49:19) 요단강 동편에 정착한 지파들은 종종 접경지역에서 그러한 추격을 경험했다(대상5:18-19).

아셀은 기름지고 비옥해져서 풍부한 식물을 공급할 것이다. 아셀 지파는 비옥한 가나안 북쪽 해안을 따라 정착했다. 아셀 지파는 큰 지파가 아니었음에도 '왕의 수라상을 차리리로다'(창49:20)라는 말은 성취되는데, 솔로몬은 여기서 생산되는 곡식으로 두로 왕 히람에게 양식을 공급한 적도 있다(왕상5:11).

납달리는 암사슴처럼 자유를 누리는 산지 백성이 될 것이다. 드보라는 납달리 지파의 사람들이 '들의 높은 곳에서'(삿5:18) 생명을 아끼지 않았다고 노래했다. 납달리 지파는 긴네렛(갈릴리) 바다의 북서쪽에 정착했다.

마지막 축복은 라헬의 아들 요셉과 베냐민에게 주어진다. 요셉은 가장 길게 축복하고 가장 큰 번영을 말한다. 요셉이 받은 축복은 유다가 받은 구원의 축복과는 다르다. 요셉이 받은 축복은 현실적이다.

야곱은 요셉의 아들 에브라임('풍요로운')의 이름으로부터 풍요의 약속을 이끌어낸다. 요셉의 아들이 이룰 두 지파에게 승리와 번영의 약속을 아낌없이 주었다(창49:23-25). 에브라임 지파의 여호수아, 드보라, 사무엘 등과 므낫세 지파의 기드온, 입다 등은 전쟁에서 승리를 경험한 사람들이었다. 에브라임 지파는 이스라엘 안에서 항상 지도자 역할을 했다. 그런데 때로는 강함이 지나쳐서 이스라엘 백성을 하나님 앞에 죄짓게 하기도 했다. 다윗의 집에 반역의 손을 들어 북쪽 열 지파를 떼어냄으로 나라를 두 동강 낸 사람들도 요셉의 후손들이었다.

요셉은 다른 형제들보다 더 많은 축복을 받는다. 요셉이 받은 풍성한 복은 하나님의 약속들이 그에게로 옮겨갔음을 의미한다. 요셉의 축복은 '샘 곁의 무성한 가지'(창49:22)로 표현된다. 물가에 심기운 나무는 계속 무성할 수 있다. 그 가지가 담장을 넘을 정도로 풍성함은 어떤 가뭄에도 마르지 않음을 의미한다. 팔레스타인은 가뭄이 심한 지역이라 물의 소중함이 절실한 곳이기에 이 비유가 갖는 축복은 최고의 찬사인 것이다. 어떤 외부의 상황에도 영향받지 않고 항상 번창할 것이라는 의미다.

또한 요셉이 처음에는 어려움을 겪어도 나중에는 그 힘이 매우 강해질 것이라고 말한다. 이 말은 요셉의 생애를 함축한듯하다. 야곱은 요셉에게 주어질 축복이 일시적인 것이 아니라 하나님의 축복이며 끝없이 계속될 것임을 말하고 있는데, 하늘의 복이 요셉에게 가득하길 축복하고 있다.

야곱의 신탁에서 하나님의 다양한 칭호들이 발견된다. 야곱의 전능자, 이스라엘의 반석인 목자, 네 아비의 하나님, 전능자 등이다. 또한 위로 하늘의 복(곡물 위에 내리는)과 아래로 깊은 샘의 복(개천과 우물), 젖먹이는 복과 태의 복(많은 자손)을 내려주시는 분으로 나타나 있다.

베나민은 난폭한 기질의 지파로 물어뜯는 이리로 언급된다. 잔인한 베냐민 자손은 사사기 20장에, 베냐민 지파 출신 사울에 대해서는 사무엘상 9:1-2; 19:10; 22:17에 나온다. 베냐민의 축복은 전쟁의 승리와 관련된 것으로 긍정적인 것으로 봐야 한다.

야곱이 요셉에게 자기를 애굽에 장사하지 말고 선조와 함께 가나안에 장사지내 줄 것을 당부한다. 자신을 약속의 땅에, 조상들과 함께 묻어달라는 요청은 창세기 23장의 연장선으로서 앞으로 주어질 땅에 대한 보증으로 이해할 수 있다. 아브라함이 합법적으로 매입한 헤브론 근처의 막벨라 굴에 아브라함, 사라, 이삭, 리브가, 레아와 함께 야곱도 묻힌다. 야곱은 요셉이라는 커다란 배경이 애굽에 있었지만 애굽 사람으로 죽는 것을 원치 않았음을 분명히 하고 있는 것이다.

야곱의 갈등 많은 삶은 147세로 마감함으로써 그의 슬픔도 끝났다. 그는 많은 악을 행했고 많은 죄를 저질렀으나 하나님의 복에 대한 강렬한 소망과 욕심을 가짐으로, 거듭되는 실패에도 불구하고 마침내 하나님을 깊게 신뢰하는 경건한 자로 생을 마감한다. 야곱은 자신의 생애를 통하여 참된 복이 어디로부터 임하는지를 배웠고 그러한 복을 아들들에게 물려주는 특권을 누린다.

지금 당장 약속이 성취되는 것은 아니다. 그러나 야곱의 자손들은 그 성취를 열망하며 살아갈 것이다. 약속은 살아 있으며 지금도 활동 중에 있다.

세상에서 완전한 것을 찾기는 힘들다. 완전한 사람도 없고 완전한 가치도 없다. 완전함은 오직 하나님께만 있다. 야곱은 변화된 이스라엘로서 자신의 죽음을 준비하는 본보기를 보여 주었고, 자녀들을 축복함에도 그의 영적 통찰력은 탁월했다. 마치 예언자와 같은 모습으로 축복하는 야곱에게 아들들은 그들의 분량대로 축복을 받았다.

창세기의 축복은 한 개인에게서 그들의 가족으로 그리고 온 세상을 향해가는 축복의 과정이다. 한 가족의 이야기가 한 민족의 역사를 이뤄가는 과정은 하나님의 축복과 은혜로 만들어져 간다.

4단원 요셉 이야기 (창 37-50장)

24강 소년 요셉 (창 37장)

입혀진 채색옷 (창 37:1-4)

창세기 37장은 "야곱의 족보는 이러하니라"(37:2)로 시작한다. 창세기에는 모두 열 개의 계보가 나오는데, 그 계보는 ①하늘의 계보(창2:4) ②아담의 계보(창5:1) ③노아의 계보(창6:9) ④노아의 자손의 계보(창10:1) ⑤셈의 계보(창11:10-26) ⑥데라의 계보(창11:27-32) ⑦이스마엘의 계보(창25:12-18) ⑧이삭의 계보(창25:19) ⑨에서의 계보(창36:1-43) ⑩야곱의 계보(창37:2)로 나눌 수 있다.

이 구분법에 따르면 37장 이후의 이야기는 주로 요셉에 대해 나오지만, 계보라는 큰 틀 안에서는 여전히 야곱의 이야기로 볼 수 있다. 범위를 더 넓히면 창25-50장을 야곱의 전기로 볼 수 있다. 야곱의 잉태(창25:21)로 시작되고 그의 장례(창50:14)로 끝나기 때문이다. 그리고 이를 좀 더 세분화하면 '이삭의 가족사'(창25:19-35:29)와 '야곱의 가족사'(창37:2-50:26)로 나눌 수 있다. 그럼에도 바로 이어서 요셉 이야기가 바로 나오는 것은 장자권이 요셉에게 넘어갔음을 알리는 표현이다.

성서는 야곱의 아들들 가운데 단지 르우벤, 시므온, 유다, 요셉 정도만 그 활동을 보여주고 있고 레아와 라헬 사이의 긴장 관계는(창29-31장) 야곱과 레아의 아들들 간의 충돌로 이어진다(창34장; 35:22). 그리고 이들의 불화는 그 형제들과 요셉 간의 갈등으로 확대된다.

야곱이 하란을 떠난 지 17년 되던 해로 이때 야곱은 108세였다. 요셉은 그의 생에 17년을 아버지 야곱과 함께 살고, 야곱은 그의 생애 마지막 17년을 요셉과 함께 산다. 이와 같은 대칭은 하나님의 섭리를 드러낸다.

요셉은 17세가 되었다. 그런데 성서는 '십칠 세의 소년'이라고 묘사한다. '소년으로서'는 문자적으로 '그는 소년이다'라는 뜻이다. 히브리어 단어 '소년'(נער, 나아르)은 보통 어린아이를 의미한다. 그러나 요셉은 어린아이가 아니라 17세로 당시엔 결혼할 만큼 성숙한 청년의 나이다. 성서는 요셉의 나이가 17세라고 밝히면서 나이에 걸맞지 않은 '소년'이라는 단어를 쓴 이유는 요셉이 나이에 맞지 않는 행동, 즉 행동하는 것이 순진하다 못해 유약하고 유치하고 분별력 없고 자기도취에 빠져 있는 아직은 성숙하지 못한 모습임을 알려준다.

성서에 이 단어는 열왕기하 2장에서 엘리사를 작은 아이들이 대머리라고 놀렸을 때도 쓰였다. 엘리사가 그들을 저주하고 암곰 두 마리가 나와서 아이들 중 사십 명을 찢어 죽인 기록이 나온다. 이때 '아이들'도 같은 단어 나아르(נער)가 사용되었다. 이들도 어린아이가 아니라 이미 청년이었고, 어른이 마치 아이들처럼 분별력 없이 하나님의 선지자를 조롱한 것이기에 그들 스스로 죽음을 자초한 것이다.

> "야곱의 족보는 이러하니라 요셉이 십칠 세의 소년으로서 그의 형들과 함께 양을 칠 때에 그의 아버지의 아내들 빌하와 실바의 아들들과 더불어 함께 있었더니 그가 그들의 잘못을 아버지에게 말하더라"(창37:2)

그들의 잘못이 무엇인지 성서는 말하지 않지만 '딥바탐 라아(דבתם רעה)'라는 단어는 '그들의 나쁜 보고'라는 의미로 형들의 범법행위를 여과 없이 낱낱이 보고했음을 말한다. 야곱이 요셉만 편애하는 분위기 속에서 요셉은 형들의 범죄 사실을 아버지에게 전했다. 요셉이 형들의 범죄 사실을 일러주면 야곱은 사실 여부의 확인도 없이 액면 그대로 믿었다. 이러한 일들에서 알 수 있는 것은 요셉이 어렸을 때부터 바보스러울 만큼 정직한 사람이었음을 짐작해 볼 수 있다.

야곱은 평소 라헬이 낳은 요셉과 베냐민 외에는 모든 아들들에게 무관심했다. 더구나 그들은 여종이 낳은 아들들이었기에 그들의 열등감과 피해의식은 더욱 컸을 것이다. 성서에 레아가 낳은 아들들 즉, 르우벤의 급한 성정, 시므온과 레위의 잔혹성, 유다의 방탕함이 언급되지만, 여종의 아들들에 대한 언급은 '그들의 잘못'이라는 말로 표현됨으로 그 잘못이 작은 욕심에서 비롯된 습관처럼 저지른 자잘한 범법행위들임을 말한다. 그냥 눈감아주고 넘어가도 될 만한 일들을 융통성 없이 낱낱이 고해바치는 요셉의 행위는 형들을 화나게 했고 아버지 또한 그들에 대하여 조금의 존중하는 마음도 없었기 때문에, 고자질을 일삼는 요셉의 행동은 형들에게 미움을 받게 되는 이유가 된다.

37장에는 '형제'라는 단어가 21번이나 사용되고, 이 형제들 사이에 고조되는 긴장감은 '미움'과 '시기심'이었다(창37:4, 5, 8, 11). 믿음 없는 야곱의 자녀들은 증오심으로 분열된 채 가슴속에 형제 살인의 마음을 품게 된다.

형들이 요셉을 미워했다는 말이 세 번(창37:4, 5, 8) 연속해서 나오는데, 이는 전에 레아가 야곱의 사랑을 받지 못했다(창29:31, 33)는 본문과 비교된다. 편애는 야곱의 집안에서 대를 이어 내려온다. 이삭은 에서를, 리브가는 야곱을, 야곱은 레아보다 라헬을 더 사랑했고 이제 그 사랑이 요셉에게로 이어진다. 요셉에 대한 야곱의 편애는 이삭의 편애와 평행을 이루고 야곱의 속임수와 야곱의 아들들의 속임수도 평행을 이룬다.

야곱의 집안에서 평화는 사라질 수밖에 없었다. 형들이 요셉을 얼마나 미워했는지는 피를 나눈 형제들이 인사조차 하지 않는 모습으로 확실히 알 수 있다. 이미 가족 공동체의 평화가 깨진 상태인 것이다.

"요셉은 노년에 얻은 아들이므로 이스라엘이 여러 아들들보다 그를 더 사랑하므로 그를 위하여 채색옷을 지었더니"(창37:3)

야곱의 요셉에 대한 편애는 채색옷을 통해 노골적으로 나타나는데 "... 그를 위하여 채색옷을 지었더니"(창37:3)에서 '지었더니'는 계속적 의미인 와우 연속법(ו)이 쓰이는 것으로 보아 '옷이 낡을 때마다 계속해서 그 옷을 만들어 주었다'는 의미이다. 이 '채색옷'(כתנת פסים, 케토네트 파씸)은 칠십인역(LXX)과 불가타역(Vulgate)의 번역에 '여러 색의 옷'으로 번역한 것을 따른 것으로 보이고 사무엘하13:19에 한 번 더 나온다. 여러 물감을 들인 화려한 옷으로 장신구들이 달려있고 소매도 다른 옷보다 훨씬 더 길어서 평상시 작업복으론 어울리지 않는 옷이다. 야곱은 이 옷을 요셉에게 입혀 줌으로써 열한 번째 아들인 요셉을 그의 후계자로 삼았음을 인정하고 공표한 것이나 마찬 가지였다.

　고대 사회에서 화려한 옷은 다른 사람과 구별되는 사회적 지위를 알리는 표시였다. 손으로 일하지 않아도 되는 사람이 입는 옷으로 '요셉은 일할 필요가 없다'라고 채색옷이 말하고 있다. 장신구가 치렁치렁 달린 옷을 입고 일할 수 없기 때문이다. 요셉이 가끔 하는 일은 아버지의 요청에 따라(창37:13-14) 들에 가서 형들이 행한 일을 보고하는 일이었다. 요셉을 향한 야곱의 뿌리 깊은 편애는 다른 사람들의 시선은 전혀 의식하지 않는 행위였다.

　야곱의 편애는 결국 요셉이 아버지의 유산을 물려받게 될 것이라는 암묵적 표현이기에 이를 형들이 모를리 없는 것이다. 채색옷을 입히는 것은 다른 형제들보다 위에 있는 자임을 공식적으로 드러내 보인 것이기 때문에 이러한 야곱의 편애는 형들이 요셉을 증오하는 원인이 되었다.

　채색옷을 입고 으스대며 다녔던 야곱의 열 한번째 아들 요셉은 그가 꾼 꿈으로 인해 더욱 형제들에게 미움을 받게 된다. 이미 멀어진 이들의 관계가 더욱 악화되었다. 꿈 내용은 해석해 줄 전문가가 필요 없는 분명한 내용이었다. 형들 위에 요셉이 군림한다는 의미를 형들은 곧바로 알아차렸다.

　지금까지 창세기에 기록된 꿈들에서는 하나님이 직접 나타나 말씀하셨다(창20:3; 28:12-15; 31:11, 24). 그러나 요셉의 꿈에서는 직접 말씀하시지 않고 상황만 보여주신다. 이는 성서에서 하나님께서 아무 말씀도 하지 않는 최초의 꿈이다. 이 꿈은 하나님이 계시하시는 지배적인 방식이 창세기 1-11장의 신의 나타나심으로부터 창세기 12-35장의 꿈과 환상으로, 그리고 창세기 36-50장에서 하나님의 섭리로 바뀌는 전환점을 이룬다.

　꿈은 하나님께로부터 오는 메시지로 간주되어 환상과 더불어 하나님이 당신의 뜻을 나타내시는 계시 전달 방법이었다(창31:11-13; 40:5-22; 41:1-32; 왕상3:5; 렘29:8; 단4:4-28). 구약시대와 달리 오늘날 꿈이 특별한 가치를 가지지 못하는 것은 완성된 성서가 있기 때문이다.

　요셉은 형들에게 왕따를 당하는 처지에도 형들에게 이야기하고 싶어 견디지 못하는 천진난만한 모습이다. "내가 꾼 꿈 이야기를 들어봐요!" 볼찌어다 (הנה, 힌네)가 세 번 반복된다. "봐봐 우리가 곡식 단을 밭에 묶었는데, 봐봐 내가 묶은 곡식 단이 우뚝 일어났어. 그랬더니, 봐봐 형들이 묶은 곡식 단들이 내 곡식 단을 둘러싸고 서서 절을 했어." 자신의 꿈을 형들에게 말하고 싶어서 눈치도 없이 신이 나서 조잘대는 철없는 모습이다.

형들은 요셉의 꿈을 하나님이 주신 예언으로 받아들이지 않고 버르장머리 없는 동생의 교만으로 간주했다. 형들의 분노는 목구멍까지 가득 차서 요셉을 더욱 미워하는 결과를 낳게 된다. 자기도취에 빠져 형들의 감정에 무감각했는지 아니면 너무 순진해서 형들의 적개심을 전혀 눈치채지 못했는지 요셉은 또다시 새로운 꿈을 이야기한다.

두 번째 꿈은 요셉과 형제들의 미래를 예시하는데 자신이 하늘에 빛나는 별처럼 세상을 비추는 이스라엘 가문의 우두머리가 되고 형들뿐만 아니라 부모까지도 요셉에게 절한다는 내용이다. 야곱은 요셉을 꾸짖으면서도, 꿈이 얼마나 중요한지 자신의 체험을 통해 잘 알고 있었기에 야곱은 요셉의 말을 그냥 지나치지 않았다. "... 그 말을 간직해 두었더라"(창37:11)

그러나 형들은 달랐다. 시기에 눈이 멀어 요셉을 향한 살의를 품게 된 것이다. "네가 참으로 우리의 왕이 되겠느냐 참으로 우리를 다스리게 되겠느냐" (창37:8). 이는 매우 폭력적인 말이다. '시기'(קנא, 카나)는 '미움'(창37:5, 8)보다 더 강한 격정적인 마음으로 이 마음이 넘칠 경우 과격한 행동으로 나타나기 쉽다. 그런데 동생이 형들을 다스린다는 모티브는 이미 야곱에게서도 실현되었고 이것은 요셉에게로 이어질 것이다.

당시 꿈은 신과 교통하는 수단으로 여겨졌고 예언적인 성격을 갖는 것으로 간주되었기 때문에 형들이 요셉의 꿈을 심각하게 받아들여 반발했고 결국 죽이려는 마음까지 갖게 되었다.

"요셉을 멀리서 보고 ... 꿈꾸는 자가 오는도다. 자, 그를 죽여 ..."(창37:18, 19, 20)

멀리서 형들을 찾은 기쁨에 겨워 채색옷을 나풀거리며 달려오는 요셉을 보고, 형들은 그를 죽이고자 모의한다. 형들에게 요셉은, 형제가 아니라 남보다 못한 존재로 자신들의 눈앞에서 치워버리고 싶은 존재가 된 것이다.

요셉을 질투하고 시기하는 형제들의 마음은 이미 죄악으로 가득한 상태였다. 소년 요셉의 미성숙하고 철없는 행동 즉, 잘난 체하며 으스대는 꿈 자랑과 형제들의 잘못을 일러바치는 가벼운 입과 화려한 채색옷에 대한 자랑은 아버지의 편애로 그를 싫어하는 형들의 미움을 더욱 자극해 극단적인 상황으로 형제들을 몰고 간다.

질투란 너무 부러워서 상대의 가치와 실력을 인정하고 싶지 않아서 자신의 속 좁고 편협한 마음에 담아 둘 수가 없어 차라리 안 보고 싶은 마음이다. 자신이 좋아하는 사람이 다른 사람을 좋아하는 것을 샘을 내고 미워하거나 싫어하는 마음이며, 다른 사람이 잘되거나 자신보다 앞서서 좋은 위치에 서는 것을 시기하며 미워하며 깎아 내리는 마음이다, 질투와 시기심은 쌍둥이와 같은 감정을 담고 있다. 질투, 시기심보다 더 교활한 죄는 없다. 결국, 남을 인정하지 않으며 나를 속이는 일이기 때문이다. 성서의 죄의 목록 중에 '시기'가 등장한다(롬1:29-31). 불의, 추악, 탐욕, 악의, 시기, 살인, 분쟁, 사기, 악독이 가득한 자, 수군수군하는 자, 비방하는 자...

자신보다 뛰어난 사람을 솔직히 인정해 주는 것만큼 용기 있고 어려운 일은 없다. 사람들은 너나없이 잘났으며, 남들이 인정해 주든 인정해 주지 않든, 자신의 가치를 스스로 높이며 자신이 남보다 낫다고 생각하기 때문이다. 세상을 살아가며 가장 비참한 삶의 행태는 누군가를 죽도록 미워하며 살아가는 것이다(갈5:26; 딛3:3).

전에는 어리석고, 불순종하고 속이고 여러 가지 정욕과 행락에 종노릇하며 살았고 악의와 시기 속에 살며 증오하며 서로 미워하는 자들이었으나 인간을 향하신 우리 구주 하나님의 인자하심과 사랑이 나타난 후에는 그 은혜를 힘입어 의롭다 하심을 얻어 영생의 소망을 따라 상속자의 삶을 살 수 있게 된 것이다.

과도한 질투와 시기심은 상대에게 위협을 가하고 자신의 정신까지 황폐하게 만든다. 지혜로운 사람은 자족하는 사람이요 허탄한 곳에 정신을 빼앗기지 않는 사람이다. 그리하여 변화된 삶은 인자하심과 사랑을 받은 자의 증거가 된다

요셉의 꿈은 일개 개인의 집안 역사가 이스라엘이라는 전 민족의 역사로 어떻게 전환되어 가는지를 보여준다. 하나님은 요셉을 통해 장차 이스라엘 백성을 보존하기 위한 기초 작업을 하고 계신 것이다. 하나님이 이 세상을 통치하시며 역사를 주관해 나가시는 방법은 우리의 생각과 다르다. 그러므로 하나님께선 때때로 특정인에게 남다른 은총과 은사를 베풀기도 하시는데(사 55:4-9; 고전12:4-11). 우리는 이 같은 하나님의 방법을 주목해야 한다.

벗겨진 채색옷 (창 37:12-28)

야곱의 아들들은 세겜에서 양떼를 치고 있었다. 창세기 37장 도입부에는 요셉이 형들과 함께 양을 친다고 했는데 여기서 왜 요셉이 그들과 함께 가지 않았는지는 공백으로 남는다.

이곳은 예전에 디나가 하몰의 아들 세겜에게 성폭행 당하자 시므온과 레위가 세겜 남자들을 모두 죽여 복수한 곳이다. 이러한 위험이 있음에도 세겜에서 양을 친 것은 풀과 물이 많아서 목축을 하기에 좋은 장소였기 때문이고, 무엇보다 그동안 하나님의 돌보심으로 불미스러운 일은 발생하지 않았기 때문이다. 그러나 여전히 불안한 상황이었기에 야곱은 아들들이 잘 있는지 확인하고자 요셉을 그들에게 보낸다. 당시 세겜은 야곱이 거한 헤브론 계곡에서 북쪽으로 80Km 정도 떨어진 곳으로 걸어서 꼬박 이틀 거리였다.

요셉은 아버지의 명령에 순종하여 세겜으로 향하고 열심히 형들을 찾았다("그가 들에서 방황하느니라", 37:15). '방황'(תעה, 토에)이란 단어는 지속적인 의미를 갖고 있는 분사로 계속해서 쉬지 않고 찾았다는 것이다. 우리말 성서는 "나의 형들을 찾으오니"라고 번역하고 있지만 히브리어 원문엔 "형들을 내가 찾으니"로 '형들을' 앞에 두어 강조하고 있다. 요셉은 자기를 미워하고

증오하는 형들을 애타게 찾고 있다. 이때 요셉에게 하인을 딸려 보냈다거나 여러 사람이 동행했다는 내용은 없다. 이러한 사실이 알려주는 바는 야곱이 보기에도 혼자 형들을 찾아갈 만한 여러 가지 조건을 요셉이 갖춘 상태였다는 것이다. 이를테면 체력, 용맹, 지혜 등등, 안전장치 없이도 자신의 몸을 지킬만한 능력의 사람이었기에 혼자 보냈음을 의미 한다.

요셉이 형들을 찾지 못해 헤매고 있는데, 어떤 사람이 그들이 도단으로 갔다는 소식을 전한다. 이 낯선 사람의 호의는 형들의 악의와 대조를 이뤄 요셉에겐 형들보다 낯선 이방인이 차라리 안전함을 보여준다. 이미 이틀을 걸어 지쳤지만 요셉은 바로 형들에게로 출발한다. 요셉은 형들에게 가까워질수록 점점 아버지에게서 멀어진다. 아버지의 말에 절대 순종하며 최선을 다하는 모습은 17세인 그가 아직은 미성숙하고 자기도취에 빠져 있었지만, 성실함과 책임감은 타고난 기질임을 보여준다.

요셉이 형들이 있는 도단에 이르렀을 때, 그들은 화려한 채색옷을 입은 요셉을 한눈에 알아본다. 장신구가 달린 옷은 멀리서도 화려하게 빛나는 까닭에 형들의 쌓였던 증오심이 일순간 폭발한다. 요셉은 먼 길을 오면서도 장신구가 딸랑대고 손이 덮이고 발목까지 내려오는 치렁치렁한 채색옷을 입고 형들을 먹일 양식을 둘러메고 온 것이다. 아버지가 특별한 애정의 표현으로 입힌 옷이 그의 생명을 위협하는 계기를 제공한다.

형들은 요셉을 죽이기로 작정한다. 편애로 인한 이복형제들 간의 시기와 갈등은 결국 형제 살인이라는 극한 상황에 이르게 된다. 죽여서 구덩이에 던지겠다는 것은 매장조차 해주지 않겠다는 것이다. 뿌리 깊은 야곱 집안의 잔인성이 배어 있는 모습으로 세겜인의 학살에서 이들의 잔인성은 이미 나타났다.

형들은 요셉을 죽여서 하나님이 주신 꿈이 어떻게 되어 가는지 지켜보겠다고 말한다. 꿈을 시기했을 뿐 아니라 요셉에게 꿈을 허락하신 하나님도 받아들일 수 없다는 것이다. 결국 요셉에 대한 시기는 하나님을 미워함까지 나아간다. 분노를 일으킨 것은 요셉의 옷이었지만, 살의를 품게 된 것은 요셉의 꿈 때문이다(창37:20).

그들의 어머니였던 레아가 야곱으로부터 계속 멸시와 천대를 받으며 살아왔는데, 그 자식 대에 이르러서도 계속해서 레아의 아들들이 라헬의 아들 요셉에게 지배를 받으며 살아야 한다는 그 꿈으로 인하여 더욱 참을 수 없었다. 그래서 그 꿈이 성취되지 않도록 결사적으로 막고 싶은 것이다. 그러나 그들의 이러한 행동들이 결과적으로는 요셉의 꿈이 이루어지게 하는 역할을 하게 된다.

이에 장자였던 르우벤이 요셉을 절대로 죽여서는 안된다고 말한다. 그는 요셉을 구출해 아버지에게 돌려보낼 생각으로 그냥 구덩이에 던지자고 제안한다. 장자로서 어느 정도 책임감도 있었겠지만, 아버지의 첩이었던 빌하와의 동침 후, 야곱과의 관계가 소원해져 이 사건으로 관계를 회복하고 장남으로 인정받기를 원했을 것이다. 르우벤은 장자로서의 책임감을 가지고 형제들을 설득했지만 실패한다. 이미 형제들 사이에서 장자의 권위를 잃었거나 형제들이 장자의 말을 듣지 않을 정도로 요셉 죽이기에 광분하여있는 상태일 수 있다. 요셉은 훗날 애굽에서 르우벤의 실패한 계획에 대해 듣고 서러움과 슬픔의 눈물을 흘렸다(창42:22-24).

형들은 요셉이 가까이 오자 달려들어 옷을 벗기고 구덩이에 던져 버린다. '벗겼다'(פשט, 파샤트)는 짐승의 가죽을 벗기는 데도 사용되는 용어다(레 1:6). 옷을 벗기는 행위는 그의 신분의 변화를 암시한다. 요셉은 특별대우 받던 귀공자의 삶에서 감옥과 같은 구덩이로 끌어 내려진 것이다. 본래 죽여서 구덩이에 던져 넣을 생각이었지만, 르우벤의 절대 금지 명령에 요셉을 죽이지는 않는다.

"... 그 구덩이는 빈 것이라 그 속에 물이 없었더라"(창37:24)

성서의 자세한 설명은 요셉이 왜 익사하지 않았는지 알게 해준다. 또한 물이 없었기에 구덩이에 오래 방치되면 목마름, 굶주림, 체온 저하로 생명의 위협을 받을 수 있다. 요셉은 다행히 물이 없는 구덩이라서 살 수 있었지만, 형들이 요셉을 버리고 떠나면 죽게 될 수도 있는 상황이었다.

'구덩이'(באר, 보르)는 우기 때 빗물을 모았다가 건조기에 짐승과 사람이 마실 수 있게 하는 물 저장소를 말한다. 물이 없을 때에는 감옥으로 사용하기도 했으며 완전히 마르지 않은 깊은 웅덩이들은 사람의 목숨을 위협할 수도 있었다(렘38:6). 당시는 건기라 물이 없는 빈 구덩이에는 온갖 종류의 벌레들이 들끓고 있었다고 미드라쉬는 전한다. 이 구덩이는 항아리 모양으로 입구는 좁고 안으로 갈수록 넓어지기에 혼자 빠져나올 수 없었다.

또한 탈무드에 따르면 '던지다'(שלך, 샬라크)는 적어도 깊이가 10m 이상 되는 곳으로 던져 넣을 때 사용하는 단어로 캄캄하고 어두운 곳에 던져져 세상에서 잊혀지는 존재가 된다는 것을 의미한다고 해석한다. 구덩이에 던져짐은 이미 죽음을 상징하며 합리적인 세계, 상식이 통하는 세계, 대화를 나누는 세계로부터 단절됨을 의미한다.

당시 요셉의 반응이 어떠했는지 성서에 나타나지는 않지만 후에 애굽의 총리가 된 요셉 앞에서 회상을 하는 형들의 대화를 보면 요셉이 살려 달라고 애원한 것으로 보인다. 요셉을 캄캄한 구덩이에 던져 넣는 순간 그들은 이미 자기들 마음속에서 요셉을 죽여 버렸기 때문에 그들은 귀를 막고 요셉의 울부짖는 소리를 듣지 않았다(창42:21).

형들은 요셉을 잡아 구덩이에 넣은 후 악한 짐승이 요셉을 잡아먹었다고 말하기로 계획한다. 그리고 그들은 먹기 위해 둘러앉았다. 동생을 죽이기로 맘먹은 자들이 동생이 가져온 음식을 먹으며 자기들의 배를 불리고 있다. 따라서 결국 악한 짐승은 형들로, 형들의 마음속에 가득한 미움과 시기, 증오가 결국 그들을 악한 짐승으로 만들어 요셉을 먹어 치운 것이다.

동생 요셉에 대한 형들의 냉담함은 형제들에 대한 아버지 야곱의 냉담함과 닮았다. 훗날 식량을 사기 위해 애굽에 온 형제들에게 요셉이 음식을 베풀고, 그들이 먹을 때 요셉은 식탁의 상석에 앉아 있게 된다(창43:32-34). 머지않아 요셉과 형제들의 관계가 완전히 바뀔 것이다.

유다는 요셉을 죽이지 말고 이스마엘 사람들에게 팔자고 말하지만, 그의 말은 설득력이 없다.(창37:27) 혈육이라서 죽이는 것은 안 되지만 노예로 팔자는 것도 말이 안 되기는 똑같다. 사람을 납치해서 팔아먹는 행위는 사형에 해당하는 매우 심각한 범죄다(출21:16; 신24:7). 성서는 혈육의 형제뿐만 아니라 같은 동족도 종으로 파는 것을 엄격히 금하고 있다. 결국 장남 르우벤이 아닌 네 번째 아들인 유다의 뜻대로 전개되는데 이는 르우벤의 권위는 힘을 잃었고, 유다가 어느덧 형제들 사이에서 우두머리로 자리 잡았음을 의미한다(창37:28).

큰형 르우벤이 어딘가 외출했다가 돌아와 보니, 형제들이 요셉을 이미 팔아버린 후였다. 르우벤의 공허한 외침("나는 어디로 갈까?", 창37:30)은 자신의 무능함과 형제들에게 무시된 장자의 탄식이다. 르우벤은 탄식만 하고 있을 것이 아니라 장자로서 동생들을 호되게 질책하고 곧바로 요셉을 추적하여 가서 구해 왔어야 했다. 그러나 그는 권위를 잃고 무기력하게 무너진다.

형제들은 '은 이십 개'(이십 세겔)에 요셉을 파는데 이는 다섯 살에서 스무 살 사이의 남자 노예의 보편적인 값이었다(레27:5). 유다 전승에 따르면 요셉을 노예로 판 은 20으로 자신들과 아내와 아이들의 신발을 샀는데, 이는 신발로 요셉의 꿈을 짓밟아 버리고 그 꿈이 어떻게 되어 가는지 보기 위해서였다고 한다. 요셉은 결국 애굽으로 팔려갔고, 형들은 이제 요셉이 자기들의 영역에서 완전히 추방되었으며 죽은 것과 동일하다고 생각했다.

구덩이에 던져 넣기 전 옷부터 벗긴 사실에서도 알 수 있듯이 형들은 요셉의 화려한 채색옷을 보고 분노가 폭발했다. 벗겨진 채색옷은 형들의 하나님에 대한 반항과 하나님이 주신 꿈을 꾸는 자에 대한 미움을 반영하고 있다. 채색옷이 벗겨짐은 요셉이 아버지의 집에서 누리던 모든 특권이 벗겨짐을 의미한다. 또한, 아버지 야곱의 편애를 다시는 받지 못함을 상징한다. 형들에게 요셉의 채색옷은 아버지 편애의 상징이요 요셉이 꾼 꿈의 상징이다.

아버지의 편애와 요셉의 특권을 상징하는 채색옷을 벗기고 구덩이에 던짐으로써 요셉의 꿈 자체를 죽이려 한 것이다. 형들은 요셉을 꿈꾸지 못하게 하기 위해 구덩이에 던져 넣었고 노예로 팔아 버린 것이다. 형제들은 은 20에 이스마엘 또는 미디안 상인에게 요셉을 팔고, 미디안 사람들은 요셉을 보디발에게 팔았다(창37:36)고 알리며 37장은 마무리 된다,

요셉 이야기가 다시 시작되는 39장은 보디발이 그를 이스마엘 사람들에게

서 샀다(창39:1)고 언급하며 시작한다. 이 과정에서 요셉은 침묵함으로 그의 소리는 하나도 들리지 않는다. 요셉은 이미 형제들에게 죽은 사람이었다.

세상의 지배 방식은 꿈꾸지 못하게 하는 것이다. 돈이 없어도 행복한 삶, 내가 아닌 너를 위해 사는 삶, 욕망이 아니라 정의와 평화를 위해 사는 삶을 꿈꾸면, 이기심과 욕망으로 지탱되던 세상의 기득권이 무너질 위협을 받게 되므로 세상은 그런 꿈꾸는 자를 멸시하고 위협한다.

오늘날 이 시대는 우리에게 입신양명의 자기충족적이고 이기적인 꿈을 꾸라고 부추긴다. 삶이 고단할수록 이런 유혹에 흔들리게 되고 부조리와 불평등한 세상이 바뀌지 않는 혼란을 체험하게 된다.

세상은 예수님처럼 높은 자리에서 내려옴으로 자기중심적 세상에 십자가의 꿈을 드러냄을 본능적으로 싫어하며 이러한 꿈을 죽이려고 시도한다. 하나님의 자녀, 존귀한 자라는 우리의 옷을 벗기고 돈 없고 빽 없고 유명해지지 않으면 세상을 살아갈 자격이 없는 듯 우리를 세뇌하고 삶의 구덩이에 던져 버린다.

그러나 하나님의 꿈은 결코 죽지 않는다. 요셉이 꿈을 꾸었다는 것은 다른 이들보다 높아지고 으뜸이 되는 원대한 야망을 가졌다는 말이 아니다 요셉의 꿈은 요셉을 통해 이루실 하나님의 꿈이며 약속이었다. 그러므로 우리는 요셉처럼 하나님이 꿈을 주셔서 생명의 통로로 우리를 사용하시길 소망해야 한다.

야곱을 속인 아들들 (창 37:29-36)

요셉이 팔리는 순간에 르우벤은 없었다. 나중에 와서 요셉이 구덩이에 없는 것을 보고 옷을 찢고 울부짖는다. "나는 어디로 갈까" '어디로 가서 찾을까', '그가 없어진 것을 아버지께 어떻게 설명해야 하나' 당혹감과 어찌할 바를 모르는 장남으로서의 괴로운 심정을 고백한다. 장자의 역할을 상실한, 자기 위치를 인식하는 데서 오는 비통함이다. 형제들이 맏형 르우벤의 강력한 명령에도 불구하고 그 명령을 어기고 유다 편에 서 있음을 말해주고 있기 때문이다.

형들은 요셉의 옷에 숫염소의 피를 묻힌다. 이는 야곱이 아버지 이삭을 속일 때 사용했던 두 마리 염소 새끼(창27:9)와 같은, 염소(שעיר, 세이르)이다. 야곱이 이삭을 염소고기를 사냥감으로 둔갑시켜 속였는데, 똑같은 방법으로 야곱이 아들들에게 염소 피로 속임을 당하고있다. 아들들이 요셉의 옷을 갈기갈기 찢고 염소 피를 바른 다음 아버지에게 그 옷을 내민다. 야곱이 이삭을 속일 때 사용한 재료를 아들들이 사용한 것은 속임수를 쓴 사람이 결국 속임수를 당한다는 역설이다.

아들들은 사람들을 통해 요셉의 피 묻은 옷을 먼저 야곱에게 보내고 뒤이어 자신들이 요셉의 옷을 발견했다고 말한다. 아들들은 찢긴 옷을 보고 아버지 스스로 사건을 유추하도록 한다. 일체 자신들의 생각을 이야기하지 않고 최소한의 정보만 건넨다. 아버지 스스로 결론을 내리게 한 것이다.

야곱은 그의 아들들의 안부를 묻기 위해 요셉을 보냈지만, 아들들은 안전과 평안을 묻는 아버지에게 안전하지 못함과 평안하지 못함을 대변하는 피 묻은 요셉의 옷을 보냄으로, 가장 큰 슬픔의 답을 보내어 아버지를 절망으로 밀어 넣는다.

열 명의 아들들이 아버지 앞에 옷을 내밀면서 "아버지 아들의 옷인가 보소서"라고 말한다. 동생이 아닌 '아버지 아들'로 자신들의 동생으로 취급하지 않는 깊은 적대감을 적나라하게 드러낸다. 이제 더이상 "우리의 동생이요 골육이라"(창37:27)고 말하지 않고 '당신의 아들'(창37:32)이라고 부르고 있다. '아버지의 아들'이란 표현은 탕자 비유에서 형이 동생을 가리켜 쓴 말이다(눅15:30).

야곱은 아들들의 예상대로 "내 아들의 옷이라 악한 짐승이 그를 잡아 먹었도다 요셉이 분명히 찢겼도다"(창37:33)하고 울부짖는다. 옷을 찢고, 베옷을 걸치고, 오랫동안 애통하는, 슬픔의 세 가지 표현이 모두 표출된다. 사랑하는 라헬에 이어 또다시 사랑하는 아들을 잃었기 때문에 야곱은 더욱 애통하다. 짐승에게 찢겨 죽어 시체조차 찾을 수 없는 비참한 상황을 생각했기 때문이다. 형제들은 아버지가 가장 사랑하던 아들을 없앴지만, 그 아들에 대한 아버지 야곱의 사랑까지 없앨 수는 없었다. 요셉을 애굽에서 다시 만나기까지 오랜 시간 동안 야곱의 삶엔 안녕과 평안이 없었다.

야곱의 절규는 아들들의 숨은 의도가 성공했음을 보여준다. 가장 소중한 아들을 잃고 절규하는 아버지 뒤에서 완전범죄를 꿈꾸며 미소 짓는 형제들이다. 아들들은 아버지 야곱을 완벽하게 속여 넘기며 아무런 죄의식조차 갖지 않는다. 더구나 야곱은 요셉의 피 묻은 옷을 보고 너무 빨리 결론을 내려 버렸다. 어디서 옷을 발견했는지, 요셉을 마지막으로 본 것은 언제 누구였는지 사건의 정황을 따져 물을 겨를도 없이 옷을 보자마자 이성을 잃고 슬픔에 잠겨 버린다. 이로써 요셉의 죽음은 기정사실화되어 버렸다. 남을 속이는 일에 능숙했던 그가 이제는 앉아서 무력하게 자신의 아들들에게 속임을 당하고 있다. 증오의 대상이었던 채색옷은 이제 그의 아버지가 그의 죽음을 알게 되는 수단이 되었다.

요셉은 애굽으로 팔려갔다. 노예 시장으로 끌려간 요셉의 인생은 이제 끝난 것이나 마찬가지다. 자유를 상실한 삶, 노예의 삶은 어떤 희망도 허락되지 않는 절망의 삶이다. 실제로 죽은 것과 다를 바 없는 처지가 되었다.

형들은 하나님의 선택하심을 정면에서 반대하며 부정하고, 하나님의 주권적 공의에 대항하는 사람들이다. 그들의 욕망은 자신들이 하나님의 선택을 받는 것이나 하나님의 기대에 부응하는 삶이 아니라 하나님의 선택을 무효화시키는 것이다. 그들의 악한 행실은 결국 죄짓는 결과로 이어졌다. 그러나 하나님 편에서 보면 요셉은 이제 시작이다. 요셉에게 꿈으로 위대한 미래를 펼쳐 보여주신 하나님은 이제 요셉과 함께하시면서 그를 세상을 다스릴 자로 단련시키실 것이다.

야곱의 집안에 찾아온 모든 비극은 바로 야곱 자신이 뿌려 놓은 죄악의 결과라고 볼 수 있다. 야곱은 지금 일생동안 자신이 저지른 간교한 술수의 댓가를 받고 있는 것이며, 심은 대로 거두고 있는 것이다. 우리는 죄악의 열매가 무르익기 전에 속히 회개하고 죄의 싹이 나지 않도록 살펴야 한다. 사람은 자신이 지은 죄를 잊고 살지몰라도, 하나님께서는 분명히 기억하신다.

25강 다말 (창 38장)

유다의 며느리 다말 (창 38:24-26)

유다가 며느리 다말에 대해 계대결혼 의무를 이행치 않다가 결국 창녀로 변신하여 유다를 속인 며느리와 동침하여 쌍둥이를 낳게 되는 이야기이다. 이 이야기는 다소 불길하게 유다가 자기 형제들을 떠나 가나안 여자를 아내로 삼는 것으로 시작한다. 이삭과 리브가가 가나안 여인을 싫어해서 야곱을 하란으로 보냈고, 아브라함도 이삭의 아내를 멀리 사는 친척 집에서 데려왔는데 유다의 이 같은 행위는 가나안 여인과 결혼하지 말라는 조상들의 뜻을 어긴 것이다(창28:1).

이 결혼으로 유다는 세 명의 아들을 낳았지만 언약 자손으로서 이방 여인과 통혼함으로 순수성을 잃은 유다 가문은 위기를 맞게 된다. 유다와 가나안 여인에게서 태어난 아들들이 죽거나 하나님의 축복을 상속받지 못하는 자가 되는 것이 당연한 결과로 보여진다. 유다의 아들들이 십대 중반에서 후반에 결혼했다면 적어도 이십 년의 시간이 흐른 것으로 보인다.

유다는 장자 '엘'을 위하여 가나안 여인 다말을 데려와 혼인시킨다. 그러나 그가 악을 행함으로 여호와께 죽임을 당한다(창38:7). '엘'(ער)을 반대로 읽으면 '라아'(רע), '악'이 된다. 하나님이 누구를 죽이셨다는 표현이 처음 등장한다. 어떤 죄인지 알 수 없지만, 그의 죄가 심각했음을 알 수 있다. 유다는 아들을 잃은 것에 대해 야곱처럼 슬퍼하지 않는다.

계대결혼 적용에 의해 다말은 유다의 두 번째 아들 '오난'에게 주어졌다. 그러나 오난은 계대결혼의 의미를 받아들이지 않고 그 씨를 땅에 설정해 버렸다. 그저 한두 번 한 것이 아니라 관계를 가질 때마다 그렇게 했다는 것이다. 이 일로 오난은 여호와께 죽임을 당한다. 오난은 형의 죽음으로 아버지의 재산 중 장자는 두 배를 받는 법칙에 따라 2/3가 자기 것이라고 생각했다. 그러나 형수와 동침해서 아들을 낳으면 자신의 재산이 1/4로 줄어들 것을 염려해서 이런 짓을 한 것이다.

오난은 계대결혼을 거부하고 의무를 저버린 채로 수치스럽게 살 수 있었다(신25:5-10), 그것은 의무이지만 선택할 수도 있는 문제이기 때문이다. 그러나 일단 그 결혼을 받아들였다면 책임을 다했어야 한다. 결국, 더 많은 유산을 받으려고 악한 짓을 행한 오난은 죽음으로 유산을 하나도 받지 못하게 되었다(창38:10).

계대결혼(Levirate marriage)은 '남편의 형제'라는 뜻의 라틴어 '레비르(levir)'에서 유래했다. 후손을 남기지 못하고 죽은 형제를 대신해 죽은 자의 아내와 동침할 의무가 있는 형제를 가리킨다. 후손이 없는 형제와 친족들에게 후손을 이어주는 하나님의 약속, 곧 그들의 자손이 번성하도록 섭리하시는 하나님의 약속에 의한 정당한 규례였다. 모세의 율법으로 성문화된 언약이다(신25:5-10). 창세기 38장의 동침 사건은 계대결혼을 전제로 해석되어야 한다. 계대결혼이 율법으로 주어진 목적은 후손을 남기는 것과 깊은 관련이 있다. 예수님 시대까지도 이어졌다(마22:23-30; 막12:18-25; 눅20:27-35).

구약성서는 계획적인 피임에 찬성하지 않는다. 이는 생육하고 번성하라는 하나님의 창조 목적에 위배 되기 때문이다. 유다의 두 아들이 죽음을 맞이했다는 사실은 유다 자손이 심각한 위기에 처했음을 알려준다. 유다는 그의 아버지 야곱처럼 자신의 방법으로 그 위기를 모면하고자 한다.

계대결혼을 이어갈 세 번째 아들 '셀라'가 아직 어리므로 친정에 가서 셀라가 장성하기까지 기다리라며 다말을 돌려보낸다. 셀라를 다말과 결혼시킬 경우 그도 죽게 될까 두려웠기 때문이다. 유다의 이 결정은 그의 둘째 아들 오난이 형수를 대한 행동만큼이나 악한 것이었다. 최소한 과부가 된 며느리를 자신의 집에 두고 보살펴 주었어야 했다. 시아버지 유다의 요구대로 다말은 친정으로 가서 과부의 옷을 입고 살았다. 이는 유다 가문의 후손을 낳아야 하는 사람이며 유다 가문에 속한 사람임을 드러내는 것이다.

세월이 흘러 셀라가 성장했지만, 유다는 다말에게 동침할 기회를 주지 않앉다. 아들들의 죽음에 대한 원인을 며느리에게 돌렸기 때문이다. 더구나 다말을 친정으로 보내 셀라와 동침할 기회를 주지 않은 것은 결과적으로 다말의 계대결혼 권리 및 셀라의 계대결혼 의무를 박탈하는 결과를 초래했다.

셀라와의 계대결혼에 실패한 다말은 유다 가문의 계대결혼 순서에 따라 다음 동침할 대상으로 유다의 새로운 아들을 기다려야 한다. 그러나 유다의 아내가 죽었으므로 더이상 다말의 남편이 될 아들이 태어날 수 없었다. 이는 다말이 왜 시아버지 유다와의 동침을 시도할 수밖에 없었는가를 밝혀주는 중요한 단서가 된다. 셀라가 성장했으나 시아버지 유다의 의도적인 방해로 동침이 허락되지 않음으로써 이제 유다 가문에서 시아버지만이 다말 자신과 동침할 수 있는 유일한 자격자 고엘이 되었음을 알았다. 그래서 다말은 시아버지 유다와 동침할 기회를 찾고 있었다. 따라서 다말은 하나님의 명령인 계대결혼의 순서에 따라 합법적으로 유다가 고엘의 의무를 이행하게 한 것이다. 그리고 결과적으로 유다는 자신도 모르는 사이에 이 의무를 이행한 것이 되었다.

'얼마 후에'로 시작되는 창38:12-23의 내용은 유다를 불경스러운 사람으로 묘사한다. 시아버지로서의 책무를 다하지 못한 유다의 불성실한 태도와 아내의 죽음으로 인한 정욕의 유혹을 참지 못함, 그리고 수단과 방법을 가리지 않고 가문의 대를 이으려고 한 다말의 생각이 어우러져 마침내 시아비와 며느리 간에 근친상간이라는 불륜이 자행된다.

유다는 아내가 죽은 후 가나안 친구 히라와 함께 딤나로 올라갔다. 다말은 자신의 권리를 찾기 위해 커다란 위험을 무릅쓰는 자로 묘사된다. 양털을 깎으러 딤나에 올라온 유다를 다말이 창녀로 변장한 후 기다리고 있다가 유혹한다. 당시 가나안에는 일반적인 '창녀'(זנה, 조나)와 우상 숭배를 위해 거룩히 구별된 여자라는 '제의 매춘부'(קדשה, 케데솨)가 있었다. 케데솨는 가나안 땅의 여신 아스다롯을 섬기기 위해 헌신된 성전 창녀로 이는 당시 가나안 땅의 음란한 풍조를 단적으로 보여주는 것이다. 가나안 문화에서 신전에 소속된 창녀들은 일반 매춘부들보다 존중받았다. 유다가 축제(삼상25:2-37; 삼하13:23-28)기간 동안 거저 주어지는 포도주에 취해 있었다면 왜 그가 다말이 변장한 것을 알아채지 못했는지에 대한 이유를 설명해 준다.

동침할 창녀에게 줄 염소 새끼가 없었던 유다는 자신의 도장, 끈, 지팡이를 담보물로 주고서 다말과 동침한다. 도장은 돌이나 금속을 깎아 만든 것으로 보통 목에 매고 다녔는데 '끈'은 도장을 묶어 목에 매는 끈을 말한다. 이 담보물들은 모두 값이 나가지 않는 물건들이지만 주인의 신분을 알아볼 수 있는 사적인 것이었다. 다말과 동침한 유다는 그녀가 얼굴을 가리었으므로 '창녀'(זנה, 조나)라고 생각했다.

그러나 후에 유다가 동침한 값을 치르고 자신의 담보물을 찾아오게 하기 위해 친구를 보냈을 때 그 친구는 '제의 매춘부'(קדשה, 케데쇼)를 찾는다(창 38:21-22). 유다는 몇 년을 같이 산 며느리와의 약속은 지키지 않으면서 한 번 만난 창녀와의 약속은 지키는 사람이었다. 친구를 보낸 것은 자신을 드러내지 않기 위해 은밀한 방법을 취한 것으로 매춘이 불명예스러운 일이라는 것을 그도 잘 알고 있었기 때문이다. 결국 유다는 부끄러움을 당하지 않기 위해 담보물을 포기하고 그녀를 찾는 일을 중지한다. 유다 본인은 약속을 지키기 위한 책임을 다했다고 생각했고 값으로 따지면 잃은 것보다 얻은 것이 더 많다고 생각했을 것이다.

목적 달성을 위해 시아버지를 유혹한 다말의 모습은 현대의 우리는 납득하기 어려운 이야기다. 그러나 그녀가 당시의 관행이었던 계대결혼의 정당한 권리를 사용해 후사를 잇겠다는 것을 비난할 수만은 없다.

동침 사건을 유발한 근본적인 잘못은 유다에게서 찾아야 한다. 율법에 의하면 며느리와 관계를 갖는 것은 사형이었다 (레20:12). 다말이 요구한 담보물은 유다의 신분 표시였다. 이는 후에 다말이 오해를 받아 생명을 잃을 수도 있는 상황을 미리 고려해 그때를 대비한 것이다. 이 세 가지 담보물은 실상 계대결혼 증명서인 셈이다.

그 시작은 야곱 집안의 공통적으로 나타나는 모티브 '염소 새끼'였다. 동침의 댓가로 염소 새끼를 줄 때까지 유다가 다말에게 담보물을 준 것이다. 변장을 통해 장자의 축복권을 받아낸 야곱같이, 다말은 창녀로 변장해 야곱 집안의 장자 축복권에 동참하게 된 것이다.

다말은 잠잠히 '석 달쯤 후'(창38:24)는 임신했음이 확실하여진 때를 가리킨다. 다말의 임신 사실을 전해 들은 유다는, 며느리 다말이 간음으로 인한 임신임을 확신하여 "끌어내어 불사르라"고 말한다. 고대 가부장적 사회에서 가장은 소속 가족의 재판관 역할을 했으며 가문 내 악행에 대한 생사 박탈권을 쥐고 있었다. 셀라와 정혼한 다말이 가문의 명예를 실추시켰기 때문에 극도의 분노감으로 화형을 선고한 것이다.

훗날 모세 율법 아래에서 다말과 같은 간음죄는 돌로 쳐죽임을 당하는 범죄(레22:10-14)였고, 화형은 어머니와 딸을 아울러 범하는 자와 제사장의 딸이 행음한 경우(레18:17; 21:9)에 내려진 형벌(레20:14)이었다.

다말이 제시한 증거물은 유다가 준 담보물이었다(창38:25). 이는 유다와 다말의 동침은 간음이 아니라 유다 가문의 정상적인 계대결혼의 순서에 따라 이루어진 사실임을 말하는 증거물이었다.

다말의 담보물을 본 유다는 "그는 나보다 옳도다"라고 말한다. 문자적으로 '그녀는 의롭고 나는 그렇지 않다'는 뜻이다. 유다는 자신의 실패와 속임수가 드러나는 순간 더이상 자신의 평판이나 체면 따위는 벗어버리고 죄를 자백한다. 이 말을 고백함으로 유다의 삶은 큰 변화를 맞이한다.

유다는 며느리를 속인 자신이 며느리에게 속았다는 것을 깨달았다. 다말이 남자의 품이 그리워서 저지른 간음이 아니라 시아버지를 통해서라도 남편의 대를 이어야 한다는 사명감으로 이 일을 행했다는 사실이 인정받았다. 남편의 대를 이어야 한다는 사명감은 죽은 남편을 위해 할 수 있는 최고의 도리였다. 그러므로 유다는 큰아들의 일을 방관하던 자신보다 죽은 남편을 위해 최선을 다한 다말이 자신보다 의롭다고 고백할 수밖에 없었다. 다말의 행위가 유다에 의해 합법적으로 인정받은 것이다. 유다는 다말과의 약속을 일방적으로 무시한 자신의 잘못을 고백한 것이다. 다말의 행위가 욕정에서 비롯된 것이 아니라 후손에 대한 갈망에서 행해졌음을 인정하고 다말을 용서해 준다.

극적으로 위기를 모면한 다말은 쌍둥이 아들인 '세라'와 '베레스'를 낳게 된다. 이는 계대결혼으로 인한 두 남편에게서 아이를 하나도 얻지 못한 것에 대한 하나님의 보상이며 동시에 두 아들을 잃은 유다에게 하나님께서 그의 죄를 용서해 주시고 새로운 기회를 주셨다는 것을 의미한다.

다말의 행위로 인해 유다 자손의 계속성이 이어진다. 다말이 쌍둥이를 출산할 때 세라가 먼저 세상에 손을 내밀어서 산파가 그 손을 줄로 묶어 표시해 두었는데 먼저 밖으로 온전히 나온 것은 베레스였다. 이로써 야곱과 에서처럼 장자권이 바뀌게 된다. 세라가 장남이고 베레스가 차남으로 인정받는데 예수님의 계보에는 베레스가 나타난다.

다말의 행위를 현대 우리들의 관점에서 판단하긴 어렵다. 성서조차도 어떤 도덕적 판단을 내리지 않는다. 다말이 창녀로 변신한 것은, 유다 자신과 유다와 다말 이야기의 도덕적인 문제와 연결된다. 유다는 자신의 타락한 성적 행위는 죄라고 생각지 않으면서, 다말의 음행에 대해서는 자신의 자존심을 지키기 위해 의로움을 가장한 분노를 느끼며 징계하려 했다. 그의 분노는 그의 무책임과 대조를 이루어 정당성을 얻지 못한다. 공동체 안에서 확고한 자신의 위치가 있었던 유다는 법적인 보호를 받기 어려웠던 사회적 약자인 과부된 다말과 대비된다.

유다와 다말 이야기는 유다와 같이 공동체 안에서 높은 지위와 많은 재산을 가진 자들의 사회적 책임을 돌아보게 한다. 유다는 좀 더 책임 있는 방식으로 다말을 돌보아야만 했다. 그에게 요구되는 것은 공동체를 위하여 자신의 마지막 아들을 다말에게 주어야만 했다. 다말을 친정으로 내 쫓은 유다의 무관심과 무책임은 다말에게서 행복하고 정상적인 가정을 꾸릴 권리를 앗아갔다.

그 결과 궁지에 몰린 다말은 속임수를 쓰고 창녀로 변장해 부정한 성관계를 했으며, 가문의 명예를 손상시키는 등 세상의 손가락질을 면키 어려운 죄를 범했다. 다말의 위기의식은 시아버지가 부를 때까지 막연히 기다리다가 나이가 들어 결국 완경 되어 임신할 수 없게 되리란 두려움을 가졌을 것이다.

여기에서 통상적인 죄의 개념은 적용하기 어렵다. 죄의 경중을 논하기 어려우나 더욱 심각한 문제는 성적인 관습을 깨뜨린 다말의 행위보다 힘없고 약한 여성을 보호해야 할 책임이 있는 유다가 공동체의 법칙을 깨뜨리고 손상시킨 행위다.

유다와 다말의 이야기는 다말을 미화시키거나 그녀의 행위를 옹호하려는 것은 아니다. 이 이야기의 쟁점은 성적, 도덕적 차원의 간음행위에 있는 것은 아니라, 유다가 셋째 아들을 다말에게 주기를 거절했다는 데 있다. 세상적인 방식에 반기를 들고 위험스러운 새로운 의를 구현해낸 다말의 선구자적 의식이 의의 이중적 잣대와 기준을 가진 세상 사람들에게 일침을 가한 사건이다.

한편 다말의 속임수가 없었다면 유다 가족은 가나안 인들에게 동화되고 말았을 것이다. 그러나 다말이 그 혈통을 바로 잡는 역할을 했다. 다말의 의로운 죄, 혹은 새로운 의를 통해 메시아의 혈통적 계보가 야곱에게서 유다로, 다윗의 후손으로 이어져 내려가 그리스도 예수가 탄생한다. 다말로 인하여 새로운 의는 전통적인 규칙들과 위장된 무죄함을 넘어서서 공동체가 주는 선물들을 자유롭게 받아들이는 쪽으로 나아간다(롬5:20).

다말의 쌍둥이 아들인 베레스가 메시아의 혈통을 잇는 계보가 된 것을 보면 가장 부패한 인간의 타락 사건과 더불어 메시아의 계보가 이어졌다는 사실이 놀랍다. 죄 중에서 태어난 베레스가 하나님의 무조건적 은혜 가운데 구속사의 주역으로 등장하게 된 것이다.

창세기 38장은 유다가 가나안 족속과 맺은 어리석은 연합의 결과로 타락한 가족들의 모습이 보이고 이것이 어떻게 바로잡아졌나를 보여준다. 유다는 매우 무책임하고 어리석으며 의롭지 못한 사람으로 묘사되어 이어 나오는 39장의 요셉의 모습과 비교된다.

요셉의 생애를 기록하다가 갑자기 끼어든 38장의 유다와 다말 이야기는 39장의 요셉의 승리, 즉 성적 유혹을 물리친 요셉의 믿음을 돋보이게 하기 위해서 의도적으로 성적 유혹에 실패한 유다의 이야기를 앞에 기록한 것이라고 해석된다.

이는 죄 가운데 출생한 우리들도 하나님의 은혜로 구원받을 수 있음을 나타내주는 사건으로 구원은 행위에 있지 않고 은혜에 있음을 다시금 되새기게 한다(롬3:23-28).

26강 종의 신분에서 애굽의 총리된 요셉 (창 39-41장)

보디발의 아내 앞에 선 요셉 (창 39:6-20)

노예로 팔린 지 10년 후 요셉이 27세가 되었을 때, 요셉의 주인 보디발은 '요셉의 손'에 자신의 집안일을 모두 맡겼다. 요셉의 형통함은 자신의 노력이나 능력으로 이룬 것이 아니라 '여호와께서 함께하심' 덕분이었다(창39:2-3). 이를 요셉도 알고 그의 주인 보디발도 알 정도였다. 하나님은 요셉을 택하셨기에 그가 살고 있는 곳에도 복을 부어주신다. 애굽은 여호와를 알지 못하고 섬기지도 않지만, 요셉과 함께하시는 하나님이 그곳에도 권능을 베푸신 것이다.

모든 것을 뜻하는 '콜'(כל, 창39:3, 4, 5, 6)이 5번 반복되며 요셉과 함께하시는 하나님의 임재와 요셉의 놀라운 지위 향상을 말한다. 보디발은 요셉에게 집안의 모든 것을 맡기면서, '자기가 먹는 음식'만 제외했는데 일부 학자들은 이 먹을거리를 9절과 연결시켜 '보디발의 아내'로 해석하기도 한다. 보디발이 요셉에게 맡기지 않은 것이 바로 그의 아내였다는 것이다. 요셉에게 모든 살림을 맡긴 보디발은 그의 재산에 큰 축복이 임하게 되는데 이는 앞으로 애굽의 총리가 되었을 때 애굽과 이웃 나라들에 가져올 축복을 예견케 한다(창39:5, 6).

그 후에 보디발의 아내가 요셉을 유혹한다. 요셉의 아름다운 용모는 여주인의 소유욕을 부채질하는 역할을 한다(창39:7). 청유형으로 번역된 원문인 '동침하기를 청하니'는 '동침하라'는 명령형에 가깝다. 보디발의 아내는 명령형을 되풀이한다(창39:12). 이 낱말은 14절에 '동침하고자'로 번역되나 히브리어 원문은 동일한 단어를 계속 사용한다. 명령과 유혹의 거절을 거쳐 고발로 이어지는 '동침하다'라는 단어는 다시금 요셉을 파멸의 나락으로 몰고 간다.

" ... 내가 어찌 이 큰 악을 행하여 하나님께 죄를 지으리이까"(창39:9)

요셉은 간음을 도덕적인 죄로 여긴 것뿐 아니라 '하나님께 죄를' 짓는 것이라 생각했다. 인간이 저지르는 모든 죄가 결국 하나님을 거스르는 것임을 알고 있었기에 하나님을 두려워하여 그 여인의 유혹을 거절한다. 요셉의 거절은 하나님을 믿는 사람들의 세계관과 인생관이 드러난 성숙한 도덕성의 표현이다. 거절에 대해 요셉이 내놓은 이유는 이 일이 신뢰와 감사에 대한 배신이고, 그녀의 남편이 갖는 권리에 대한 침해이며, 하나님에 대한 죄라는 것이었다.

요셉의 대답은 단호했다. 유혹에 대하여 일말의 망설임도 없이 단칼에 거절하는 모습은 요셉의 결단력을 보여준다. 이는 앞으로 그가 나라의 살림을 맡을 때에도 어떤 유혹에도 흔들림 없는 단호한 결정을 내릴 수 있는 사람으로 성장하였음을 보여주는 것이다.

"그 여인이 그의 옷을 잡고 이르되 나와 동침하자 그러나 요셉이 자기의 옷을 그 여인의 손에 버려두고 밖으로 나가매"(창39:12)

이 부분에선 '손'(ㄱ, 요드)이 중요한 역할을 한다. 처음에는 미디안의 손에 요셉이 팔리고, 보디발의 집에선 요셉의 손에 모든 일이 맡겨졌으며 보디발의 아내의 유혹 앞에서 요셉의 옷이 여인의 손에 놓여진다. 손은 그 사람의 권력과 능력을 상징하는 것으로 요셉의 능력이 그들의 손에 의해 상실됨을 보여준다. 또한, 채색옷이 형들에 의해 벗겨지고, 보디발의 아내에 의해 그의 옷이 벗겨짐으로 요셉의 지위가 낮은 곳으로 이동하는 면을 보여준다.

아름답고 권세 있는 여인이 끈질기게 유혹하는 동안 요셉의 마음은 편치 않았을 것이다. 욕망에 굶주린 여인의 끈질긴 유혹 앞에서 젊은 남자가 본능적 욕망을 이겨냄은 쉽지 않은 일이다. 더구나 가족과 단절되어 10년을 홀로 산 요셉은 고독과 외로움, 정에 굶주린 상태였다.

보디발의 부인은 요셉의 거절 앞에 더욱 끈질기게 날마다 요셉을 유혹한다. '불을 가슴에 안았는데 어찌 그 옷이 타지 않겠느냐'(잠6:27)는 절제되지 않은 인간의 욕망이 얼마나 강렬한지를 보여주는 말씀이다. 욕망은 일단 가슴속에서 일어나기 시작하면 채워지기 전까지는 좀처럼 꺼지지 않는다. 명예가 땅에 떨어지고 가정이 깨져도 상관하지 않게 된다. 본능적 욕구는 속성상 부끄러움이나 위험에 대한 경계를 고려하지 않고 채우려 하기 때문이다.

보디발의 아내가 상당히 노골적으로 요셉에게 접근한다. "나와 함께 눕자, 나와 함께 동침하자"(창39:12)는 명령형 동사를 사용하여 함께 사랑을 나누자고 간청하거나 설득한 것이 아니라 명령한 것이다. 함께 동침하자는 명령은 그녀가 성적 초조감에 시달리고 있음을 나타낸다.

탈무드, 미드라쉬, 코란도 이 사건을 다루고 있는데 보디발의 아내뿐만 아니라 상류층 부인들이 아름다운 요셉을 흠모했다는 이야기들이 좀 더 노골적으로 표현되어 있다. 요셉은 자신의 뛰어난 외모로 인해 큰 고난을 겪게 된 것이다. 아브라함과 이삭은 그의 아름다운 아내를 이방 왕들에게 빼앗길 상황이었는데, 지금 잘생긴 요셉을 이방 사람의 아내가 넘보고 있다. 그런데 전에는 하나님이 개입하셨지만 지금 하나님은 요셉의 삶에는 함께하시면서도 개입하거나 지시하지 않으신다. 요셉과 함께하시는 하나님은 침묵하고 계신다.

보디발의 아내는 집요하게 유혹해도 요셉이 넘어가지 않자 행동으로 나선다. 동침을 요구하며 옷을 붙잡은 것이다. 그러자 요셉은 자기 겉옷을 그녀의 손에 버려둔 채 도망쳐 버린다. 다른 유혹들은 저항해야 하지만 성적 유혹은 도망쳐야 한다(고전6:18).

요셉은 이로써 두 번이나 옷을 빼앗긴다. 처음에는 형들에게 채색옷을, 두 번째는 유혹하는 여주인에게 도망치다 요셉의 옷이 그 '여인의 손'에 놓여진다. 매번 겉옷을 빼앗길 때마다 신분의 몰락과 역경의 시간을 맞게 된다. 그리고 빼앗긴 겉옷은 매번 거짓 증거물로 제시된다. 형들이 요셉의 채색옷으로 아버지를 속였던 것처럼(창37:33) 이 여인도 요셉에게서 벗긴 옷으로 온 집안과 남편을 속인다. 형들에게 뺏긴 채색옷은 짐승에게 물려 죽은 것을 입증하는 것으로, 보디발의 아내에게 빼앗긴 옷은 그녀를 성폭행하려 했다는 증거물로 사용된다.

요셉의 겉옷을 움켜쥔 그녀는 분노와 증오심, 수치심으로 부들부들 떨며, 요셉의 겉옷을 성폭행의 결정적 증거로 사용해서 요셉에게 누명을 뒤집어씌우기로 작정한다. 요셉의 마음 어디에도 그녀가 없다는 사실을 깨닫고 나니 요셉은 더이상 사랑의 대상이 아니라 증오의 대상이 되어 있었다. 그리고 복수하기 위해 거짓 음모를 꾸민다.

옷을 미친 듯이 흔들면서 종들을 증인으로 삼기 위해 부른다. 종들도 모두 그녀와 함께 피해자라는 사실을 강조하기 위해 '우리'라는 표현을 사용한다. 마치 요셉이 집 안의 모든 여자를 겁탈하려 한 것처럼 만들어 버린다(창 39:14).

또 종들이 가지고 있는 히브리인에 대한 혐오감을 불러일으키기 위해 요셉을 '히브리 사람'(원문엔 히브리 남자)이라고 부른다. 그러나 '히브리 종' 이란 표현을 쓰지 않는다. 지금 그녀의 말을 듣고 있는 이들도 종이기 때문이다. 종들을 자기편으로 해야 하기에 굳이 그들의 감정을 건드릴 필요가 없었다. 그녀의 말을 듣고 있는 종들 모두가 히브리 사람에게 희롱당한 심정적 피해자가 되었다. 아무도 요셉의 편을 들지 못하도록 하는 일종의 잠금장치다. 그녀는 남편에게 말할 때는 요셉을 경멸의 의미를 담아서 "히브리 종"(창39:17)이라 부른다.

보디발의 아내는 남편이 집에 돌아오자 즉시 일러바친다. 전에는 '그가 우리를 희롱한다'(창39:14)고 말하더니 남편에겐 '그가 나를 희롱했다'고 말을 바꾼다. 고대 사회는 인권이란 없던 시대로 노예의 목숨은 파리 목숨이었다. 당시 애굽에서 이방 노예가 주인마님을 성폭행하려 했다면 온몸이 으스러지는 고문 후에 악어 밥으로 던져졌다.

본문은 보디발이 누구에게 화를 냈는지에 대해 정확하게 밝히고 있지 않다. 그가 요셉을 죽이지 않고 감옥에 가둔 것을 보면 요셉에게만 화를 낸 것이 아님이 분명하다. 미드라쉬에 의하면 보디발이 화를 낸 이유는 아내 때문이라고 말한다. 정말로 아끼고 믿었던 종, 부귀를 가져다준 요셉을 아내 때문에 잃게 되었기 때문이라고 한다.

보디발은 아내가 거짓말을 하고 있다는 사실을 알았지만, 진실을 밝히지는 않는다. 아내의 수치를 감춰 주기 위한 보디발의 배려였고, 10년이라는 세월 동안 보아온 요셉의 정직성과 성실함, 또한 그가 의로운 사람임을 익히 알고 있었기 때문이다.

성폭행자라면 당장 사형시켰을텐데, '왕의 죄수를 가두는 옥에 가둔다.' 이는 무고한 요셉을 성폭행자로 몰아 죽이고 싶지 않은 마음 때문이었다. 고대에는 노예의 죄에 대해선 즉결 심판이 관례이고 옥에 가두는 자유형은 거의 실시되지 않았다. 요셉을 옥에 가둔 보디발의 판결은 그의 무죄함을 믿었으나 아내의 거짓 고발로 인해 수치스러운 자리로 내몰고 싶지 않은 보디발의 배려이다. 이 사건으로 요셉은 감옥에 갇혔고 보디발은 충성스럽고 능력 있는 가정 총무를 잃었으며 보디발의 아내는 사모하던 연인을 잃었다. 모두가 패자가 된 사건이다.

형들이 질투하여 요셉을 노예로 팔아버린 것이나 보디발의 아내가 유혹하다가 그 뜻을 이루지 못하자 증오심에 불타 요셉을 성폭행자로 고발해서 감옥에 보낸 것은 하나님의 섭리가 아니다. 부족한 인간들의 미움과 질투, 분노와 증오 때문에 만들어진 비극적 상황일 뿐이다.

하나님께서는 인간들의 악한 행위에 간섭하지 않으셨지만, 그들에 의해 피해자가 된 요셉과는 늘 함께하셨다. 그들의 사악한 행위를 막아주진 않으셨지만, 그 악한 상황 속에서도 하나님의 동행하심을 믿고 의지하는 요셉과 함께하셨고 그를 버리지 않으셨다.

하나님의 함께하심은 노예로 팔려 보디발의 집에 갔을 때도, 무고한 죄로 감옥에 갔을 때도 보디발과 간수장의 눈에 들게 하심으로 나타난다. 요셉에 대한 하나님의 사랑은 어떤 풍파도 요셉을 해치지 못하도록 방어해 두시며 막아주시는 것이 아니다. 요셉이 곤경에 처했을 때도, 늘 함께하시고 보호해 주신다는 것이다. 요셉은 보디발의 집에서 가장 높은 자리로 올라갔지만, 이는 그가 다시 낮아지기 위한 과정이었다. 최고의 자리로 올라가면 다음 순서는 내려오는 길밖에 없다.

우리의 미래는 어떤 자세로 지금의 고통을 대면하느냐에 따라 달라진다. 고통에 대한 우리의 자세에 따라서 우리가 성숙할 수도, 절망의 나락으로 떨어져 버릴 수도 있다. 요셉이 성공할 수 있었던 것은 하나님이 주신 위대한 꿈을 놓치지 않았기 때문이라기보다 그러한 꿈을 주신 하나님을 놓치지 않았기 때문이다.

하나님 외에는 그 누구도 도움을 줄 수 없는 구덩이 속에 던져 졌을 때도, 홀로 머나먼 애굽으로 팔려갔을 때도, 보디발의 집에서 성적 유혹을 받을 때도, 감옥에서도 요셉은 하나님이 함께하신다는 사실을 믿으면서 살아간 것이다.

어떤 인간적 어려움도 요셉의 정신 속에서 하나님을 분리시키지 못했다. 어떤 억울한 일을 당하든 어떤 상처를 받든 어떤 상황 속에 내몰리든 하나님을 떠나지 않으면 우리에게 희망이 있고 미래가 있다. 그 모든 악한 상황을 이겨 낼 힘을 하나님께로부터, 하나님과 함께함으로 얻을 수 있기 때문이다. 유혹 앞에 선 요셉이 유혹을 이겨낸 힘 역시 하나님과 함께했고 항상 하나님을 의식하고 있는 요셉이었기에 이뤄낸 일이다. 삶의 모든 순간에 하나님을 의식하며 하나님과 함께해야 한다.

오히려 감옥으로 간 요셉 (창 39:21-23)

요셉은 노예의 신분에서 가정 총무라는 지위 상승이 되었던 보디발의 집에서와 같이, 감옥에 갇힌 일개 죄수의 신분에서 감옥의 전권을 맡은 자가 된다. 억울한 누명을 쓰고 감옥에 왔지만 주어진 삶에 최선을 다해 성실히 책임감을 가지고 타인의 신뢰받는 삶의 모습으로 살아간다. 하나님이 그에게 인자(חסד, 헤세드)를 더하셔서, "간수장에게 은혜를 받게 하시매"(창39:21) '간수장의 눈에 보여'진 까닭이다.

요셉은 신뢰받지 못할 죄수들이 갇힌 감옥이라는 특수한 상황 속에서 다른 사람들의 절대적인 신뢰를 얻는다. 요셉은 삶의 현장에서 다른 사람의 신뢰를 받음으로 하나님께서 함께하심을 나타내 보여주는 본보기와 같은 삶을 살았다. 감옥 안에서 자신의 무고함과 억울함을 항변하지 않고, 하나님의 선하신 뜻을 믿고 기다리며 주어진 고난을 묵묵히 받아들이며 잠잠히 때를 기다린다.

노예의 자리에서, 죄인의 자리에서, 여호와의 함께하심을 믿으며 그 인도하심과 지켜주심을 경험하는 요셉의 삶은, 고통과 괴로움이 크면 클수록 하나님의 보호 역시 더 깊고 세밀하심을 알게 해준다. 보디발의 집과 감옥에서 요셉은 윗사람의 신뢰를 받고 가장 낮은 자리에서 가장 높은 자리로 올림을 받는다.

노예살이와 감옥살이에서 드러나는 유사성은 하나님이 요셉의 인생에서 고난을 제거해 주시지는 않지만, 하나님의 사랑은 고난 중에 늘 함께하시고 보호해 주심을 보여준다는 사실이다.

감옥은 인간의 모습이 가장 추악하게 드러나는 곳이다. 인간의 영혼이 가장 쉽게 상하는 곳으로 감옥에 간 사람의 내면은 감옥에 가기 전보다 더욱 황폐해지기 쉽다. 아무리 건강한 정신을 가지고 있는 사람이라도 감옥에 갇히면 무기력한 인간이 된다. 모든 것을 포기하는 폐인이 되거나 더욱 악한 인간이 된다.

요셉은 3년이나 감옥에 있었지만, 하나님의 사랑이 더해졌다. 요셉은 앞으로 더욱 단단한 인간, 온전한 인품과 자비로운 영혼을 간직한 인간으로 성숙해져 갈 것이다. 이 모든 것이 가능한 이유는 "여호와께서 요셉과 함께하심이라"(창39:23)라고 성서가 증거한다.

채색옷을 입고 형들 앞에서 꿈을 자랑하던 철없던 시절의 요셉이 신앙적이었던 것 같지는 않다. 요셉이 변화된 계기는 형들에 의해 물이 없는 구덩이에 던져졌을 때로 보인다. 구덩이 안에서 삶과 죽음의 경계에 선 요셉은 삶과 신앙의 전환점을 마주하게 되었다. 구덩이 속에 던져진 순간 옛 요셉은 죽었고 구덩이를 나온 순간 새로운 요셉이 탄생했다. 구덩이 속에서 참 하나님과 대면했다. 요셉의 삶은 꿈과 구덩이(감옥)에서 변화한다. 야곱이라는 작은 세계 속에서 벗어나 하나님의 품이라는 드넓은 세계로 나온 것이다. 세상의 작은 테두리, 가족이라는 작은 관계 속에서 떨어져 나왔지만, 하나님이 함께하시고 돌보아 주시는 커다란 품에 안겼기에 이후 어떤 역경과 고난, 억울함도 요셉의 인생을 흔들어 놓을 수 없었다.

요셉의 승리는 하나님이 함께하심으로 이루어진 것이다. 하나님이 늘 함께 하셨고 요셉은 그 하나님께 언제나 순종했다. 하나님이 함께하신다는 말씀 속에 반복되는 주제는 하나님께서 함께하시면 축복이 있고, 그 누구도 당할 자가 없다는 것이다. 그렇더라도 인간의 삶에 지독하게 달라붙어 있는 고난 은 사라지지는 않는다. 그러나 그 고난의 속에서도 하나님께서 형통케 하신 다. 그리고 하나님께서 함께하실 때 그 사람에게는 신앙적 도덕적 책임이 뒤 따른다는 사실이다.

삶의 바닥으로 추락할 때도 노예의 자리에서도 죄수의 신분으로 감옥에 갇 혀 있을 때도 요셉은 불평이 없다. 뿐만 아니라 욕심과 정욕의 죄와 타협하지 않는 굳센 믿음의 본을 보여주고 있다. 그리스도께서 우리를 부르신 것은 우 리로 하여금 그리스도께서 걸으신 고난의 발자취를 따라오게 하려 하심이고 그리스도께서 우리에게 은혜를 주신 것은 다만 그를 믿을 뿐 아니라 그를 위 하여 고난도 받게 하려 하심이다(벧전2:21; 빌1:29).

요셉은 어떤 상황에서도 하나님을 결코 떠나지 않았다. 요셉의 생애는 불 행한 운명에 빠졌던 한 젊은이의 눈물겨운 성공담이 아니라 하나님의 구원 역사 안에서 이루어진 일종의 대하 드라마라 할 수 있다. 하나님은 요셉을 통 해 대기근 중에 온 세상 사람들이 굶어 죽지 않도록 보살피고 이스라엘 후손 들을 애굽으로 이주시켜 이스라엘이라는 큰 민족이 형성되도록 발판을 마련 하셨기 때문이다.

요셉의 고난이 먼 훗날 이스라엘의 구원과 연결되어 있듯이, 우리의 고난도 반드시 그리스도의 영광을 드러내는 고난이 되어야 한다. 그러므로 하나님과 함께 하는 삶을 통해 고난과 역경 속에서도 묵묵히 성실하게 주어진 일들을 감당함으로써 하나님께서 함께하심을 모든 이들에게 드러나게 하는 삶을 살 아가야 한다.

하나님의 시간표 바로의 두 관원장 (창 40장)

보디발의 아내의 유혹을 뿌리쳤음에도 오히려 감옥으로 가게 된 요셉은 낙담하지 않고 주어진 일에 최선을 다했다. 그 감옥은 일반적인 범죄를 저지른 사람들이 오는 곳이 아니라 정치범 수용소로서 당대의 지식인들이 모여있는 지식의 창고와 같은 곳이었다. 요셉은 이곳에서 여러 사람들을 만나 정치, 경제, 사회적으로 많은 지식들을 그들에게서 얻게 된다.

'술 맡은 자'(משקה, 마쉬케)는 '다른 사람에게 술을 마시게 하는 자'의 의미로 시중드는 일 이상으로 왕의 자문과 국정 논의의 대상자로서 정치적 영향력을 행사하는 자리였다. 느헤미야도 페르시아 왕실에서 유사한 지위를 차지했다(느1:11-2:8).

'떡 굽는 자'(אפה, 오페)는 제의 음식과 관련하여 신성시 여겨졌던 직책이다. 독살 음모가 횡행했던 고대국가에서 신임받는 부하가 담당한다. 동시에 국가 중대사에 관해 왕에게 자문할 만큼 고위 각료였다. 이들이 애굽 왕에게 죄를 지었는데 이는 무죄한 요셉과 실제로 왕에게 죄를 지어서 감옥에 갇힌 두 사람 사이의 대조를 보여준다. 그러나 구체적인 죄목에 대한 언급이 없고 요셉이 갇혀 있는 친위대장, 보디발 집 안에 있는 감옥에 갇힌다. 친위대장이 요셉에게 두 관원장을 수종 들게 했다. 그들이 다시 복직될 경우 본인이 정치적 특혜를 받을 수 있었기 때문이다.

요셉은 이들의 근심의 빛까지 헤아리며 최선을 다해 섬긴다. 형들의 마음을 헤아리지 못하고 자기 꿈을 자랑하던 자가 이제는 다른 이의 불안한 마음을 눈치채고 공감하는 인물로 성장했다. 이들이 각각 꿈을 꾸게 되는데 꿈을 해석할 수 없었다. 이때 요셉이 그들이 꾼 꿈에 대해 해몽해 주겠다고 말하면서 단지 해석하신 분은 하나님이심을 분명히 한다. 꿈의 해몽은 인간의 기술이 아니라 하나님이 베푸실 수 있는 은사인 것이다. 겸손할 뿐만 아니라 하나님을 전적으로 신뢰하는 모습이다.

고대 애굽인들은 꿈을 통해 다른 세계, 죽은 이들은 물론 신들과도 접촉이 가능하다고 믿고 있었다. 꿈이 미래 운명을 예고한다고 믿어서 꿈의 상징들과 관련된 지식을 쌓아 전문적으로 해석하는 이들을 양성했고 해몽 사전이라 할 수 있는 파피루스도 존재했다.

요셉은 술 맡은 관원장의 꿈을 길조로 해석, 3일 후 석방될 것이고, 복직하면 자신을 기억해달라고 부탁하며 자신의 무죄를 처음으로 주장한다. 보디발의 아내나 형들의 죄를 말하지 않고 현재 자신의 형편만 진술한다. 떡 맡은 관원장은 흉몽으로 3일 후 머리가 끊어지고 나무에 달리는 공개된 교수형에 처형당할 것을 말한다. 이는 진실을 바로 전해줌으로 죽음을 준비할 시간을 준 것이다.

구약성서에서 꿈은 계시의 중요한 수단이었다. 이 꿈들은 하나님께서 주권적으로 미래의 운명을 통제하신다는 것을 보여준다. 요셉의 해몽대로 떡 맡은 관원장은 죽고, 술 맡은 관원장은 복직되었다. 그러나 그는 요셉의 부탁은 잊어버린다. 두 사람의 근심을 헤아릴 수 있는 동정심이 있었고, 꿈의 해석을 오로지 하나님께 있다고 고백할 만큼 경건한 사람이었으며 여호와가 함께하심으로 그에게 인자가 더해진(창39:21) 것으로 보아 기도의 사람이었음에도 잊혀지고 버려진 것이었다.

풀려날 것이라는 기대가 수포로 돌아가지만, 요셉은 즉시 운명에 순종한다. 이는 인간의 시간이 아닌 하나님의 시간을 기다리기 위함이었다. 술 맡은 관원장의 도움으로 감옥에서 나가보려 했지만, 그는 요셉을 잊었고 요셉은 그것이 하나님의 뜻이 아님을 깨닫자 즉시 받아들인 것이다.

그러나 이후, 이들의 꿈을 성공적으로 해석해 줌으로 인해 기억해 달라는 그의 간청을 술 맡은 관원장이 기억하게 될 것이며 바로의 꿈을 완벽하게 해석할 것이다. 꿈은 고대 근동지역에서 미래를 예측하는 수단이었지만 오직 하나님만이 꿈을 해석하실 수 있으며, 그분은 요셉과 같은 중재자를 통해 일하신다.

우리는 하나님의 시간을 기다리기보다 우리가 정한 시간에 하나님의 시간을 맞추려고 한다. 하나님께서는 하나님의 시간과 방법으로 결정하시는 분이다. 인간에게 희망과 믿음을 거는 것이 얼마나 허무한 것인가를 요셉은 깨달

앉을 것이다.

"그의 발은 차꼬를 차고 그의 몸은 쇠사슬에 매였으니"(시105:18)라는 시편의 구절은 요셉이 종으로 팔린 상황이 설명되는 말씀이다. 70인역(LXX)은 "쇠가 그의 영혼을 채웠다"로 번역한다. 단단한 영혼이 되었다는 말이다. 요셉의 내면은 종으로 팔려간 이후 어떤 고난 속에서도 낙망하지 않을 만큼 더욱 단단해져 갔다.

신앙이란 쇠가 영혼 안에 박히듯이 단단해져 가는 일이다. 신앙생활은 감미롭고 아름다운 천상만을 꿈꾸는 황홀한 일은 아니다. 시련과 어려움을 통해서 더욱 단단해지고 굳세어져 가는 것이다. 요셉은 이제 인간에 대한 기대나 의지하는 마음을 버리고 오직 하나님만 의지하며 굳센 믿음의 세계를 구축하며 하나님의 시간을 기다리는 자가 된 것이다.

바로의 꿈 (창 41장)

애굽에서 13년간의 모진 종살이와 감옥살이가 어느 날 갑자기 끝나게 되고, 요셉은 감옥에서 풀려나와 바로 앞에 서게 된다. 그는 이제 더이상 경솔한 십대 소년이 아니라 애굽에서 견줄 자 없는 명철하고 지혜롭고 담대한 사람이었다.

술 맡은 관원장의 꿈과 떡 맡은 관원 장의 꿈을 해석해 준 뒤 2년이란 시간이 지난 후 바로 왕이 꾼 꿈은 두 개로, 첫 번째로 여윈 소 일곱 마리가 살찐 소 일곱 마리를 잡아먹는 목축과 관련된 꿈이다. 두 번째 꿈은 줄기 하나에 이삭 일곱이 돋아나 여물어가고 있는데 뒤이어 돋아난 일곱 이삭이 사막에서 불어오는 동풍에 말라비틀어진 쭉정이가 되더니 갑작스레 잘 여문 이삭을 삼켜버리는 꿈으로 이는 농사와 관련되어 있다. 이 동풍은 밤 동안 식물을 말려 버리는 세찬 바람이다(겔19:12; 욘4:8). '일곱 암소'는 이집트의 신들 중 하나인 이시스(Isis)를 상징하고 고대 세계에서 일곱은 거룩한 수로 운명을 상징했다.

바로의 두 가지 꿈을 애굽의 모든 점술가와 현인들은 해석하지 못했다. 신의 아들로 숭배되던 왕은 꿈을 통해서 신의 뜻을 전달받는다고 여겨졌기에 중요하게 취급되었다.

술 맡은 관원장이 히브리 젊은이, 친위대장의 종이었던 요셉이 자기가 꾼 꿈과 떡 굽는 관원장의 꿈을 정확히 해석해 주었다는 사실을 기억해 낸다. 그러나 이름은 기억하지 못해 "히브리 청년"(창41:12)이라 부른다. 그는 자신의 꿈을 해석해 주어 헛된 불안으로부터 구해주었던 요셉을 '까마득하게' 잊고 있었다(공동번역, 창40:23). 그가 요셉을 잊었던 이유는 요셉에 대한 연민과 사랑의 마음이 없었기 때문이다. 그러나 하나님께서는 절대 잊지 않으셨다. 술 맡은 관원장으로 하여금 요셉을 기억하게 하신 것이다

"... 내가 오늘 내 죄를 기억하나이다"(창41:9). 이는 '내가 언급해야 한다'로 번역하는 것이 더 낫다. 본문은 복수형으로 되어 있어서 '내 죄들을'이 맞다. 이는 창40:1에서는 '범죄한지라'로 번역되기도 했다. 복수형을 사용한 이유는 그가 요셉의 재능에 대해서 바로에게 말하지 않음으로써 요셉과 바로 모두에게 잘못했기 때문이다.

바로는 사람을 보내어 옥에서 요셉을 불러내는데, 개역 개정엔 '옥'이라고 번역하고 있지만 히브리어 원문엔 요셉이 형들에 의해서 구덩이에 던져졌던 (창37:20, 22, 24, 28-29), 그 구덩이와 같은 단어(בור, 보르)를 사용하고 있다. 즉 바로는 구덩이에서 요셉을 구출해 낸 것이다.

바로 앞에 선 요셉은 "내가 아니라 하나님이 대답하시리다"며 꿈의 해석이 오로지 하나님께만 속한다고 말한다. 최고 권력자 앞에서 자기를 드러내지 않고 하나님의 영광만 드러낸 것이다. 요셉은 애굽 제국의 최고의 권력자 앞에서도 전혀 위축되지 않는 모습을 보여준다. 죄 없는 자의 당당함이며 하나님이 함께하시는 자으 담대함이다. 요셉은 경건하고 직설적이며 재치있고 분별력 있게 말한다. 세속적인 꿈을 쫓는 이라면 자신의 능력을 부각시켜 출세의 길을 도모했을지도 모른다. 그러나 요셉은 바로의 인정을 받고자 하는 어떤 노력도 하지 않는다. 자신은 단지 전지전능하신 하나님의 도구일 뿐이며 하나님의 도움 없이는 아무것도 할 수 없다는 사실만을 고백한다. 요셉은 자신

에 대해서는 겸손했지만, 더 바람직한 것은 꿈에 대한 올바른 신적 해몽을 제시한 것이다.

요셉은 바로의 꿈을 풀이해 준다. 두 개의 꿈은 하나의 메시지로 칠 년 동안 연속해서 풍년이 있고 다음 칠 년은 흉년이 있을 것이라는 해몽이다. 꿈의 내용은 이미 실현된 것이나 다름없다. 이것은 이미 확정된 것이기 때문이다. 애굽의 미래는 하나님의 손에 달렸음을 요셉은 냉정하게 설명한다. 또한, 꿈만 해석해 준 것이 아니라 앞으로 벌어질 사태를 어떻게 해결할 수 있는지 그 구체적 대안까지 제시한다.

요셉이 제시한 제안은 먼저 애굽의 온 땅을 다스릴 슬기롭고 지혜로운 지도자 한 명을 세우고, 그의 명을 받아 일하게 될 감독관들을 각 지역에 세울 것, 그리고 마지막으로 수확량의 1/5을 거두어 각 지역 창고에 보관하라는 것이었다. 요셉의 이러한 지혜는 하나님께로부터 온 것이다. 하나님이 미래의 사건을 알게 하시어 그 미래에 맞게 대비해야 함을 알려주셨기에 할수 있었던 조언이다.

바로는 요셉의 꿈 해석 능력과 미래에 대한 의견 제시가 신적 지혜와 분별력에서 왔다는 사실을 간파한다. 요셉은 지혜로운 사람 하나를 농림부 장관으로 세워 식량 배급을 관리하라는 것을 제시했는데 바로는 지위를 높여 요셉을 총리로 세운다. 이방인이며 죄인이고 노예 신분으로 정치적 경력이 전무한 요셉에게 신분이나 인종을 고려하지 않은 바로의 파격적인 인사는 즉시 이루어진다. 옥쇄 반지를 끼워주고 세마포 옷을 입히고 금목걸이를 걸어준다.

바로는 히브리인 요셉을 애굽의 귀족으로 만든다. '사브랏 바데아'(צפנתפענח, 생명의 비밀을 드러낸 자)란 새 이름을 수여하는데, 이 특이한 이름을 돌려서 해석할 경우 '하나님께서 말씀하시고 살아계신다'를 의미할 수 있다. 바로는 요셉에게 '온의 제사장 보디베라의 딸 아스낫'(אסנת)을 아내로 삼게 했다. 보디베라(פוטיפרע)는 요셉의 주인이었던 보디발과 이름이 일치한다. 제정일치 사회였던 애굽에서 부와 권력의 핵심으로 신분 상승이 이루어진 것이다. 또한 노예 백 명과 완성하는 데 삼 년이 걸린 저택을 선물 받는다. 이는 요셉이 17살 때 꾼 꿈이 드디어 이루어진 것을 보여준다.

애굽 최고의 집안과 혼인을 맺은 요셉은 두 아들을 얻는다. 첫 번째 아들 '므낫세'(משה, 잊게 하다)를 낳음으로 지난날의 자신의 괴로움을 잊게 되었다고 고백하고 두 번째 아들 '에브라임'(אפרים, 열매를 맺다)을 통해 자신의 수고가 드디어 땅에서 번성하게 되었다고 고백한다(창41:51).

요셉은 가나안에서 형제들로부터 버림받은 고난의 아픈 상처로부터 자신을 구해주신 하나님을 찬양한다. 요셉이 자기 아들들에게 애굽의 이름이 아닌 히브리 이름을 붙였다는 것은 그가 자기 아버지의 집을 잊지 않았음을 보여준다. 그런데 요셉이 높은 지위에 오른 후에도 자기 아버지 야곱에게 연락하지 않음을 몇몇 전승은 비난한다. 노예의 신분이었을 때는 이해되지만, 권력을 가진 후에는 충분히 연락할 수 있었음에도 자신의 가족들을 잊고 애굽의 생활에 몰두했다는 것이다. 그러나 이는 요셉이 자신의 꿈이 성취되어감을 믿음으로 기다리며 하나님의 때를 위해 침묵하고 있었다고 보아야 한다. 그의 할아버지 이삭에 이어 족장들 중 두 번째로, 요셉은 일부일처제를 유지한다.

요셉은 애굽의 관직에 오름으로써 애굽의 현실 안으로 들어간다. 자신의 새로운 직위와 역할과 권위를 바로로부터 임명 받음으로 완전한 애굽 사람이 된다. 이제 요셉은 애굽 문화에 적응하면서 하나님께 대한 충성을 해야 하는 혼합된 상황 속에 놓이게 된다, 그러므로 요셉이 한쪽으로 치우치지 아니하고 균형을 이룰 수 있을지 그의 믿음의 방향성에 주목하게 된다.

'총리대신'이 지금의 국무총리로 바로 왕 다음의 권력을 가진 자로 소개되지만, 다른 한편으로 "내 집을 다스리는"(창41:40)에 근거하여 왕궁을 책임지던 관리이거나 왕의 영지를 관리하던 사람으로 그 역할을 권세가 약한 관리로 축소하여 보기도 한다. 어쨌든 요셉은 지인들의 도움이나 권력자의 연줄 없이 하나님의 지혜로써 성공을 이룬 것이다. 이때 그이 나이 30세였다. 이로써 요셉에게 주어진 하나님의 꿈이 구체적으로 현실화되었다.

요셉은 즉시 업무에 돌입한다. 백성들 형편과 농경 상황을 파악하고 칠 년간의 풍년 동안 흉년을 대비하여 창고를 짓고, 세금 1/5을 거둔다. 요셉에게 있어 성공은 어릴 적 꾼 꿈의 성취를 위해 노력한 것이 아니라, 성취한 후에 더 많은 노력을 기울인 것이다. 갑작스러운 신분 상승에도 변함없는 모습은, 어떤 상황에서도 하나님과 함께 하고 있기 때문이다.

드디어 칠 년 흉년이 시작됐다. 요셉이 바로에게 위임받은 새로운 주권의 영향력은 46절 이후 반복되는 'all'('모든', '온', '각국', 11번 반복됨)이라는 같은 의미를 가진 낱말의 반복을 보면 알 수 있다(창41:46-57). '모든'에 대한 반복적 사용과 강조는 모든 생명이 하나님께 속하였음을 강조하는 것이며 요셉의 중재적인 역할과 바로에게 위임받은 그의 강력한 영향력의 확장을 의미한다.

애굽과 인근 모든 지역에서 식량을 사기 위해 애굽에 온 이들에게 바로는 요셉에게 가라고 한다. 요셉은 당시 백성들의 기근을 해결할 유일한 인물이었다. 식량을 구하러 오는 자들에게 돈을 받고 식량을 준다. 모든 사람은 자신이 먹을 만큼의 식량을 동일하고 제한적으로 구입 할 수 있었다. 당시엔 마땅한 곡물 보관 장소도 없고 보관 방법도 원시적이고, 곧 썩거나 도둑질당하기 쉬운 상태였기 때문에 대게 그해의 수확은 그때 바로 소비했다. 이러한 난관을 극복하고 지혜롭게 일을 처리한 요셉의 새로운 경제 정책은 당시 애굽인들에겐 미래의 삶에 기대를 걸게 하는 정책이었다.

탁월한 통치자의 모습을 드러낸 요셉의 활약은 역사의 주관자이신 하나님의 약속의 성취로 이어진다. 요셉 개인의 고난 속에서 함께 하신 하나님께서는 요셉을 통해 미리 예비케 하심으로 세상의 수많은 사람들을 기근에서 구원해 주신다.

요셉 한 사람의 인생에서 고난과 죽음에 가까운 낮고 낮은 자리에서 생명과 존귀와 힘이 넘치는 자리로 변화됨을 통해 작게는 야곱의 한 집이 구원받고 나아가 한 나라가 구원받고 온 땅이 구원받는 요셉의 이야기가 시작되는 것이다.

요셉은 부당한 고난을 견디는 인내, 자신의 지위와 생명까지 위협받는 상황 속에서도 변치 않는 신실함, 권세 앞에서도 움츠러들지 않는 강직함을 갖춘 고귀하고 완벽한 인물로 묘사된다. 그러나 이는 요셉에 대한 이야기라기보다는 하나님의 섭리에 따른 일들과 신령한 은사를 통해 약속을 이루시는 하나님의 신실하심에 대한 이야기이다. 하나님의 임재는 죽음이 임한 곳에 생명을, 수치 대신 영광을 임하게 하신다(벧전5:6).

고대 문헌이나 애굽의 세계에서 꿈은 미래를 말하는 수단으로 나타난다. 이것은 미래가 인간의 능력 밖에 있음을 말하는 것이다. 미래는 하나님의 손 안에 있다. "하나님이 요셉과 함께 하신다"(창39:2, 3, 21, 23)는 말씀은 요셉 개인에게 주는 위로의 말씀이 아니라 애굽이라는 강대국에서 요셉의 꿈이 하나님의 주권적인 목적에 따라 이루어질 것임을 선포하고 있는 것이다. 본문의 이야기는 애굽적 요소를 강하게 가지고 있다. 애굽의 꿈을 해석하는 요셉은 더 큰 꿈을 위한 도구일 뿐이다. 요셉에게 하나님이 주신 꿈은 구체적이고 특별한 것이며 미래를 향하고 있다. 미래는 바로가 아니라 하나님의 손 안에 있다. 이제 꿈이 성취되어가는 길에 하나님이 강력한 권능으로 함께 하실 것이다.

27강 깨어진 가족 관계의 회복 (창 42-50장)

드디어 만난 요셉과 형들 (창 42장)

요셉이 총리직에 오른 지 8년쯤 되는 해 야곱은 129세였다. 오랜 기근으로 곡식이 동나자 야곱은 아들들에게 애굽에 내려가서 식량을 사오라고 책망한다. 식량이 떨어졌음에도 누구 하나 해결책을 제시하지 못하고 형제들은 위기에 직면하여 "서로 바라보고만"(창42:1) 있었다. 요셉을 애굽에 판 지 20년이 지났지만, 별반 달라지지 않은 야곱 가족의 모습이다.

이 장면에서 야곱은 아들들에게 여행에 나서는 하는 일을 주도적으로 지시한다. 이는 요셉을 형들에게 보낼 때 하던 주도적인 행위와도 유사하다. 그리고 "야곱의 아들들"(창42:1)로 불린 이들의 호칭이 애굽으로 내려갈 때 "요셉의 형들"(창42:3)로 바뀌고 요셉에게 곡식을 사기 위해 줄을 서 있을 때 '이스라엘의 아들들'(창42:5)로 다시 바뀐다. 한 가족의 생존 문제가 온 민족의 생존 문제로 확대된 것이다. 많은 양식을 사기 위해 보낼 수 있는 아들들은 모두 보낸 것이다. 연로한 야곱은 동행하지 않고 베냐민도 혹시라도 재난이 그에게 미칠까 하여 제외한다. 요셉과 같은 운명이 베냐민에게 닥치는 것을 막기 위한 것이었다.

야곱 가족의 생존을 위한 애굽으로 향하는 여정은 복합적인 의미를 가진다. 그들의 생존 문제는 곧바로 신앙의 문제와 연결되고, 형제들이 짓밟았던 요셉의 특별한 꿈이 현실화된 모습을 온몸으로 확인하고 체험하게 되는 여정이고, 잊고 지냈던 죄가 되살아나며 용서와 화해를 향한 발걸음이며, 하나님의 약속을 이루기 위한 출발점이 된다.

형제들은 곡식을 사기 위해 찾아간 애굽에서 죽은 줄 알았던 요셉을 만나게 된다. 20년 만의 만남이다. 이들의 만남은 요셉의 칙령 때문이었다. 그것은 식량을 사기위해 종을 보내선 안 되고 본인이 직접 방문해야 한다는 것과

한 사람이 짐승 한 마리만 데리고 와야 된다는 것이었다. 이 규정을 지키지 않으면 사형이라는 강력한 법규를 적용하였다. 이는 애굽에서 얻은 곡식을 되파는 일이 없도록 하기 위해서였다. 각자 자기 식구들이 먹을 정도의 양식만 사야 한다. 이 규정이 제대로 시행될 수 있도록 국경 초소에 보초를 세우고 곡식을 사기 위해 애굽 땅에 들어오면 반드시 그 사람의 이름은 물론, 아버지와 할아버지의 이름까지 기록해서 보고하도록 했다.

형들을 만난 요셉은 그들을 위협하며 세 번이나 반복해서 첩자로 몬다. 형제들은 자신의 가족 관계를 말하면서 "막내아들은 오늘 아버지와 함께 있고 또 하나는 없어졌나이다"(창42:13)라고 다소 모호하게 말하지만 사망했음을 언급한 것으로 보인다. 그 없어진 형제 하나가 지금 그들 앞에 서 있다. 아마도 요셉은 자신을 그토록 핍박했던 형들이 같은 어머니의 아들인 베냐민에게 무슨 짓을 했을지 몰라 걱정하고 있었을 것이다.

형들은 황급히 자신들을 변호한다. '우리는 모두 한 아버지의 자식'으로 모두 10명이 무리 지어 다니면서 간첩 노릇을 할 수는 없다는 것이다. 온 집안의 자식 모두를 간첩으로 내모는 아버지는 없다는 것을 말하고 있다.

요셉은 이들의 말이 사실이라는 것을 증명하기 위해 아버지가 집안을 보존하기 위해 남겨둔 남은 아들 하나를 데리고 오라고 말한다. 만일 그를 데려오면 더이상 문제 삼지 않을 것을 약속한다. 요셉은 형들을 시험해 보아야겠다고 말하면서 3일간 감옥에 가둔다. 요셉은 3년 동안 감옥에 있었다. 이것이 형제들에게 내리는 요셉의 벌이라면 너무 약소한 것이다.

3일 후 지금까지 통역자를 두며 철저하게 애굽인으로 행세하던 요셉은 '하나님을 경외하는 자'로 자신을 소개하고 한 명만 인질로 남고 나머지는 돌아가되, 다음에 올 때 막냇동생을 데리고 와서 자신들이 간첩이 아니라는 것을 입증하라고 말한다. 시므온을 인질로 남기고 요셉이 9명의 형제를 돌려보낸 것은 한 사람이 많은 식량을 나르는 것이 불가능했기 때문이고, 500km 이상으로 3주 이상 걸리는 긴 여정의 위험 때문이다. 계속되는 가뭄으로 강도에 의한 식량 탈취까지 빈번한 시기였다.

요셉의 제안을 들은 형제들은 안도의 한숨을 내 쉰 것이 아니라 오히려 더 큰 일을 당한 것처럼 괴로워하며 서로 누가 남을까로 고민하며 자신들의 죄를 인정한다. 형들은 옛날 요셉에게 자신들이 행했던 일이 범죄 행위였으며 그 범죄 행위로 지금 같은 징벌을 받게 되었다는 인식에 도달했다. 요셉이 겪었던 괴로움이 그대로 그들에게 임한 것이다.

지난날 요셉을 죽이지 말자고 만류하며 요셉이 팔린 것을 알고 괴로워했던 르우벤은 "그의 핏값을 치르게 되었도다"(42:22)라고 말하며 통곡하고 있다. 예전에는 동생 하나가 없어졌다면서 자신들의 죄를 덮어 버렸는데, 지금은 그 행위가 죄악이었음을 인정하고 죄의식에 떨고 있다. "사실이지, 우리가 동생에게 그 짓을 하고 어떻게 벌을 면하겠니"(히브리 원어 해석) 라는 자기 성찰에 이른 것이다.

요셉의 다그침과 거친 접근이 형제들의 마비된 양심을 일깨워 놓았다. 요셉은 형들이 자기에게 행한 그대로 돌려줌으로써 그들을 징벌하고 있음을 시사한다. 형들이 죽음과 구덩이에 던짐으로 요셉을 위협했던 것처럼, 이제 요셉이 동일한 방식으로 그들을 협박한다.

"너희 막내 아우를 내게로 데리고 오라 그러면 너희 말이 진실함이 되고 너희가 죽지 아니하리라 하니 그들이 그대로 하니라 그들이 서로 말하되 우리가 아우의 일로 말미암아 범죄하였도다 그가 우리에게 애걸할 때에 그 마음의 괴로움을 보고도 듣지 아니하였으므로 그 괴로움이 우리에게 임하도다"(창42:20, 21)

형들은 자신들이 받는 대우가 징벌이라고 이해한다. 시간이 경과된다고 죄가 사라지는 것이 아니다. 죄를 인식하는 순간 죄의식은 고개를 든다. 죄를 덮어 두고 기억하지 않으려 애썼기 때문에 묻혀있던 죄의식이 죽은 듯이 잠잠히 가라앉아 있었던 것뿐이다. 뚜껑을 걷어내고 죄와 마주하는 순간 일어선 죄의식과 고통스럽게 마주하게 된 것이다.

형들은 자기들끼리 수군거리는 이야기를 총리가 알아들을 것이라고 상상하지 못했다. 통역관을 통해서 대화했기 때문이다. 요셉은 형들이 자기들의 범죄에 대해 이야기하며 괴로워하는 것을 보고 물러 나와 운다. 형들의 괴로움을 보고 기뻐서 흘리는 눈물이 아니라, 화해가 가능하구나 싶어 감격해서 흘리는 눈물이었다. 이 울음은 나중에 흘릴 더 큰 울음에 대한 예고이다. 더 큰 울음은 요셉이 후에 베냐민을 만날 때(창43:30), 유다가 베냐민 대신 종으로 남아 있겠다고 제의하고 자신의 정체를 드러낼 때(창45:2), 그리고 마지막으로 아버지 야곱과 재회했을 때(창46:29)였다.

요셉이 형들의 정체를 아는 유리한 입장에서 이렇게 형들을 시험하는 이유가 그들이 믿을만하단 것을 확인하기 위한 행동인지, 아니면 과거의 자신에게 한 행동을 되갚아 주는 행위인지 알 수 없으나 하나님의 선하신 손길 아래 이루어진 요셉과 형들 간의 상호작용은 형들의 성품이 믿을 수 없는 상태에서 믿을 만한 상태가 되고 그들의 상호관계가 역기능에서 순기능이 되는 중대한 변화의 길목에 선다.

이제 겨우 화해의 첫걸음을 떼어 놓았을 뿐 화해가 진실되게 이루어지게 하기 위해선 계속 형들을 시험해 볼 필요가 있었다. 그래서 시므온을 불러내 그들의 눈앞에서 묶는다.

요셉이 시므온을 선택한 이유는 여러 가지로 짐작해 볼 수 있다. 유다가 노예로 팔자고 강력히 주장하지 않았으면 잔인한 시므온 손에 자신은 죽었으리라 생각되었기 때문일 수도 있고, 세겜 사건에서 보듯 누구의 말도 듣지 않으며 성질 급하고 흉포한 시므온을 형제들과 분리시켜 놓음으로 형제들의 대화를 원활하게 하도록 하기 위한 배려일 수도 있고, 혹은 과연 형제들이 요셉을 버린 것처럼 시므온도 버릴 것인가에 대한 시험일 수도 있다. 또한 시므온은 레아의 둘째 아들로 요셉이 라헬의 둘째 아들인 베냐민을 원했기 때문에 대치된 상황으로도 볼 수 있다.

시므온을 남겨두고 형제들은 가나안으로 떠난다. 요셉이 형들의 식량 자루 속에 식량값으로 지불한 은화를 그대로 집어넣은 것은 금전에 관해 얼마나 정직한지를 시험하기 위한 것처럼 보이지만, 계속되는 이야기를 보면 은화는 시험을 위한 어떤 재료로도 사용되지 않는다. 나중에 형들이 식량값을 다시 지불하려 했을 때 요셉은 이미 그 값을 받았다고 말한다. 자루에 돈을 넣어 둔 것은 가족들에 대한 요셉의 감추인 애정, 호의였다. 그러나 그 돈은 형들의 회심에 중요한 역할을 한다.

고향을 향해 하룻길을 걸은 뒤, 돈을 발견하자 형제들은 소스라치게 놀란다. "하나님께서 어찌하여 이런 일을 우리에게 행하셨는가"(창42:28) 이는 하나님이 우리가 예전에 요셉에게 한 일 때문에 벌하시는 것이란 뜻으로 자신들의 죄에 대한 하나님의 응징으로 생각했다.

형제들이 하나님을 언급한 것이 이번이 처음이다(창29장-42장). 이 언급이 신앙고백이 되는 이유는 애굽의 총리가 자신들을 골탕 먹이기 위해 돈을 다시 자루에 넣거나 실수나 착오로 벌어진 일이라 생각하지 않고, 하나님이 자신들의 악행을 벌하고 계신다고 생각했기 때문이다. 형제들의 한정된 하나님에 대한 이해는 자신들의 죄를 하나님과 관련시킴으로써 막연한 두려움에 사로잡힌다.

이제 형제들은 운명공동체가 되었다. 요셉의 덫에 걸린 그들은 그들의 운명을 손에 쥔 요셉이 화해의 손을 펼 때까지 공포에 떨게 될 것이다. 그러나 형제들의 하나님에 대한 이해가 완전치 못하다 해도 하나님과 관계없이 그들이 자신들의 죄를 뉘우쳤다면 형제간의 화해는 인간적 차원에만 머무르는 화해가 됐을 것이다. 피해자와 가해자가 모두 하나님께 시선을 둘 때 온전한 화해가 이루어진다.

집에 도착하자 아버지께 자세히 애굽에서의 상황을 아뢰지만, 모르면 좋을 것들은 의도적으로 생략한다. 3일간의 감옥살이(창42:17), 요셉에게 저지른 일 때문에 괴로워하며 뉘우쳤던 일(창42:21), 르우벤이 동생들을 원망했던 것(창42:22), 식량 자루에서 돈을 발견해서 놀란 일(창42:28) 등은 말하지 않는다. 특히 시므온이 "옥에 갇혔다"(창42:19, 24)고 말하는 대신에 "너희 형제 중 하나를 내게 두라"(창42:33)고 요청했다고 말하며 마치 그가 귀빈 대접을 받고 총리 집에 머무르는 것처럼 보고한다. 그러나 다음에는 꼭 베냐민을 데려가야 곡식을 살 수 있다는 말을 덧붙인다. 사건 내용의 일부는 바꾸어 말한다. 베냐민을 데려오지 않으면 모두 죽이겠다는 요셉의 위협에 대해선 숨기고 "무역하리라 하더이다"(창42:34)라는 거짓을 고한다.

그러나 식량 자루에서 돈이 발견되자 야곱은 믿지 않는다. 야곱은 다시 아들들을 애굽으로 보낼 생각이 없고 시므온은 죽은 것으로 간주하겠다는 입장을 밝힌다. 베냐민을 애굽으로 데려갔다가 무사히 데려오지 못하면 자기 아들 둘을 죽여도 좋다는 르우벤의 비상식적인 제안도 거절한다. 야곱은 시므온이 없어진 것과 돈이 다시 나타난 것으로 그 형제들을 의심했지만, 이 의심이 너무 두려워서 소리 내어 말하지 못했을 것이다.

베냐민을 애굽에 데려가야만 한다는 형제들의 말에 야곱은 베냐민을 "내 아들 ... 그만 남았음이라"(창42:38)고 탄식한다. 다른 열 명의 아들은 자신의 아들이 아니라는 식으로 편애가 계속되고 있음을 볼 수 있다. 요셉의 형들은 요셉의 시험으로 인해 과거 자신의 죄를 기억해 내며 자신들이 저지른 범죄에 대해 죗값을 치르게 될 것임을 느끼게 된다. 아들들이 자신들이 당한 일을 인과응보로 생각한 것처럼 야곱 역시 자기 힘으로는 대적할 수 없는 한계 상황에 다다랐음을 직감하며 슬퍼하고 있다.

야곱의 노년에 이르기까지 끈질기게 따라 다니는 인과응보적 상황은 징계만을 위한 보응은 아니었다. 죄로 얼룩진 추락한 가족 관계를 위해 그 관계 회복을 위해 강수를 둔 요셉의 책략으로 인해 이들의 관계 회복은 조만간 급물살을 탈 것이다.

다시 애굽으로 떠나는 형제들 (창 43:1-14)

식량을 사려면 베냐민을 데려와야 한다는 요셉의 가혹한 조건을 수락하지 못하는 야곱으로 인해 야곱 가족의 갈등은 해결의 실마리를 찾지 못한 채 계속된다. 야곱은 어리석게도 여전히 베냐민에게 집착하며, 사랑하는 아들을 또 하나 잃게 될 것이라는 절망과 슬픔은 애굽에서 가져온 양식이 동 날 때까지 계속됐다. 아들들은 그동안 아버지를 설득하기 위해 다양한 노력을 했다. 아들들은 자신들이 저지른 과거의 죄 때문에 아버지를 대할 때 솔직할 수가 없었다. 그러나 식량이 떨어진 마당에 마냥 지체하고 있을 수는 없었다.

야곱은 여전히 과거 속에서 살고 있다. 요셉에게 그러했던 것처럼 지금은 베냐민에게 자기의 사랑을 모두 쏟으며, 여전히 라헬을 자기의 유일한 아내로 생각하고, 그녀의 자식들만이 자신의 자식인 듯이 행동하고 있다. 아직도 요셉의 죽음을 슬퍼하며 다른 아들들을 믿지 않는다.

야곱은 처음 양식을 구하기 위해 애굽으로 아들들을 보낼 때는 명령했지만(창42:1-2) 이번에는 "우리를 위하여 양식을 조금 사라"(창43:2)고 화를 내지 않고 조심스럽게 말하는데 이는 지금까지 지체된 이유가 바로 자신의 거부권 때문임을 잘 알고 있었기 때문이다.

야곱은 다시 식량을 사오라고 자식들에게 명령하지만, 베냐민을 보낼 생각은 없다. 아버지의 편애는 야곱이 자기의 소중한 베냐민을 위험에 처하도록 하기보다는 시므온을 옥중에서 고생하도록 내버려두리라는 것을 의미한다. 뿐만 아니라 이미 시므온은 죽은 사람 취급을 하고 있다. 야곱이 시므온의 운명에 대해 무관심한 것은 놀라운 일이 아니다. 시므온은 라헬의 아들이 아닌 레아의 아들들 가운데 하나였기 때문이다. 야곱은 아들들의 어떠한 제안도 받아들이지 않는다.

르우벤은 애굽에 베냐민을 데려가야 함을 아버지 야곱에게 납득시키기 위하여, 자기의 두 아들의 목숨을 담보로 내건다. 르우벤은 나약하고 어리석다. 그는 요셉의 죽음에 대한 형제들의 죄의 각성에 대해서도 "내가 너희에게 그 아이에 대하여 죄를 짓지 말라고 하지 아니하였더냐 그래도 너희가 듣지 아니하였느니라 그러므로 그의 핏값을 치르게 되었도다"(창42:22)라고 하며 형제들에게 죄를 전가하고 자신의 죄를 회피하는 모습을 보였었다. 그는 장자답게 모든 형제들을 대변하여 문제 해결을 위한 노력을 보이지 못할 뿐 아니라 해결 능력도 없다. 베냐민의 귀환을 책임지는 장자의 모습을 보이려 해보지만, 자신의 두 아들의 목숨을 담보로 내놓는 어리석음은 잔인하고 지혜롭지 못한 모습을 드러낼 뿐이다. 야곱에게 있어서 베냐민 대신 자신의 두 손자를 죽임은 아무런 유익이 되지 못하며 담보의 가치도 없는 일이다.

이때 유다가 나선다. 르우벤이 베냐민의 안전을 위해 두 아들을 담보로 했던 것과는 달리 유다는 자신을 담보로 청한다. 베냐민을 다시 데려오지 못하면 유다는 가족에서 쫓겨나 상속권도 박탈당하고 더이상 아들로 인정받지 못하는 벌을 스스로 받겠다고 말한다.

베냐민과 함께 가지 않으면 총리의 얼굴을 볼 수 없다는 것, 이는 베냐민 개인의 문제가 아닌 야곱 가문의 생사가 달린 문제고 베냐민의 귀가는 자신을 담보로 걸고 책임지고 보장한다는 것이다. 어떤 말도 야곱을 설득할 수 없었지만, 유다의 마지막 말 "우리가 지체하지 아니하였더라면 벌써 두 번이나 갔다 왔으리이다"(창43:10)는 말을 듣고 야곱은 정신이 번쩍 들어 베냐민을 데리고 가도록 허락한다. 야곱의 베냐민에 대한 포기 아닌 포기는 인간적인 방편을 잔뜩 마련한 후에 성립된다.

"그러할진대 이렇게 하라 … 네 아우도 데리고 떠나라"(창43:11, 13). 현실적인 야곱은 이번에도 인간적인 계산을 버리지 못한다. 갑절의 돈, 예물(유향, 꿀, 향품, 몰약, 유향나무 열매, 감복숭아)도 함께 보낸다. 젊은 나이에 대제국 애굽의 2인자가 된 요셉 역시 탐욕스러울 것이라는 생각에서 인지, 가진 자가 더 가지려 한다는 자신의 잣대로 잰 생각인지, 야곱의 선물준비는 통치자의 마음을 물질로 달래 보겠다는 약삭빠르고 계산적인 그의 기질을 드러낸다.

요셉을 애굽에 팔 때 형제들은 이스마엘 사람들에게서 돈을 받았는데 이제 그들은 다시 애굽으로 돈을 가져간다. 자신들의 한 형제인 요셉을 애굽에 버림으로 요셉을 집에서 떠나게 만들었던 형제들이 애굽에 남아있는 한 형제 시므온을 구하기 위해 집을 떠난다.

과거 하란에서 돌아올 때 에서의 환심을 사기 위해 많은 선물을 보낸 것도 같은 맥락이다. 베냐민을 '내 아들', '하나밖에 남지 않은 자식'이라 칭했던 야곱이 이제는 '네 아우'라 칭한다. 이는 형제로서 책임을 부여하는 의미다. 그런데 야곱은 그 와중에도 자식들을 신뢰하지 못함을 드러낸다. "혹 잘못이 있었을까 두렵도다"(창43:12) .야곱은 여전히 자식들이 죄가 있다고 생각한다.

야곱은 아들들이 여행 중에 하나님의 자비가 있기를 기도한 후 모든 일을 하나님의 운명에 맡긴다. 그런데 "내가 자식을 잃게 되면 잃으리로다"(창23:14)라는 체념하는 듯한 말이 집념의 인간 야곱의 입에서 나왔다는 것은 놀라운 일이다. 언제나 움켜쥐고 절대 포기란 모르는 삶을 살아온 그에게 체념이란 단어는 일찍이 없었다. 이젠 베냐민에게 어떤 최악의 상황이 벌어진다 해도 기꺼이 받아들이겠다는 것이다. 그냥 앉아서 굶어 죽으나 애굽에서 양식을 구하다 죽으나 죽음은 이제 피할 수 없을 만큼 목전에 와 있는 것이다.

야곱은 절망적인 상태에서 신앙과 자조적인 포기 사이에 있다. 그런데 성서는 이 부분에서 야곱을 이스라엘로 소개하고 있다. 야곱은 그가 하나님과 관계없이 인간적 의지와 집념만을 내세우며 살아갈 때 불려진 이름이고 이스라엘은 그가 하나님의 뜻을 헤아리고 그 뜻에 순종해서 살아갈 때 사용되어진 이름이다. 야곱은 얍복강 체험 이후 더이상 야곱으로 불리면 안 됐다. 하나님께서 그에게 새로운 이름 이스라엘을 주셨기 때문이다. 그럼에도 야곱의 변화와 성숙은 한 번의 영적 체험으로 이루어지지 않았고 미세한 변화로 조금씩 이루어져 왔기에 얍복강 체험 이후에도 야곱이라는 이름이 계속 사용되었다. 그런데 야곱이 드디어 이스라엘의 면모를 보여준 것이다.

늘그막에 라헬에게서 낳은 막내아들 베냐민을 움켜쥐고 놓지 않으려던, 야곱의 라헬을 향한 지독한 집착은 이제 베냐민이 라헬과 야곱을 잇는 마지막 끈으로 여겼기에 하나님 앞에서 마지막까지 포기하지 않으려던 자신의 영역이었다.

그러나 자신이 집착하고 있는 세계가 존재하고 있는 한 하나님 나라가 마음속에 건설될 여유는 없다. 수많은 역경을 헤쳐온 야곱에게 아직까지 남아 있는 영역은 하나님 제일주의로 살아야 하는 선민 이스라엘에게 모본이 될 수 없는 것이었다. 가문의 가장으로서 자신의 소유를 포기하지 않는다면 그 후손들을 향한 하나님의 약속은 성취될 수 없기 때문이다.

식솔들이 굶어 죽는 급박한 상황 앞에서 집념의 인간 야곱이 아니라 하나님의 사람 이스라엘의 면모를 보여준 것이다. "내가 자식을 잃게 되면 잃으리로다"하는 이스라엘의 말은 단순한 체념이 아니라 하나님의 주권을 인정하고 하나님께 깊이 의탁한다는 뜻에서 나온 말이다.

이 고백은 야곱 자신이 인간적인 마지막 기쁨을 완전히 포기하였음을 의미한다. 자기가 이 세상에서 가장 귀하게 여기고 아끼던 것을 포기한 것. 만일 베냐민을 끝까지 포기하지 않는다면 결국 기근으로 인해 야곱 가족뿐만 아니라 베냐민까지 잃게 되었을 것이다.

야곱은 노년을 맞이하면서 인생이 자기 마음대로 되지 않는다는 것을 뼈저리게 느꼈다. 라헬과 요셉, 시므온을 잃고, 이제는 굶주림으로 식솔들을 잃을 위기에 처해 하나님의 은혜를 더욱 바랄 수밖에 없었고 하나님께 운명을 맡길 수밖에 없다는 것을 깨닫게 된 것이다. 베냐민의 운명을 결정짓는 존재는 자기희생을 약속한 유다나 전권을 휘두르는 애굽의 총리가 아니라 전능한 하나님 한 분뿐이심을 깨닫게 된 것이다. 야곱은 이제 모든 것을 잃어버림으로써 비로소 모든 것을 얻는 체험을 하게 될 것이다.

나의 모든 것을 비워냄으로써 내 안에 하나님께서 들어오실 자리가 생기는 것이다. 야곱의 희생적 결단은 '죽으면 살고, 썩으면 많은 열매를 맺으며, 낮아지면 높아지고, 버리면 얻게 되는' 놀라운 기독교적 역설의 진리를 다시 한 번 생생히 입증해 준다.

세상적인 것을 하나님 앞에 내려놓을 때 비로소 하늘의 놀라운 기적의 역사가 일어난다. 야곱이 노년의 유일한 기쁨인 사랑하는 라헬의 아들 베냐민을 내어놓았을 때, 비로소 야곱은 온전한 이스라엘이 될 수 있었다. 우리도 하나님 앞에서 이것만큼은 절대로 포기 못하는 것, 끝까지 움켜쥐고 놓지 못하는 자신의 마지막 영역이 존재하는 한 하나님의 놀라운 역사는 그만큼 더디게 일어난다.

형제들과 요셉의 두 번째 만남 (창 43:15-44:13)

형제들은 야곱이 지시한 예물과 갑절의 돈을 준비해 애굽으로 갔다. 갑절의 돈은 곡식을 두 배로 사기 위한 것이 아니라 첫 번째 식량을 사러 애굽에 왔을 때 식량 자루에 넣어져 돌아온 돈을 되돌려 주기 위해서이다. 이는 도둑 누명을 쓸 수도 있는 상황이기 때문이며 또한 간첩 누명을 벗기 위해 베냐민까지 데리고 왔다.

요셉은 앞으로도 5년간 기근이 더 지속될 것이기에 형제들이 다시 애굽으로 내려올 것을 알고 있었다. 요셉은 베냐민을 데려오자 마음속으로 기뻐하며 형제들을 식사에 초대한다. 형제들의 첫 번째 방문에선 정탐꾼으로 의심받아 적대적인 대접을 받았지만, 지금은 지나치게 호의적인 환영을 받는다.

형제들은 자루 속에 곡식 대금으로 치른 은화가 있었기에 두려워하며 청지기에게 열심히 자신들의 결백을 설명한다. 자신들은 돈을 훔치지 않았으며, 지금 그 돈을 다시 가져왔다는 사실을 밝히는데, 청지기는 안심하라 하며 곡식값은 이미 치러졌으며 그 돈은 하나님이 주신 것이라고 말한다. 그리고 잡혀있던 시므온을 데려온다. '은, 돈'이 스무 번 언급된다(창42:25-45:22). 이는 형제들이 은 돈 스무 개를 받고 요셉을 팔았음을 되새기게 한다.

요셉이 형들에게 아버지의 안부를 묻는데 순서가 바뀌어 있다. 통상적으로 생존 여부를 물은 후 안녕을 묻는 것이 순서다. 요셉은 같은 어머니에게서 태어난 동생 베냐민을 보자 마음이 타는 듯한 애절함과 사랑하는 마음이 복받쳤다. 성서는 이 부분을 아주 애틋하게 묘사한다.

"... 요셉이 아우를 사랑하는 마음이 복받쳐 급히 울 곳을 찾아 안방으로 들어가서 울고 얼굴을 씻고 나와서 그 정을 억제하고 음식을 차리라 하매"(창43:29-31)

요셉이 동생 베냐민을 얼마나 사랑하고 있었는지 그들의 특별한 관계에 대한 정보는 성서에 언급되지 않아서 알 수 없으나, 요셉은 베냐민을 보자마자 애정이 솟구쳐 올라 축복의 말을 쏟아낸다. "소자여 하나님이 네게 은혜 베풀기를 원하노라" 요셉은 하나님의 자비를 구한다. 요셉이 형제들에게 받은 크나큰 마음의 상처는 자기 어머니 라헬이 낳은 동생 베냐민을 통해 치유 받는 듯 보여 진다. 요셉은 얼굴을 씻고 나와야 할 만큼 울었다.

요셉은 베냐민으로 인하여 '마음이 복받쳐'로 번역되어 있으나 '마음이 타는듯함'을 느낀다는 뜻이다(창43:30). 이 용어는 '액체가 되다'라는 뜻으로 이스라엘을 향한 하나님의 간절한 마음에 사용된 단어이기도 하다(호11:8).

그런데 요셉의 상과 애굽인들의 상, 그리고 형제들의 상이 따로 차려진다. 애굽인들은 히브리인들과 식사하는 것을 역겨운 일로 여겼기 때문이다. 형제들과 요셉은 따로 차려진 상처럼 가깝고도 먼 상태다.

요셉은 나이 순서대로 형제들을 식탁에 앉히고 음식을 먹인다. 형제들은 이를 이상하게 여긴다. 요셉을 구덩이에 던져놓고 그 주위에 둘러앉아 요셉이 가져온 음식을 먹은 그들이었다. 전에는 요셉이 구덩이에 갇혀 있던 낮은 존재였기에 자기네들끼리만 먹었지만, 이번에는 요셉이 그들이 감당하기에는 너무 높고 존귀한 자이기에 자기네끼리만 먹는다. 또 베냐민에게는 5배나 많은 음식을 차려 주는데 그가 혼자 다 먹을 수 없는 양이다. 이는 베냐민을 특별 대우할 때 형들의 질투심을 알아보기 위한 시험이었다. 요셉을 질투해 노예로 팔아넘긴 형들이 그때와 다름없는 인격과 품성을 갖고 있다면 지금 베냐민에게도 불평을 가질 것이기 때문이다.

요셉은 이제 마지막 갈등을 전개시킨다. 밤에 청지기를 시켜 형제들의 자루에 양식을 가득 채운 다음 양식 값으로 지불된 돈도 자루 속에 집어넣는다. 특별히 베냐민의 자루에는 요셉의 은잔까지 넣는다. 요셉이 베냐민의 자루에 넣으라고 한 '은잔'은 요셉이 늘 점치는 데 쓰인 것이라 하라고 청지기에게 말한다. 이는 고대 근동에서 흔하게 보던 점으로, 물에 기름을 부어 표면의 형태를 통해 미래의 일과 고난의 원인, 무고에 대한 진실을 점치는데 사용되는 은잔이다.

요셉의 이러한 지시는 두 가지를 알아보기 위한 것이다. 먼저 베냐민에 대한 형들의 태도로 만일 형들이 베냐민을 질투하고 있다면 베냐민의 자루에서 요셉의 은잔이 나온 것을 아랑곳하지 않을 것이다. 베냐민을 제거할 수 있는 기회이기 때문이다. 두 번째로 아버지에 대한 형들의 태도로 막내아들 베냐민을 의지하고 살아가고 있는 아버지의 입장을 형들이 헤아리고 있는지 그들의 생각을 알아보기 위해서였다.

아침에 형제들은 만족한 마음으로 길을 떠난다. 그러나 그 평화는 순식간에 깨져버린다. 누군가 총리가 사용하는 은잔을 훔쳤다며 그들을 잡으러 온 것이다. 형제들은 강하게 혐의를 부인한다. 그들은 확신에 차서 은잔이 누군가의 자루에서 나오면 그자는 죽임을 당하고 나머지 형제들은 종이 되어도 좋다고 맹세한다.

이는 야곱이 라반에게 했던 말과 비슷하다(창31:32). 야곱의 성급한 맹세가 라헬의 목숨을 위협했다면 지금 형들의 성급한 맹세는 베냐민의 목숨을 위협하고 있다. 그만큼 자신들의 무죄에 대한 자신감이 있기 때문이다.

르우벤부터 조사하기 시작해서 결국 베냐민의 자루에서 은잔이 발견된다. 은잔이 발견되었으니 더이상 결백을 주장할 수도 없게 되었다. 요셉을 팔아 넘겼던 형들이 지금은 베냐민이 노예로 끌려갈 상황이 되자 자기들의 옷을 찢는다. 요셉의 채색옷을 찢었던 형들이 자신들의 옷을 찢고 있다. 그리고 베냐민 혼자 가게 하지 않고 형제들은 다 함께 애굽으로 간다. 요셉을 버리고 떠났던 과거의 형들과 다른 점들이 발견된다. 무고한자가 당하는 고통을 이제 형들은 피해자의 입장에서 겪고 있다.

그들의 자루에서 발견된 돈으로 인한 두려움, 식사 초대받았을 때 느낀 염려, 나이 순서대로 상 앞에 앉게 되었을 때 받은 충격, 이 모든 두려움이 베냐민의 자루에서 은잔이 발견되면서 절정에 달한다. 그래서 그들은 모두 옷을 찢고 애굽으로 되돌아간다.

형제들은 총리가 자신들을 함정에 빠뜨려 노예로 삼으려 한다고 생각했는지 또는 지난날 자신들이 요셉에게 저지른 범죄를 자각하고 그 죄에 대한 대가를 받고 있다고 생각했는지 하나님이 자신들의 죄악을 찾아내셨다고 고백한다. 그간 애굽에 올 때마다 위기에 몰린 형제들에게 요셉은 두렵고 냉혹한 통치자로 인식된다.

형제들은 베냐민의 죄는 자신들의 죄나 마찬가지니 그 대가를 함께 치르겠다고 한다(창44:16). 열한 형제들이 평생 처음으로 하나가 되어 있다. 요셉이 그토록 바라던 모습이었다. 어려움에 처한 동생을 향한 형들의 사랑과 의리는 진심임이 확인된다. 베냐민의 생명 대신에 모든 형제들이 종살이로 대신하고자 했고, 아버지 야곱이 충격을 받는 것을 보느니 애굽에서 노예로 살 것을 선택했다.

죄는 불신이라는 안경을 끼고 사건과 사물을 보도록 유도한다. 형들이 요셉이 베푼 호의에 대해 계속해서 불안한 마음을 가지고 있었던 것은 자신들이 지은 죄의 문제를 해결하지 못했기 때문이다. 죄를 품고 살며 회개하지 않으면 영적으로 둔감해지고 불안한 상태에 놓이게 된다. 이러한 두려움은 하나님을 떠난 인간의 뿌리 깊은 죄악으로 인한 것으로서 인간이 근원적인 두려움으로부터 해방되는 길은 오직 죄의 문제를 해결하는 방법밖에 없다.

형제들은 이제 하나님의 처벌만을 기다리는 운명이다. 그들은 자신들이 이렇게 이상한 상황에 내몰리는 이유를 알지 못한 채로 휘둘리고 있다. 이제야 자신들의 죄에 대한 자각을 했을 뿐인 그들이 살아남으려면, 먼저 요셉과의 화해라는 넘을 수 없을 것만 같은 높은 장벽이 가로막고 있기에 구원의 길은 아직도 멀다.

유다의 탄원 (창 44:14-34)

르우벤이 장자로서 권위가 손상된 이래 형제들 중에서 유다가 주도권을 가지고 있다. 삼중 의문문으로 시작된 유다의 사죄는 깊은 통한을 담고 있다 (창44:16). 이어지는 유다의 긴 연설(창44:18-34)은 고도의 수사학적인 문체를 지닌 구약에서 가장 아름다운 연설 중 하나다.

유다가 고백한 종들의 죄악은 총리의 은잔을 훔친 죄가 아니다. 요셉을 미워하고 노예로 팔아넘긴 죄로, 범죄를 들춰내신 분이 하나님이라고 고백한다. 유다는 현재 무고하게 쓴 누명을 통해 자기들이 과거에 저질렀던 잘못을 인정하고 있다. 하나님이 과거에 지었던 더 큰 죄를 들춰내셨음을 고백한 것이다.

유다는 베냐민의 자루에서 요셉의 은잔이 발견되었지만 모든 형제가 연대 책임을 지고 노예가 되겠다고 제안한다. 한때 요셉을 노예로 팔았던 유다가 요셉의 노예가 되기를 자청하고 있다. 요셉은 은잔이 발견된 자만 노예로 남고 나머지 형제들은 가나안 땅으로 평안히 올라가라고 명령한다.

애초에 야곱 집안에 평화를 깬 자는 형제들이었다. 형들이 평안한지 보러 갔던 요셉은 죽은 목숨이 되었고, 요셉을 노예로 팔아넘기면서 야곱 집안의 평화가 깨져버렸다. 베냐민만 남겨두고 돌아가면 이스라엘 집안의 평화는 완전히 깨진다.

유다는 첩자 혐의를 받은 것, 시므온이 인질로 잡혔던 일의 억울함이나 요셉의 감정을 상하게 할 만한 이야기는 전혀 언급하지 않는다. 철저히 베냐민 한 사람에게만 집중한다. 베냐민이 그들의 아버지에게 대단히 소중한 존재임을 강조한다. 아버지에게 막내아들 베냐민은 보통 아들이 아니기 때문에 아버지의 생명과 베냐민의 생명은 서로 하나로 묶여 있으며 베냐민이 함께 가지 않으면 아버지가 죽을지도 모른다는 점만을 부각시킨다.

유다는 요셉의 인간적 감정에 호소한다. 유다가 이 긴 호소문을 통해 얻고자 하는 것은 정의가 아니라 자비였다. 그의 호소는 베냐민의 무죄를 주장하는 것이 아니다. 다만 늙은 아버지가 막내아들을 잃음으로써 갖게 될 비참한 상황과 감정을 구구절절 호소함으로써 애굽 총리의 자비심을 움직이려 한 것이다.

그의 탄원 내용 안에서 아버지(אָב, 아브)란 단어가 무려 14번 언급된다. 유다는 베냐민을 대신하여 자신이 종이 되겠다고 간청한다. 유다의 연설은 형제들 사이의 상호관계, 특히 아버지에 대한 관계에서 형제들이 얼마나 변모되었는지를 잘 보여준다. 유다는 베냐민이 애굽 총리의 노예로 남게 된 사건을 자신의 감정이나 이해득실을 배제하고 철저히 자기 아버지의 관점에서만 바라보며 베냐민의 생명을 보호하기 위해 자신의 생명도 포기할 각오가 되어 있었다.

요셉을 팔아넘겼던 과거의 형들이 아니었다. 요셉의 의도적인 시험 속에서 동생을 대신해 종이 되기를 자처한 유다의 행위는 형제애의 극치를 보여준다. 아버지에게 더이상 고통을 안겨 드리기보다는 유다 자신이 그 벌을 대신 받기로 작정한 것이다. 한 공동체 안에 생긴 상처나 균열은 그 고통을 분담하던가, 대신 짊어지고자 하는 사람이 있을 때만 치유될 수 있다. 20여 년 전 아버지의 편애를 받는 요셉이 미워서 노예로 팔아버리자고 말했던 유다가 지금은 아버지의 또 다른 편애를 받는 아들인 베냐민을 위해 대신 노예가 되겠으니 제발 베냐민을 보내 달라고 간청하고 있는 것이다.

여전히 자신의 아내는 라헬뿐이고 그의 자식들은 요셉과 베냐민뿐이라고 여기고 있는 야곱을 생각할 때 유다의 마음을 찢어지게 아프고 서운했을 것이다. 자신의 아내가 두 아들만을 낳았다고 말하는 아버지였다. 아버지 야곱의 말에 의하면 유다를 포함한 나머지 열 명의 아들들은 모두 사생아들일 뿐이다. 열 명의 아들들의 존재는 아버지 야곱에게 자신의 아들이 아닌 것처럼 부정당하고 있었다(창44:27-29). 아버지에게 지금까지 한 번도 아들 대접을 받지 못하고 살아온 유다와 그의 형제들이다.

이는 유다가 과거에는 형제 사랑이 전혀 없었지만, 지금은 그렇지 않음이 드러난 것으로 요셉을 파는 일에 앞장섰던 그가 어느덧 온 가족과 아버지를 걱정하는 사람으로 변해 있음을 보여준다.

"아버지가 그를 사랑하나이다"(창44:20). 아버지 야곱은 여전히 편애하는 사람이지만 형들은 변화하였다. 아버지가 좋아하는 동생을 위해 자신을 희생하겠다고 하는 것은 유다가 질투를 초월한 사람이었음을 뜻한다. 20여 년 전 요셉의 찢어진 옷을 보고 통곡하던 아버지를 매정하게 바라보던 유다가 지금은 아버지가 베냐민을 잃고 상심할 것만 생각해도 가슴이 아파 견딜 수가 없는 것이다. 이는 유다가 과거에는 아버지의 마음을 전혀 헤아리지 않았지만, 지금은 그렇지 않음을 보여준다.

이제 유다는 베냐민에 대한 아버지의 편애를 당연한 것으로 받아들이고 있다. 담담하게 베냐민에 대한 아버지의 지독한 사랑을 이야기하고 있다. 만일 유다가 아버지의 편애를 문제 삼았다면 이렇게 말할 수 없었을 것이다. 한때 아버지의 편애 때문에 요셉을 미워했던 유다가 지금은 아버지의 마음을 헤아리기에 그 편애를 자비의 원천으로 삼고있는 것이다.

'아버지'(창44:19, 34)를 언급하며 시작되고 아버지를 언급하며 마무리되는 유다의 발언은, 통치자인 요셉의 결정이 아버지에게 미칠 영향력을 언급함으로 요셉으로 하여금 아버지에 대한 그의 행동의 대가를 깨닫게 했기 때문에 요셉의 마음을 돌려놓은 탄원이라고 평가한다.

유다가 이렇게 아버지의 마음을 헤아릴 수 있는 것은 그 자신이 사랑하는 자식을 잃는 고통이 어떤 것인지 알고 있기 때문이다. 다말 사건(창38장)을 겪은 유다가 늙은 아버지를 이해하게 된 것이다. 유다 자신이 두 아들을 잃고 막내 아들에게 집착했듯이, 요셉을 잃고 베냐민에게 애착할 수밖에 없는 심정을 받아들이게 된 것이다. 그래서 유다는 긴 탄원에 늙으신 아버지가 베냐민 없이는 결코 살아갈 수 없음을 반복해서 강조한 것이다. 유다는 탄원을 마무리하면서 늙으신 아버지와 어린 동생을 자기 자신보다 더 생각하는 사람임을 분명하게 드러낸다. 이제 유다로 인해 이스라엘 집안은 평화를 찾게 될 것이다.

졸지에 애굽에서 노예살이를 하게 될지도 모를 동생의 운명을 대신하겠다고 나서는 유다를 보면서 베냐민은 유다에게 감동과 감사를 느꼈을 것이다. 그래서일까, 훗날 베냐민 지파는 유다 지파에게 충성을 다한다. 베냐민 지파의 요나단이 유다 지파의 다윗을 목숨처럼 사랑하고 지켜준다. 남북왕국 분열 시 베냐민 지파만이 유다 지파에 남는다. 베냐민 지파의 바울이 유다 지파에서 태어난 예수님께 충성한 것은 과거에 있었던 은혜가 후대를 통해 계속됨을 보여 준다.

유다의 아버지에 대한 간절한 염려의 말은 정중하고 진지하며 막힘이 없어서, 요셉으로 하여금 가족애에 눈을 뜨게 하여 형제들을 시험하는 동안 숨겼던 진짜 자신의 모습을 드러내도록 만든다.

유다의 말과 그의 태도는 비정상적인 형제의 연대감에서 이제 정상적인 형제의식을 가지는 완전한 변화를 나타낸다. 미움받던 레아의 아들들이 라헬의 자식들에 대한 아버지의 애정을 수용하겠다고 하는 것은, 적대 행위의 종식과 새로운 시작을 알리는 일이었다. 라헬의 둘째 아들이 자기 형들에게 사랑받고 있는 것이다.

유다가 동생을 위해 죽으면 죽으리라는 심정으로 희생을 자처했을 때 얽힌 실타래가 풀리듯 답을 찾을 수 있었다. 자신을 버리는 것이 승리의 길이라는 기독교의 역설적인 진리가 실현되는 현장이다. 사랑과 진실에 근거할 때 가장 힘 있는 말을 상대에게 전할 수 있으며 사랑과 진실을 담은 말만이 상대방의 마음을 움직일 수 있다. 진실은 모든 인간관계의 근본이 되며 사랑은 허다한 죄를 덮는 힘이 있음을 오늘 유다의 연설을 통해 보게 된다.

현대를 사는 우리들은 자신을 죽이는 희생적 삶을 살지 못해 죄악으로 뒤

덮여 있다. 서로 살아남기 위해 약육강식의 논리를 삶에 적용하는 것은 하나님이 원하시는 삶이 아니다. 예수 그리스도를 본받아 먼저 나 자신부터 '죽는 삶'을 살아야 한다(고전15:31). 자기희생을 각오하고 자기희생을 감수하면서 예수님께서 걸어가신 그 길을 그 발자취를 따라가야 한다. 그리하여 진실하며 가장 근본적인 사랑의 길을 걷는 자가 되어야 한다.

자신을 밝히는 요셉 (창 45장)

요셉은 유다의 진심 어린 탄원을 통해 사랑을 확인하며 끓어오르는 감정을 주체하지 못한다. 요셉은 자기 가족과 애굽 제국 사이에서 팽팽하게 놓지 않았던 힘의 균형을 깨뜨린다. 주변 모든 사람을 물리고, 형들의 변화를 알았기에 자기를 알리고, 그대로 서서 큰 소리로 운다.

애굽에서 가장 지혜 있는 자로 칭송되던 요셉은 그의 냉정하고 침착한 모습을 내려놓고 격정에 사로잡혀 형제들에게 자신의 사랑을 표현한다. 요셉은 이미 두 번이나 자기 형제들을 만났을 때 울었지만 가까스로 그것을 숨길 수 있었다(창42:24; 43:30). 그러나 지금은 울음을 참지 않는다. 그 울음소리가 얼마나 컸던지 애굽 사람들과 바로의 궁중까지 들렸다.

유다가 형들이 온전히 변화했음을 나타내는 증거를 보임으로 요셉은 강렬한 사랑의 감정에 사로잡혀 자신의 정체를 드러내고 그들에게 행사했던 권력을 내려놓은 것이다.

요셉이 형제들을 제외한 나머지 사람들을 밖으로 내보낸 것은 무엇보다도 형들의 요셉에 대한 잘못이 바로의 귀에 들어가게 하고 싶지 않았기 때문이다. 과거 형들의 잘못이 밝혀지면 형제를 노예로 판 죄를 추궁당하고 추방될 수도 있기 때문이다. 자기감정을 다스리고 상황을 큰 그림으로 보며 전체적 시각에서 치밀하게 계산하여 행동하는 요셉의 지혜를 볼 수 있다.

이미 유다가 늙은 아버지를 걱정하면서 자기를 베냐민 대신 노예로 삼아달라고 간곡히 부탁했는데 아직 살아계시냐고 묻는 것은 어딘지 이상하다(창45:3). 이는 생존 여부를 묻는 질문이 아니라 아버지와의 상봉을 생각하며 탄성을 지른 감탄사와 같은 것이다. 이후 요셉의 긴 언급(창45:3-13)이 끝날 때까지 형들은 너무 놀라 아무 말도 하지 못한다.

형들은 뒤통수를 세게 얻어맞은 것처럼 어지럽고 혼돈과 혼란 속에 뒤죽박죽된 감정이었을 것이다. 자신들이 노예로 팔아버린 요셉이 살아 있다는 사실도 놀랍지만, 그 요셉이 애굽의 총리라는 사실은 더더욱 믿기지 않았고 한편으로는 자신들이 요셉에게 저지른 일에 대한 죄책감과 두려움에 떨었을 것이다.

요셉은 형들이 자신을 알아보지 못하는 것은 아닌가 싶어 형들을 가까이 오게 한다. 그러고 나서 나는 당신들의 애굽에 판 아우 요셉(창45:4)이라 밝힌다. 요셉이 형들의 악행을 직설적으로 언급한 것은 공격하거나 비난하거나 벌주기 위한 것이 아니었다. 어리둥절해 있는 형들에게 단번에 확실하게 자신을 알리기 위함이었다. 유일하게 요셉만이 그들의 비밀을 알고 있기 때문이다.

요셉은 형들의 범죄 사실을 언급한 다음 즉시 하나님의 섭리를 말한다. 자신의 비극적 사건 뒤에 있는 놀라운 하나님의 섭리를 이야기하면서 이미 형들을 용서했음을 거듭 말하고 있다. "하나님께서 나를 (애굽으로) 보내셨다"(창45:5-8)는 말을 세 차례나 반복하면서, 자신의 고통스러운 인생의 여정 속에서 언제 이런 결론에 도달했는지 알 수 없으나, 자신의 고통에 대한 해석을 직접 형들에게 전하고 있다.

"하나님이 생명을 구원하시려고 나를 당신들 앞서 보내셨나이다"(창45:5)
"하나님이 수많은 사람의 생명을 보존하시려고 나를 당신들 앞서 보내셨나니"(창45:7)
"나를 이리로 보낸 자는 당신들이 아니요 하나님이시라"(창45:8)

형제들은 요셉을 해치려고 애굽에 팔아 버렸다. 그러나 하나님이 요셉을 거기로 보내신 것은 요셉이 야곱의 가족들과 다른 수많은 사람의 생명을 보존하시기 위함이었다. 그가 형들을 용서할 수 있었던 것은 단지, 형들이 자기들의 잘못을 깊이 뉘우치고 진실로 변화된 모습을 보여주었기 때문이 아니다.

자신의 기구한 운명 속에 숨겨진 하나님의 섭리를 깨달았기 때문이다. 하나님께서 형제들의 죄와 수치를 은혜로 가려 주셨고 요셉은 이런 형들을 용서로 껴안아 주었기 때문에 가능한 일이었다.

요셉의 용서는 하나님 섭리에 대한 이해 때문에 가능했다. 하나님의 개입을 깨달은 이상 요셉은 복수심이나 증오심에 시달릴 필요가 없었다. 하나님께 원망보다 깊은 감사의 마음을 갖게 된 것이다. 본문엔 용서를 청하고 용서했다는 표현은 없다. 하지만 문맥은 형제들 사이에 온전한 화해와 용서가 이루어졌음을 시사한다.

요셉은 흉년이 앞으로 5년은 더 지속될 것이므로 아버지와 가족들을 이끌고 고센 땅으로 오라고 형제들에게 말한다. 그리고 형제들은 서로 부둥켜안고 운다. 지금까지 요셉이 길게 말한 것은 그들의 의구심과 혼란, 두려움과 부끄러운 마음을 풀어주려고 했던 것이다.

요셉이 말을 마치고 형들을 일일이 껴안고 입 맞추고 울자, 그제야 형들은 요셉과 이야기할 수 있었다. 요셉과 베냐민만이 울었다고 하는데, 이는 다른 형제들은 너무 놀랐거나 아니면 아직도 이들 사이에 두려움과 거리감이 남아 있음을 시사한다. 20여 년 전 형들은 요셉이 너무 미워 그 흔한 인사도 나누지 않았는데, 드디어 요셉과 이야기할 수 있게 된 것이다.

기근을 통해 요셉은 애굽을 통치하고 이스라엘의 아들들은 하나님의 백성이라 불릴 만한 자격을 갖추게 된다. 인간의 가혹한 이기심을 사랑으로 감싸 안은 하나님의 자비를 통해 부서진 가족은 서서히 회복되고 있다.

바로는 요셉의 형들이 왔다는 소식을 듣고 자기 일처럼 기뻐한다. 형제들을 두 번이나 초대하고 늙은 아버지와 어린이들, 여자들을 위해 수레까지 제공한다. 애굽을 대 흉년에서 구제해 주고 자신의 통치권을 강화시켜준 요셉에 바로는 깊이 감사하고 있었던 것이다.

요셉은 바로의 지시에 따라 형들에게 수레와 여행 중에 먹을 양식을 주고 특별한 옷을 한 벌씩 선사한다. 형들이 받은 옷은 그들이 옛날, 그토록 입고 싶고 부러워했던 요셉의 채색옷을 생각나게 한다. 베냐민에게는 옷을 5벌이나 주고, 은 300냥을 따로 준다. 아버지를 위해서도 귀한 선물을 준비한다.

가나안으로 돌아가는 중에 "길에서 다투지 말라"(창45:24)고 당부한다. 형제들이 요셉에 대한 책임을 서로 회피하고 책임 전가하며 다툼이 일어날까 염려해서 당부한 것이다.

집으로 돌아온 형제들이 아버지 야곱에게 요셉의 소식을 전하는 일은 쉽지 않은 일이다. 요셉이 애굽의 총리가 되었다는 사실에 앞서 짐승에게 찢겨 죽었던 요셉이 어떻게 애굽에서 살고 있는지를 설명해야 하기 때문이다. 그러려면 부득이 형제들의 죄를 밝혀야 하는데 그것은 20년 만에 이루어진 기적과도 같은 가족의 재결합이 책임소재를 밝힌다는 명목하에 다시 깨져버리는 결과로 이어질 수 있다. 지금은 서로 비난하고 책망할 때가 아니라 화해할 시기인 것이다. 요셉이 형들을 용서한 것처럼, 형들도 서로를 용서해야 한다. 그리하여 분열된 가족이 하나가 되어 생명을 이어 나가야 한다.

형들이 가나안으로 돌아가 아버지에게 사실대로 말했는지는 알 수 없다. 그러나 요셉이 노예로 팔린 일에 대하여 야곱이 언급한 적도 없고 이후 성서도 설명해 주지 않은 것을 볼 때 아마도 형들이 요셉에게 저지른 자신들의 죄를 야곱에게 밝히지 않은 듯하다. 결국, 야곱은 죽을 때까지 이 사실을 몰랐을 것이다.

야곱은 요셉이 살아 있다는 소식을 듣자 어리둥절해 한다. 이 구절의 원어는 그의 심장이 멈추어버렸다고 표현한다(창45:26). 야곱의 심장이 멈춘 것은 20여 년 전의 사건이 기억났기 때문이다. 죽었던 아들이 살아 있다는 사실도 믿기 어려운데, 자신들의 생명을 살릴 양식을 지배하는 자가 되어 있다는 사실은 더더욱 믿을 수 없는 일이었다. 애굽의 바로가 보낸 찬란한 위용을 뽐내는 수레를 보고서야 야곱은 겨우 마음을 추스르고 믿게 된다.

요셉에게는 가족을 회복시키거나 파멸시킬 수 있는 힘이 있다. 형제들은 요셉으로 인하여 죽음의 위협, 계속되는 기근으로 인한 식량 재구매, 도둑, 정탐자로 누명을 쓰는 등 무기력하게 휘둘리지만, 이 모든 사건을 주도한 요셉은 하나님의 선하신 계획 속에서 자신의 힘을 유연하게 조절하며 형제들이 파멸의 나락에서 구원되도록 한다.

창45장은 요셉과 형제들 간의 화해와 용서, 죽었던 아들이 살아 돌아온 기쁨으로 넘친다. 고난의 세월이 요셉을 더욱 성숙한 사람으로 만들었지만, 그보다 더 중요한 것은 인생이라는 큰 그림 속에서 하나님의 역사하심과 간섭하심을 깨달았기 때문에 요셉의 모든 행동이 더욱 빛나는 것이다.

자신의 인생에 간섭하시는 하나님의 손길을 깨닫게 된 요셉은 인간의 모든 행위와 결정 위에 하나님의 의지와 판단이 강하게 역사하심을 알게 되었고 그 크신 섭리를 보게 된 것이다. 이러한 요셉의 깨달음은 하나님의 법도에 맞는 길을 걷게 했다. 그러므로 자신을 죽이려 한 형제들을 용서하고 사랑으로 감싸 안을 수 있는 큰 사람이 될 수 있었던 것이다.

고난을 통해 역사하시는 하나님의 섭리는 인간이라면 누구나 피하고 싶은 역사하심이다. 자신이 고난 당한 이유를 이해하고 있는 요셉을 보면서 깨닫게 되는 것은, 우리가 고난을 당하면서 괴로운 이유는 고난 자체의 괴로움보다 고난의 이유를 모르기 때문에 겪는 괴로움이 더 크다는 것이다. 하나님의 섭리를 깨달은 자는 자신이 당한 고난의 이유를 아는 것이다.

오늘 우리가 어떤 고난에 처해 있다면 그 고난을 통해 역사하시는 하나님의 섭리를 깨닫고 용서와 화해를 주도하며 하나님께 감사의 찬송을 드리는 자가 되어야 한다.

애굽으로 내려가기를 두려워 말라 (창 46:1-7)

야곱은 온 가족을 데리고 장기간 이주하기 위해 애굽으로 향하다가 브엘세바에 잠시 머물러 제단을 쌓는다. 그 이유는 애굽으로 이주하는 것이 하나님의 뜻인지 확인하고 싶었기 때문이다. 그 밤에 하나님은 야곱에게 나타나 말씀하신다"(창46:3).

이는 요셉 이야기에 유일하게 나오는 하나님의 나타나심이다. 그나마도 하나님의 약속은 요셉을 향하는 것이 아니라 야곱을 향하고 있다. 요셉은 한 번도 이런 방식으로 하나님을 만난 적이 없다.

브엘세바는 헤브론에서 남쪽으로 40km쯤 되는 곳으로 이 지역을 지나면 애굽에 이를 때까지 사막이 계속되어 경작이 어렵다. 애굽으로의 이주는 갈대아 우르를 떠난 아브라함의 여정(창12:1-3)이나, 야곱이 하란으로 도망간 일(창28:1-22), 그리고 다시 가나안으로 돌아온 것(창31:3-54)만큼 중대한 이주였는데, 이주 전에는 항상 하나님의 환상이 나타났다. 이는 모든 이주가 하나님의 허락 아래 이루어진 이주였음을 말한다.

아브라함이 애굽에 내려갔을 때(창12:10-13)는 두려워했는데, 이제 야곱은 그럴 이유가 없었다. 애굽의 통치자인 바로와 요셉의 초대를 받았고 무엇보다 하나님의 지시를 받았기 때문이다. 그럼에도 애굽으로 내려가는 야곱의 마음은 편치 못했다. 새로운 삶의 터전을 향한 두려움에 싸여 있었다. 새 이름 이스라엘이 아닌 야곱의 이름을 두 번 불리지만 이는 야곱이었던 시절 하나님이 야곱과 함께하셨듯이 앞으로도 함께하실 것을 강조하기 위함이다.

하나님은 야곱의 불안을 잠재울 수 있게 언약의 확실성을 알려주신다. 야곱의 세 차례 특별한 영적 체험은 매번 모두 두려움과 불안에 사로잡혀 잠 못 이루던 밤이었다.

  ` 속임수로 장자의 축복권을 받아내고 도망치던 벧엘의 밤(창28:10-22)
  ` 얍복강가에서(창32:23-32)
  ` 기근으로 애굽으로 내려가던 날 브엘세바에서(창46:2-4)

애굽은 아브라함이 큰 위험에 빠질 뻔한 일이 있었던 곳이고(창12:14-20), 이삭에게는 애굽 이주가 금지된 곳이었다(창26:2). 미지의 땅에 대한 두려움, 늙고 힘없어 죽음을 앞둔 나이에 새로운 삶을 살아가야 하는 막막함에 야곱은 혼란스러웠을 것이다.

하나님은 야곱이 마음에 품고 있는 두려움이 무엇인 잘 알고 계시기에 먼저 '내가 거기서 너로 큰 민족을 이루게 하리라'는 벧엘 언약을 상기시키시며 하나님께서는 반드시 약속하신 것을 이루어 주시는 하나님이심을 확인하고 계신 것이다. 하나님은 애굽으로의 이주가 야곱 후손이 큰 민족으로 번창하기 위한 필연적 과정임을 알려주고 야곱의 불안을 잠재우신다(창46:4).

야곱이 떠나온 땅은 하나님께서 주시겠다고 약속한 땅으로 과연 그 땅을 떠나도 괜찮은지 야곱은 확신이 없었던 것이다. 이 말씀은 창세기와 출애굽기를 연결하는 말씀이다. 430년 뒤에 모세가 야곱의 후손들을 애굽에서 빼내어 가나안까지 인도하기 때문이다. 그리고 이 약속은 야곱의 개인적 측면에서도 성취된 약속이다. 야곱이 죽은 후 그의 뼈가 아들들에 의해 가나안 땅에 돌아와 묻혔기 때문이다(창50:13).

브엘세바에 도착했을 때와 지금 떠날 때의 상태는 완전히 다르다. 야곱은 두려운 마음으로 도착했으나 떠날 때는 하나님의 분명한 뜻과 약속을 받고서 담대하게 애굽으로 내려가게 된다. 두려움을 떨쳐낸 순간부터 야곱의 이름은 '이스라엘'로 표기된다. 이는 개인적으로 기근을 피하기 위한 이주가 아니라 하나님의 뜻을 쫓아 언약 백성의 대표자로 선택된 이주임을 나타낸다.

애굽으로 내려간 야곱 가족의 숫자는 70명이었다(창46:27; 출1:5; 신10:22). 그런데 내려간 가족들의 이름과 숫자를 일일이 설명하고 난 후 요약해서 다시 한번 언급할 때는 66명이라고 밝힌다(창46:26). 나머지 4명은 야곱과 요셉, 그리고 요셉의 두 아들을 합한 숫자로 보인다(창46:27). 그리고 이 명단에 야곱의 딸 디나의 이름이 나온다(창46:15). 세겜 사건 이후 디나는 여전히 야곱의 집안에 머물러 있었던 것으로 보인다. 유다의 아들 엘과 오난은 가나안에서 죽었는데도 불구하고 그 이름이 포함되어 있다(창46:12).

이 명단엔 아직 태어나지 않은 사람들의 이름도 포함되어 있다. 베냐민이 애굽에 들어갔을 때 그의 아들들이 아직 태어나지 않았으나 그의 아들 열 명을 포함하고 있다. 스데반은 대제사장 앞에서 한 설교에서 75명을 말하는데 이는 요셉과 야곱을 빼고 요셉의 아들을 2명이 아닌 9명으로 표기한 칠십인역(LXX)의 전통을 따랐기 때문이다.

창세기 37장부터 시작된 야곱과 요셉의 작별이 46장부터 다시 만남으로 회복된다. 가뭄으로 고생하던 야곱의 가족들이 구원을 받고 모진 고난의 삶을 살던 요셉이 하나님이 주신 지혜로 자신의 가족들뿐만 아니라 애굽까지 살려내는 역사를 볼 수 있다. 이러한 축복은 하나님의 언약 가운데서 이루어진 일이다. 이제 그들은 하나님의 언약 가운데서 고향으로 다시 돌아갈 예언의 성취를 기다리며 애굽에서 살게 될 것이다.

애굽으로 내려가는 길은 상징적으로 현대를 살아가는 우리에게도 두려움의 길이다. 그러나 그 길에 "내가 너와 함께 애굽으로 내려가리라"는 하나님의 말씀이 함께 하신다. 하나님은 가나안뿐만 아니라 어디에서나 계신 분이다.

하나님은 우르와 하란, 가나안에서 아브라함과 함께하셨고 애굽에서 요셉과 함께하셨으며, 야곱과 그의 후손들과 함께하셨고 광야에서 이스라엘 백성과 함께하셨다. 우리가 어디를 가든 하나님이 함께하시기에 우리는 애굽으로 내려가기를 두려워하지 말아야 한다. 그저 하나님의 말씀에 순종하여 발걸음을 떼기만 하면 된다. 그 다음은 함께하시는 하나님께서 계획하신 대로 이루실 것이다.

야곱과 요셉의 만남 (창 46:28-34)

20여 년 만에 야곱과 요셉이 다시 만난다. 야곱은 긴 세월 동안 죽었다고 생각한 아들 품에서 억눌렀던 감정을 표출한다. 요셉을 잃었을 때 '내가 슬퍼하며 음부로 내려가리라'(창37:35)는 절망적인 탄식이 마침내 희망과 기쁨의 탄식으로 바뀌어 "지금 죽어도 좋다"고 말한다(창46:30).

요셉은 바로에게 가족의 도착을 알린다. 그리고 가족들에게 그들의 직업이 목동이며 짐승들을 몰고 가나안으로부터 내려와 고센 땅에 있다고 바로에게 알릴 테니, 나중에 직접 바로를 만나게 되면 자신이 말한 것과 똑같이 이야기하라고 당부한다.

요셉의 이러한 책략은 바로에 대한 충성심과 가족의 안전을 위한 것이다. 애굽 제국에 히브리인이 들어선다는 것은 안전을 보장받기 어려운 위험한 일이기에 요셉은 바로에 대한 충성심을 보여주면서 가족의 안전을 지키기 위해 균형을 잡고 있는 것이다.

바로에게 요셉의 가족들이 가축까지 이끌고 왔다는 것을 알린 이유는, 그들이 요셉을 등에 업고 정치적 야심을 채우기 위해서 온 것이 아니라는 점을 분명히 하려는 것이다. 애굽에서도 계속해서 목축의 생업을 유지하고 싶으니 바로께서 호의를 베풀어 목축할 초원의 땅, 괜찮다면 고센 땅을 주시기를 청하자는 것이다.

가족들을 고센 땅에 거하게 한 이유는, 좋은 목초지가 있고 국경에 접해 있기에 언젠가 야곱의 아들들이 약속의 땅 가나안으로 돌아갈 때 쉽게 이동할 수 있는 이점이 있는 곳이기 때문이다. 그러나 이보다 더 중요한 이유는 애굽인들과의 단절로 이스라엘 혈통의 고유성을 보존하고, 친인척의 정치 개입을 차단하기 위해서이다. 혈통의 고유성을 보존하려는 것은 유일신 신앙을 보존하기 위함이다. 애굽인들과의 혼인으로 인한 우상 숭배로 계약 공동체의 순수성이 훼손되는 것을 막기 위함이다.

요셉이 "애굽 사람은 다 목축을 가증히 여기나니 당신들이 고센 땅에 살게 되리이다"라고 말한 것은 가족들이 반드시 고센 땅에 머물러야만 하는 강제성을 부여한다. '가증히'(תועבה, 토에바)는 '구역질 나는 것, 혐오, 몹시 싫어함'으로 농경 민족인 애굽인들도 고기를 먹었다. 고기를 먹으려면 가축을 길러야 하기에 무조건 목축하는 자를 배척하지는 않았겠지만, 요셉이 애굽인들이 목자들을 무조건 꺼린다고 한 것은 일종의 경고다. 공적인 일과 사적인 일을 엄격히 구분하겠다는 강력한 의지의 표현이다.

형들의 과거 행적에 대해 전혀 모르는 바로는 지혜로운 요셉의 형들을 요직에 등용하려 했을 것이다. 요셉은 이러한 가능성을 사전에 차단하고 있다. 요셉의 냉철한 판단으로 하나님의 백성인 야곱의 후손들은 구별된 삶을 살아갈 수 있게 된다. 애굽의 고위층과 어울리며 호화스러운 생활을 하며 권세를 누리고 싶은 유혹은 당연한 인간의 욕심일 수 있겠지만, 요셉은 지혜롭게 이 모든 가능성을 차단하며, 자기 가족들의 정체성까지 지켜냈다.

세상 사람들은 잘 먹고 잘살기 위해 온갖 수단과 방법을 가리지 않는다. 이러한 세상은 그리스도인들로 하여금 세상 속에 적당히 동화되어 살아가기를 부추긴다. 그리하여 결국 그리스도인으로서의 정체성은 모호해지고 변질되기 일쑤다.

우리나라도 부정부패의 정도가 지나쳐 '김영란법'이 제정됐다. 뇌물과 청탁이 오가며 인사의 공정성이 없어지고 사업체 선정이나 승진 병역면제에까지 사회의 전반에 돈이 영향을 미친다. 비자금, 청탁금, 촌지, 급행료, 교통비, 떡값, 사과 상자, 007가방 등 수많은 뇌물을 상징하는 단어들은 부정부패가 관행처럼 만연하고 있는 사회 현실을 실감하게 한다.

뇌물을 받는 자는 사회적 성공의 상징인양 권력을 남용하고, 뇌물을 주는 자는 돈만 있으면 불가능한 일이 없다는 논리를 펼치는 썩은 사회가 되어 버렸다.

요셉의 가족들에 대한 권면에서 하나님의 인도하심을 발견한다. 세상과 구별된 삶, 그래서 하나님에 대한 신앙을 지켜나가는 것, 그리고 자신의 권력을 남용하지 않는 권세 잡은 자의 정직하고 바른 삶을 보게 된다. 우리가 세상에서 어떠한 삶을 살아나가야 하는지 오늘 요셉이 그 답을 제시하고 있다.

나그네의 세월을 인도하신 하나님 (창 47:1-12)

요셉은 바로를 만나기 위해 형제들 중 다섯 명을 택해 보낸다. 형제들 중에서 뛰어난 자를 선택했다. 그러나 랍비 전통은 반대로 바로에게 위협을 주지 않기 위해 오히려 열등한 다섯 형제를 선택했다고 말한다. '5'라는 숫자는 애굽인들이 완전수로 가장 좋아하는 수이기 때문에 요셉이 의도적으로 이 숫자에 맞춘 것으로 보인다.

요셉이 바로에게 형제들과 그들의 상황을 소개하고 좋은 땅을 받는다. '고센'은 비옥한 목초지일 뿐만 아니라 중요한 국경지대다. 경제적 측면보다 정치, 군사적으로 중요한 위치로서 요셉에 대한 바로의 절대적인 신임을 보여준다.

바로는 요셉의 형제들의 요구를 들어주었을 뿐만 아니라 요구하지도 않은 애굽 왕실의 가축을 돌보는 특권까지 주게 된다(창47:6).

요셉은 야곱이 머리를 조아리며 바로의 은혜를 구하는 일이 없도록 하기 위해 먼저 다섯 형제들을 바로에게 소개하여 고센 땅에 살 수 있도록 허락을 받은 후, 아버지 야곱을 소개한 다. 아버지의 존엄성과 하나님과 계약을 맺은 이스라엘 민족의 존엄성이 조금이라도 손상되는 일이 없도록 하기 위한 계산된 의도이며 배려인 것이다.

야곱은 바로를 만나 큰 경의는 표하지만 엎드려 경배하지는 않는다. 나아가 야곱이 그 만남의 주도적인 역할을 한다. 만남의 처음과 끝에서 두 번에 걸쳐 바로를 축복한다. 이스라엘이 애굽을 축복하고 있는 것이다. 남의 땅에 얹혀살 이방인이요 아무런 권력도 없는 야곱이 애굽의 주권자 바로를 축복한다.

형들과 바로와의 만남이 애굽에 정착하기 위한 사무적이고 공적인 성격을 가졌다면, 야곱과의 만남은 사적이며 개인적인 모습이다. 애굽의 군주 바로와 약속의 조상 야곱의 만남은 형식적이고 관습적인 만남 이상의 의미를 가지고 있다.

야곱은 자신과 조상들의 생애를 '나그네 길'이라고 묘사한다. 가나안 땅을 약속받았으나 그 땅을 소유하지 못하고 정처 없이 오랜 세월을 방황했기 때문이다. 형 에서와의 갈등과 도피, 여러 명의 아내로 인한 파란만장한 결혼생활, 외삼촌 라반과의 갈등, 딸 디나의 성폭행, 세겜 살육사건, 요셉과의 생이별 등을 겪은 야곱의 인생은 '나그네 길'이라는 표현이 딱 들어맞는 파란만장한 삶의 여정이었다.

"야곱이 바로에게 아뢰되 내 나그네 길의 세월이 백삼십 년이니이다 내 나이가 얼마 못 되니 우리 조상의 나그네 길의 연조에 미치지 못하나 험악한 세월을 보내었나이다"(창47:9)

당시 애굽인들은 이상적으로 살 수 있는 나이를 110세로 생각했다. 130세인 야곱은 그들에게 경이로운 존재다. 야곱은 "나뿐만 아니라 조상들도, 세상의 모든 사람들도 험악한 세월을 살기는 마찬가지가 아니겠습니까? 내 삶만 특별히 험악할 것도 없습니다"라고 바로에게 말하고 있다.

야곱은 애굽 안에 있지만 애굽에 속해 있지는 않다. 훗날 야곱이 고백하듯이(창48:15, 16) 이 모든 날들은 하나님의 섭리 하에서 사랑하는 자식을 양육하시기 위한 연단의 기간이요 오직 하나님만을 의뢰하기 위한 기간이었다. 하나님은 아브라함을 축복하시며 세상의 모든 종족이 그를 통해 복을 받을 것이라고 약속하셨는데 야곱을 통해 하나님의 약속이 부분적으로 성취되고 있다.

바로는 애굽의 좋은 땅 고센을 기업으로 준다. 요셉은 애굽에 정착한 가족들을 힘껏 돌본다. 야곱의 고백처럼 우리들의 인생 또한 파란만장하고 험악하다. 그러나 우리의 험난한 나그네 길을 하나님이 인도하실 것임을 믿는다. 야곱을 비롯한 족장들은 모두 약속의 성취를 보지 못하고 나그네로 죽었다. 믿음의 조상이 나그네의 삶을 마다하지 않은 것은 더 나은 본향을 바라본 까닭이다.

"그들이 이제는 더 나은 본향을 사모하니 곧 하늘에 있는 것이라 이러므로 하나님이 그들의 하나님이라 일컬음 받으심을 부끄러워하지 아니하시고 그들을 위하여 한 성 예비하셨느니라"(히11:16)

나그네의 길은 방랑자의 삶이 아니라 하나님 나라를 약속받은 상속자의 삶이다. 이 땅은 우리들의 영원한 처소가 아니다. 세상이 주는 유혹과 미혹에 빠져 애굽에 멈춰서 버리면 안 된다. 애굽의 매력이 아닌 하나님의 약속이 선택의 기준이 되어야 한다. 애굽과 약속의 땅은 세상과 하나님 나라의 상징이다. 하나님을 떠나 현실 세계에 안주한 자에게는 죽음이 삶의 종말일 수 있지만, 하나님 안에 있는 신앙인에게 죽음이란 더 큰 삶을 위한 시작이요 새로운 탄생이다

7년 대기근 정책 (창 47:13-26)

7년의 흉년의 기간이 시작되자 곧 모든 사람들이 굶주리게 된다. 오직 요

셉만 미래를 위한 대책을 마련했을 뿐 세상 누구도 가뭄에 대한 대책을 준비하지 못했기 때문이다. 가뭄이 시작되자 백성들은 처음에는 돈으로 식량을 구했는데 가뭄이 계속되어 식량 구할 돈이 없어지자 가축으로 대신하고 그 가축마저 없어지자 토지를 담보로 식량을 구한다. 결국, 제사장을 제외한 모든 애굽 사람들은 자신의 토지를 나라에 팔아버리게 되어 소작농 신세로 전락한다.

현대의 시각으로 보면 국가적 위기 상황에 식량을 무상으로 배급하지 않는 요셉의 정책이 너무 가혹하게 보일 수 있다. 민중을 억압하는 듯 여겨지고 기득권 세력인 바로에게만 이득이 돌아가게 하는 정책으로 보여지기 때문이다. 결국, 대기근을 이용한 요셉의 제도적 개혁은 바로의 절대적 왕권만 강화 시켰다는 결론에 이르게 된다.

그러나 경제적으로 백성을 바로의 예속물로 삼는 정책을 편 요셉을 비난하는 우리의 시각과는 달리 당시 애굽의 백성들은 요셉의 경제 정책이 너그러웠다고 말한다(창47:25). 당시에는 소작인에게 수확량의 2할만을 받는 경우는 거의 없었다. 지주들은 보편적으로 훨씬 많은 양을 소작인들에게서 착취하여 갔다. 소작농은 수확의 절반, 혹은 30% 이상을 토지의 주인에게 바쳐야 하는 경우가 대부분이었다. 그러므로 요셉의 세금징수가 백성들에게 부담을 주거나 부당하지 않았다. 요셉이 백성들의 땅을 국가에 귀속시키고 바로의 농노로 만든 것은 사실이지만, 수확의 80%는 백성에게 돌려주었기에 더 큰 착취를 면한 백성들은 요셉의 정책을 반긴 것이다.

"추수의 오분의 일을 바로에게 상납하고 오분의 사는 너희가 가져서 토지의 종자로도 삼고 너희의 양식으로도 삼고 너희 가족과 어린아이의 양식으로도 삼으라"(창47:24)

7년이나 계속된 기근에서 요셉의 냉철한 사리판단이 없었다면, 정당한 가격이 치러지지 않고 곡식이 분배되었다면, 비축된 곡식은 7년의 기근이 지나기 전에 동이 나 버리고 애굽은 멸망했을 것이다. 인간의 욕심은 공짜라는 미끼에 약하기 때문이다. 요셉이 곡물을 무상으로 배급하지 않고 처음에는 돈, 후에는 가축, 마침내는 토지, 몸과 교환한 것은 사회질서를 유지하고 백성들의 맹목적인 의타심을 배제케 하려는 목적이었다.

지금도 천재지변이 일어난 세계 여러 곳에 적십자나 자선단체들이 무료로 식량을 나누어주는 모습을 보면 무질서를 볼 수 있다. 배급 트럭에 달려들어 조금이라도 더 가져가려고 몸싸움을 벌일 때 힘없는 여자나 아이들은 맥없이 떨어져 나가고 건장한 남성들이 험악한 표정을 지으며 약자들을 위협하고 식량을 독차지하는 광경이다.

애굽의 굶주린 백성들이 약탈이나 폭동으로 상해를 입거나 목숨의 위협을 받지 않고 굶주림에서 벗어날 수 있고 가족들을 지킬 수 있도록 철저한 규칙을 준수하도록 한 것은 애굽 백성들에겐 오히려 감사한 일로 여겨졌다. 요셉은 수탈자가 아닌 구원자로 그들에게 감사함과 칭송을 받았다(창47:25).

고대시대에는 오늘날과 같은 복지나 인권의 개념이 없었다. 기근이 닥치면 먹을 것을 마련하기 위해 자신의 몸이나 자식까지도 종으로 팔아 그저 살아남으려 애썼다. 요셉의 정책은 토지를 모두 사들인 후 국유화하여 다시 분배하여 백성들을 기근으로부터 구하려는 토지정책이다.

바로에게 충성을 다하면서도 백성들의 생계를 염려하여 좋은 정책을 베푸는 요셉의 정치는 백성들을 감동시킨 것이다. 세금을 제외한 나머지는 모두 농사짓는 자의 몫이 되게 하는데, 요셉의 토지법은 백성을 위한 정치, 백성을 기쁘게 하는 정치였다.

백성들은 7년 동안 아무 소출도 내어주지 않은 척박한 땅덩어리를 제값을 치르고 사준 요셉에게 감사했다. 땅을 버리고 먹을 것을 찾아 삶의 터전을 떠나지 않아도 되었고, 이제 자신의 소유는 아니지만 정든 땅에서 다시금 경작할 수 있도록 배려해 주었기 때문이다. 덕분에 살아남아 다시금 삶을 영위할 수 있었기 때문이다.

요셉은 국가가 대규모로 돈을 풀어 자본, 토지, 노동을 직접 매입하는 방식의 양적 완화 정책을 실시했다. 공산주의의 무상 몰수 무상 분배와 다른 유상 몰수 유상분배 방식으로 생산의 3요소를 완전히 재분배했다. 요셉의 양적 완화는 희년법이 주어지기 전에 국가가 주도적으로 희년의 원리를 실현한 경제 정책이다. 그 결과 부가 재분배됨으로써 심화 된 양극화를 일시에 해소하고, 경제 민주화를 실현한 탁월한 경제 정책이었다.

토지를 모두 사들여 국가 소유가 되도록 한 요셉은 백성들을 자유 소작인으로 삼는다. 그리고 백성들을 애굽 전역에 골고루 분산시켜 경작하게 한다. 이러한 인구분산 정책은 토지 개간의 효율을 높여 국가 생산성을 높였다. 7년 대기근이라는 국가적 재난을 전화위복의 기회로 삼아 백성들을 보호하고 나라를 부강하게 만들었다.

요셉은 흉년이 7년 동안 계속될 것을 정확히 알고 있었다. 그래서 마지막 흉년인 7년째 되던 해에는 그 해가 흉년의 마지막 해임을 알았기 때문에 백성들에게 곡식의 씨앗을 제공한 것이다. 요셉은 수확물의 4/5가 어디에 사용되어야 하는지 정확하게 알고 있었다. 4/5 중 첫 번째는 밭에 뿌릴 씨앗, 두 번째는 농사를 지은 자의 양식, 세 번째는 집안 식솔들을 위한 것, 네 번째는 미래를 위한 투자로 어린 자녀들을 위한 것으로 사용하게 했다.

바로는 야곱과 그 후손들에게 고센 땅을 기업으로 주는 자이기도 하지만, 요셉을 통해 애굽의 모든 땅을 받은 수혜자임이 드러난다. 이는 바로가 야곱의 가족에게 베푼 선행과 아량으로 그가 축복하는 자가 되는 것이 아니라 하나님이야말로 바로를 축복하실 수 있으며 대리자 요셉을 통하여 지혜로운 정책을 펴 그 시대를 살리는 분이심을 밝히고 있다.

기근의 문제는 식량이 부족해서 일어나는 문제보다 식량 이용권을 누가 갖느냐에 달려 있다. 요셉은 명철하고 단호한 정책으로 식량의 균등분배를 위해 식구 수대로 모두 함께 오지 않으면 돈을 내도 식량을 팔지 않음으로 필요 이상의 식량이 돈을 가진 자들에게 쏠리는 현상을 방지했다.

우리나라는 식량의 1/2을 수입한다. 식량 자급률이 1970년대까지만 해도 80%에 가까웠지만 농산물 수입개방 정책 등에 밀려 2020년 기준 46.7%로 급락했다. 그나마 쌀이 90% 이상의 자급률을 기록하지만 다른 곡물은 25%에도 미치지 못한다. 이런 상황에서 벼 농사는 가뭄이 들면 식량 자급률은 현저히 떨어진다.

식량을 자급자족할 수 있는 나라는 호주, 프랑스, 아르헨티나, 브라질, 미국, 캐나다 등에 불과하다. 그 외 나라들은 COVID19 팬데믹에 따른 공급망 붕괴와 기상이변 등의 영향으로 전 세계 식량 가격은 이미 최고치 가까이 치솟고 있다.

그러나 세계 곡물 유통시장은 소수의 글로벌 기업이 장악해서 이 회사의 창고엔 콩과 옥수수가 가득하다. 세계 기아 인구는 2020년 한 해 동안만 1억3천만 명이 증가해 8억1천만 명(유엔식량기구 기준)인 것으로 나타났다. 매년 4천만 명 이상의 아이들이 기아에 허덕이다 사망하고 하루에 2만5천 명이 굶어 죽고 있다. 그 이유는 부의 독점과 불평등한 분배 구조 때문이다.

그러나 곡물회사들의 창고에 있는 곡식들은 썩어져 폐기할지언정 베풀지 않는다. 누구는 없어서 굶어 죽는데 일부 국가들은 경제 질서 유지란 명목으로 남는 음식을 모두 바다에 버리는 실정이다. 이들은 돈이 되는 일 외에는 무관심하다. 인간의 존엄이 돈의 가치에 따라 평가되는 시대인 것이다.

한국 월드비전의 조사에 따르면 COVID19로 인한 사망자보다 영양실조로 인한 사망자 수가 더 높은 것으로 발표했다. 73억 인구 중 무려 10억 인구가 굶주림에 고통 받고 있는 현실 속에서 우리가 식량을 낭비하고 있는 것은 아닌지, 주어진 먹거리에 얼마나 감사하고 있는지 살펴보아야 한다. 또한, 풍요로운 이 시대에 다가올 기근을 준비하는 지혜 역시 필요함을 기억해야 한다.

완성된 화해 (창 50장)

야곱은 애굽에 내려와 17년을 산다. 이는 요셉이 애굽으로 팔려가기 전에 살았던 시간과 동일하다. 야곱은 죽기 전에 애굽의 며느리에게서 태어난 요셉의 아들 므낫세와 에브라임을 축복하고 자신의 양자로 삼는다. 그리하여 이후 레위 지파가 제외되고(수14:4), 요셉이 아닌 두 아들이 12지파에 들어간다. 이는 요셉이 두 아들을 통해 두 배의 기업을 얻게 된 것을 의미한다.

야곱은 죽음을 앞둔 시점에도 사랑하는 라헬을 그리워하고 있다. 야곱이 요셉에게 베푼 사랑과 은혜는 라헬 때문이며 요셉의 두 아들을 자신의 양자로 받아들여 라헬의 자식을 4명으로 늘어나게 만들어 준다. 아이를 낳지 못한다고 비난받던 라헬의 고통스러운 인생과 베냐민을 낳다가 죽어간 라헬의 슬픈 삶을 위해서 야곱은 자신의 방법대로 최선의 보상을 하며 사랑을 표현한 것이다.

야곱은 임종 시에 자기를 가나안 땅에 있는 막벨라 굴 조상의 묘실에 묻어 달라고 요구한다. 야곱은 열두 아들에게 유언한 후 편안히 눈을 감는다 (50:1-3). 애굽에서 야곱의 시신은 미라로 방부처리 되는데 이는 가나안에 있는 막벨라 무덤까지 가져가기 위함이었다. 미라로 만드는 것은 오랜 시간과 복잡한 과정을 거치는데, 이러한 작업이 70일이 걸렸다.

바로는 가나안땅 막벨라 굴에 아버지를 장사하겠다는 요셉의 청을 들어주고 국장 규모로 야곱의 장례를 치러준다. 바로가 죽었을 때 애도하는 72일에서 이틀이 적은 70일의 애도 기간을 갖고 가나안 땅으로 향한다. 야곱이 애굽으로 내려갈 때 하나님은 함께 다시 올라오시겠다고 하신 말씀이 성취된 것이다. 야곱은 이스라엘 백성보다 먼저 가나안 땅에 도착했고, 후에 요셉은 이스라엘 백성과 함께 가나안 땅으로 떠날 것이다(창46:3-4).

아버지의 장례식이 끝난 후 형제들은 사람을 보내어 요셉에게 용서를 청한다. 17년이 지난 지금까지도 그들은 요셉의 용서를 확신하고 있지 못했다. 피해자가 용서했다고 가해자의 죄가 사라지는 것은 아니다. 정당한 죄의 대가를 치르지 않은 형제들은 죄가 용서되었다고 믿을 수 없었던 것이다. 그렇기에 그들은 언젠가 아버지가 돌아가시면 요셉이 복수할지도 모른다는 생각에 전전긍긍하며 살아온 것이다. 그 당시는 아버지 살아생전에는 형제들 사이의 복수를 자제하다가 아버지 장례만 끝나면 피비린내 나는 살육이 시작되곤 했다. 이는 기드온의 죽음 후 첩의 아들이 기드온의 70명의 아들들을 모두 죽인 사건에서도 알 수 있다. 야곱이 죽은 후 형제들은 이 점을 염려하면서 요셉에게 자기들을 용서해 달라고 간구한 것이다,

요셉은 이미 용서했지만, 형제들은 아직도 과거에 사로잡혀 있었다. 이들은 지난 30년 동안 한 걸음도 나아가지 못하고 지난 세월에 발목 잡혀있는 것이다. 요셉은 형들에게 개인적으로 보복하지 않았다. 요셉은 그동안 애굽

에서 편히 살아갈 수 있도록 형제들의 필요를 채워주었다, 그러나 형들은 마음속에 늘 요셉의 보복을 불안해하며 지내왔음이 드러난 것이다. 요셉은 형들의 이러한 두려운 마음을 헤아리고 안타까움에 울음을 터뜨린다.

일반적으로 힘 있는 자가 다른 이의 고통을 생각하며 연민을 느끼고 눈물까지 흘리는 경우는 드물다. 권력을 휘두르고 명령을 내리는 삶에 익숙해지면 힘없는 사람들의 애환과 고통과는 멀어지게 되는 것이다. 요셉은 형들이 그동안 얼마나 가슴 졸이며 살았을까를 생각하며 안쓰러움에 울음을 터뜨리는 자비로운 사람이었다.

요셉은 이미 용서했기에 '용서'란 말을 꺼내지 않는다. "내가 하나님을 대신 하리이까?" "내가 하나님 대신 벌이라도 내릴 듯 싶습니까"(공동번역)라고 말할 뿐이다. 이는 요셉이 죄에 대한 인식의 확고함을 말하고 있는 표현이다.

열두 형제와 그 가족들은 하나가 되기 어려운 사람들이었다. 아버지의 편애는 가족을 분열시키는 원인이 되었고 여러 어머니 밑에서 태어난 형제들은 어머니들의 애증으로 얼룩진 삶을 답습했고 가나안 여자와 애굽 여자가 섞여 있는 복잡한 집안의 상황은 종교적 혼재를 겪기도 했다. 그런데 요셉은 자기가 그들을 한 하나님의 백성으로 양육하겠다고 말한다. 자기가 변함없이 필요를 공급해 주며 그들의 자녀들을 키우겠다고 한다. 키운다는 것은 그들의 양식의 공급뿐 아니라 애굽에서 그들을 온전히 책임지겠다는 말이다.

이스라엘 열두 지파는 요셉의 지팡이 아래 하나로 모인다, 그 안에는 가나안 여자가 낳은 아이도 있고 애굽 여인이 낳은 아이도 있지만 아무런 차별이나 갈등 없이 한 공동체로 자라게 되었으며, 하나 된 이스라엘 공동체는 하나님의 통치 안에서 살게 된 것이다,

족장 시대가 끝나고 하나님 나라가 이루어지는 데 가장 중요한 기초가 된 것은 요셉의 용서. 요셉과 같이 형제들의 허물과 죄를 용서하고 그들의 잘못을 기억하지 않고 그들과 그들의 자녀들을 하나님 나라로 초청하여 양육하는 것이 하나님의 사랑을 실천하는 위대한 길이다.

미움과 질투로 시작된 요셉의 이야기는 화해와 용서와 사랑으로 마무리된

다. 복음의 끝은 용서와 사랑이다. 진정한 용서는 인간 사이에서 이루어지는 일이 아니라 인간과 하나님 사이의 관계에까지 이어져 나가야 한다. 원수 갚는 일은 하나님께 달려 있다(롬12:19). 요셉은 하나님과 자신의 관계를 먼저 규정한 후 자신과 형제들의 관계를 규정한 것이다.

자신의 잘못을 인정하는 형들의 참회하는 모습과 이 참회를 요셉이 자신의 주관대로 용서하는 것이 아니라 하나님께 맡기는 요셉의 겸손이 감동적으로 어우러져 있다. 이는 모든 인간관계의 마지막이 회개와 용서하는 과정을 통해서 그리스도 안에서 하나가 되어야 하는 것임을 보여 준다.

"당신들은 나를 해하려 하였으나 하나님은 그것을 선으로 바꾸사 오늘과 같아 많은 백성의 생명을 구원하게 하시려 하셨나니 당신들은 두려워하지 마소서 내가 당신들과 당신들의 자녀를 기르리이다 하고 그들을 간곡한 말로 위로하였더라"(창 50:20-21)

이 성서의 구절은 요셉의 이야기 전체를 요약해주는 주제와도 같다. '... 하려 하였으나(חשב, 하쇼브, 바꾸다, 고안하다, 출28:6)'를 '계획'으로 번역하면 그 의미가 분명해진다. '당신들은 악을 위해 계획하였으나 하나님께서 선을 위해 그것을 계획하셨다' 는 뜻이 된다. 형들은 자기들이 요셉을 제거하려는 계획을 세운 것에 발이 묶여 있다. 그러나 그들의 계획 속에는 하나님의 다른 계획도 함께 있었다. 하나님의 계획은 이제야 분명하게 그 모습을 드러낸다. 요셉의 손을 통하여 야곱 가족이 평안을 누리고 애굽 제국에서 좋은 땅을 얻어, 죽을 수밖에 없던 대기근에서 생명의 삶으로 옮겨지게 하는 것이다.

무릎 꿇고 요셉 앞에 엎드린 형제들은 지난날 요셉의 꿈을 이루어지도록 만든다. '두려워 말라'는 요셉의 보증은 속박하는 죄로부터 자유케하는 요셉의 꿈의 완성을 향한 선언이다.

형들의 참회를 선으로 되돌려 준 요셉의 행위는 그가 모든 시선을 하나님께 두었기에 가능했던 일이다. 악을 선으로 갚는 삶은 하나님이 우리 인생에 개입하셨을 때만 가능하다. 하나님의 하나님 되심을 철저히 인정하는 삶은 하나님의 주권을 전적으로 믿는 신앙이다. 이런 신앙은 모든 것이 하나님의 손에 달려 있다고 믿는 믿음, 하나님의 권고를 의지하고 하나님의 약속이 끝까지 이루어짐을 굳게 믿는 우리의 마음을 하나님께 둠으로써 요셉과 같은 향기 나는 삶을 살게 될 것이다.

요셉은 자손 3대를 보고 생전에 많은 후손을 가짐으로써 야곱의 축복이 성취되었음을 보여준다. 요셉은 애굽인들이 가장 이상적인 수명으로 여기는 110세를 누린다. 애굽인들의 눈에도 여호와께 복 받은 사람인 것이다.

꿈꾸는자 요셉은 죽을 때도 희망의 꿈을 꾸며 죽는다. 이스라엘 후손들이 애굽에서 사는 동안 하나님의 돌보심이 계속될 것이고 언젠가는 하나님이 그들을 찾아오셔서 약속의 땅으로 인도하실 것이라는 희망의 꿈이다.

요셉은 자신이 죽은 후 훗날 하나님이 이스라엘 후손을 약속의 땅으로 인도하실 때 자기 유해를 고향 땅에 묻어 달라고 형제들에게 당부한다. 애굽에서 생애를 마치고 비록 그곳에서 죽지만 요셉의 마음은 항상 약속의 땅에 있었음을 보여 준다. '해골'이라 표현한 것은 오랜 시일이 걸릴 것을 알았기 때문이다. 해골이나마 약속의 땅에 묻히기를 간절히 원했다. 후에 그의 해골은 모세가 가지고 출애굽하고 여호수아가 죽은 후 가나안 땅 세겜에 묻히게 된다(수24:32).

요셉이 야곱처럼 죽음 직후 바로 지금 가나안 땅에 묻어달라고 하지 않은 것은 그의 후손들이 약속의 땅으로 돌아가게 될 그 날까지 지하에서나마 그들과 함께하려는 마음 때문이다(히11:22). 요셉이 후손들에게 맹세하게 하면서 하나님이 그들을 찾아오실 때, 자기 뼈를 갖고 가나안으로 갈 것을 요구한 것은 족장의 역사가 끝나고, 이제 하나님의 백성으로서 이스라엘의 역사가 시작됨을 암시하며 족장들의 역사와 이스라엘 역사가 연결됨을 보여 준다.

요셉이 애굽에서 총리의 자리까지 오름은 이스라엘 민족에게 희망을 보여주는 대목으로 이는 하나님이 요셉과 항상 함께하심으로 그가 형통했듯이 이스라엘 민족에게도 희망적인 하나님의 메시지로 주어진 것이다. 더욱이 온 세상에 기근이 찾아왔을 때 요셉의 적절한 처신으로 구원받은 것처럼 이스라엘 민족으로 인해 온 민족과 열방이 구원받게 됨을 미리 보여주신 것이다.

요셉의 이야기는 이스라엘 민족이 어떻게 애굽에 정착하게 되었는지를 설명해 준다. 그리고 애굽에 70명이 정착했지만 후에 장정만 60만 명으로 불어난 이스라엘은 드디어 국가로서의 면모를 갖추게 될 것임을 암시한다.

창세기는 출애굽과 약속의 땅 정복을 고대하는 희망으로 마무리된다. 야곱에 이어 요셉도 이스라엘의 미래를 내다보며 약속의 땅에 묻히기를 소망하는 가운데 죽었다. 창세기는 요셉의 죽음 속에서 하나님의 돌보심을 희망하고 반드시 하나님의 약속이 지켜지리라는 믿음 속에서 긴 여운을 남기고 마무리된다.

글을 마치며...

지난해 작업을 시작하여 어느새 해를 넘기고 새로운 시간의 장이 열렸다. 수 개월간의 땀방울과 수고, 힘겨운 호흡과 지리멸렬한 삶의 조각들이 이 책에 묻어와 새로운 시간의 흐름과 의식의 기록 속에 함께하고 있다.

시간은 흐르고 의식도 흘러가고 변화하지만, 변하지 않는 하나님의 진리의 말씀은 날이 갈수록 선명하게 각인되어 나의 영혼에 타투처럼 새겨진다. 소란스러운 마음을 누르며 써 내려간 글들이 모이고 쌓여 하나의 책으로 완성되었다. 이제 내 손을 떠나 세상으로 나아갈 때 나의 냄새는 지워지고 하나님의 향취만 남길 기도한다.

성서 연구와 같이 한 분야에 집중하는 삶을 살아온 사람들은 우물 안에 갇힌 개구리와 같이, 우물 크기의 세상밖에 보지 못한다거나, 성서라는 안경을 통해 보는 편협된 시각만 있을 것이란 오해를 받아. 한마디로 세상 물정 모르는 숙맥 취급을 받기가 일쑤이다.

성서는 이 세상을 창조하신 하나님의 이야기이다. 하나님이 창조하신 세상의 모든 것이 담겨있고 하나님이 기뻐하신 최고의 피조물이자 하나님의 형상을 닮은 인간의 이야기로 가득하다. 온 우주의 흥망성쇠의 열쇠를 품은 거대한 세계가 오직 말씀으로 함축되어 담겨있는 성서의 세계 속에는 역사를 주관하시는 하나님과 인류를 향해 품으신 계획이 세밀히 기록되어 있어 그 크기와 깊이를 헤아리기 힘든, 장대하고 위대한 책이다. 그러므로 성서를 통해 보는 세상은 넓고 깊고 헤아릴 수 없는 은혜와 사랑이 넘치는 세상 위의 세상인 것이다.

그러므로 성서를 연구하는 일은 세상을 넘어선 세상의 이야기이기에 결코 편협한 우물 안의 개구리의 삶과 비교할 수는 없다. 그러나 위대한 성서에 기록된 인물들의 삶은 흠 없이 완벽하지도 않고, 그들의 인격이 존경스러울 만큼 훌륭하지도 않다. 그들의 삶의 모습이나 오늘날 우리의 삶의 모습이나 시대나 문명이 다를 뿐 그저 똑같은 날 것 그대로의 인간의 모습이요, 혼란한 삶의 모습이다.

예수 그리스도를 제외한 신앙의 완벽한 모델이란 없음을 새삼 느끼게 할 뿐이다. 성서의 인물들은 실수뿐 아니라 죄의 반복까지 하는 나약한 인간이기에 그들의 부족함을 보며 동질감을 느껴 위로받고 그들의 신앙의 위대한 결단을 보며 감동 받으며. 그들의 선택들을 교훈 삼아 우리의 나아갈 바를 배우게 된다.

성서의 위대한 믿음의 조상들은 그들의 인생 속에서 죄의 문제를 해결하지 못하고 죄와 함께 혼란한 삶을 살아갔다. 아담과 하와의 하나님에 대한 약속의 파괴, 가인의 형제 살인, 노아의 홍수, 바벨탑의 교만, 아브라함과 이삭의 아내를 누이라 속인 거짓, 사라와 여종 하갈의 애증, 리브가와 야곱이 공모하여 벌인 에서의 장자 축복권을 찬탈하기 위한 속임수, 야곱의 라헬을 향한 사랑, 야곱의 열두 아들, 형제들에게 버림받은 요셉 등… 속임수와 조작으로 얼룩진 창세기 인물들의 여정은 죄로부터 자유롭지 못한 인생사를 가감 없이 보여준다.

이러한 부족함에도 불구하고 아브라함은 하나님의 부르심을 받아 땅을 개간하는 자의 사명을 감당했고 이삭은 그 땅에 우물을 팠으며 야곱은 그 땅에 씨를 뿌리고 요셉은 물주는 자의 사명을 감당했다. 이제 이스라엘은 수많은 열매를 맺어 다시금 온 세상에 하나님의 말씀의 씨앗이 될 것이다.

성서 읽기는 한세월 제멋대로 살다가 소멸하여 사라지는 먼지 같은 인생의 허무함 속에서 하나님이 우리를 말씀으로 붙잡아 주시어 삶에 진지한 의미를 부여해 주심으로, 인류를 향한 하나님의 끝없는 사랑과 값없는 은혜를 발견하게 하여 하나님과 동행하는 삶의 의미를 깨닫게 한다.

우리는 하나님께로 나아가야 한다. 그러나 죄를 끌어안고 하나님께 갈 수 없다. 신명기 30장에는 '돌아가다'라는 뜻의 '슈브'(שוב)라는 단어가 열 번 사용된다. '슈브'라는 동사에서 회개를 뜻하는 '테슈바'(תשובה)가 나왔다. '테슈바'는 돌아가다(욥22:23), 중단하다, 철수하다, 물러가다, 돌아오다(삼상7:17), 대답하다(욥21:34), 회개하다의 의미를 가졌다.

성서는 '돌아감'(테슈바)의 이야기이다. 시간과 장소의 순환이요. 집으로, 약속의 땅으로 돌아옴이며, 다시한번 더 기회를 부여받고, 회복하고 되살아나는 이야기이다. 올바른 길로 돌아가는 것, 원점으로 돌아가는 것이 테슈바이다. 결국 '하나님께로 돌아가는 것'을 의미한다.

이 땅의 교회와 그리스도인들이 돌아가야 할 곳은 바로 하나님의 말씀인 성서이다. 자기 자신으로 꽉 차 있는 사람에겐 하나님이 들어올 자리가 없다. 자신을 비워 하나님으로 채워나가야 한다. 하나님의 백성으로서의 삶은 끝없이 자기 자신을 비우는 과정 속에서 완성된다.

하나님께로 돌아가자. 성서로 돌아가자.

참고 문헌

Alter, Robert. Genesis. New York: W. W. Nprton & Company, 1996.

Blackaby, Henry T. 「아브라함 하나님의 친구」. 전의우역. 서울: 요단출판사, 2003.

Brogmann, Paul. Genesis: The Story We Haven't Heard. Inter Varsity, 2001.

Brueggermann, W., & Wolff, Hans Walter. 「구약성서 중심사상」. 문희석역. 서울: 대한기독교출판사, 1977.

Brueggermann, W. 「창세기」. [현대성서주석](IBC). 강성열역. 서울: 한국장로교출판사, 2000.

ㅡㅡㅡㅡㅡ. 「구약성서개론: 정경과 기독교적 상상력」. 김은호, 권대영역. 서울: 기독교문서선교회, 2007.

Childs, Brevard Springs. 「구약정경개론」. 김갑동역. 서울: 대한기독교서회, 1987.

Dorsey, David A. The Literary Structure of the Old Testment: A Commentary on Genesis-Malachi. Grand Rapids, Michigan Baker Books, 1999.

Eastwind 편집부. 「야살의 책 1」. 이상준역. 서울: 이스트윈드, 2021.

ㅡㅡㅡㅡㅡ. 「야살의 책 2」. 이상준역. 서울: 이스트윈드, 2021.

Finkelstein Israel, & Silberman, Neil Asher. 「성경: 고고학인가 전설인가」. 오성환역. 서울: 까치글방, 2003.

Fretheim, Terence 외 16인 공저, 「창세기 격론」. 김태범역. 서울: 서울기독교학생회출판부, 2020.

Godfrey, W Robert. 「창조를 위한 하나님의 패턴: 창세기 1장에 대한 언약적 읽기」. 서울: 그리심, 2008.

Hamilton, V. P. 「창세기(창1-17장) I」(NICOT). 임요한역. 서울: 부흥과개혁사, 2018.

ㅡㅡㅡㅡㅡ. 「창세기(창18-50장) II」(NICOT). 임요한역. 서울: 부흥과개혁사, 2018.

Hendel, Ronald. 「창세기와 만나다/ 탄생, 갈등, 성장의 역사」. 박영희역. 서울: 비아, 2020.

Holbert C. John. 「창세기」. 안효선역. 서울: 기독교대한감리회홍보출판국, 2001.

Longman III, Tremper. 「어떻게 창세기를 읽을 것인가」. 전의우역. 서울: 한국기독학생회출판부, 2018.

Meyer, F. B. The Life of Joseph. Lynnwood, WA: Emerald, 1995.

Poythress Vern S. 「천지창조에서 에덴까지」. 김광남역. 서울: 새물결플러스, 2019.

Raub, John Jacob. 「네가 알몸이라고 누가 알려주더냐?」. 이정순역. 서울: 성서와 함께, 2006.

Rosenblatt, Naomi H. Wresting with Angels. New York: Delacorte, 1995.

Ross, Allen P. 「창세기」(BKC강해주석). 강성렬역. 서울: 사단법인 두란노서원, 2011.

Ska Jean Loues. 「모세오경입문」. 박요한영식역. 서울: 성바오로, 2016.

Speiser, E. A. Genesis. New York: Doubleday, 1982.

Von Rad, Gerhard. 「창세기」(OTL). 서울: 한국신학연구소, 1981.

─────. 「아브라함의 제사」. 장익역. 왜관: 분도출판사. 1998.

Waltke, Bruce K., & Fredricks, Cathi J. 「창세기 주석」. 김경열역. 서울: 새물결플러스, 2019.

Walton, John H. 「창세기」. 김일우, 전광규역. 서울: 한국성서유니온선교회, 2007.

Wenham, Gordon J. 「창세기 1-15」(WCC). 박영호역. 서울: 솔로몬, 2001..

─────. 「창세기 16-60」(WCC). 박영호역. 서울: 솔로몬, 2001.

Winter, Jay. 「쉽게 읽는 에녹서」. 배한나, 김정훈역. 인천: 도서출판 쥬빌리, 2021.

Wolters, Albert M. 「창조 타락 구속」. 양성만역. 서울: 한국기독학생회출판부, 1998.

강문호. 「아브라함 미드라쉬」. 서울: 한국가능성계발원, 1999.

김이곤. 「신의 약속은 파기될 수 없다」. 천안: 한국신학연구소, 1999.

김진섭. 「종교경책학: 고대근동학의 배경에서 본 구약성경」. 서울: 솔로몬, 1998.

김중은. 「갈대아 우르에서 브엘세바까지」. 서울: 도서출판 보임, 1999.

로고스 편집부. 「랍비들이 말하는 창세기 이야기」. 변순복역. 서울: 로고스, 2003.

박영선. 「아브라함의 믿음과 삶」. 서울: 도서출판세움, 2006.

박영춘. 「하나님의 심정으로 읽는 창세기」. 서울: 도서출판토기장이, 2013.

박익수. 「성서전승과 해석」. 서울: 한국신학연구소, 1993.

변순복. 「아담에서 셋 그리고 노아」. 서울: 하임, 2018.

손봉모. 「순례자 아브라함 1」. 서울: 바오로딸, 2014.

─────. 「순례자 아브라함 2」. 서울: 바오로딸, 2015.

─────. 「집념의 인간 야곱」. 서울: 바오로딸, 2015.

─────. 「신앙의 인간 요셉」. 서울: 바오로딸, 2015.

안홍식, 양미희. 「수학자가 본 재미있는 창세기」. 서울: 신일서적(주), 2013.

왕대일. 「새로운 구약주석」. 서울: 성서연구사, 1996.

-----. 「아브라함의 믿음, 아브라함의 실수」. 서울: 종로서적, 1995.

엄원식. 「구약신학」. 대전, 침례신학대학교출판부, 2002.

-----. 「고대근동문학연토」. 서울: 도서출판학예사, 2004.

-----. 「구약성서 본문의 문학구조」. 서울: 금성출판사, 2003.

-----. 「히브리성서와 고대근동문화의 비교연구」. 서울: 한들출판사, 2000.

유지훈. 「창세기의 미스터리」. 서울: 투나미스출판사, 2016.

이상준. 「가인 이야기」. 서울: 사단법인 두란노서원, 2014.

-----. 「탈굼 온켈로스(창세기/출애굽기)」. 서울: 이스트윈드, 2017.

이재만. 「노아홍수 콘서트」. 서울: 사단법인두란노서원, 2010.

이정근, 이영운. 「성경인물에서 무엇을 배울 것인가」. 서울: 도서출판 한빛, 2005.

이진희. 「유대인과 함께 읽는 창세기」. 서울: 쿰란출판사, 2010.

이형원. 「구약성서 해석의 원리와 실제」. 서울: 대한기독교서회, 1999.

장일선. 「생명 나무와 가시덤불」. 서울: 대한기독교서회, 2000.

정태현. 「하느님과 함께 걸으며: 창세기 해설서」. 광주: 생활성서사, 1992.

정석규. 「구조로 읽는 창세기」. 서울: 프리칭아카데미, 2006.

조병호. 「창세기 숲과 나무: 유언과 비전」. 서울: 땅에 쓰신 글씨, 2000.

차준희. 「창세기 다시보기」. 서울: 대한기독교서회, 1998.

천사무엘. 「구약외경의 이해」. 서울: 한국신학연구소, 1996.

한동구. 「창세기 해석」. 성남: 이마고데이, 2003.

김상래. "이데올로기 비평으로 본 창16장," 「구약논단」. 제23집. (2007년 3월), 76-100쪽.

김이곤. "아브라함 설화에 나타난 신앙과 신학의 해후 – 창22:1-9에 대한 해석학적 접근," 「신학연구」. 제29집. (2003년 12월), 9-30쪽.

노세영, "이사악을 번제로 드리라: 창세기22,1-19의 주석적 연구," 「신학과 선교」. 제22집 (1997). 79-97쪽.

오원근. "희년서의 아브라함," [한국구약학회 제78차 추계학술대회 자료집]. (2008년 9월), 95-97쪽.

왕대일. "창세기 16장 해석의 재고," 「신학사상」. 제75집. (1991년 3월), 855-877쪽.

-----. "아케다(aqedah)와 골고다–창세기 22:1-19의 재해석," 「신학사상」. 제115집. (2001년 12월), 211-236쪽.

엄원식. "히브리문학과 고대근동문학의 비교–노아의 포도원 사건을 중심으로," 「복음과 실천」. 제13집. (1990년 6월), 111-149쪽.

우진형. "이삭을 바친 아브라함의 제사: 창22장 1-9절의 편집 비평적 접근," 「구약논단」. 제32집. (2009년 6월), 132-150쪽.

유연희. "내가 어찌 한 날에 너희 둘을 잃으랴?," 「구약논단」. 제16집. (2004년 3월), 262-291쪽.

이승구. "내 사랑하는 독자 이삭을 드리라(창22:1-19)," 「교회와문화」. 제14호. (2005년 6월), 83-97쪽.

이종근. "생육하고 번성하라는 문화명령(창1:28)의 신학적 고찰," 「구약논단」. 제8집. (2000년 3월), 9-31쪽.

이태훈. "얍복에서의 야곱의 싸움(창32:24-32))," 「성경과교회」. 제4권. (2006년 11월), 39-59쪽.

장미자. "창조의 제칠일(창2:1-3)과 안식일 계명에 대한 이해," 「성경과교회」. 제3권. (2005년 11월), 7-43쪽.

-----. "아브라함의 약속의 이해(창12:1-3)," 「성경과교회」. 제4권. (2006년 11월), 7-38쪽.

-----. "첫 인류의 불순종과 하나님의 첫 약속(창3:14-19)," 「성경과교회」. 제7권. (2009년 11월), 10-35쪽.

-----. "홍수 심판에서 구원 받은 노아는 어떤 사람인가?(창5:29-6:13; 8:20-22)," 「성경과교회」. 제8권. (2010년 11월), 10-42쪽.

-----. "노아 언약, 확증인가? 새 것인가?(창9:1-17)," 「성경과교회」. 제7권. (2011년 11월), 9-33쪽.

장석정. "가인과 아벨 이야기I(창4:1-8)," 「구약논단」. 제5집. (1998년 3월), 5-24쪽.

-----. "가인과 아벨 이야기II(창4:9-16)," 「구약논단」. 제8집. (2000년 3월), 13-57쪽.

정석규. "이스마엘 탄생기에 나타난 오경신학과 그 발달사," 「구약논단」. 제23집. (2007년 3월), 52-75쪽.

-----. "창세기 16장의 구조분석적 해석," 「구약논단」. 제23집. (2007년 3월), 31-51쪽

천사무엘. "아브라함의 역사적 정체성 논의 연구," 「구약논단」. 제32집 (2009년 6월), 151-166쪽

-----. "시험을 이긴 아브라함," 「성경연구」. 제8권 12호(2002년 12월), 45-56쪽.

한동구. "약속의 신학: 족장사의 다문화적 해석," 「구약논단」. 제14권 (2008년 3월), 90-112쪽

-----. "아브라함의 비전과 한국의 비전: 세계를 위한 축복의 중재자," [한국기독교학회 제37차 정기학술대회 자료집]. (2008년 10월), 29-45쪽.